U0120700

"十四五"时期国家重点图书出版专项规划

院士风采录丛书

院士 The Members of CAS & CAE

读书与做学问

Timeless Reading and Endless Learning

方正怡　方鸿辉　编

上海教育出版社
SHANGHAI EDUCATIONAL
PUBLISHING HOUSE

# 读书与做学问

## （代 序）

### 严济慈

治学也就是做学问，"做"者，从事也，实践也。通俗地说，就是"干"。因此，治学并不神秘，它和种田、开汽车一样。"做"是平凡劳动，但要做好学问，其中却大有学问，这就涉及工作者的素养。

青年同学经常问起，怎样才能学好呢？大学毕业后要达到什么程度呢？这一系列问题，概括起来就是青年应该有哪些读书与做学问的素养。

在短暂的五年大学生活中，抓紧时间求得丰富的知识是十分重要的，但更重要的是要培养自己的科学素养：治学态度、方法、途径和工作能力。其中，治学态度和独立工作能力又是根本之根本，是大学毕业时衡量收获多少之准则。

### 一、踏实和勤奋

文有文风，学有学风。"风"者，习惯也。学风有学校的学风，

严济慈院士（中国科学院提供）

也有个人的学风。认真踏实和勤学好问就是科学工作者的正确学风。大学里每位同学应该养成自己具有这种良好的学风。

　　培养自己的学风，首先应对所从事的事情，大至所开创的学派，小至繁琐的实验，都要有踏实认真的态度。科学是"老老实实"的学问，来不得半点投机取巧。规律是客观存在的真理，绝不能"想当然"。治学的对象既是科学，是客观规律，更不能马虎了事。治学中最忌对知识模棱两可，不懂装懂。孔子曰："知之为知之，不知为不知，是知也。"就是说，自己知道就是知道，不知道的就要老老实实地承认不知道，不要自欺欺人。只有这样，才能永远清醒地看到哪些是自己知道的，哪些是自己还不知道的，才不至于盲目乐观或者悲观丧气，才能求得真知。不知道并不可怕，通过学习就能知道。人生在世，永远有不知道的东西，也永远要学。所以我们要"活到老，学到老"。

　　"学"的第一步就是"学问"。"学问"者，顾名思义是"一学二问"。"学"，就是要向一切人学，从一切事物中学。向老师学，向同学学；从书本中学，从实践中学。"问"，先要问自己，这是独立思考；然后再求问别人。勤学好问是做学问者应具有的学风。懒学好问和勤学不问都不是治学应有的态度。

　　在校青年可分为三类：其一是学习成绩优秀者，其中有些同学认真踏实而不善于问，有些同学虽勤学好问但不够踏实，有些同学则认真踏实、勤学好问两者皆备，也有些同学则对专业兴趣不浓者；其二是学习一般，其中有基本概念清楚而作业马虎的同学，也有概念不清楚但作业认真踏实的同学；其三是学习成绩差一些，其中有学习不抓紧不下苦功的同学，也有因基础差或某方面有缺陷，虽用功而成绩差者。在这几类中，概念不清但作业认真踏实者，总会发现不清楚之处，慢慢会清楚起来。学习成绩暂时差一些，但有优良学风的同学，也有发展前途。成绩好的或一般的，但染上不良学风的同学，如果继续下去，将来长期内难以改正，结果害了自己，甚至会害自己一辈子。

成绩和学风哪个重要呢？不言而喻，成绩是暂时的现象，而学风是一生中起长远作用的因素。同时，两者又是密切相关的。学风好者学习绝不会太差。所以，优良的学风应作为每一位青年要求自己的重要标准。

二、能力和方法

人生难过百岁，而人类的知识遗产却浩如烟海，一个人要全部掌握是无能为力的，又何况是在短暂的五年内呢。五年所得到的知识比起一生来，仅仅是个序曲；比起全部的知识来，更是渺小的一角。企图靠大学里获得的知识一劳永逸，自然不行。知识的增长主要靠自学，大学学习只是在一生中为自学打下一点基础而已。所以，大学学习的收获也绝非只在于学了多少知识，更重要的在于是否掌握了一套自学的本领。在校学得再好，如果不会独立学习，也只能保持原来的水平；如果具有自学的能力，就能把人家的知识和经验通过自学化为己有，即使在校学得少点，工作一段时间后，知识也会丰富起来。上述两类人在校虽然从成绩看不出差别来，但一到工作岗位就能分出高低。

学习的最终目的是应用知识来创造和发展新知识，这一点做得好坏是衡量一个人能力大小的尺度，一个人对科学的贡献绝不是以他知道多少来衡量，而是以他创造了多少来衡量。人家不会问你知道某某事，而是问你能否做某某事。一个人能力的大小一方面表现在当前的工作能力上，另一方面还表现在具有提高工作能力的潜在能力上。虽然目前的工作能力差，如果潜在能力大，可以成为后起之秀。独立工作能力是衡量一个人能力大小的重要标准。对科学青年来说，具有自学能力是起码的学术素养。

独立工作能力包括三方面：一是知识水平，二是实践经验，三是思想方法。其中最重要的是实践经验和思想方法。知识水平和实践经验是展开思路的源泉。光有知识，思路往往脱离实际；光有经验，思路往往局限于某一点，十分片面。两者都有害于正确思路的开展，限制了一个人的能力。

独立工作的能力具体地说，就是自己运用掌握的知识，在前人工作的基础上，提出问题，分析问题，从而自己能独立地解决问题。这个要求很高，但只要锲而不舍、持之以恒是可以达到的。常言道，"万丈高楼平地起"，独立工作能力必须在大学里就要培养。在大学里，实验和作业是同学们主要的实践场所。首先应该做好实验，踏实认真地完成作业。做实验如果光重复一遍，只起了留声机的作用，得不到提高。应当从实验中培养自己的观察和鉴别能力，达到想得到的就能设法做得到，不要成了"手不释卷"想得好，而做起来却束手无策的人。

第二要培养自己独立自学的能力，这是独立工作的起点。在大学里，应该培养自己独立读书，会独立学习、会查书的本领，并且初步知道该查什么书，工作中遇到问题就能得心应手地找到有关资料，不至于逐本逐页翻阅，感到力所不能及。

第三要善于独立思考，它与勤学好问是相辅相成的。孔子曰："学而不思则罔，思而不学则殆。"思和学应该很好地结合起来。不能"好读书，不求甚解"，或者"不好读书，但求甚解"。两者都是不全面的，各失一方。每位科学青年应该养成"好读书，求甚解"的习惯。

独立工作能力难从学习成绩看出来，应该自觉培养。光为分数而学是没有出息的。同样两个人，尽管在校成绩一样，假如一个是独立工作能力强者，另一个是老师把着手教者，在工作中经过五年、十年后，他们就会有显著的差别，前者一定会大大地超过后者。

### 三、抓得住和提得起

学习不是死记硬背，要讲究艺术。学习一门课程要"抓得住，提得起"。"抓"，是对部分知识而言，所谓"抓得住"，就是要把握课程中的精髓，善于从百十页书中用几句话来概括。"提"，是对整体而言，所谓"提得起"，就是要能找出各部分之间的联系，掌握其来龙去脉，看清问题的关键所在，才不会感到内容杂乱无章，而是有条不紊。

要做到"抓得住，提得起"，必须要"撒得开，收得拢"。就是说，要全面地认真地学习各个部分及其细节，进行分析对比，一习再习，分清主次，找出关键，融会贯通起来。只有通过三番五次的仔细考察后，思路才能灵，才会有想头，以至于能用几个问题来归纳一章的内容，这才算抓住了中心。但是，撒得开并不等于眉毛胡子一把抓，而是要取其精华去其糟粕，这就如渔夫撒网，网要撒得开，才能捞到鱼。收网后，要的只是鱼，水并没有随鱼一起捞起来。我希望你们做网，绝不要做口袋去捞鱼，口袋捞鱼收不拢，即使收拢了，也把一切不相干的杂草乱石一起装起来了，最终还要花一番功夫才能捡出鱼，这是事倍功半的做法。因此，"全面撒网，重点捞鱼"才是正确的方法。

把知识"抓住"和"提起"后，还要进一步做到"掌握"。所谓

"掌握"，就是能把学到的知识在手中把玩，成为武器，运用自如，游刃有余。掌握运用乃是学习的最终目的。不要光顾多，学了一大堆东西，都是似懂非懂，似通不通，考虑起问题来，不是前怕狼，就是后怕虎。这些东西背在身上，反而成了累赘。再说，同样的知识在不同人手中，也不一样。犹如三国里关公的青龙刀，在关公手中能当武器，在周仓肩上就成了负担，如果放在我们肩上恐怕就会成了累赘，甚至成为祸害了。没有它，一遇到强盗也许能跑得快些，要是扛了它，只有束手待毙了。运用知识就是如此，模棱两可的知识，有了反受束缚，不敢大胆设想，没有它倒能大胆地想下去，三番五次，可能想对了。所以，求知最忌一知半解，模棱两可。

"抓得住，提得起"是治学的共同之道，而具体的治学方法可以各不相同。

### 四、少而精和深与广

深与广的关系同普及与提高的关系一样，要在普及的基础上提高，要在提高的指导下普及。深与广两者要在广上求深，深中求广。少而精是为了更好地达到深与广。

物理学中的许多物理量，如"功"等都是两个因子的乘积。知识与此类似，它是深与广的乘积。深而不广的知识太狭窄，恰如一条线，虽长但不成体，这样的学习者思想窄、办法少。广而不深的知识很肤浅，犹如一个面，并没有构成体，这种人看不到问题的本质。没有广的知识作为基础，不可能有很高的造诣；不深造，某一行的广也是没有丝毫用处的。这可喻作挖沟，要挖得深，就要挖一定的宽度。挖得越深，也要挖得越宽，有时挖到一定的深度后，要再深必须重新加宽。知识正是如此。科学自萌芽到今天，虽然越分越细，科目越来越多，但彼此间的相互交错和相互联系也逐渐密切。要学好某门科学，必须涉及其他科学。学化学的人要有一定的数学和物理学知识，学物理学的人要有一定的数学和化学的知识。特别在某点有很深的造诣，熟悉和精通的领域绝不能只局限于本行。其实，精通了一行，要再学另一行也就容易了。这就是在深的指导下求广，就容易了。我们一生中，通过学习和工作，知识会不断扩大，造诣会越来越深。

少而精是好省多快，能求得深与广的办法。首先讲究少而精，才能达到可能有益的深与广。知识日益丰富，在短短的一生中要索取某一学科的全部知识，必须去粗取精。精华对不同的专业是不同的，应该经过慎重的选择。

深与广并没有绝对的标准，是无限的。人的一生中不断学习和实践是一个知识不断深与广的过程，在这个过程中要进行十分艰辛的劳动，需要我们付出一定的代价，始终坚定不渝。一般地说，达到广比求得深要容易些；为了求得深，必须牺牲一点广；为了求得精，必须牺牲数量，但它是进一步求得广和进一步求得数量的基础，两者是矛盾的辩证统一。

青年学生应该学会正确地处理深与广的关系，尽快使自己成为既有广泛知识，又在某一行中有较深造诣的工作者。

### 五、乐知和入迷

大凡古今中外有成就的科学家，无一不是对自己的专业有着极大的兴趣，这是他们作出成就的重要因素。孔子曰："知之者不如好之者，好之者不如乐之者。"我想，大学毕业时至少应成为"知之者"，在工作中要成为"好之者"和"乐之者"。对科学乐知，对科学中的问题乐知，达到"入迷"的程度，要乐到"发愤忘食，乐以忘忧，不知老之将至"。对科学爱得越深，劲头就会越大，办法也会越多，问题也易被发现，成就就会大，越会感到科学不是枯燥无味，而是其乐无穷的。在校青年学生即使成绩差一点，如果深深地爱上了这行以后，一定能赶上来。

要达到"好之者"，除了要深深地爱自己的专业和真正懂得自己所从事的事业的意义外，还必须付出艰辛的劳动，要像颜回一样，"一箪食，一瓢饮，居陋巷，人不堪其忧，回也不改其乐"。至于做一名"乐之者"更是一辈子的事情，是长期艰辛劳动的结果，这不是每个人都能达到的。

在工作中和学习中能"入迷"，也要能"出迷"。身体毕竟是本钱，不能迷得连饭也不吃，觉也不睡；既不休息，也不锻炼，就会像孔子叹息颜回那样"不幸短命死矣"。这终究不是一名三好学生。也不要光迷科学而不关心政治，这样容易迷失方向。

在校青年学习任何一门课程，学完后收获大小、学得好坏是一个方面，但更重要的是你对本课程产生了爱呢，还是感到更厌烦了呢？如果大多数学生都感到热爱这门课程了，说明教师教学成功了，否则就是教师教学失败了。

科学青年一定要深深地爱上自己的专业，成为"乐之者"和"科学迷"，这是自觉劳动的基础，是作出贡献的重要因素之一。

科学并不神秘，创造并非高不可攀，它只是长期努力的结果。治学过程正如王国维先生提出的"三境界"那样：

昨夜西风凋碧树，独上高楼，望尽天涯路。（第一境界）

衣带渐宽终不悔，为伊消得人憔悴。（第二境界）

众里寻他千百度，蓦然回首，那人正在灯火阑珊处。（第三境界）

第一步是说做学问要高瞻远瞩，站得高，看得远，明了科学技术的发展情况，要树立攀登科学高峰的壮志，要有伟大的气魄。第二步是勤奋学习，始终坚韧不拔地学习着，只觉得衣带渐宽，自觉消瘦了，人憔悴了。由于是为了一个远大的理想，虽然如此，却终不悔。同学们正处于这一步。第三步下了苦功，付出了巨大的劳动后，应用知识进行研究，反复地想、算、做实验，以至于千百度，终于获得了巨大的成就。

同学们，在祖国的工业现代化、农业现代化、国防现代化和科学技术现代化四个现代化中，关键在于科学技术现代化。历史上，从来没有像今天这样，我国如此重视科学与技术。今天，科学技术是为人民服务的。你们掌握科学技术就意味着人民占领了科学技术阵地。国家给科学技术发展提供了无比优越的条件，指明了正确的方向，并在各方面给予最大的关怀和支持。迅速发展我国科学技术，赶上当今最先进的世界水平是"势所必为"了。有志于科学技术事业的青年们，你们都对科学技术感到极大的兴趣，考入中国科学技术大学，为祖国的科学技术事业奋战终身，乃"心所欲为"。你们年富力强有一颗赤子之心，对人民和国家交给你们的重担，又是力所能及的！我相信你们今天一定能够学好，将来为繁荣祖国科学技术和促进工农业生产作出巨大的贡献。

（本文是 20 世纪 60 年代初，严济慈院士在中国科学技术大学所作的报告）

# 目　　录

/

用两句话来概括我的体会：一句话是"学然后知不足"；另一句话是"学而不思则罔，思而不学则殆"。生命有涯而知识无涯，越学越感到自己掌握的知识太少，要抓紧时间学习；学习必须与思考相结合，学到的东西才能为我所用。

# 扎扎实实学习与思考

## 曹楚南

我小时候强记能力比较突出，很小就认识一些字，虚岁五岁时就能背几首唐诗，所以当时在大人们的印象中我比较聪明。直到很久以后我才懂得，这并不是我的优点，反倒影响了我少年时期的学习。

1937 年我刚开始上小学不久，日本侵略者就闯进我家乡，形势很乱，小学停办。一位离我家约三华里的老先生在他家办了一个私塾，教授《千字文》《百家姓》和"四书"等，父亲送我去他那里学习《论语》和《孟子》。十几位同学中，我的年龄最小，但由于能够强记，学的新书很快就能背出来，老师也因此误以为我很聪明。有一次，一位朋友来看他，为了显示门下有这么一位聪明的学生，就让他的朋友来考考我。老师的朋友指着"缘木求鱼"一句问我：爬到树上能不能捉到鱼？"缘木求鱼"这句话的实际意思是批评对方做法完全错误，与他要追求的目标背道而驰。由于我当时虽然会背这段课文，但对课文的意思并未理解，只好临时想。我想，既然有人要爬到树上去捉鱼，这棵树一定长在河边；爬到河边树上去钓鱼同站在河边地上钓鱼没有什么不同啊。所以，我答道："可能会捉到的。"弄得我的老师很难堪，只好解嘲："他毕竟太小了。"以后，我把当时会背的《论语》和

老师的朋友指着"缘木求鱼"一句问我："爬到树上能不能捉到鱼？"……我答道："可能会捉到的。"弄得我的老师很难堪（叶雄绘）

《孟子》几乎都忘光了，唯有这件事一直忘不了，总为我当时让那位老先生难堪而感到歉疚。

这种靠一时强记而不扎扎实实下功夫去学习与思考，以求真正领会、理解的学习方法，使我从小学到高中一年级，学习一直马马虎虎，以临考前的突击强记应付考试，成绩忽高忽低，考完后不久也就把学到的东西大半忘记了。尤其是数学、物理学这些课程，不是靠临时强记就考得好的。于是，我对这些课程越来越怕，也就越来越考不好。1946年的夏天，当我读完了高中一年级的课程时，立体几何才考了65分，勉强及格。这时我才真正着急起来，因为我的目标是想在高中毕业后考上国立大学，按当时的学习成绩显然是不行的。于是，我下决心改变这种学习状况。正好有一位从外地来的数学天分颇高而没有什么学历的青年，为了谋生，在暑假中办了一个中学数学补习班，我就参加了这个补习班补习三角和几何。他虽然没有讲课经验，但因为是一位年轻人，不像学校里的老师那样使人不敢接近。跟他学，有不懂的地方可以随便问，还可以讨论和争辩。所以经过一个短短的暑假补习，居然使我改变了对数学课程的畏惧心理，开始喜欢三角和几何的逻辑思维方法，再加上为了将来能考入国立大学，进入高中二年级以后就不再靠小聪明应付考试，而是扎扎实实用功起来。到年底，我的期末考试成绩就名列前茅了。那时我还不像有的同学那样偏科，而是各科的成绩都不错。

当然，这同授课老师也有很大关系。我上的中学是当时江阴县杨舍镇（现在属于张家港市）上的梁丰中学，本来就是一所教学质量不错的学校，1947年又聘请了几位从浙江大学毕业不久的年轻老师，他们工作热情很高，师生之间也比较容易沟通。他们的到来使这所中学的教学质量得到了进一步提高。听说梁丰中学现在已经是江苏省的重点中学，教学质量一定比以前更高了。

可惜，我整个六年的中学学习，只在最后两年才知道用功，而且在 1948 年高中临毕业时还生了一次急病，动了手术。这次病生于课程已经学完，即将开始期末考试的时候。为了不耽误毕业，我在手术后身体还没有复原的情况下，就回到学校进行了期末考试的补考，接着勉强地通过了毕业考试。由于身体虚弱，没有精力复习功课，又不愿在家里闲待着，就找了一个小学教员的位置做临时工，想过了一年以后再去考大学。但是，由于两位同学一定要拉着我一起去上海考大学，我也就抱着去试一试（或许能为第二年考大学积累一些经验）的心态，同他们一起赶到上海。三个人借住在一所由几户贫民合住房子的亭子间里。这所住房没有卫生设备，亭子间的面积有六七平方米，只有朝西的一面有窗。在没有考试的日子，我们早晨在街上吃了些东西后就带着书和面包到附近的一个公园，整天在公园里看书和休息。1949 年前各所大学是分别招生的，考期一般都错开几天。我勉强参加了四所大学的入学考试，身体就再也支撑不住了，只好回家休养。侥幸的是总算考上了两所大学，我选择了其中的同济大学。

那时，同济大学从四川迁回上海不久，校舍很分散。新生院在江湾的市图书馆大楼，离市区很远。每天晚上在用电高峰期间，新生院的电压低到电灯都点不亮，只好用蜡烛照明。学习条件比较差，我的情绪也很低落。开学后不久，金圆券币制崩溃，学生吃饭发生困难。由于同济大学刚从内地迁回上海，大多数同学的家都远离上海，所以学生会动员家在上海附近的同学回家，省下粮食支援留校的同学。我也因此回到常熟老家，第二年三月接到学校可以返校的通知，才回到学校。那时已经离上海解放不远了。在地下党的领导下，学生会已着手组织同学们做各种迎接解放的准备了。虽然上了四年大学，实际上只读了三年的本科课程。当时的同济大学化学系虽然不是十分出名,但有曾石虞(系主任)、汤腾汉、顾毓珍等教授执教,治学严谨,对我们辅导挺认真。带我们做实验的老师有的已经是讲师,但他们仍一丝不苟地做本该助教做的工作,如罗会烈、贾锡平、赵德仁、黄光荣等。这些老师对我们的言传身教,至今记忆犹新。我参加工作以后还发现,在这三年中我学得比较好的课程都是没有课本或讲义的,这些靠记笔记学的课程,出了校门以后,印象特别深。

曹楚南院士(中国科学院提供)

毕业后我被分配到中国科学院的物理化学研究所工作。同时分到一个研究组的还有四名分别来自不同学校的应届毕业生。跟其中有些同志一比,我就感到自卑:基础知识不如他们扎实,知识面不如他们宽,领悟能力也不如他们强。这时,我才深悔这是在中、小学阶段没有用功学习所致。所以出了校门以后,学习的劲头反倒比在学校中更大了,业余时间主要花在自学上。以后随物化所迁到长春,后来并入长春应用化学研究所。所领导请唐敖庆先生等著名学者来给我们讲课,令我的基础知识得到进一步充实。那时我很羡慕一位同志,他和我是同年毕业的。看文献时,他能一下子看出人家工作的长处与不足,很快就形成自己进行这项工作的思路。我则不然,必须经过半年到一年的研究试验,才能逐步形成自己的研究思路。看文献时,有的文章要反复看几遍,才能弄清作者的思想,真正看懂。我终于逐渐明白,我这个人只有下笨功夫,在努力学习的同时要勤于思考,才会在研究工作中有所收获。所以我认为:一个人脑子开窍的时间,对于不同的人来说是不同的。有的人很早就开窍，而我是到了二十五六岁以后，也就是工作了三四年以后，才有些开窍了。

那时，我的业务领导人是"文化大革命"中受迫害去世的余柏年先生。他对青年人的爱护和他的学术民主作风对我业务长进起了很大作用。我还记得1959年，他让我检查一项他领导其他同志做的研究工作的报告。我读了这份报告并仔细检查了原始数据后，感到这项工作做得很细致，实验量很大，但最后只写成了一个条件试验报告，我觉得这批数据似乎反映了某种动力学规律。于是，我从理论上推导了一个动力学方程式。为了验证这个理论式与实验结果是否相符，并求出方程式中的各个参数，要用迭代方法进行曲线拟合，当时既没有计算机也没有计算器，我只好借了一本五位对数表用手算，结果花了几个星期的上班和业余时间才把这些数据算完，计算结果表明理论式与实验数据是符合的。但是，我并未以此为满足，继续考虑如果这个理论式是正确的话，那么又可以作出哪些推论？我作出了四条可以反映实验数据特征的推论，然后按照这些推论来重新处理这批数据。结果原来未被发现的实验现象，经过将数据重新处理作图以后，都显示出来了，而且同推论中预言的情况完全符合，我这才确信所推导的理论式是正确的。我把这些工作结果交给余柏年先生，请他补充到原来的研究报告中去。余先生让我在研究组里讲一下我所做的工作，认为我这部分工作的分量已比较重，让我单独写成论文发表。

从学术上说，这项工作算不上什么了不起的工作，对我却有着较大的意义。因为通过这项工作我终于学会了如何在研究工作中尽可能想得深入一些，全面一些，多下些笨功夫，也就是人们常说的"如何做学问"。从此以后，我在研究工作中逐步形成了一种习惯：每开展一项研究，不管它是应用性研究还是基础性研究，我总要不断思考面临的问题与其他有关问题的共性表现在哪些方面？它的特性又有哪些？为什么它会具有这些特性？这样的思考往往会使我对面临的问题的认识深入一步，形成研究工作的思路，在研究工作中再不断根据实验结果重新考虑这些问题，以修正自己的看法。

前些年去一所大学与年轻的师生们座谈，我引用了两句话来概括我在读书与做学问中的体会：一句话是"学然后知不足"；另一句话是"学而不思则罔，思而不学则殆"。我的意思是说生命有涯而知识无涯，越学越感到自己掌握的知识太少，要抓紧时间学习；学习必须与思考相结合，学到的东西才能为我所用。

其实，这些是大家都知道的常理，只是我对这些道理的理解是通过学习中的成功与失败以及在工作中的摸索所获得的，或者说是比较晚才切身领悟到的。

> **曹楚南** 腐蚀科学与电化学专家。1930 年 8 月 15 日生于江苏常熟。2020 年 8 月 27 日逝于浙江杭州。1952 年毕业于同济大学化学系。中国科学院金属腐蚀与防护研究所研究员。对最深腐蚀孔深度统计分布和腐蚀活性点平均密度统计推断等问题有深入研究，从理论上导出了概率公式和电化学噪声的谱功率密度方程式。提出了利用载波钝化改进不锈钢钝化膜稳定性的思想，并为国内外实验证实。将定态过程稳定性理论引入电化学阻抗谱（EIS）研究，使 EIS 理论有重要发展。发展了研究腐蚀过程和监测腐蚀速度的电化学理论和方法。领导和开拓了我国腐蚀电化学领域。1991 年当选中国科学院学部委员（院士）。

研究集体的"临界质量"并不简单地指研究者的人数，更为重要的是研究人员的素养、学科组成、合作精神和与国际学术界的紧密联系。

# 令我感动、惆怅和欢乐的事

陈　颙

1942 年 12 月，我出生在四川重庆一个普通教员家里，祖籍是江苏宿迁。父母向当时国立大学中文系的一位老先生求要了"陈颙"这样一个名字。我是家中的长子，自此后给弟弟们取名就依了一条既成的规矩：名的右边必须有个"页"字。后来随意查阅了《辞源》，书中给出"颙"一曰"大"；二曰"仰慕"，才渐渐明了当初老先生的良苦用心及爹妈对我寄予的厚望。

与大多数人一样，我的经历中没有很多轰轰烈烈的事迹。我幸运地拥有一个关心、爱护我的家庭，较早接受了全面、正规的教育。8 岁那年，我随全家迁往北京，在北京师范大学附属中学完成了小学、中学教育；1960 年又以优异的成绩考入了年轻、富有朝气的中国科学技术大学，完成了五年本科教育。当时从未想到过自己会与地震结下不解之缘，把一生的青春都贡献给它。

大学毕业以后所走的每一步路，似乎注定了我与地震学有着某种讲不清、道不明的瓜葛。1965 年来到中科院地球物理研究所，正式参加工作，开始了科研领域中不懈的探索与追求。1993年，又有幸被评为中国科学院院士。30多年来，我一直铭记当初老师们对我的教诲，在做学问的同时没有忘记对年轻人的培养，未来终究是他们的。

几十年的忙碌生涯中，很庆幸能碰到许多终生难忘的好老师、好朋友、好同事，他们真诚严谨地做人、做学问的态度一直是我心中的指路明灯，是他们唤起了我对科学的兴趣，并使这种兴趣保持下去，甚至每每有愈演愈烈的趋势。

兴趣是最好的老师，如今在与学生们交谈的时候，我仍屡次提到这点。

这次应中科院之邀写一篇自述，借此机会整理出记忆犹新的往事，说说那些令我感动、惆怅、欢乐过的小事，聊聊那些敬爱的老师、友人等难忘的人；并把数十载搞研究、做学问的一点心得表于此处，呈献给正当年华的青年朋友们，愿对他们能有所启示。

## 父亲、外祖母和我

我的父亲陈鸿侠，生活在那个时代的人注定了一生命运的坎坷。父亲1937年毕业于当时的国立大学，此后，在学校教授了55年的数学课程，直到1992年去世。

父亲做事极为认真。在几十年的教学生涯中，他写了五本几何学方面的教科书和学习辅导读物。尽管他所授课程主要是经典几何学，内容随时间的变化不大，但每次上课前，他都要一丝不苟地写出教学纲要，针对不同年级、不同学生的特点制订出相应的侧重点。父亲过世后，整理出来的教学纲要竟整整堆了一大箱，其中的每一本都整齐地装订成册，封皮上干净地写着相应的教学年份。

父亲是我的启蒙老师，他对我的教育方式很独特。我对自然科学的兴趣，尤其是年少时对数学的热爱以及能有较扎实的数理基础大都得益于父亲的随意却又独特的教育。中学时，我一直寄宿在学校。周末回家时见到父亲笑眯眯地呷着两口"泗洪白酒"（当时市面上最便宜的酒），然后从抽斗中拿出一页写了几行字的纸，对我说："这里有两道数学题，我解不出，你拿去看看吧。"每逢这时我总是欣然领命，默默地走到另一间屋子里，关上房门，静静思索，任时间悄然流逝……当我再次走出房门交出答卷的时候，我总能隐隐地感觉到父亲慈爱的眼光里流露着一种满意，尽管在这种情况下他往往一言不发。多年以后，我渐渐知晓这些题目都出自历届国际奥林匹克数学竞赛试题。很难定量计算我从父亲的这种教育方式中获得了怎样的收益，但无意中我对知识的综合运用能力在一天天增强，对问题的思维方式也在日益拓宽、改变，我不得不放弃思考问题的常规方法，转而求助于各种新奇、逆向、极端的非常规思维方式，这对于多年以后简化地震灾害模型等问题时大有裨益。父亲与我之间的"数学游戏"一直持续了多年，我对数学的兴趣也与日俱增。

年轻的朋友们时常问我做人与做学问的关系。我想两者是密不可分的，要想做好学问，首先得学会做人。从父亲的身上，我学会了敬业，学会了严谨，也学会了正直。然而，在我一生中还有一位无法忘怀的人，尽管她没有进过正式的学堂，没有留下只言片语的作品，却给我留下了一本厚厚的、无字的人生之书。她，就是我的外祖母。

外祖母是传统中国女性的缩影。至今还清晰记得在我出生的那个动荡年代里，外祖母和我相依为命。为了维持生计，她每日起早贪黑磨豆浆，挑着重重的担子沿街叫卖。20 世纪 60 年代初的困难时期，为能让我们多吃一些，长好身体，她总是在吃饭时借口吃过了，然后看着我们几个小辈贪吃的样子。直到有一天晚上帮助外祖母烫脚时，才突然发现她已经骨瘦如柴，弱不堪言了。我一头扑到她的怀里哭了，外祖母也哭了。那一时刻，我真正地理解了外祖母，我突然间读懂了多年来她一成不变的眼光里寄予的期望和默默的、无怨无悔的奉献。1987年，外祖母无疾而终，享年92岁。

## 成 长 的 历 程

一、师大附中

一个偶然的机会使我走进了师大附中的校门。

北京师范大学附属中学创建于1901年，是全国最早的三所公立学校之一。1950年我随父母迁京，那时中华人民共和国刚成立，正值国内、国际风起云涌动荡多变的时期，由于种种原因父母无暇顾及我，年仅8岁的我凭着一股"初生牛犊不怕虎"的劲儿，独自一人为自己的"前程"奔波起来。师大附小是离我家较近的一所学校，仅这样一个简单的理由让我径直闯入师大附小校门，通过了老师的简单提问后，我正式成为一名新生。几年后，我随优秀生一并免试升入师大附中。

天底下的所有学生都有一个共性——怕考试。

说到考试，我不得不提及一件小事，虽然我已记不清它的来龙去脉，但它成为我学习生涯中一个不可忽略的转折点，至今耐我寻味。与师大附小相比，附中的特点表现在对学生的严格管理上。这儿每周都有一次考试。初二的某次物理考试题目只有一道："从行驶的汽车里横向抛出一只皮球，问站在路面的人观看这只球的运动轨迹如何？"分数出来后，我破天荒地拿了个不及格。这是我学生生涯中的第一次，也是最后一次的不及格。从那以后，我变成了一个爱动脑筋、爱动手、努力学习的人。

1957年，我初中毕业。全国上下正在进行"反右"运动，老师们也没有心思用在我们这些学生身上，我借此机会自学完了高中三年的数学和物理课程。尽管对于内容的理解与掌握只是粗浅的，但其中的主要概念与方法已在脑海中留下了印记，这对以后的学习有很大帮助。高中三年级时,我幸运被选为老师的任课助手,常常利用业余时间为同学们答疑,其间最妙的感觉莫过于找到"一题多解"后的喜悦。33 年后,一位同事开玩笑地拿出一份 1990 年的高考数学和物理试题,我竟毫不费力地解答出来。回过头再想想,若不是当初自己主动学来的知识,而只是机械地死记硬背,恐怕表现出来的不再是此刻的从容了。

我生有涯,而知无涯。对知识的精确掌握固然是重要的,但更重要的是明了如何学习,总结出一套适合自己特点的学习方法,这将会终生受用。在师大附中的学习期间,我摸索出了一套学习知识的方法,这种方法一直沿用至今。概括起来只有两句话:学习靠自己,自我为主,老师为辅;学习要有动力和浓厚的兴趣。

1960 年,我参加了高考,以名列北京市前茅的成绩如愿以偿地迈进了中国科学技术大学的校门,开始了人生历程中又一个关键时期。

二、傅承义老师

中国科学技术大学是为响应 1957 年党中央"向科学进军"的号召而诞生的。鉴于当时的实际情况,中国科学技术大学采用了"所系合一"的管理教学体制,即大学中各个系别没有专门教职员工,所教授的课程由中国科学院的各个研究所安排,并从各所研究工作者中提供相应的兼职教员。因此,多位著名的科学家都曾在中国科学技术大学这座科学的殿堂中留下过辛勤耕耘的足迹。

现代的年轻人时常抱怨不再有我们当初的运气。的确,著名的地球物理学家傅承义先生担任我们的老师;著名的严济慈教授也曾教授我们"普通物理"和"电动力学"两门课程。这两位老先生都有一个共同的特点——从"不准点"下课,前者历来都早下,后者恰恰相反。他们的"不准点"在学校中也是出了名的。严济慈老师讲课自有他的一套路数:古今中外,深入浅出,把科学发展史、科技人物活动与科学知识紧密相连，妙趣横生，一讲就是几个小时，让人忘记了时间的存在。但这也苦煞了食堂的大师傅们。每逢严老师讲课，师傅们总是会做好午饭延长一小时的心理准备。傅承义先生善于把问题简单化，再复杂、抽象的道理经他几句讲解后，总会有"拨云见日"般豁然开朗的感觉；棘手的物理实验经他轻轻点拨，也会顿时明朗。两学时的课，他往往会提前10分钟下课，偶尔也会更早些。多年以后，我居然也继承了傅先生的不准点之"传统"，并有"青出于蓝而胜于蓝"的趋势。

大学毕业前夕，傅承义老师亲自指导我做毕业论文，这使得我与这位地球物理学的泰斗之间有了更多的接触，让我了解了不为常人知晓的傅先生的另一面。我的论文题目是"几何地震学的方法及其在掠入射问题中的应用"。傅老师告诉我，有一篇关于该题目的经典德文文献很值得一读。但我不懂德语，傅老师听后看了我一眼，一言未发。我原以为此事已到此为止了。傅老师每周都要检查我的论文进展情况，时间固定在周五下午2点钟。第二个星期五汇报完论文完成情况后，傅老师拿出了一个硬皮笔记本，上面整整齐齐地写满了英文。他已经将这厚厚的72页德文文献完整地翻译了出来。傅老师说："时间太紧，我只把这篇文献从德文译成了英文，你拿去看吧！"我无言以对，100页的硬皮笔记本写满了工整的英文，不用说翻译，就是单纯地照抄一遍至少也要三四天的时间。我不知道该说些什么表达此刻的心情，我深深地鞠了一躬，走出了傅老师的办公室，半晌无言。这一瞬间就这样一辈子挂在了我心间，它时不时触动我的心灵，让我以同样诲人不倦的态度对待我的学生们。这就是发生在世界著名的学者傅承义先生和一个普普通通的大学生之间的真实故事。

"文革"期间，傅承义先生被错划为"反动学术权威"而受到了不公正的待遇。作为他的学生，我们总想为傅先生做点什么，以表示我们对他的敬重与支持。遗憾的是，在那个动荡的年代里，做一点点入情入理的事情十分困难。没有人知晓此时此刻，在"学习班"中改造的傅老师在想些什么？1975年海城地震后，我在研究所里做一个题为"海城地震前震的特征"报告。会议室的旁边就是傅承义老师等"学习班"（"文革"早期叫"专政队"）所在地。报告结束后，我最后一个走出来，见到了在"学习班"门口等候的傅承义老师。原来尽管他被勒令不准走进报告厅，再去搞"反动"的学术研究和宣传，耳朵却还是自由的，他就这样躲在角落里听完了我的报告。"你谈的不一定是所有前震的特征，但这种现象可以用来作为一个信号，表示一串地震中最大的地震是否已经过去。"他小声地对我说。短短的一句话将我长久以来研究地震时积压的许多困惑一扫而光。这就是我敬爱的老师，尽管身陷逆境，但仍然乐观、执著地关注自己所热爱的事业，用自己的实际行动鼓舞、激励着后辈。

以后工作的几十年里，我陆陆续续地碰到了许多像傅先生这样的好老师，如刘光鼎、丁国瑜、秦馨菱、曾融生、马在田等老师，他们不但学识渊博、治学严谨，而且为人正直、关心后辈，他们带给我的影响也是不可忽略的。

## 与地震的不解之缘

20世纪六七十年代在我国地震史上可谓一段不寻常的日子。这期间我国内地发生了多次六七级地震，不少还发生在人口密集的大中城市。1966年，河北邢台发生强烈地震，我受中国科学院地球物理研究所的派遣，前往邢台震中区进行现场工作。没曾料到一干就是五年——整整五年的野外观测。野外观测十分辛苦，除了东奔西跑外，最困难的是交流，往往几天、半个月里只有两个人做伴，若伙伴有事告假，整天便只能与地震图和各式仪器为伍。

两个特殊原因决定了我必须要这么做：第一，什么样的地球物理观测对于地震预报研究最为有效？早在1887年我国在台北就已经有了中国近代最早的地震仪器记录（并不比国外的地震记录晚很多）；1930年李善邦先生在北京的鹫峰建立了中国人设置的第一个地震台站，但中国学者正式注重地震问题的研究是始于几次惨重代价之后。没有人能有理有据地回答这个问题。当时采用了一个简单的解决方案：既然无从选择，就统统试一试。不论是地电、地磁、地应力场、重力异常等，还是水化学、水文地质等较为科学的手段，甚至普通老百姓提供的猫、狗、蛇等动物的古怪行为，以及"地光"、水井等异常征兆也都被一一记载入案。第二，正逢"文革"抓革命、促生产之时，我随同少数人来到邢台地震现场"促生产"。坐在车上，头顶着一片灰蒙蒙的天，我们来到了破坏最为严重的震中现场。没有更多的言语，死一样的沉寂笼罩着每个人，我们的心中都被一种震撼冲击着，生命的悲剧由于我们的无能为力越显沉痛。我们必须做点什么，但又从哪儿开始呢？

大学五年的课程一直是在纸上进行着操练演习，与真真切切的现场完全是两码事——没有窗明几净和循循善诱的好老师，只有满目废墟与幸存者麻木的表情。我从最简单的仪器操作开始，大胆摆弄起各种地震仪器，坏了就先小心地从里到外检查一番，然后再拆拆补补，卸卸装装，开心的时刻莫过于让一台仪器起死回生，看着它在地震现场再度大显身手。现场资料的处理和结果的分析大都在结束了一天的测量之后进行。窝在小小的野外帐篷里，沉浸在铅笔与计算尺的交替运算中，其中的乐趣让我至今还久久回味。由于工作的流动性，我甚至当过兼职司机，这使我日后在美国考驾驶执照时，只需要学认几个简单的英文单词就够了，像 steering, brake, curb, 等等。当时的情况就是如此，未曾想过可以不这么做，也未曾意识到那五年的日子里我其实学会了很多别人无从拥有的东西，动手能力的提高也为今后岩石物理高压实验室的建立提供了必备的条件。

那几年中另一件大事是我与妻子的结合。地震之后的现场几乎见不到一栋完整挺立的建筑物，更为恼人的是余震接二连三地发生，其间也不乏几次强烈的震动。我们就自己动手用土坯搭起简陋的矮小房屋，时不时长吟道"山不在高，有仙则名……斯是陋室，惟吾德馨"。就是在这样艰苦的条件下，1968 年，我与妻子杨杰英结婚了。她是我原来在北京时的邻居，从小一起戏耍，一起长大。那时她在北京已是"工人宣传队"的一名成员，本该与我这类"反动学术权威"的儿子划清界限的，别的人都"退避三舍"而唯恐不及，唯独她虽为一女子，却以惊人的勇气在这个非常的时期给我莫大的信任、关怀与支持。30 多年以来，妻子一直在默默中奉献，无怨无悔地承担了因为我而造成的种种不幸与挫折。她常让我想起我的外祖母，让我感慨中国千千万万的女性只求奉献不求索取的美德。我在事业上能走到今天这一步，是与妻子的默默奉献不可分割的。

野外五年的艰苦工作磨炼了我的意志，也促成了我与地震科学的不解之缘。我逐渐认识到地震领域是科学上的一块尚未开垦的处女地，它的进展状态将在很大程度上代表了人类征服自然、改造自然的能力。在地震这种毁灭性灾害的面前，人类显得太为渺小。慌乱与无助似乎不应该成为这个时代的主旋律，我们总得做点什么，即便微小，也可以涓涓成河。我决定将自己全部投入这片荒地的开垦上。到现在已经 30 多年了，我仍不知疲倦地履行着自己的诺言。

## 摸 索 中 前 进

一、高温高压实验

20 世纪 70 年代初，周恩来总理再次号召加强基础研究。我被研究所任命负责筹建一个高温高压实验室,研究在地球深部环境下岩石变形及破裂的物理性质,以便为地震预报提供部分理论基础。

这在当时是一项十分艰巨的任务。刚一拿到它,我没有急于寻求合作伙伴,而是依照惯例开始思考——思考新命题的可行性,预测有可能出现的结果,尤其是对研究的方向、手段加以考虑——是以现有的研究成果为基础继续深入,还是另辟蹊径走一条前程未知的路?高温高压实验工作开始于20世纪20年代的美国,其间造就了许多有名的岩石物理学家,如Bridgeman,由于其杰出的研究成果荣获1954年的诺贝尔物理学奖。许多人曾建议我借鉴美国人的研究方式,顺着他们的思路继续走下去。当时中国的情况不容乐观:首先是基础设施不足,没有足够的资金购买先进而且必要的实验设备,无法建立相应的实验室;其次是研究历史极短,人才没有储备。在慎重考虑之后,我决定摒弃这种传统的做法,选择了一条自己的"有所为有所不为"的道路。

地震是地球内部岩石的突然破裂过程,结合地震预报的实际需要,我选择了岩石破裂物理学作为实验室发展方向。传统的实验做法着眼于测量岩石样品的整体物理性质,寻求破裂的前兆和失稳准则,新建的实验室没有沿袭这种做法。Gutenberg说过,"地震是照亮地球内部的一盏盏明灯"。然而,由于地震的不确定性和突发性以及地震台站数目的有限,我们所获取的只可能是质量上打过数次"折扣",数量极为有限的观测资料,这是自然界带给我们的难题。但是,如果从微观的角度对破坏中岩样各点的物理性质进行"全场性"的测量,我们就可以获取"无限"多个台站的观测资料,所面临的台站有限这一难题就可以迎刃而解。所谓"全场性"测量即从岩样变形场(局部化)形成的空间、时间结构分析中寻找普适性的破坏前兆(实际上,20世纪90年代提出的SAR和INSAR测量思路和上述思路完全一致）。其次，传统的做法将岩石样品（震源）和压机（周围的地质体）孤立开来，对其分别加以研究。考虑到岩石样品与压机实际上是相互作用的系统中不可分离的两部分，我们转而借助于系统能量平衡的原理来研究失稳准则。另外，这样做还有一个突出的优点，我们不再是"孤军作战"，岩石是构成地球的不可或缺的材料，随着材料科学的日益完备，我们可以充分吸取其中的许多养分，将一些相关理论"拿为己用"。

在这种思路的指导下，我开始放手大胆实干。1974年，国内第一套10000大气压的高压实验设备在北京三里河一个小屋中诞生；两年后，国际上第一套能进行全场性精密变形测量的脉冲激光全息装置问世；不久，计算机伺服控制加载系统概念开始为人们接受。我们还发现了一个与传统观点相对立的现象，即应力途径对岩石强度、破裂方式和破裂前兆有重要影响。岩石在受到外界的作用力后必将发生形变，产生应变能，一旦应变能超过岩石的强度时，岩石就会发生破裂，这是众所周知的概念。但我们关于岩石应力途径和强度的实验研究表明：传统的观点不完全正确，它忽视了岩石破裂的一个关键性因素——差应力。岩石应变能的来源有二：相应于球应力产生的体积形变的能量和差应力导致形状变化的能量。岩石破坏主要与差应力有关，只有当主要与差应力有关的能量增加时，岩石才会发生破坏。倘从岩石总应变能来看，不仅当总能量增加时岩石会发生破坏，当能量减小时，一样会发生破坏。傅承义先生首先肯定和高度评价了这样的实验结果，这些成果在一些国际学术刊物上发表后，引起了国际学术界的广泛重视。美国原子能委员会尤其注意到了岩石破裂研究的成果在核废料处理问题上的潜在应用价值。

二、岩石热开裂——核废料处理

核废料处理问题一直是核研究者与普通民众共同关心的焦点问

题之一。20世纪70年代，核电站产生的核废料大多放在地壳深部的花岗岩中。花岗岩受热后，岩石内部的微裂纹是否扩展将涉及核废料深埋地下的安全性，是一个十分重要的科学问题。特别是70年代美国加州三厘岛发生核泄漏事件后，社会公众对于核废料处理的安全性更加重视。

1979年中美建交之前，我受邀赴美国加州大学伯克利分校从事核废料处理方面的岩石物理学基础研究。在认真研究了前人开展的工作后，决定不重复西方人走过的老路，改用自己熟悉的声发射（AE）技术来监视花岗岩中裂纹随温度的发展和变化。有关岩石热学方面的实验通常都是十分棘手的，既消磨时间，又耗费精力，一连好几天的实验往往是家常便饭，这就要求实验人员有极大的耐心和毅力，通宵达旦地守候在仪器前。实验结果令人吃惊，花岗岩在70℃左右时，内部出现大量的裂纹。我们给出了合理的解释：构成花岗岩的几种矿物成分，如石英、长石和云母等具有不同的热膨胀系数，结果在加热到70℃时，矿物颗粒之间的晶界被撕开。通过对比不同的加热过程，我们还发现了岩石热开裂的记忆性，即热开裂的温度不可逆性。这些热开裂研究的论文即便在20年后的今天仍被国际上广泛引用。

花岗岩有热开裂现象，其他种类的岩石是否也有热开裂现象呢？特别是碳酸盐岩，大型的油田都储集于碳酸盐岩地区，而岩石中的裂纹状态对于油气的形成和开发都是至关重要的。通过实验，我和我的同事们发现，随着地球内部温度的升高，各种岩石内部出现许多微小裂纹，在一定条件下，连通的微裂纹网络对岩石渗透率影响很大。从微观角度考虑，在构造力、水压力和热应力作用下，岩石内部会产生微裂纹和微裂纹网络；从宏观角度研究，当微裂纹网络连通到一定程度时，岩石的渗透率就会有突然的增加。这种从微观裂纹产生的机理到产生岩石宏观性质变化的现象和机理，如逾渗理论（Percolation），构成了当前关于岩石破裂和输运（Transport）特性研究的前沿课题。

花岗岩的热开裂特性已被用于核废料处理的安全检测，在石油的三次开采方面，碳酸岩和砂岩的热开裂现象也有着巨大的应用潜力。

三、没有两次完全一样的地震

1975 年辽宁海城地震后，我是第一批被派往现场进行考察的科学工作者之一；1976 年唐山地震后，我再一次有幸成为最早来到地震现场的考察者。

20 世纪 90 年代，人们对地震是否可以预报争论不休；海城地震的成功预报却一度使中国地震界信心倍增，甚至有部分人开始鼓吹"地震难题已不攻自破"。事实上，海城地震前三天内 500 多次小地震的频繁而至（前震）给了所有地震工作者们一个明显的暗示，同时也布设了一个不小的陷阱，让人们误认为这就是一成不变的准则。

遗憾的是当全国上下一片欣然之时，唐山大地震在悄无声息中给了人们当头一击，没有任何的异常，平静得连一个前震都未发生，然后一瞬间就夺去了 24 万人的生命。

在海城震中区临时搭起的小帐篷里，一个问题始终让我彻夜不眠。为什么有的小地震（前震）之后会跟随一个更大的地震（主震），而有的小震之后又根本没有大地震发生（称这一群地震活动为震群）？如何能及时地判断某个小地震到底是大地震的前震呢，还是一般的震群活动？我百思不得其解。科学研究的过程总是这样，没有绝对的一帆风顺，只有一次又一次、一遍又一遍深入思考，在突然而至的灵感触动下，找到期盼已久的答案。在昏黄微弱的灯光下，我对着地震图一张又一张仔细分析，突然发现海城地震之前与之后地震的记录波形在地震图上有明显不同，前者都很相似，后者间的差别很大。在这一启发下，我提出了震源机制一致性作为地震活动的新参数，用于判断一群地震发生后，是否会有大地震随之发生。这种方法对震群及前震的识别很有意义，一直在预报中使用至今。

一年后唐山大地震的发生让我清醒地认识到了一点：如果用多个指标描述地震，那么世界上没有任何两个地震是完全一样的。正如不存在两片完全一样的雪花，这似乎暗示了自然现象的复杂性。因此，研究工作的重点又转移到寻求这些复杂现象的共性上来。

当专注一个问题时，日常生活中任何一点小小的启示都有可能带来出乎意料的结果。我注意到一张纸被撕裂后会形成一条线（直线或曲线）——二维体的破裂形成一维的破裂线；一块岩石样品破裂后，形成一个面（平面或曲面）——三维体的破裂形成二维的破裂面。但这仅仅是破裂后造成的结果，破裂之前又将如何？破裂之前各种前兆的空间分布是否具有降维的趋势，会不会出现各种性质局部上的变化？通过对岩石实验大量数据的分析，我提出了地震前兆的降维模式。它的要点是：用分形几何学分析地震孕育过程中各种物理场的空间结构变化，其空间分维数呈下降趋势直至地震发生。因此，各种物理场的降维过程可以作为地震发生的普适性前兆。降维模式是关于地震前兆的一种唯象模式，在国际理论物理中心曾举行过专题研讨班。这一理论模式至今仍被广泛引用。

与此同时，我还将非线性科学与地震学研究相结合，提出了"图像动力学"作为唯象理论研究地震过程的新的学术方向。图像动力学主要包括：地震活动性的分析（图像的定量分析）、地震活动性的模拟（产生图像的多维离散模型）和预测问题（图像算法问题）。这种研究方向已成为许多国际学术活动的热点问题。

四、地震灾害定量化

1985 年至 1996 年间我从事了 11 年的行政工作，出于某些特殊的原因，我选择了地震灾害定量化作为研究方向。首先它包括的学科面很广，既涉及地震学、大陆动力学等自然科学领域，也涉及工程科学、社会经济学的方方面面；其次对灾害的定量化估计是人们所迫切要求的，对减轻地震造成的损失及建筑物的设防等都具有重要意义，尤其是在 20 世纪地震活动的再一次高潮期内。另外，做这方面的研究不需要大型的实验设备和技术条件，而且研究所需要的资料也容易从计算机网络中得到。

20 世纪最后十年是联合国认定的国际减灾十年，涉及一个重要问题就是地震灾害的定量化。目前常用的估计地震灾害方法是从美国加州发展起来的，需要用到大量详细的建筑物分类资料，这对世界上绝大多数国家和地区不容易做到。掌握这种传统方法后，我决定采用另一条完全不同的思路。

对复杂问题的简单化、极端化、逆向化是我在读中学时养成的一种思维方式。针对地震灾害问题，我选择了简单化处理手段，试图找到问题的核心所在。灾害定量化问题包括三个组成部分：对地震破坏力的估计；地震破坏对象和该对象对于破坏力的反应（易损性）。美国科学家所提方法的核心是：

断层活动　　　　　　　　地震破坏力

建筑物　　　　　　　　　破坏对象

建筑物对破坏力的反应　　易损性

我们则发展出完全不同的思路：

近代地震活动　　　　　　地震破坏力

社会财富（用 GDP 表示）　破坏对象

GDP 对破坏力的反应　　　易损性

这种新思路不但概念清楚，实用可行，也符合近几年来从美国北岭和日本阪神地震中得出的教训总结，因此产生了很大的国际反响。

陈颙院士做客青藏高原科学大讲堂（作者提供）

国际地震工程协会（IAEE）专门成立了由我领导的联合研究小组，将地震学、工程学和经济学结合起来，发展了整套新的方法，定量地编制了第一张全球范围的地震灾害预测图。IASPEI（国际地震学和地球内部物理学会）已正式批准该图以国际地震学和地球内部物理学会名义出版，IAEE也同意资助该图的出版，除全球范围分析外，中美洲6个国家、非洲等国目前都采用这种新的灾害分析方法。

　　我和我的同事们整整花了5年的时间发展起了这套全新方法——从简单的概念入手，到关键性的方法设计，直到最终的计算机演示分析程序。40多年以前，苏联专家来华帮助中国人编制地震危险区域图；今天，则是中国科学家到中美洲、非洲去帮助别人编制地震灾害图。想到这里，5年的辛苦并没有白费。

## 个人创新活动与集体研究的"临界质量"

　　科技研究包括许多方面，从性质上大体可分为：科学观测、基础研究、应用研究和科学工程等。其中，基础研究是以增进人类对自然界的认识为目标，所含知识创新成分较高的一类研究。多年来，我从事的领域主要涉及地球科学方面的基础研究。

我常常告诫我的学生们，对于一个搞基础研究的工作者，首要的不是如何把自己的成果做得体面、漂亮，向人们展示，而是要有很好的 idea，即一些有价值、有意义的想法。思想的火花永远不会过时，它总是崭新和富有生命力的。现在有为数不少的一部分搞基础研究的年轻人宁愿沉湎于纯粹的技术性工作中，而不愿意花大量时间沉下心来静静地思考专业方面所遇到的问题，我认为这是某种意义上的偷懒与退步，是不可取的。

基础研究带有强烈的个体性。一般情况下，一个有重要意义的科学思想都是由极个别人首先提出，然后再以它们潜在的价值或广阔的前景等为人们所接受，它们的产生通常是不能预料的。在科学发展史上，这类例子多得不胜枚举。有人说，科学发现带有偶然性，像人们熟悉的阿基米德浮力定律、牛顿定律的发现，瓦特蒸汽机的发明，以及地学史上魏格纳大陆漂移说的创建等，看上去的确具有某种偶然性，但隐藏在它们背后的是一种必然性。科学基础训练、知识综合、实践经历和科学积累等，都是做出科学发现的必然因素。所谓的灵感正是来自长期的冥思苦想中。这也是科学对那些执著追随者们的回报。

"百花齐放，百家争鸣"是促进科学发现的正确政策，因为它提供了一种宽松的有益于发挥科研工作者个人才智的学术环境。中国国家自然科学基金会资助的研究项目成果丰硕，正是因为它的运转机制充分尊重了科学创新的个体性。至于那些"装口袋式"的科技管理方式，即将研究项目分成一级课题、二级课题等，在基础科研上投入产出比很低也是可以想见的。这是因为研究计划中创造性的"棱角"在反复讨论中被"磨蚀"殆尽；对方方面面关系利益的"照顾"，不得不牺牲课题的创造特色；行政干预和处理复杂的人事关系，也会花费科技人员过多的精力。

个人的创新活动离开研究集体，很难凭借个人的力量创造出奇迹。当两块铀－235合并为一块，并且其质量超过"临界质量"时，就会发生核裂变反应，释放出大量的能量。对于一个研究集体，同样也存在着"临界质量"，在达到这个"临界质量"之后，研究成果便会如雨后春笋般不断地产生。研究集体

陈颙院士（中国科学院提供）

的"临界质量"并不简单地指研究者的人数，更为重要的是研究人员的素养、学科组成、合作精神和与国际学术界的紧密联系。研究集体的问题对于地球科学的发展尤为重要，因为地球科学是以观测和实验为基础的，是一门跨学科、综合性的研究。在野外的5年艰苦工作也使我感到，科学研究上不作过细的学科划分，对于科学进步是有好处的。20世纪70年代以后，随着学科的越划分越细密，每个学科的研究者都有读不完的书，看不完的文献，使每个人只关心自己所涉及的狭窄领域，无暇顾及邻近领域的发展状况，这实际上是科学的悲剧。现在越来越多的人已经认识到学科交叉和学科渗透的重要性。刘光鼎院士提出的地质学、地球物理学和地球化学高层次综合研究，代表了对地学研究集体"临界质量"的要求，也体现了学科交叉的必要性。

近二十余年，我一直致力于建立一个具有"临界质量"的科研团队，尽管面临着许多困难，但我还是满怀希望地去做。目前，国内外

一批年轻有为的学者正和我一起很好地工作。自然科学发展很快，"学术带头人"更换得也很快，这是科学发展本身的规律。"各领风骚能几年"成为这一时代独具的特色。我希望而且也相信，会有更多的年轻人脱颖而出成为科学事业的骨干。

陈　颙　地球物理学家。1942 年 12 月 31 日生于重庆，籍贯江苏宿迁。1965 年毕业于中国科学技术大学地球物理系。曾任国际地震学和地球内部物理学联合会（IASPEI）的地震预报和地震灾害委员会主席，国际地震中心（ISC）执行理事，地球物理所所长，国家地震局副局长，中国地震学会理事长，国家地震局科技委主任。长期从事地震学和实验岩石物理学研究工作，主要研究用地震波深测地下结构和物性的理论和方法及其在环境、能源和减灾方面的潜在应用。研究地震雷达，并致力发展城市地球物理学。代表作有：*The Tangshan Great Earthquake of 1976—an Anatomy of Disaster*、*Seismic Hazard and Risk Analysis: A Simplified Approach*、《岩石物理学》和《分形几何学》等。1993 年当选为中国科学院学部委员（院士）。2000 年当选第三世界科学院院士。

知而不真不是真知，学而不问不
成学问。学以致用，学用结合。

# 做人 做学问 作贡献

陈俊武

一个人从呱呱坠地的那一天起就开始他一生的旅程，将在熙熙
攘攘的人类社会中留下个人的轨迹，并在广袤的宇宙内留下痕迹。

人为何而生存？人怎样生活才有意义？

有的人碌碌终生，很少思考这一问题。其实，只要学习宇宙演变
和人类进化的历史就可以了解到：宇宙已存在约 170 亿年，地球已存
在 46 亿年，地球出现生命已 25 亿年，作为高等动物的人类已出现
700 万年，现代人出现 5 万年，而人类文明史不过 5000 多年，现代科
技和工业史只不过 400 年，当前高度发展的科技和现代化的生活只
是近几十年才有的。

人类的进步来自生命的进化，生成了从认识自然到改造自然的
巨大本领，出现万物进化过程中前所未有的飞跃。人的生命的延续
与知识的积累和继承，使人类很快摆脱消极地依赖自然与适应自然
的局面，这是人类的骄傲。我们有幸作为人类的一员生活在当今时
代，目睹并享受祖辈们孜孜以求但未能领略到的现代文明，应感到无
比幸福和光荣。

庄子说的"吾生也有涯，而知也无涯。以有涯随无涯，殆已……"

是消极而不可取的。

胡适说："其实人生不是梦，也不是戏……""以有限的人生去探求无穷的知识，实在是非常快乐的。"

左拉说："生活的全部意义在于无穷地探索尚未知道的东西，在于不断地增加更多的知识。"

先哲的话不仅否定了庄子的思想，也刺中了当今宣扬"游戏人生""享乐人生"的个别人无功求禄或坐享其成者的要害。

陈俊武院士在办公室接受采访（作者提供）

人们在惊宇宙之大，赞万象之奇，赏物种之丰，寻生命之谜的同时，不停地探索、攀登，不断地发现、开拓新知识领域，才取得眼下的成就。做人就应做有进取精神的人。人品和人格是衡量人的质量标准，做人要学会自觉地用当代的道德规范和行为准则约束自己。每个人能达到的水准有所不同——伟大和平凡，杰出和平庸……固然存在历史或环境的机遇，但个人的勤奋努力往往会使后者成为前者。

我们和我们的祖先生长在中国，因此做人首先要做一个堂堂正正的中国人。中国是文明大国，过去曾是强国，近代由于社会制度和闭关锁国政策诸因素而贫穷落后了，如今有了正确的制度和路线，正在奋起直追，经过今后几代人的努力，必将重新步入富强之林。历史长河中的一些教训在所难免，怨天尤人徒劳无益。中国人的勤劳品质与凝聚力举世公认，我们要以做当代的中国人而自豪！

通过学习获取知识是人类的特长。不管青少年朋友将来从事哪种工作，都需要知识的武装。随着科技的进步，今后的体力劳动者也应掌握更多的知识。不少青少年打算将来从事脑力劳动，争取成为科学家、文学家、工程师、医师、艺术家等，那就必须刻苦地学习，在掌握知识的基础上不断丰富人类知识库的宝藏。学海无涯，人类的知识库要不断充实更新，我们的质疑要更深刻，这才是"做学问"。

我做学问的体会是：活到老，学到老。学然后知不足。砥砺切磋，锲而不舍。严谨求实，精益求精。知而不真不是真知，学而不问不成学问。学以致用，学用结合；学以致问，学问长进。书乃人之工具，人非书之奴隶。有所为，又要有所不为，才能真正有为。理论来自实践，进而指导实践；只有经过实践的反复检验，理论才能臻于完

三院士（左起：严陆光、陈俊武、吴承康）在新疆与青少年对话（作者提供）

善。善于独立思考，敢于标新立异。不拘于传统，不囿于陈规。虚怀若谷，大智若愚。集思广益，集腋成裘。做学问要做到：衣带渐宽终不悔，为伊消得人憔悴。这样才能达到较高的治学境界，取得较大的学术成就！

陈俊武院士（作者提供）

青少年朋友如果想步入学术殿堂，就一定要有充分受苦的思想准备，从小养成勤奋好学的习惯。

贡献是给社会创造物质财富或精神财富，奉献则是人的一种精神力量。奉献是贡献的源泉，奉献是人生的最大乐趣。

人们的生活日益丰富多彩，来自人类多年来在众多方面所作的贡献。具体说来，迄今世界上积累的巨额物质财富和精神财富都是约500亿人——我们的先辈和当今约60亿成年人的血汗创造的。贡献多少取决于每个人能力的大小，能力主要来自培养和锻炼。应提倡多练本领，多作贡献。

一个人从自己和他人贡献中得到用于个人享受和消费的那一部分，谓之索取。一生中奉献大于索取，人生就灿烂；奉献等于索取，人生就平淡；奉献小于索取，人生就无光！

讲奉献就要正确对待名与利、得与失。社会和历史对每个人自有正确评价。我们提倡淡泊明志的精神境界。名实相符，心阔气舒；名不副实，反成包袱。

讲奉献的同时要反对不劳而获，少劳多得，好逸恶劳……更要反对步入铺张浪费、超前消费、公款私费与不健康消费的误区，只有形成良好的社会风气，才有助于奉献者的心态平衡。

奉献者要放眼未来，关心人类社会的总体发展，关心子孙后代的生活环境和生存条件。执行"人口、资源和环境的可持续发展"战略和"四个全面"战略布局，进一步实现中国梦，将给奉献者强大的动力！

**陈俊武** 化学工程学家、炼油工程专家。1927年3月17日生于北京，籍贯福建福州长乐。1948年毕业于北京大学化工系。中国石化总公司洛阳石油化工工程公司高级工程师。作为我国炼油催化裂化工程技术的奠基人，在20世纪60年代设计了我国第一套60万吨/年硫化催化裂化装置。数十年来，在催化裂化领域开发了一系列反应—再生工程技术，使我国的催化裂化技术达到世界先进水平。在炼油工艺理论领域中提出了用元素平衡进行催化裂化物料平衡的理论和设计方法；指导不同炼油工艺过程石油基团转化规律的研究；为我国炼油行业培养了一批高水平科研和设计人才。曾任石油工业部抚顺设计院副总工程师、中石化洛阳石油化工工程公司经理和技术委员会主任。编撰了《催化裂化工艺与工程》《石油替代综论》《中国中长期碳减排战略目标研究》等专著。曾获国家科技进步奖一等奖和技术发明奖一等奖多项，1990年被授予中华人民共和国工程设计大师称号，1995年获何梁何利基金"科学与技术进步奖"。1991年当选中国科学院学部委员（院士）。2019年被中宣部授予"时代楷模"荣誉称号。

在人生曲折坎坷的道路上，中学时代是人生旅程的开始，对每一个人的前程起着决定性的起步作用。

# 我的中学时代

## 陈梦熊

中学时代是人生道路中最宝贵的一段，因为中学生朝气蓬勃，充满青春的活力，满怀无限的希望和美好的理想。中学时代就像人生的春天，繁花似锦，风光无限好，但春天又会很快消逝。在人生曲折坎坷的道路上，中学时代是人生旅程的开始，对每一个人的前程起着决定性的起步作用。

我的中学时代，离现在似乎已经非常遥远了。那是在20世纪30年代，正好是抗日战争全面爆发前的六年。那一时期，东北沦陷，日本侵略军又自华北步步进逼，抗日的烽火四处燃起。在战火纷飞的年代，我在当时国民党政府的首都南京，度过了六年中学生涯。我进的是一所教会学校——南京金陵中学，管理比较严格，但我觉得这所学校有不少特色值得谈一谈。这些特色，对我以后的工作和生活道路，都有较大影响。

第一个特色是这所学校特别重视英语教学，远比一般中学要求严格。由于它是教会学校，采用的英语课本比较深，刚入学就读《泰西五十轶事》，以后又读过《天方夜谭》《林肯传》《维克非牧师》等课本，以及纳氏文法。有时，还把社会上发行很广的英文版《密勒氏评论周报》作为教材。从初一起一直到高中毕业，年年都有英文课，每周至少五小时，而且有些数、理课的教科书，如《范氏大代数》也是英文版。由此，学生的英语听说读写水平比一般中学要高。在读过的英文课本中，《林肯传》对我影响最大。不仅是这本英文传记写得好，而且林肯解放黑奴的伟大事业也感人至深。读了《林肯传》，使我对美国的历史、地理、宗教和政治，有了较系统的了解。特别是美国早先的黑奴制度、美国南北的差异与南北战争、两党政治与总统选举等，这些知识长期以来对我非常有用。后来，进了大学，我的许多专业课程用的也是英文课本，由于中学阶段外文基础打得好，学习上遇到的困难就比较少。近二三十年来，我主要从事科学研究，由于实行改革开放，国际学术交流日益频繁。我在许多次国际学术会议上，发表了不少用英文写的论文，为传播我国的科学成就，提高我国在国际学术界的地位，作了一点贡献，这一切与我中学时代的英语学习是分不开的。

年逾九旬的陈梦熊院士仍不停地学习与思考（中国科学院提供）

金陵中学以体育运动著称，特别是足球人才辈出，长期"称霸"江南，可与大学校队抗衡。这主要由于校园内有两个大操场和一座当时新建的设备相当完善的体育馆，为发展体育创造了优越条件。每个星期六的下午，经常有一场足球赛，对手主要是下关（下关是南京长江码头和旧火车站所在地的地名，在旧社会，外国军舰经常停泊在下关码头）外国军舰上的英国水

陈梦熊院士（中国科学院提供）

兵或美国水兵。同学们都紧紧围绕着球场，组成啦啦队，不断地呐喊助威。当时每场比赛，在呐喊声中还不停地唱一首大家都会唱的"拉拉歌"，歌词非常简单，只有一两句话，至今记忆犹新，主要意思是"金陵必胜"，一时此起彼伏，声势大振，气氛十分热烈。尽管外国兵（学生戏称他们为"毛子兵"）身材高大，体强力壮，但我们身灵体巧，球艺高超，"毛子兵"经常败在我们脚下。那时江南地区有七八所教会中学，每年要轮流举办一次足球、篮球锦标赛和田径运动会，金陵中学经常夺冠，"称霸"一时。

在初中时期，我身体很瘦弱，由于受校园内体育风尚的熏陶，开始爱踢足球，每天下午课后，就到球场踢球。那时几乎每天都有球赛，有时是班级之间的比赛，有时是球队与球队之间的比赛。因为除了班级组成的球队外，还有许多自由组合的球队，所以课后球场上十分热闹。到了高中时期，我的兴趣又转到篮球，只要有空闲，就到体育馆打篮球，而且经常组织比赛。由于我热爱体育活动，在中学的六年时间内，十分瘦弱的身体逐渐锻炼得比较强壮。以后进入大学一

直到参加工作，我仍然经常参加体育活动，因此能保持身体健康，很少生病。我离开大学后，长期在辽阔的大西北，从事野外地质矿产调查，经常在崇山峻岭中攀山涉水，或在渺无人烟的戈壁沙漠日行数十千米。如果没有健康的体魄，那是绝对做不到的。

除了体育活动外，其他各类课外活动也十分活跃。如由同学们自己组织的歌咏队、弦乐队、话剧社等，都在社会上有一点小名气。我们班上还有化学研究会、无线电研究会，以及文学研究会等组织。我参加了文学研究会的活动，尽管只是五六位有共同兴趣的同学，由于受当时林语堂创办的《西风》杂志的影响，大家还是创作了不少风趣幽默的小文章。不久，我们在校内创办了一本四开本的铅印刊物——《金陵风》，主要发表一些反映学校生活的趣味文章和诗歌，不仅行销本校，还推销到邻近的学校，直到快毕业离校时，才停刊。当时校内每年还要办一期校刊，内容除照片外，主要是同学写的文艺作品，也有老师写的，我曾在校刊上发表过散文和短篇小说。这些活动使我养成爱好写作的习惯和具有一定的组织能力。我在抗日战争时期，写过不少宣传抗战的文章，在大学主编过学生自治会办的墙报。参加工作后，我在国内外发表过100多篇学术论文，并担任过不少刊物的编委。我想这些工作也是得益于中学时代对文学活动的爱好吧！

金陵中学除了以上特色外，在当时与其他学校相比，具有比较雄厚的师资和比较完善的科学实验设备，特别是数、理、化老师，都有较高水平，有的老师后来当上了大学教授。我所知道的许多校友，大部分后来从事科技或学术研究工作。1949年后，他们在各个不同的岗位上，担任了重要职务，并为社会主义建设作出了重要贡献。

抗战期间与抗战后，金陵中学多次迁移，数度易名，1949年后曾改名为南京第十中学，仍是南京的重点中学之一。1988年经南京市人民政府批准，恢复"金陵中学"的校名，我想可能是为了发扬该校原有的优良传统吧！

　　**陈梦熊**　水文地质学家。1917 年 10 月 12 日生于江苏南京，祖籍浙江上虞。2012 年 12 月 28 日逝于北京。1942 年毕业于国立西南联合大学。国土资源部（现自然资源部）科技咨询研究中心咨询委员、高级工程师。长期在地矿部水文地质工程地质局担任副总工程师，主管水文地质科技业务，领导并完成全国区域水文地质普查工作。20 世纪 80 年代以来，又致力于地下水资源与环境水文地质问题的研究。完成国际水文计划（IHP）两项国际合作研究课题。除对水文地质研究作出重要贡献外，在环境地质及地貌、第四纪地质等方面，也造诣较深。曾先后获全国科学大会奖、国家科技进步奖二等奖、地矿部科技成果奖二等奖、三等奖等。2006 年获何梁何利基金"科学与技术进步奖"。1991 年当选中国科学院学部委员（院士）。

自学能力是人生做学问的第一重
要素养，这一点在离开学校之后表现
得尤其突出。学校只教基础知识，到
工作岗位之后，为适应新的专业或知
识更新，全靠自学。

# 敬 怀 恩 师

陈木法

## 童 年

1946年8月22日我生于福建省惠安县的一个小村庄（1965年
我离家时，全村只有16户人家、80多人）。祖父、祖母均在我出生
前过世。父亲陈等金和母亲林瑾养育了我们六个子女，我排行老三，
上有两个姐姐、下有一个弟弟和两个妹妹。除大姐跟随姐夫在外，其
余均在家务农；我弟弟小学毕业，姐妹们都没有上过学。我父亲除了
务农之外，还从事一些手工业劳动，可算是一位民间艺人，他的手艺
在乡间颇有名气，曾受聘布置了我县的农展馆。我母亲则在田间操
劳一生，经历无数艰难困苦，现已90岁高龄，虽伤病缠身，但生活还
能自理，我每周跟老人家通一次电话。

父亲对我影响很大，他的教育让我至今不能忘怀。其一是"人活
着要靠勤劳"。他说当年祖父管教他很严，早上起床之后，就不准屁

股粘凳子，要一直干活。

我从 6 岁开始下地干活，样样农活都干过。每年暑假胳膊和肩膀都要脱一层皮。大概是小时候养成的习惯，几十年来，我从不敢懈怠，如果一天不做事，心里就会很难受。

父亲教育的第二条是"人活着要有志气"。父亲从来不跟别人吵架，如果被人瞧不起，吵架又有何用？自己要争气，做出个样子来。

大概是受父亲的影响，从上小学开始，我就没有跟别人吵过架，更没有打过架。父亲非常尊敬文化人。他经常会给我们讲乡间的某某人很有学问，他遇到了一位怎样有学问的人，某某人写的字很美（因为他并不认字，我至今不明白他是如何欣赏的）。他说一个人的书法，如同穿衣一样，是一种形象。因此我很小就开始留意书法。

相对于父亲的平和，母亲则要严厉得多。她信奉另一种教育孩子的方法：既要给饭吃，也要打棍子。少时的我很顽皮，也曾遭母亲痛打。她不会讲许多道理，记得上大学前，母亲只给我交代一句话：到了大城市，可别当花花公子。

我 7 岁开始上锦水小学。学校离家 3 华里，每天得走 12 华里，遇到刮风下雨就更辛苦。老师知道这一点后，就允许我凡遇这种天气，可以带米请校工加到一起做，跟老师们搭午餐。因为离校最远，我大概是唯一享有这种待遇的学生。记得有一次晚上我出去做工，第二天上历史课时就打瞌睡。许桂生校长问清原因之后，一句批评的话都没有，反而叫我趴在桌子上睡一会，快下课时再叫醒我。那时候，教师在我们乡间是非常受尊敬的，他们对学生也格外疼爱。

我在学校各方面的表现还不错，最后一年担任了我们中心小学的少先队大队长。1959 年，我从锦水小学被保送到惠安县第一中学，作为保送生，当然各门功课的成绩都是 4、5 分（5 分制），唯独算术的成绩是 3 分，即"及格"，自己脸上无光，心里也非常惭愧。离校那一天，教我算术的张清忠老师嘱咐说："到了中学，数学是一门非常重要的主课，你可得努力呀！"上了中学之后，我一刻也不敢忘记张老师的嘱咐，努力打翻身仗。我尽力寻找所能找到的习题（当时并不多），天天苦练。经过两年的奋斗，情况有了根本的好转，我的自信心越来越强，也逐步地迷上了数学，后来走上了研究数学的人生之路。这一切的起因就是那个"3分"。

## 中　学

刚上初中的时候，我还是个十三四岁的小孩，哪里懂得该如何读书。幸运的是，在我读初中二年级的时候，张耀辉老师交给我一把"金钥匙"——自学。那是一次课外讲座，张老师着重讲述了培养自学能力的重要性。他讲了我国著名数学家华罗庚先生自学成才的动人故事：从初中文凭，到清华大学当算学系助理、教员，直接晋升为国立西南联大的正教授，直到成为当代著名数学家。这是我第一次听到关于华先生的故事。在以后的岁月里，华先生关于自学、治学的哲学和方法，成了我学习和研究工作最重要的指南。他的一些名言，如"天才在于勤奋，聪明在于积累"，成了我一生的座右铭。张老师还介绍了他自己自学的心得体会。由于长期的艰苦努力，他当时已跻身于我县最优秀的数学教师之列。张老师的讲座，扬起了我在知识海洋自学航程的征帆。开始时我自学了初三和高中的数学课本，接着自学了华罗庚先生等前辈编著的"数学小丛书"，再往后自学了微积分。高考结束后的那个暑假，我竟然读起苏联的《概率论教程》，后来才知道那是大学三年级的课程，现在想起来那时真是不知天高地厚。

我觉得自学能力是人生做学问的第一重要素养，这一点在离开学校之后表现得尤其突出。学校只教基础知识，到工作岗位之后，为适应新的专业或知识更新，全靠自学。缺乏这种能力的人，从学校毕业也就"彻底"毕业了。因此，我把及早培养自学能力看得很重很重，以至于当我第一次教高中（1972年）时，竟然用一半的时间让学生自学，即将两节数学课的第一节用于学生自己看书，第二节由我提问检查并作重点讲解。刚开始时学生的不适应是可想而知的，他们甚至到校领导处告状。起步阶段，进度较慢，但到毕业的时候，这个班的学生所学的内容比兄弟班级多得多。

我的初三上学期期中考试卷，被班主任陈生良老师张贴在教室的走廊上，栏目是"状元榜"。从那时起，我就有了学好数学的自信心。陈老师也是一位自学成才的优秀数学教师，他给予我们这些喜欢拼搏的人格外厚爱。我是幸运者，在学习数学的道路上刚刚起步时，就多次得到老师的"器重"，老师的信任和逐步建立起来的自信心，奠定了我人生事业的基石，使我最终走上以研究数学为终身职业的道路。上高中时，余亚奇老师曾两次让我帮他改考卷，一次是本班的，另一次是高年级的补考卷。这样一件似乎很普通的事，在我的成长中起了非常重要的作用，除了自信心的增强外，使我领悟到考试分数并非根本。一道题目的通常解法与巧妙解答之间，在功力上有极大的差别，尽管得分是一样的，但每个人的解题途径是水平高低的分界线。在高中阶段，我差不多成了数学老师的"助教"。平时常替同学们解答疑难，考试前有时还登上讲台为同学作总复习。正是当年同学们的信任，使我有机会得到很多锻炼和收获，因为能教会别人，自己理解的深度也不一样了。

1978年，我回到北京师范大学读研究生时，我的导师严士健教授一直"重用"我，让我协助他指导研究生。此后多年的经历，使我在科研选题及训练等方面得到极大的锻炼，同时也大大开阔了眼界。得到老师如此厚爱的人，如果还无所作为，那就只能怪自己了。我的经历可以说明：对青少年适当的鼓励，有可能使他信心倍增、超水平发挥；反之，如果总是批评，就会使人灰心丧气，怎能有所作为？像我这种出身贫寒的人，如果没有老师的鼓励，自己又缺乏信心，往后还能完成什么事业？

在中学阶段，课程那么重，怎么可能自学很多东西呢？一个十几岁的孩子，哪能有那么强的自制力？我的老师告诉我一个办法：任何情况下都坚持记日记，以日记来约束和管理自己。因此，我给自己制定了严密的学习计划，差不多连每一小时都预先计划好。这样，如果一天疯玩过去，到晚上写日记时便会有万分的自责并产生新的决心。处于那个年龄段，最常见的毛病就是坐不住，朝令夕改，不能坚持。其实，每一位运动员都想拿冠军，但哪一位冠军没有经过严密的训练而成功的呢？"日记"是我的好朋友。记得读高二时，我曾被"撤职"（之前我是班长）一年，但对其原因却毫不知晓。在那个年代，这是一种被列入另类、无法抬头的处分。面对这种沉重的心理压力，我唯有每天在日记中诉说心中的痛苦，鼓励自己不懈地努力。直到学期结束，我才知道是一些无中生有的原因，后来也得以平反。这样，我早在十七八岁的时候，就经历了一次"冤假错案"。幸运的是：虽然经历了心情压抑的一年，我却没有丝毫的松懈，这里也有日记的一份功劳。这是一次宝贵的经历，当后来身处困境（例如"文革"初期因"跳级"受到"只专不红"的批判等）时，我都能坦然面对。

# 大　学

1965 年，我考入北京师范大学数学系（现改名数学科学学院），终于实现了学数学的愿望。入学时，才第一次乘汽车，第一次见到火车，也第一次乘火车、乘轮船。这些对于我来说，如同是到了另一个世界。当时的心情非常激动，也暗下决心要学好本领，报效祖国。

由于大学一年级的课程大多已在中学自学过，上大学后，虽然自己依然坚持自学，但总盼望能有老师给指点一下。于是，我向年级辅导员蒋人璧老师反映了我的愿望。没想到系里很快派来秘书刘秀芳老师考查我微积分的掌握情况，之后通知我跳级，并请严士健老师指导我的学习。根据我的情况，严老师指定我自学 W. Feller 的名著《概率论及其应用》第一卷的上册（中译本）。大约经过三个月的努力，我读完了整本书并完成书中的全部习题。没想到我大学的业务学习就此结束了。接着是"文革"风暴，严老师成了"反动学术权威"，而我成了"修正主义黑苗子"，我们甚至失去了交谈的自由。记得我们曾经一同在东方红炼油厂当架子工，挨着睡在同一张通铺上，但我也只能在周围无人的情况下，才敢于向他讨教。仔细算来，除了一个月军训和近两个月在北京密云引水渠的劳动，我总共只读了七个月大学。大约三年之后（1969 年），我实在忍不住了，又回到了心爱的数学。那时候"文革"尚未结束，读书只能是"地下活动"，常常躲到积满尘土的偏僻教室去读书。

当时，也许是处于"文革"年代，我曾天真地以为外语不太重要。为此，我请教系里懂得多门外语的朱鼎勋老师："搞数学不懂英语行不行？"（我原来是学俄语的）朱先生是个急性子，他毫不迟疑地答道："根本不行。"从那时起，我就开始自学英语，开始阅读英文书籍，并且从未间断。我自学英语的第一步是找一本英文版数学书硬读，一个单词、一个单词地查词典。但很快发现不懂语法就想读书的路是行不通的。第二步是借一本英语语法书（因为买不到也没有钱买），把全书抄了一遍，这样基本语法也就差不多了。第三步是记单词，因为我不会发音，只好一个字母一个字母地背，背得很苦，而且背到两百多个单词时，已经非常困难了。当时，我认为如同在老家时，虽然不讲普通话，但是会认字，写作并不困难，因此学英语也一样不用去学读音。带着这一疑问，我又去请教朱先生："学英语不会发音行不行？"朱先生的回答还是很干脆："根本不行，因为你记不住。"麻烦在于，我当时自学英语是"地下活动"，不能让别人知道，更无法向别人请教发音。于是，我找来一本英语自学辅导书，里面用汉语拼音注解英文的读音。我每天用拼音读英语，大约经历了七八年的时间。大概在1974年，曾经有位中学英语老师看我每天都在啃英文书，出于好奇，想考考我，让我读一段英文给她听，结果她竟然一点也没有听懂。后来经过艰苦的努力，我终于闯过了学习英语的种种难关。我相信，现在没有人在学英语时会走我这样的弯路。那是时代所造成的悲剧。然而，我也相信在一个人的成长过程中，会有更多的弯路。问题是你如何去面对，如何去战胜困难，如何从常人觉得无望的地方闯出希望来。朱先生已仙逝多年，他永远也不会知道，他的两次指点（共两句话），使我受益终身。

1972年，在我毕业分配前不久，我到北京棉纺厂听华罗庚先生向工人们所作的优选法科普演讲。这是我第一次听华老的报告。华先生以极其浅显的方式介绍优选法，以大量生动的实例展示了优选法的广泛应用。这次报告对我的思想产生了极大的震动，虽然自己学数学多年，但依然无法想象数学能够如此直接地应用于生产实际，产生如此巨大的效益，真想马上试一试。事实上，这次报告直接影响了我的人生科学道路。

## 贵 州 六 年

1972年5月，我和夫人罗丹、还有一些北师大的同学一起被分配到贵州省工作。我被分配到贵阳师范学院（今贵州师大）附中教书。主要教授高中数学课。前面已经提到，我花费了一年的时间培养学生的自学能力。我对所取得的成效比较满意。

陈木法院士做客"华罗庚讲堂"解密"对称矩阵"（中国科学院提供）

到贵州之后，我急切地希望能够到厂矿去亲手试验优选法。我第一次到贵州，那里的人我一个也不认识，开头一步就很难。我跑到贵州省科委情报室去查资料，并通过那里的同志了解贵阳市内是否有单位对优选法感兴趣。没过多久，就跟贵州省汽车大修厂电镀车间的师傅挂上了钩。我利用课余时间或周末，或走路或乘公共汽车，到该厂做试验（离我所在的中学约 7 公里）。在该厂的第一个试验项目差不多搞了三个月。因为成效显著，省科委发了简报，省电台广播很快就推广开来。因为就我一个业余爱好者，师傅看到我忙不过来，有时候就开车来接我，看到我在洗被子就赶快帮着洗，令我十分感动。有一回省计委请我作报告，来了一位领导，坐在后面一直听完我一个多钟头的报告。报告结束之后我才打听出来这位领导就是贵州省主管工业的贾庭三书记。第二天我在贵州锁厂做试验时，突然见到贾书记带另一位领导来参观。参观之后，贾书记跟我介绍说："这位是省工业厅厅长，你给他讲 15 分钟优选法……"

推广优选法的经历，是对我灵魂的一次洗礼。那时候还处于"文革"中，还在宣传"读书有害论"，宣传"社来社去（即从公社来上大学又回到公社去），拆了读书做官的阶梯"。实践告诉我，这是欺人之谈，同时也让我感觉到做学问并不完全是自己个人的事，我们的国家需要科学，人民需要科学。两年后，即1974年秋，经贵阳师院数学系王聂秋、尚学礼等老师的努力，我被调到该院数学系工作。自此以后，我算是有了做数学研究的基本环境和条件。在贵州的六年间，我跑过五十多家厂矿，作过近百次报告，但从未拿过一分钱报酬，常常要自掏腰包付路费等必要开销。有一次我妈妈动了大手术，我只寄去7元5角钱；那期间有整整10年，我都没有能力去看望双亲，真是不孝。

1975年，作为贵州省选派的代表之一，我到山西省参加华罗庚推广优选法小分队，工作了十多天。因而有幸再次聆听华老的科普报告。我还特别记得他在我们小组会上关于推广数学方法和如何推广数学方法的语重心长的讲话。他还特别召见了我们两位新参加小分队搞数学的同志，交代了具体任务。

我们在搞应用时，自然会提出许多数学问题。例如，华先生在推广优选法时，很长时间没有公布他关于"0.618"法的最优性证明。之后我国几位数学家，都曾寻求过证明。我校的王世强老师，就给出了一种数学证明。王先生也参加过北京市的优选法推广工作，并且给过我许多教诲和指导。当我着手研究问题的时候，很快发现自己的理论基础和训练的不足，因而渴望有进一步提高。

1972年年底，我写信向严士健老师求助，他立即给予了诸多的鼓励。在他自身还处于逆境的艰难岁月，我不知道他究竟跑了多少趟旧书店（当时的新书店不可能买到），替我买了15本英、俄文的专业书籍。他还帮我制订了周密的学习计划。他特别指定我精读M. Loeve 的名著 *Probability Theory*。开始时，我计划用一年的时间读完此书。严老师说："切记要打好基础，你在业余条件下自修，三年内能学完就不错了。"我果真花费了近三年的苦读，包括练习，作了11本笔记。这还归功于他和王隽骧老师的一本当时尚未出版的讲义。因为不再担心戴黑帽子，心灵上获得了解放，在那些年里，我发疯似的读书。

在完成了基础课之后，正准备进入研究专题的时候，我有幸读到长沙铁道学院（今已并入中南大学）的侯振挺老师的重要论文。后来经中国科学院越民义老师的介绍，侯老师收我为徒。一年之后，学校同意我去长沙出差，使我有机会当面向侯老师请教。当我拿着介绍信去见他的领导时，领导说："按照毛主席百花齐放、百家争鸣的方针，我们欢迎你来和侯振挺同志讨论学术问题。"由此可以想象当时的环境。侯老师逐页指导我研读钟开莱先生的名著。我们的研讨不是在教室里、黑板前，而是在树林里。就在那时，我学到了终身受益的一个本领："不是趴着读书，而是站着读书。"即要跳出书本，抓住直觉。我想，真正的学问都是做出来的，不是读出来的。侯老师的直觉和创新精神，是我永远学习的楷模。我曾根据研读的心得，整理过三份讲义和译稿，在国内流行多年。

我生平的第一次数学旅行是受侯老师的委托，去拜访当时研究马尔可夫链的另两位专家：胡迪鹄老师和杨向群老师。胡老师当时已从北京大学调到武汉大学。我去他家时走错了路，爬了大山。胡老师一家拿出当年限量供应的武昌鱼和美酒盛情款待。可惜我因爬山出汗患了感冒，在床上躺了两天而未能更多地向他讨教。当我躺在床上时，深深地感到求师的不易。杨老师当时还在湘西邵阳的一座工厂里劳动，他一家极热情地招待远方的不速之客。当时我还有一项特别的任务，就是购买一些猪肉回贵阳。因为我们每人每月仅供应半斤食油，油水极缺，更不用说肉了。杨老师不仅帮我采购，还用扁担帮我挑了10多华里，送我到火车站。要知道我们非亲非故，而且是第一次见面，时至今日我都不知道如何去感谢他。记忆中我还从未送给他任何一件礼品。这次旅行，多少加快了"文革"后我国概率论研究工作的恢复。

## 研 究 生

1978年，"科学的春天"来临了，我国开始恢复招收研究生。侯老师希望我调到湖南工作，为此还特地来了一趟贵阳，但学校不肯放。好在那次考研政府有规定——单位不准卡。因此，我就决定考研以求进一步提高。虽然当时有7家很好的单位可供选择，我接受了严士健老师的建议，回到母校读研。

离开贵阳赴北京的时候，真是思绪万千。一方面，我在贵阳留下了奋斗拼搏的足迹；另一方面，贵阳的朋友们给我多方面的帮助令我难以用语言表达。我的大学同窗好友、远在河北沧州的李世取主动给我寄来了赴京路费；到了北京后，严士健老师借给我生活费。对于这一切，我无论如何难于忘怀。

严老师1978年招收的研究生还有唐守正（在林业科学院工作，1995年当选为中科院院士）和郑小谷（在新西兰国家气象局工作）。从开始就和我们一起的有进修教师、安徽师大的丁万鼎老师（后来担任该校的副、正校长和党委书记多年）。刘秀芳老师在完成了地质部的科研项目之后，也立即参加进来。

那时母校还处于科研刚刚恢复的阶段，严老师根据他参加我校量子力学跨系讨论班的体会和钟开莱先生在京的一次报告，结合我之前和侯老师研究马尔可夫链的背景，建议以无穷质点马尔可夫过程（亦称"交互作用粒子系统"）作为我们的主攻方向。这是严老师所做出的富有战略意义的一项选择，30年来，逐渐成了概率论研究的主流方向之一。毫无疑问，他的这一决策，影响了我们许多人的命

陈木法院士（中国科学院提供）

运。在创业阶段，一切从零开始，自然是相当艰难的。好在那时还没有那么多功利主义又处于科学的春天，大家心很齐，有劲往一处使，所以天天都能见到我们集体在进步。我们分头准备，在讨论班上报告一本新书和一篇综合报告论文，后者及我们最初的研究成果，就构成了严老师的《无穷质点马氏过程引论》（北京师范大学出版社，1990）。我们最初的突破点是将我和侯老师的《马尔可夫过程与场论》的想法引入无穷维情形，由此得出了一大类交互作用粒子系统的可逆性（即物理学中的细致平衡）的十分简洁的判别准则。同时我继续马尔可夫链的研究工作，完成了有限流出情形的构造。最后，我以这两方面的研究成果作为毕业论文，通过论文答辩，于 1980 年 3 月（提前一年半）研究生毕业。那时学位制度尚未建立，我的硕士学位是 1982 年才授予的。

1981 年 12 月，受国家公派一年，之后由对方资助延长三个月，我赴美国进修访问，师从 D. W. Stroock 教授（1995 年当选美国科学院院士）。在那里我解决了他们所提出的一个难题。然而，我的大部分时间都是用来跟他学习国际上的新发展。如同当时的系主任张禾瑞老师所指示的：你不必再写文章，而要多学点东西回来。事实证明，这一年多的进修对我本人和我们群体的发展都产生了很大的影响。

我于 1983 年 3 月回国，经过考试和论文答辩，于 1983 年 11 月被授予博士学位；成为我校第一位自己培养的博士，也是我国首批博士学位获得者之一。博士论文的指导教师就是严老师和侯老师。

我从 20 岁认识严老师开始，至今已 38 年过去了。从本科、准研究生、研究生、硕士到博士，是严老师逐步把我引入科学的殿堂。当我处于逆境时，他教育我要丢掉个人的得失，把国家的需要放在首位；当我取得一点成绩的时候，他不准我翘尾巴；需要上本科课的时候，他说他来承担，让我全力带研究生搞科研；当有人要我出来搞行政的时候，他说年轻同志正处于上升时期，千万别分散他们的精力。可以说，凡是能为我做的每一件事，他都做了。我成长和进步的点点滴滴，都是他心血的结晶。对我来说，今生能遇上这样的好老师，真是我的幸福。

自此之后，我又开始了人生的下一段征途。

**陈木法** 数学家。1946 年 8 月 22 日生于福建惠安。1969 年毕业于北京师范大学数学系，1980 年在该校研究生毕业（1982 年获理学硕士学位，1983 年获博士学位）。北京师范大学教授，中国概率统计学会理事长。曾任北京师范大学研究生院院长。主要从事概率论及其相关领域的研究。在特征值估计、谱理论、遍历理论、耦合理论等方面有重要贡献。将概率方法引入第一特征值估计研究并找到了下界估计的统一的变分公式；找到了诸不等式的显式判别准则和关系图，拓宽了遍历理论，发展了谱理论；研究马氏耦合得出一条基本定理，更新了耦合理论并开拓了一系列新应用；建立了无穷维反应扩散过程和跳过程的系统理论。解决了过程的构造、平衡态的存在性和唯一性等根本课题，完成了一般或可逆跳过程的唯一性准则并找到唯一性的强有力的充分条件，得到广泛应用；彻底解决了"转移概率函数的可微性"等难题。2003 年当选中国科学院院士；2009 年当选发展中国家科学院院士；2012 年当选美国数学协会 Fellow。

老吾老以及人之老，幼吾幼以及人之幼，收拾起痛苦的呻吟，献出你赤子的心情，服务牺牲，服务牺牲，舍己为人无薄厚。

# 读书以确立人生目标

陈星旦

## 求　学

我一岁时父母就先后去世，由祖母抚养成人，无兄弟姊妹，可以说是"孑然一身"，但大家都待我很好，亲戚、邻居、老师、同学都很爱护我。我四岁多上学，九岁离家住校读高小，从小生活在友情之中。同学都把我当小弟弟，我从没有过因"孤儿"而遭歧视、冷落和孤独，社会到处给了我温暖。

我喜欢一首歌——《天伦歌》（由钟石根填词，黄自作曲），唱前一段时，我都会落泪，尤其是歌词的开首几句：

　　　　人皆有父，翳我独无？
　　　　人皆有母，翳我独无？
　　　　白云悠悠，江水东流。
　　　　小鸟归去已无巢，儿欲归去已无舟，

> 何处觅源头？何处觅源头？
> 莫道儿是被弃的羔羊，莫道儿已哭断了肝肠！
> 人世的惨痛，岂仅是失了爹娘？

但唱后一段时，倒令我振奋，歌词是：

> 奋起啊，孤儿。警醒吧！迷途的羔羊。
> 收拾起痛苦的呻吟，献出你赤子的心情，
> 老吾老以及人之老，幼吾幼以及人之幼，
> 收拾起痛苦的呻吟，献出你赤子的心情，
> 服务牺牲，服务牺牲，舍己为人无薄厚。
> 浩浩江水，霭霭白云，庄严宇宙亘古存，
> 大同博爱，共享天伦！

这首歌，我现在还常哼着。

我家经济拮据，初中是靠借债读过来的。每学期开学时，家里要到处去借钱。初中毕业后没有考普通高中，因为收费太高，读不起。幸好那时教育部在湘乡永丰办了一所中专叫"中央技术科"，不要钱，管吃住，还发书籍费和制服费。考的人很多，我考上了，读了三年电机科。快毕业时（1944年）日寇向湘南进攻，学校解散，我不敢回家，怕当亡国奴，就只好与几位同学结伴逃难。那时刚满17岁，敢只身远离家乡，漫无目标地到处流浪，现在回想起来，真佩服当时的胆量。

记得逃难途中，与衡阳前线下来的伤兵一起坐在火车顶上，任风吹，日晒，雨打，晚上也不敢打瞌睡。火车什么地方都可能停下，也不知什么时候会开走，谁都不敢从车顶爬下来。这样走走停停，到桂林又遇上第三次强迫疏散，挤不上南去的火车，一起出来的同学都分

散了。只得跟随一个私营橡胶厂的十几名工人组成的团队,步行去湘西。后来辗转到贵阳,在西南公路局一个汽车修理厂当实习生,才算安定下来,直到抗战胜利。

大学,我是在国立师范学院读的,就是钱锺书先生曾任教的那所学校。校址原在湖南蓝田,抗战胜利后迁到南岳。读师范也是因为家里没有钱,不能考普通大学。那时候教师的社会地位很高,在我们农村,中学老师是很了不起的。当时我的志愿就是如此,没想到以后会进大城市,进入科学研究的殿堂。

## 科　　研

1950 年春,东北工业部组织的招聘团去湖南,我仰慕东北是全国最大的工业基地,就与一批同学提前几个月毕业,应聘来到东北科学研究所物理研究室工作。后来王大珩先生来长春筹办仪器馆,1953 年把我调来一直工作到现在。仪器馆是长春光机所的前身。

20 世纪 50 年代的科研工作谈不上什么学科方向,国家建设需要解决什么问题就搞什么题目。在仪器馆的头十年,我先后负责过

陈星旦院士在办公室(作者提供)

四五个课题。磁力探矿仪、温度计量标准和辐射高温计、红外探测器、光谱仪和大气光学仪等。那时，我虽大学毕业不久，就独立承担这些项目，给了我很好的锻炼机会，也为往后的科研打下了基础。

1963年，国家要我搞原子弹爆炸的光冲量测量。任务绝密，无现成资料可循，也不便与周围同志商量。技术方案靠我自己提出后拿到北京去讨论，然后回来组织实施。由于任务急，技术上又要万无一失，因此压力很大。我凭借过去十来年的科研基础和知识，采取了较好的方案，并有所创造。当然具体技术上还是得到了同志们的密切合作。最终，圆满地完成了任务，准确记录了我国第一次原子弹爆炸的光辐射数据。

那两年的科研，是我的技术发挥得最充分，也是科研组织、管理工作效率最高、与同志之间合作最好的时候。至今，我依然非常留恋那段时期的工作。

20世纪60年代我组织成立大气光学科研小组，在净月潭建了一个观测站。几年的发展，逐步形成了研究空间目标、背景辐射特性和大气传输修正的综合性学科方向。只可惜后来给"文化大革命"破坏了。我被打成"反革命"，去农村插队。团队的人都调离了长春，分散后去了好几座城市。当时，他们都是三十来岁的年轻人，思想活跃，进取心强，日后也都在不同的科研领域成长为学术带头人。

20世纪70年代初，我在农村种了三年田后又回到光机所。回所后没有了科研的去处，"流浪"了好几年。由于参加国家和科学院的几次科学规划，认识到短波光学的重要性，我才开展这个领域的研究。20世纪80年代在科学院同步辐射项目以及国家自然科学基金的支持下，应用光学国家重点实验室逐步形成了短波段光学研究方向。十几年的工作，在国内建立了较好的技术基础，先后获得中国科学院科技进步奖一、二等奖，国家科技进步奖二等奖。这些成绩，都是与一批批年轻同志共同努力取得的，我只是起了一个倡导和先期组织的作用。

## 读书与人生

陈星旦院士（中国科学院提供）

我没有什么业余爱好，生活似乎很单调，但并不贫乏，毕竟我喜欢读书，读专业以外的书，尤其是各种文史类读物。读这些书，既能得到知识和做人的启发，也是工作之余一种很好的陶冶和休息。读什么书，对一个人个性的形成和发展是有影响的。我读小学时，抗日战争开始，读了都德的《最后一课》，其印象真是刻骨铭心，使我从小就痛恨侵略者。读中学时，我们常到校外做抗日宣传。逃难路上，曾去前线慰劳抗日将士。从读书到社会实践，受到深刻的爱国教育。小时候，喜欢读冰心和朱自清的散文。读鲁迅著述，欣赏其作品《故乡》《伤逝》等篇章。长大以后，又喜欢读《论语》和《曾国藩家书》，把书中所说的当作自己修身处世的追求目标。我个性沉静、宽容、不好斗，缺乏"阶级斗争观念"，多少受了一点读这些人文读本的影响。

一个人的成长，决定于自己。努力是最重要的，当然社会环境和条件，甚至机遇，也都可能起作用，但不是主要的。我读小学、中学，正好是14年抗战；读大学又碰上解放战争，学校又都是在乡下，学习条件确实很艰苦，不仅很难找到课外书，有些课程连教材都没有，老师在讲台上讲，我们在课堂上记，以致后来搞科研亟需的知识，只能靠工作中不断读书以补充和不断实践以积累。

　　不久前，我为《科学时报》(现为《中国科学报》)的"院士治学格言"栏目写过"以科学精神，用科学方法搞科学研究"一句。我说的科学精神主要是追求真理和无私奉献。对社会的奉献精神，是一个人前进的动力。社会给我们每个人的实在是太多了，我们理应回报。我们的工作，就是如何使社会不断进步。再过几年我就要80岁了，我现在还承担国家和吉林省的科技攻关任务。我负责的一个项目，"七五""八五"以至于最近"十五"都鉴定过了，但在社会上还没有得到应用，我就想把它产业化。

　　我的政治思想是相信共产主义终究要实现的。我的骨子里是崇奉"大同博爱"，这是我从小就形成的信仰，也是我的人生信条。

(本文写于 2003 年 11 月)

　　**陈星旦**　应用光学专家。1927 年 5 月 6 日生于湖南湘乡。1950 年毕业于湖南大学物理系。中国科学院长春光学精密机械与物理研究所研究员。20 世纪五六十年代，在物理测量方面做过多项国内急需的开创性工作。在我国第一次核爆光辐射威力测试中，创造性地提出测量方案及辐射传感、模拟、标定系统。研制的几种光冲量计，在第一次及以后历次大气层核试验中得到成功应用。20 世纪八九十年代，研究真空紫外－软 X 射线光学技术。主持研制了光谱光源、标准探测器、光谱仪器、正入射软 X 射线成像元件和系统，建立了短波光学研究的技术基础。1994 年，负责完成国家自然科学基金重点项目"软 X 射线光学基础技术研究"，在多层膜技术、超光滑光学表面加工及检测技术、光学元件及整机测试，正入射多层膜显微成像等方面，建立了较完整配套的技术基础。曾获中国科学院科技进步奖一等奖、国家科技进步奖二等奖等多项奖励。1999 年当选中国科学院院士。

*扎实地学好基础知识，尊重与爱惜老师的辛勤传教，发挥自己主动学习的精神，勤于自学，舍得在学习上多用一些时间，下苦功夫学好。*

# 基础知识要扎实

陈宜张

"基"指建筑的根脚，"础"指房子柱子的脚石，基础对于建筑物的牢固十分重要。基础知识对于人的一生工作与学习，同样是十分重要的。

中学毕业后，有的学生进入高等学校继续学习，大多数要到社会实践中去，参加工作。不论是学习还是工作，中学时代的基础知识都是十分有用和重要的。

先说中文或汉语的基础。写一篇短文，交一篇报告，你得把问题说清楚。我自己在上小学、中学时，老师对我的作文进行认真批改，帮助很大。后来到大学里当老师，带研究生，他们写的论文请我修改，我总是要先看看标点符号运用是否恰当，标点符号用得不对，别人就无法理解你的意思。这件事看来并不复杂，但有的学生往往没有做好，有的是粗心，有的是写作时自己也未完全弄清楚究竟打算怎样表达自己的意思。汉字中笔画偏旁也要注意，不要写错别字，如"栋"从木从东，"拣"从手从柬，不能把偏旁东（dōng）写成偏旁柬（jiǎn），反之亦然。

我们中华儿女应该对中华民族及祖国的历史有一定的、最起码的了解，当然这是最低要求，能多知道一些就更好。像我们少年时曾读过《资治通鉴》或《通鉴纪事本末》之类的书，但这些书用古文字，不容易读，现在也不必提倡中学生读这类古书，但是现在有很好的普及丛书，例如《上下五千年》就是一套很好的书。我觉得任何一位中学生都应当把它读一遍，从中了解我们华夏历史和灿烂文化是怎么来的，并且把它深深地印在自己的脑海中。

数理化的基础同样是非常重要的。我们小学时用算术的方法解"鸡兔同笼"数学题，到了中学用代数方法，就觉得很容易。但是，"韩信点兵"问题就不那么简单了，用算术方法不容易解，用代数方法却是一个多元方程式求解的问题，有多种解。数学一方面教给我们具体数字的运算及结果，但更重要（或同样重要）的是教我们如何用严密的思维来进行逻辑推理，对学习和工作，有重要作用。理化知识也很重要，以物理学中的量纲为例，一尺布不能等于一升米，两者的量纲不同。在一些复杂的物理学运算中，经常要注意量纲是否有

陈宜张院士（左三）与研究生交流（作者提供）

误，这是非常有用的。

学习理化基础知识，尤其不能离开动手做实验，我自感这方面有不小的缺陷。我读初中二年级时，日本侵略者进犯浙东，我只得辍学在家。我的两位叔叔都是浙江大学土木工程系的毕业生，他们可以教我学习数学、物理学、化学，我可以读教科书，但没有条件做物理学、化学实验，所以我中学的物理学、化学基础不够好，至少是很不全面的。进了浙江大学以后，我才有机会自己动手做物理学、化学的

老师说："汽车开过，它后方有一个空气负压，墙很可能是向马路一边倒。"课后去看，果然如此（叶雄绘）

实验，但终究是缺了中学的一段训练。现在的中学生条件比以前不知要好多少倍，我们应该珍惜这些良好的条件。

学好基础知识，当然需要有老师的指导。老师的教导我们往往能牢记一辈子。记得我在浙江大学读一年级物理学时，课堂内听到远处有一辆汽车开过，把一堵墙震倒了。老师问我们："墙是向外倒，还是向汽车驶过的马路一边倒？"我们众说纷纭。老师说："汽车开过，

陈宜张院士（作者提供）

它后方有一个空气负压，墙很可能是向马路一边倒。"课后去看，果然如此。当然，汽车把墙震倒，涉及的因素很多，不过至少使我们了解：当一个物体高速前进时，会形成周边空气负压的条件。

我体会，我们更应强调自学，自己思考与解决问题。前面已经提及，从1939年浙东沦陷到1945年打败日本侵略者，我一直失学在家。在这近六年的时间里，我自学了代数、几何、大代数、三角、解析几何、立体几何、化学、物理学等课程，还学习了英文文法等。当时数学、物理学、化学的教材都是英文版的，所以顺带把英文的学科用语也熟悉了。当年我的叔叔可以教我，但我仅当遇到问题时才去请教他们，我自己埋头做了大量的练习题。我在1946年考大学时，自认为数学基础不比别人差，就是靠演算了大量的习题。

打好基础还必须下苦功。文学方面，我小时候背了不少古诗词，到现在，白居易的《长恨歌》120句，840字，我能够背诵出来；我也背过朱自清的散文。后来学俄文，我也背过俄罗斯学者巴甫洛夫给

青年的信。记得小时候叔叔给我讲英文课,讲新课时要背诵老课,开始时还可以,到第十课以后,要背前面许多课文,真是困难。好在当时年少,记忆力好,尽量地背诵它、熟读它。谚云"熟能生巧",把一些名言警句背熟了,在以后自己的写作时会有用处,类似的表达会涌出来。其实不单文学名著要背,数学中的许多常数也应背,如2、3、4的对数各是多少,30°、45°、60°的正弦、余弦各是多少,这些也是基本功,很有用处。

总的说来,我的体会是:扎实地学好基础知识,尊重与爱惜老师的辛勤传教,发扬自己主动学习的精神,勤于自学,舍得在学习上多用一些时间,下苦功夫学好。这样,我们一定能作出应有贡献,无愧于国家、人民和父母的养育之恩。

陈宜张 神经生理学家。第二军医大学教授。1927年9月28日生于浙江慈溪。1952年毕业于浙江大学医学院。提出了下丘脑边缘系统参与针刺镇痛的设想,并获得支持上述假说的事实。阐明下丘脑室旁核(PVN)在损伤性应激反应中的作用,以及应激信息的外周及中枢途径。提出了甾体激素作用的非基因机制,认为在神经元质膜上存在糖皮质激素(GC)膜受体,它介导GC对神经元的快速效应。在国内提倡多开展心理性应激的研究。85岁时在国内提出"精确细胞生物学"概念;87岁依然独立撰写70万字的科学著作《突触》。历任中国生理学会副理事长、中国神经科学会副理事长、全军医科会生理病理专业委员会主任委员、《生理学报》副主编、《中国神经科学杂志》主编。被中国人民解放军总后勤部授予"科学技术一代名师"。曾获国家科学技术进步奖二等奖3项;军队科技进步奖二等奖2项,三等奖4项。1995年当选中国科学院院士。

平面几何难题的求解也花去我较多的时间，在逻辑思维的训练上使我获益匪浅。对一个搞学问的人来说，我认为逻辑学是头等重要的。

# 回忆我的求学历程

丑纪范

我的小学阶段是在一个特殊时代的特殊情况下度过的。现在的孩子不可能有那种经历了。我的父亲早年毕业于湖南大学电机工程系，在上海英租界美商中国电气公司工作。母亲受过师范教育。

我7岁那年（1941年）太平洋战争爆发，日本人接管了上海英租界，不能替日本人做事的念头使父亲带领我们离沪返湘，费时两月，历尽艰辛。在滂沱大雨中步行在乡间小路上的情景，偷越封锁线时又惊又怕的情景……至今仍依稀可忆。返湘后，父亲有工作的时间少，失业的时间多，在兵荒马乱中颠沛流离，那时叫"逃难"。停留了数月至一年的地方有长沙、衡阳、祁阳、零陵、桂阳和汝城。

旧中国哀鸿遍野，民不聊生，人情冷暖，世态炎凉，种种社会现象，深深地印入了我幼小的心灵。在这种情况下，我与小学无缘，但母亲没有放松对我的教育，规定作业，书要背，她把希望寄托在我身上。由于她受的是旧式教育，她教我的是古文诗词及儒家的经典，时间精力全花在这上面了，其结果不仅使我语文有较好的基础，在后来的学习中在语文上花的时间比其他同学少，成绩还比他们好。而且在她的言传身教的熏陶下，随之儒家的伦理道德，重名节，讲仁义等深深地植入了一个早熟孩子的心灵，这对我后来的处世做人影响很大。

1946年春，长沙各所小学及各个年级同时招生。我的情况是语文超出了要求的水平，而算术则几乎没有学过。怎么办？我报了四年级，妈听说邻居的孩子比我小一岁报了五年级，她哭了。我便跑去改报了毕业班。这意味着半年要学完全部的小学课程。

人是要有压力的，在强大的压力下，我不得不埋头学习，夜以继日。算术成绩很快由班上最差的变为最好的。孩子的虚荣心和好胜心驱使我找一切能找到的题来做。算术中有些题真难（用代数做则另当别论），解这种题的紧张思索（有的在脑子里要想几天）及解决后的喜悦使我着迷。随后上了初中，我倒对数学情有独钟，尤其喜欢解数学中的难题。平面几何难题的求解也花去我较多的时间，在逻辑思维的训练上使我获益匪浅。对一个搞学问的人来说，我认为逻辑学是头等重要的。初中花在数学上的时间最多，毕业时已大体上自学完了高中的数学，做完了当时凡能找到的各种数学习题。那时若有中学数学竞赛的话，也许我能拿到名次呢！

1949年后，我上了高中，高中阶段我在数学上花的时间比其他同学少，但成绩比他们好，语文也觉得不困难了，感觉时间较充裕。当时湖南省图书馆对中学生开放，并免费借阅。舒适的阅览室的墙上挂着"书籍是人类进步的阶梯"。这使我得以阅读一些与中学课程和考试无关的文、史、地和生物方面的书，开阔了眼界，陶冶了志趣和情操。

凡事有一利的同时也往往会有一弊。整天手不释卷，不上操场，也不锻炼身体，结果体质渐渐变得很弱。上大学后，首次感到自己在班上成绩不再是最好的了，功课也觉得吃力，不到一年我突然严重失眠……

痛定思痛，决心锻炼身体，定时跑步，从那时起至今几乎没有间断，尤其注意生活规律。贵在认真，贵在坚持，健康情况才由比较差的变为比较好的了，我又一次体会到经过自己的努力可以由弱变强。不过，这确实是数十年努力的结果。

我是人民培养的，我的成绩归功于人民，归功于对我有过教诲的老师和同志们，我从内心感激他们。我还感激我的妻子张庆云，她默默无闻地承担了全部繁重的家务和对子女的教育，尤其是在逆境中给我的理解、信任和支持，相濡以沫，使我得以专心致志地做教学和科研工作。"要不是解放了，怎么可能去北京上大学啊！"母亲如是说。大学四年家里未能给我寄一分钱，全靠人民助学金维持的。

那么，我是怎样与气象结下"缘分"的呢？

当初我报考的是物理系，原想搞原子能专业。入学后却分配到物理系气象专业，思想上确实产生过很大的波动。我之所以没有"闹专业情绪"而影响学习，人民助学金供我上学固然是重要原因，而谢义炳先生的启示教诲起了决定性作用。

毕业后，我被分配到中央气象科学研究所工作，组织上安排顾震潮先生指导我。顾先生精心安排并为我联系好去北京大学和计算所进修；举办研讨班，亲自给我指定阅读的文献，启示答疑。1974年顾先生在病重住院期间还多次写了长篇信件寄到兰州，对我进行指导和勉励。1957至1958年，组织上送我先后师从日本数值天气预报专家岸保教授学习了半年，随苏联数值天气预报专家道布雷斯曼学习了一年。1981至1982年，我又被公派去美国麻省理工学院进修（访问学者）。

1978年，我参加了一次座谈会，其中有一位华裔美籍学者，当时

丑纪范院士(中国科学院提供)

正恢复招收研究生,我有机会向他提出的第一个问题是希望他能介绍一些美国培养研究生的经验。得到的回答竟大大出乎我的意料:"'培养'两字是你们集体主义的专用语言,美国人讲个人主义,谁培养谁?"

但我还是固执地以为:我是人民培养的,现在有责任也有义务为人民培养年轻人,引导他们尽快地奔到科技前沿去竞争。关键是人才的竞争,要多培养一点高质量的学生,青出于蓝胜于蓝,我们的事业才能兴旺发达。

**丑纪范** 气象学家。1934年7月23日生于湖南长沙。1956年毕业于北京大学物理系。兰州大学教授、博士生导师、中国气象局培训中心教授。20世纪60年代首先将变分法和泛函分析引入数值天气预报,提出的理论和方法比国外同类工作早近10年。70年代论证准地转模式大气温压场的演变与下垫面热状况的等价性,将正问题和反问题结合起来,提出由历史资料反求大气要素和参数使之与长期预报模式相匹配的方法。用数学方法揭示大气动力学方程组的整体和全局行为,得到最好的结果。80年代研究大气动力学长期演变的渐进性质,得到在特定情况下大气动力算子向外源的非线性适应特性,不仅对指导长期预报有重要意义,在国际偏微分方程研究方面也有出色贡献。2006年获何梁何利基金"科学与技术进步奖"。1993年当选中国科学院学部委员(院士)。

把东西方文化与科学巧妙而自然地结合，将做人的美德和渊博的知识，像大动脉输送新鲜血液一样传播到我们这些孩子的头脑中。

# 怀念母亲　恩感名师

戴汝为

## 少 时 教 育

看到我带那么多的研究生，常有人问我喜欢什么样的学生。我的回答自然与我的经历密切相关。这使我想起了70年前我曾就读的西南联大附小和附中的老师们，他们的高水平教学和育人使我受益终身。至今我仍清楚地记得我的语文、数学老师（都曾在北京大学等高校任教）是怎样把我们这些孩子领进美妙的文学世界和数字迷宫，在文化素养的修炼上从小给我们打下了坚实的基础。前些年与正在读高中的女儿有时聊起古典小说人物时，她对我这个一辈子搞理工的人的文史知识大为"惊讶"，以至于竭力"推荐"我去电视台参加《红楼梦》的知识竞赛呢！

回想起自己所受的教育，我庆幸走的不是一条"读死书、抠分数"的窄路。当年，在西南联大附小、附中确实聚集了一支思想开明、作风民主、学术有成的高质量的教师队伍。他们把东西方文化与

戴汝为院士应邀作《纪念钱学森百年诞辰》报告（作者提供）

科学巧妙而自然地结合，将做人的美德和渊博的知识，像大动脉输送新鲜血液一样传播到我们这些孩子的头脑中。是良好的中小学教育使我树立了一生做人的准则，从青少年时期已打下了较全面的文化基础知识，并培养了我们强烈的求知欲望和广泛的兴趣。老师对孩子们管而不死。在那个年代，他们的民主思想深深地感染了我。以后随着慢慢长大，我深感少时受到的熏陶往往影响人的一生，这一信念及作风，后来几乎贯穿了我的整个学术生涯。

工作后，无论是在大学里给学生上课，还是指导研究生，我始终注意善于发现并鼓励学生大胆提出与我不同的学术见解；我更偏爱那些善动脑筋、敢于直抒己见，而且坚持正确方向一做到底的青年人。我常常提醒自己的学生别把眼光只禁锢在狭窄的教科书里，学知识要基础扎实、博古通今。我要求学生不要墨守成规，大胆要求他们学术上要标新立异（那个年代"驯服"是正常的）。只有这样培养学生，才能激发青年人的创新精神，才有可能在新兴学科领域中立足与发展，从而取得开拓性成果。

# 考　清　华

谈到青少年时期的教育，我更是深深地怀念对我进行了儿时启蒙、身为教师的母亲。

抗战期间，我的母亲吴守箴在西南联大文书组任职。那时我常常听她讲到某某知名教授如何放弃了国外安定的优越生活，万里颠簸携带家眷回到战乱中的昆明，来到西南联大"享受"这微薄的"米贴"（学校没经费给教授们发工资，只发给购米补助）。她十分钦佩教授们克服了重重困难在抗战大后方坚持为国家培养未来的人才。每说到此，母亲总是表现出对他们的爱国精神和高深的学问的敬重！今天想起来，母亲讲这些是在教她的儿子如何做人！母亲是期望我长大后也能成为一个有骨气、有学问的人。在联大特有的校风和"联大人"特有的气质的感染与陶冶下，在母亲含辛茹苦的厚望中，当时自己虽然还是贪玩的年龄，高考的目标却"坚定不移"地定位在"清华"。因为我知道，那是中国学子成才的摇篮。记得那时高三的同学中曾改头换面地传颂着"抬头望明月，低头思清华"的"诗句"，从中可以看出当时青年学子追求科学真理的胸怀和志向。

抗战胜利后，清华大学又迁回了北平。高中毕业，为了实现自己追求科学报国的理想，我决心从昆明北上，到千里之外的北京报考清华大学，因为当时高考要到学校所在地进行。从昆明到北京，现在只要三个半小时的飞机航程，可是在60多年前，几千里的路程我与4名同学整整走了15天！17岁的我，含泪告别了揪着心的母亲，自己背着行李在烧炭的敞篷货车上颠簸了7天。如果遇上雨，在露天的车厢里披着雨衣，行李湿透，饥寒交迫。车轮在云贵高原泥泞崎岖的狭窄山路上艰难地爬行，当我低头看见山谷中时而出现的汽车残骸和尸骨，现在想起来还毛骨悚然！当货车开到广西金城江时，因为可以从这里搭乘火车到北京，我和同行的同学都悲喜地落了泪。

离昆明前，虽然知道在京举目无亲，但对一个有着执著追求的孩子来说，什么困难都抛到了脑后。经过了不少磨难，我们徒步穿过中关村一片片荒野的坟地，终于抵达了梦寐以求的清华学府，当时那兴奋劲头好像已经成了清华大学的学生。其实，酷暑天报名参加高考，还得等一个月眼睁睁地盼着发榜，天天得为自己的食宿到处奔波等一道道严峻的考验在等待着我。终于，这一天来到了！当我双手捧着清华大学的正式录取通知书时，我的心反而异常地平静。当晚睡梦中，好像看到的全是母亲期待的眼神和笑容。

在清华大学刚学习了一年，恰遇 1952 年我国高等学校院系调整，我被转到湖光塔影的燕园，在新的北京大学度过了难忘的大学生活。

## 名 师 出 高 徒

我并非高徒，但要成为高徒，名师的"点拨"是非常重要的。

1955 年，我从北京大学数学力学系毕业后分配到中国科学院力学研究所工作。其时恰逢钱学森教授从美国归来，任力学研究所所长。作为实习研究员，我被分配在他直接指导下从事"工程控制论"的研究工作。有这样的大科学家作为导师，我深感幸运！在几个月的时间里，钱先生为了国家建设的需要，举办科技培训班，亲自讲授他所开创的《工程控制论》，这是国际科技工程学术界最新最高水平的研究成果。学习班的成员来自北京和外地的科研单位及高等学校（后来听课学员中不少人当上了中国科学院院士和大学校长）。钱先生每次讲课后，我的工作之一便是参加整理听课笔记，然后用钢板刻蜡纸，再作为讲义每次印发给听课学员。为此，钱先生每次都审阅并修改我的听课笔记。有时，我也向钱先生直接请教疑难问题，这对于一位初出校门的青年来说机会实在难得，我当然十分珍惜能与科学大师当面讨论科学问题的机会。其间，我还参加了英文版的《工程控制论》翻译工作。那段时间，通过钱先生对我的直接指导与训练，我的业务进步很快，为以后几十年的科研工作铺垫了厚实的基础。

1982年，作为国家首批派出学者从美国进修归国后，令我感动的是，钱先生为国家的事那么忙，他却很快地找我，以听取我在国外研究模式识别方面取得的成果，并充分地肯定了我的研究方向，这给予我极大的鼓励与支持。很快，在钱先生的直接指导下，我开始了对"形象（直感）思维"的探讨及以后的"综合集成、人－机结合"等领域的研究。二十几年来，通过与钱先生在新兴学科领域中共同进行开拓性的研究工作，我受益最深的是，亲自领会到他以对科学的特有的敏锐和博大精深的知识，始终奋战在科学前沿。作为榜样和引导，钱学森这样一位科学大师，对我一生的科研思路的不断升华具有重大的、深远的影响。

在求教于名师时，也要抓住机遇。1979年国际模式识别与人工

戴汝为（左）与恩师钱学森院士在一起讨论（作者提供）

戴汝为院士（中国科学院提供）

智能学科领域里杰出的学者和先驱、美国工程科学院院士傅京孙（K. S. Fu）教授来华访问，我便是受他之邀的第一位赴美与他进行合作研究的大陆访问学者。这位信息科学大师，以他培养的众多人才和出色的科研成就确立了他在国际学术界的突出地位。早在20世纪70年代，我已从大量的文章与资料中了解到傅先生的科研成就，加上在美国与他合作研究的两年多时间，我感到他确实是一位名师，因为他善于发现别人新的研究构思，并引导你深入系统地做下去。由此，在艰难的科研道路上我又往前迈了一大步。

回想自己的成长路程，我更加信服和恩感于我的小学、中学和大学的老师们！我也永远不能忘怀两位国际大师在科研道路上对我的点拨、引导和教诲！

高山仰止，永为我师！

**戴汝为** 自动控制、模式识别、智能科学、思维科学专家。1932年12月31日生于云南昆明，祖籍云南石屏。中国科学院自动化研究所研究员。1951年考入清华大学，1955年毕业于北京大学数学力学系，分配到中国科学院力学研究所，师从钱学森先生。1980年受国家派遣首批赴美与国际模式识别大师傅京孙教授合作研究。20世纪50年代，在钱学森先生的直接指导下，从事"工程控制论""最优控制"研究；70年代在国内首创模式识别研究，后转入"人工智能"领域；80年代与钱学森先生组织"思维科学"的多次研讨会，开创并推动了这一新兴学科的发展。科研创新的"语义－句法模式识别方法"奠定了汉字识别的理论基础，促成了中国"汉王"产业化发展，获2001年国家科技进步奖一等奖；2002年获何梁何利基金科学与技术进步奖；2010年获中国自动化学会授予"模式识别终身成就奖"。2016年获中国系统工程终身成就奖。与钱学森先生等一起提出"开放的复杂巨系统"及"综合集成方法论"的系统科学、思维科学研究，并强调注重工程实践。突破人工智能研究的局限，提出"人－机结合"的"智能科学"，进而对科技和人文的交叉研究，把智能科学与人类社会的发展相联系，创建了"社会智能科学"，将"综合集成方法论"的应用及"综合集成研讨体系"发展与提升为"信息空间的大成智慧"，成功实践了钱学森先生"大成智慧"的前瞻性学术思想。曾任中国科学院自动化研究所学术委员会主任、学位委员会主任、中国自动化学会理事长。首批"863"计划智能计算机主题专家组负责人，国家"攀登计划"项目首席科学家，中国科学院技术科学部、信息科学部副主任，中国科学院学部主席团成员，道德委员会委员。1991年当选中国科学院学部委员（院士）。1993至1998年担任中国科学院技术科学部副主任。

我做得比较成功的方面是，没有
因为基础不好使自己对科学前沿成
果一知半解，而是做到尽可能扎实和
深入。

# 我的求学之路

## 戴元本

我祖籍湖南常德，1928年7月出生于南京。我的童年生活主要
是在南京度过的。抗日战争爆发以后，我随家迁徙，先后到过长沙、
贵阳、昆明、路南。1941年春季，我家迁到重庆郊区北碚附近，在这
些地方度过了八年艰苦的战时生活。抗战胜利后我回到南京。我曾
就读于合川国立二中、青木关中央大学附中等五所中学，1947年在
南京中央大学附中毕业。1952年毕业于南京大学物理系。由于多次
迁徙，且青少年时期体弱多病，我曾多次休学，时间长达五年，虽然
我也多次跳级，毕业终究比正常年龄晚。

我从小喜爱读书。从小学二年级开始，我就经常看报，有时父亲
坐在床边看报，我就站在他的前面，看报纸的另一面。休学五年也给
了我更多自己看书的时间。1938年春夏，我在贵阳没有上学。我家
住的旅馆旁有一家开放的图书馆，我每天去那里看书。我曾读了一
些古典小说，还有唐诗选等，那是我读书生活的开始。在中小学时期
我看的书范围较广，最喜爱的是古典诗文和历史。在读高中二年级

时，我偶然从同学处借到一本科普读物，是我国科学界老前辈、著名学者任鸿隽先生写的，其中有一段讲广义相对论。这段内容使我非常感兴趣。因此，我去找高三物理老师，请他解答我的问题。这位老师告诉我，相对论很深奥，大学里都很难找到教授开这门课，他劝我不要花时间钻研这些问题。他的话引起了我更大的好奇心，从此我倒想要学物理学。中学毕业时，有些亲友劝我投考电机系，不要考物理系，因为电机系毕业后更容易找到待遇好的工作。但是，我没有听从他们的劝告。毕业后，我被中央大学附中保送到中央大学学习，我就选择了物理系。

戴汝为院士（右三）、杨振宁（中）、谷超豪（右一）与多位研究者合影（中国科学院提供）

读完大学一年级的解放前夕，我曾休学了一年。1949年秋天，我重回已经改称南京大学的学校继续学习。记得读大学的第一年，我还不太适应新的教学方式，学习成绩不大好。在高中时我很少上晚自修课，也能有好的成绩。可是，在大学不花时间去钻研与学校教学有关的内容是不行了。因此，从大学二年级开始我读书的内容已变为以物理学为主了。南京大学师资水平较高，还有从国外回来的魏

戴元本院士（中国科学院提供）

荣爵、徐躬耦等教授，他们会讲授一些新的物理知识，我从中受益不少。但是，解放初期政治学习和运动较多，当时提出"精简学时"，因此上课的时间就比较少。有空时，我就在系图书馆看书，学习一些课外的物理知识。

1952年大学毕业后，我被分配到南京工学院教普通物理学。大学毕业参加工作后，可以自由支配的时间减少了。毕业那年正是学习苏联，进行院系调整和教学改革的一年，大学里的学生一下增加了许多倍。因此，教学任务很重，每周在课堂上的时间往往达到二十多小时。

当时，科研还不能提到学校工作的日程上，只能认真完成教学工作。不过，我还是非常想从事研究工作。1956年党中央提出"向科学进军"，对我有很大的鼓舞。当时，正是高能物理学大发展的时期，在教学工作之余，我抓紧时间努力钻研了许多物理书，也被吸引到高能物理方向上。开始时，我并没有这门学科必需的基础知识。在大学里，我没有学过相对论和电磁辐射理论。因为大学四年级时受派遣参加"五反运动"工作组，我只听过一个多月的量子力学和统计力学课。我把补基础和对学科前沿的学习交叉进行。我做得比较成功的方面是，没有因为基础不好使自己对科学前沿成果一知半解，而是做到尽可能扎实和深入。当时能看到的英文新书和期刊比较少，苏联出版了一些翻译成俄文的论文集，包含了高能物理学理论的一些新的和最重要的成果。这些文集对我很有帮助。

1956 年，我写了一篇关于用 B-S 方程研究 $\pi$ 散射的文章，向《物理学报》投稿，审稿人热心地给了我鼓励。后来，我知道审稿人竟是朱洪元先生，他也因此对我有较好的印象。我到科学院工作后得到过他许多教益。1956 年我国第一次能在全国范围内自由报考研究生。这项落实"向科学进军"的措施给了我实现自己理想的机会。我于 1957 年参加研究生考试，被中国科学院数学研究所录取，成为张宗燧先生的研究生。1958 年 4 月我到数学研究所理论物理研究室学习和工作，开始了人生一个崭新的阶段。那年我 30 岁。

**戴元本**　理论物理、粒子物理学家。1928 年 7 月 31 日生于江苏南京，祖籍湖南常德。2020 年 9 月 26 日逝于北京。1952 年毕业于南京大学。1961 年在中国科学院数学研究所研究生毕业。中国科学院理论物理研究所研究员。曾任中国高能物理学会理事长。主要从事量子场论和粒子物理理论方面的研究，并在奇异位势和非定域位势的瑞奇极点理论、层子模型研究、非交换群规范场论中费密子的电磁形状因子的高能渐近行为和重强子物理等方面，取得一系列重要成果。主要成果有：《奇异位势散射振幅的雷其行为》《强相互作用粒子的结构模型》《非 Abel 规范理论中形状因子高能行为的六阶计算》《相互作用的规范理论》等。1982 年获国家自然科学奖二等奖。1980 年当选中国科学院学部委员（院士）。

有青藏高原才有喜马拉雅山，有喜马拉雅山才有珠穆朗玛峰。这就形象地说明了必须有雄厚的基础才能结出高精尖的科研成果。

# 学习前贤　努力攀登

## 邓从豪

我出生在一户世代务农的家庭，双亲都是农民。家父是全村近三百户农民中最出名的种田能手，他种的田，单产最高，但他深为不识字所苦恼。因为不识字而受人欺，因为不识字无法统计产量的多少，因此决心让我读几年书，识一些字以便将来能当个学徒，学门手艺，求得能养家糊口的本领。

在乡村小学里，我每年的考试成绩最好，老师的夸奖，亲戚的鼓励，更增添了家父让我读书的信心。1933 年春节后我离家，进入县城临川第一小学读书。

1935 年秋，我考入了南昌第一中学。在初中时期喜欢阅读介绍一些伟大科学家事迹的读物，我特别敬仰著名科学家牛顿和居里夫人，钦佩他们造福人类的丰功伟绩。记得居里夫人曾说过，在科学道路上有荆棘，也有鲜花，我们应该有锲而不舍的精神去攀登，去努力……因此，我也希望自己能像他们一样去攀登，去努力，在科学的海滩上拾取贝壳。于是，我写下它们，作为自己的座右铭，并决心向这些杰出科学家学习。

1941年秋，我进入厦门大学化学系学习，当时傅鹰先生是化学系教授和厦门大学教务处处长（后来他去北京大学任教），他的言行指导了我一生的志趣。而著名的物理学家萨本栋先生是校长，这两位师长是全校声誉最高、最受学生尊敬的老师，因此他们的言行无形中也成了我的行动指南。

青年邓从豪（1950年，作者提供）

傅鹰先生说，要想学好物理化学，必须学好数学和物理学，有了这两门学科为基础，再学习化学系的课程就等于高灯在照明，一切问题就容易解决了。因此，我除了修好化学系的课程之外，每天还往来于物理系和数学系的课堂间，修完了物理系的基础课和一些基础数学课（复旦大学的谢希德教授就是我那时在物理系修课时的同学）。因此，大学毕业时我虽然得到的是化学系的学士学位，但是我也几乎修完了数学系和物理系的课程。当然，这样做是非常辛苦的，每周甚至每天都得跑读于三个不同的课堂，但我坚信要攀登就必须比别人付出更多的代价。我几乎没有一个暑假和寒假，几乎把全部时间都用于学习。更值得一提的是，我每天晚上经过傅鹰教授及其夫人张谨教授的窗前时，总看到他们仍在挑灯夜战，我明白即使学术地位和水平很高的傅鹰先生也需要继续勤奋地进行科学研究和不断学习，这大概就是现今的科学家都是在永远不停地向科学前沿奋进的道理吧！

傅先生给我们讲授普通化学和物理化学时，讲台上虽有讲稿，授课时却从不看讲稿，只是偶尔看看标题；授课时他从不讲与课程无关的话，但话语幽默，不时用些比喻。他编写了一部普通化学讲义，内容非常丰富。在"原子结构"一章中，他写了许多有关原子结构的知识与公式，对每个公式他都指出可由量子力学得到。量子力学这种神奇的力量深深地吸引着我，但当时数理系没有开设这门课程。1948年秋，我离开南昌中正大学到青岛山东大学任教。途经上海时买了肯姆波尔（Kemble）编著的《量子力学》，到了山东大学，我制作了一块黑板挂在工作室的墙上，一边读该书，一边在黑板上进行演算。1949年后我读到艾琳等编写的《量子化学》和鲍林等编写的《量子力学导论》等书，才对量子化学有了更深刻的认识。

邓从豪在聆听老师介绍课题（左起：徐光宪、卢嘉锡、邓从豪、唐敖庆，作者提供）

为了使业务提高得更快，我约请了当时数学系的张学铭教授、物理系陈成琳先生，一起组成了三个人的读书报告小组，三人共同确定一个题目，每周末三人分别从自己的业务角度报告对该题目的学习心得，这样无形中成为从数、理、化三个角度共同针对同一个问题引起的讨论会，促进了三个人的知识领域的拓宽，集三人的读书与研究之心得，叠加到每个人的知识结构上。我认为，这种组合讨论与报告，对我们三个人的科研与学术都起了很大的作用。

我感到一生有幸的是在厦门大学时，曾从师于著名化学家卢嘉锡先生，受益巨大；后来又有幸参加了卢嘉锡先生与著名量子化学家唐敖庆老师于 1956 年在青岛办的暑期物质结构学习班。因此，逐渐地与物质结构及量子化学结下了不解之缘。后来，唐敖庆老师又把我引进了量子化学领域，并指导我开展了量子化学方面的科学研究，直至今日。

邓从豪院士（中国科学院提供）

1951 年，我在《化学学报》上读到唐老师的关于分子内旋转和橡胶弹性两篇文章，在这两篇文章中，他用公式表达了乙烷两个甲基相对旋转时势能的变化，及橡胶弹性的大小。凯尔文有一句名言，大意是：一种现象若不能用数学式表达，就是对此现象还没有弄清楚。这句名言给我的印象极深。所以，我对唐老师的这两篇文章产生了极为浓厚的兴趣，曾冒昧地写信向他索取抽印本，他很快寄来了，并给予热情的鼓励。可见，他对年轻人的关心和爱护。后来，我又去他那里进修了半年，他那绝佳的讲课、渊博的学问，使我无限敬仰和尊敬。1963 至 1965 年，教育部曾委托唐老师举办物质结构学术讨论班，我当然要想法子挤进去。我感到，参加这个讨论班是我一生受益最多的学习机会，在班上不仅听到了唐老师精湛的讲学，受到了不少终身受益的教导，而且结识了班上比我年轻的优秀同行，我们同窗深谈，共同切磋，其乐融融。唐老师给我们讲授了点群、酉群、李代数、分子对称群、不可约张量法等一系列课程，使我们的量子化学基础增厚和拓宽了，我的量子化学水平也提高了一大步。

1964年在唐老师讲授分子对称群的不可约张量法时说,在三维空间旋转群和点群之间存在一条沟,需要架一座桥。在此思想启发下,不久我就在三维空间旋转群和正八面体点群之间架起了这座桥,这就是三维空间旋转群到正八面体点群的耦合系数,此系数使配位场里的弱场计算方案可以用不可约张量法标准化了。

唐老师不仅教书、育人,还经常教导我们:有青藏高原才有喜马拉雅山,有喜马拉雅山才有珠穆朗玛峰。这就形象地说明了必须有雄厚的基础才能结出高精尖的科研成果。

最后,我提一点这些年来的自身读书与做学问的体会,那就是一个人要想有充沛的精力去学习,去研究,必须要有一个健康的体魄。为此,我做到五十多年如一日,天天洗冷水澡,从不间断,风雨无阻,雷打不动,以保证我能每天有充沛的精力去迎接新的工作和研究。

**邓从豪** 理论化学家和教育家。1929年10月10日生于江西临川。1998年1月17日逝于山东济南。山东大学教授。1945年毕业于厦门大学化学系。长期从事量子化学基础理论和应用,以及分子反应动力学等方面的研究。对配位场理论、过渡态理论、反应散射的量子理论、反应机理和分子反应动力学计算、共轭分子的分子轨道理论、电子相关研究等均做了系统的研究并取得多项重要成果。1981年《配位场理论方法》专著(中、英文版)出版并获国家自然科学图书奖一等奖,1996年《多电子原子、分子Schrodinger方程的直接求解研究》获国家教委科技进步奖一等奖。曾任山东大学校长,为我国培养了一大批高级专门人才。1992年创建私立齐鲁创业大学并任校长。1993年当选中国科学院学部委员(院士)。

物理学是一门"精密"的科学，是要用很精确的数字来表达它的内容。但是，在某些创新的过程中，特别是起始阶段，一些"粗糙"的物理学直觉的思考是至关重要的。

# 从小爱科学

邓锡铭

我出生在一户知识分子家庭。父亲早年（20 世纪 20 年代）留学美国，学土木工程，与已故著名桥梁专家茅以升同学。母亲是家庭妇女。抗日战争前半期，我就读于香港培正小学。孩提时代，《少年爱迪生》和《伟人爱迪生》两部电影对我有极深的影响，把我引上了酷爱科学技术的道路。在小学四五年级的时候，就立志长大要读物理学，当发明家。当时我从科普读物中读到摩擦能生电，就自己动手做了一个铜丝刷子，放在香烟铁罐内转动，企图发电，把小电灯泡点亮，结果失败了；过了两年又想改革虹吸管，在金鱼缸里做实验，猜想只要虹吸管的入水口做得足够大，出水口又足够小，就可以依靠虹吸原理，把水从低水位抬到高水位，结果又失败了……

从小学到初中，一直幻想在自行车上装上几十个小发电机，然后在脚踏处装上电动机，指望用力一踏自行车，就永不停止向前走。

虽然，这些幼稚的想法全都失败了，但培养了我变革创新的志向，遇到失败从不气馁的顽强性格。在我后来从事科研的一生中，一直体现了少年时代形成的这种风格。

高中时代，我读了高中物理课本，就自己归纳出比热容与相对原子质量的关系，并为自己的"新发现"而沾沾自喜。后来我的物理

大学一年级时，利用假期，邓锡铭用自己的零用钱做了一个利用水银下落来抽气的真空泵，很得意（叶雄绘）

老师黄杏文对我讲："今后你学了热力学后就懂得前人早已导出这些定律了。"大学一年级的时候，利用假期，用自己的零用钱做了一个利用水银下落来抽气的真空泵，很得意，又以为是自己的发明，但是进入北京大学物理系以后，我从法拉第日记中看到19世纪50年代，别人就做出来了。

这种着意追求创新、追求变革、追求新思想的意识，在我青少年人生观的形成过程中，打下了深深的烙印。

1949年进入北京大学物理系以后，当时物理系师生崇尚数学、崇尚物理学理论的气氛十分浓厚，又在多位名师的教导下，我学到了系统的物理学知识，打下了扎实的基础。我对这一时期的名师教导、周围浓厚的学术气氛、自己的刻苦学习，是十分满意的，认为这些对后来的科研生涯是起决定性影响的。

1952年我毕业于北京大学物理系后，随即进入了社会大变动的20世纪50年代，我又是一个切身感受过外国侵略和殖民地之苦，有着浓厚爱国主义思想的青年，自然全身心投入了新中国的建设和各种运动中，接受时代的磨炼。在这个

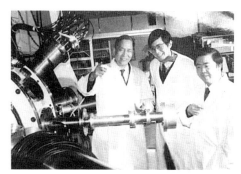

邓锡铭院士（左一）在实验室与两位科学家共同研究开拓激光科研新问题（1995年，作者提供）

时期培养和锻炼了我的组织才能，在后来领导大型科学工程中得到了发挥。

毕业之后，我在光学老前辈王大珩院士的领导下，在中国科学院长春光学精密机械研究所工作了12年，然后转到上海光学精密机械研究所，至今又工作了31年。在43年科研生涯中，我花费了很大的

邓锡铭院士（中国科学院提供）

精力，从事科研组织工作。20世纪50年代初协助王大珩所长组织全所科研工作，50年代末组织八大光学精密仪器的研制及军事光学的研究；60年代初领头开拓激光领域并组建中国科学院上海光机所。1964年著名核物理学家王淦昌院士倡议用强激光来引发热核反应（现称激光惯性约束聚变，简称ICF），我最先响应王老的倡议，在两位王老（王淦昌、王大珩）的指导下，投入全部精力，历时29年，长期领导一个科研大集体，开创了我国用于ICF研究的高功率激光驱动器技术领域。从无到有、从小到大、从粗到精，建成了以"神光"装置为代表的多项大型高功率激光工程。

也许是由于少年时代喜欢科学幻想的影响，在科研上我喜欢运用物理直觉去思考。1961年底我独立提出Q开关激光器原理，当时我把Q开关比喻为一个稍有漏水（自发辐射跃迁）的抽水马桶，当水箱被灌（光泵注入能量）满之后，水箱底部的盖快速揭开（Q值突变），水（激光能量）就一涌而出（高激光峰值功率输出）。后来，有关列阵透镜和扭镜的发明，也都是凭着物理学直觉思考的结果。

近年来，我正在建立一个很直观的流体模型，来描写光束的传输。我认为，物理学是一门"精密"的科学，是要用很精确的数字来表达它的内容。但是，在某些创新的过程中，特别是起始阶段，一些"粗糙"的物理学直觉的思考是至关重要的。

（本文写于1995年）

**邓锡铭** 光学、激光专家。1930 年 10 月 29 日生于广东东莞。1997 年 12 月 20 日逝于上海。1952 年毕业于北京大学物理系。历任中国科学院长春光学精密机械研究所研究部副主任，上海光学精密机械研究所研究员、副所长，高功率激光物理联合实验室主任，国家 863 高技术计划激光核聚变主题专家组成员。1960 年首先提出在我国开拓激光科学技术新领域，并与王之江一起组织研制成功我国第一台红宝石激光器。1963 年又主持我国第一台氦氖气体激光器；与国外同行同时独立提出高功率激光调 Q 开关原理。1964 年负责组建了中国科学院上海光学精密机械研究所，任首届副所长。主要致力于发展用于惯性约束聚变的固体高功率激光技术，主持研制成"神光"高功率激光装置，并做出了一批重大成果。负责研制的六路激光装置获 1982 年中国科学院科技进步奖一等奖；宽频带激光的产生及其对等离子体物理作用的研究获 1987 年中国科学院科技进步奖二等奖；1988 年获陈嘉庚技术科学奖；1989 年获中国科学院科技进步奖特等奖；1990 年获国家科技进步奖一等奖。1993 年当选中国科学院学部委员（院士）。

不管研究科学，研究人文学，或者在个人行动上，我们都要保留一种怀疑求真的态度，要靠实践来发现事物的真相。

# 实验精神是中国文化的一部分

## 丁肇中

我非常荣幸地接受《瞭望》周刊授予我的"情系中华"征文特别荣誉奖。

我父亲是受中国传统教育长大的，我受的教育的一部分是传统教育，一部分是西方教育。缅怀我的父亲，我写了《怀念》这篇文章。多年来，我在学校里接触到不少中国学生，因此，我想借这个机会向大家谈谈学习自然科学的中国学生应该怎样了解自然科学。

在中国传统教育里，最重要的书是"四书"。"四书"之一的《大学》里这样说：一个人教育的出发点是"格物"和"致知"。就是说，从探察物体而得到知识。用这个名词描写现代学术发展是再适当不过了。现代学术的基础就是实地的探察，就是我们现在所谓的实验。

但是，传统的中国教育并不重视真正的格物和致知。这可能是因为传统教育的目的并不是寻求新知识，而是适应一个固定的社会制度。《大学》本身就说，格物致知的目的，是使人能达到诚意、正心、修身、齐家、治国的地步,从而追求儒家的最高理想——平天下。因为这样,格物致知的真正意义也就被埋没了。

大家都知道明朝的大理论家王阳明,他的思想可以代表传统儒家对实验的态度。有一天王阳明要依照《大学》的指示,先从"格物"做起。他决定要"格"院子里的竹子。于是,他搬了一条凳子坐在院子里,面对着竹子硬想了七天,结果因为头痛而宣告失败。这位先生明明是把探察外界误认为探讨自己。

王阳明的观点,在当时的社会环境里是可以理解的。因为儒家传统的看法认为天下有不变的真理,而真理是"圣人"从内心领悟的。圣人知道真理以后,就传给一般人。所以经书上的道理是可"推之于四海,传之于万世"的。经验告诉我们,这种观点是不适用于现在的世界的。

我是研究科学的人,所以先让我谈谈实验精神在科学上的重要性。

科学进展的历史告诉我们,新的知识只能通过实地实验而得到,不是由自我检讨或哲理的清谈就可求到的。

实验的过程不是消极的观察,而是积极的、有计划的探测。比如,我们要知道竹子的性质,就要特别栽种竹子,以研究它生长的过程,要把叶子切下来拿到显微镜下去观察,绝不是袖手旁观就可以得到知识的。

实验的过程不是毫无选择的测量,它需要有仔细具体的计划。特别重要的,是要有一个适当的目标,来作为整个探索过程的向导。至于这目标怎样选定,就要靠实验者的判断力和灵感。一个成功的实验需要的是眼光、勇气和毅力。

由此我们可以了解,为什么基本知识上的突破是不常有的事情。我们也可以了解,为什么历史上学术的进展只靠很少数的人关键性

丁肇中院士（中国科学院提供）

的发现。

在今天，王阳明的思想还在继续地支配着一些中国读书人的头脑。因为这种文化背景，中国学生大多数偏向于理论而轻视实验，偏向于抽象的思维而不愿动手。中国学生往往念书成绩很好，考试都得近 100 分，但是面临着需要出主意的研究工作时，就常常不知所措了。

在这方面，我有个人的经验为证。我是受传统教育长大的。到美国大学念物理学时，起先以为只要很"用功"，什么都遵照老师的指导，就可以一帆风顺了，但是事实并不是这样。一开始做研究便马上发现不能光靠老师，需要自己作主张、出主意。当时因为事先没有准备，不知吃了多少苦。最使我彷徨恐慌的，是当时的唯一办法——以埋头读书应付一切，对于实际的需要毫无帮助。

我觉得真正的格物致知精神，不但是在研究学术中不可缺少，而且在应付今天的世界环境中也是不可少的。在今天一般的教育里，我们需要培养实验的精神。就是说，不管研究科学，研究人文学，或者在个人行动上，我们都要保留一种怀疑求真的态度，要靠实践来发现事物的真相。现在世界和社会的环境变化得很快，世界上不同文化的交流也越来越密切。我们不能盲目地接受过去认为的真理，也不能等待"学术权威"的指示。我们要自己有判断力。在环境激变的今天，我们应该重新体会到几千年前经书里说的格物致知的真正意义。这意义有两个方面：第一，寻求真理的唯一途径是对事物客观的探索;第二,探索的过程不是消极的袖手旁观,而是有想象力的和有计划的探索。希望我们这一代对于格物和致知有新的认识和思考,使得实验精神真正地变成中国文化的一部分。

**丁肇中** 实验物理学家。1936 年 1 月 27 日生于美国密歇根州安阿伯镇,祖籍中国山东日照。1956 年入美国密歇根大学,1959 年获物理学学士和数学学士学位,1962 年获密歇根大学物理学博士学位。先后在德国汉堡德意志电子同步加速器中心、美国麻省理工学院、纽约布鲁克海文国家实验室、欧洲核子研究中心进行实验研究工作。主要研究方向是高能实验粒子物理学,包括量子电动力学、电弱统一理论和量子色动力学。认为物理学是在实验与理论紧密相互作用的基础上发展起来的,当物理学中一个实验结果与理论预言相矛盾时,就会发生物理学的革命,并导致新理论的产生。1974 年与美国加州斯坦福大学教授伯顿·里克特几乎同时各自发现新的基本粒子——J/ψ 基本粒子,1976 年他俩因此而获得诺贝尔物理学奖及美国政府的劳伦斯(Lawrence)奖。1977 年获美国工程科学学会的 Eringen 奖章,1988 年获得意大利政府的 Degasperi 科学奖。近年来领导阿尔法磁谱仪团队寻找暗物质。是美国国家科学院院士,美国文理科学院院士,苏联科学院外籍院士,中国台北"中央研究院"院士,巴基斯坦科学院院士,还被密歇根大学、香港中文大学、意大利波洛格那大学和哥伦比亚大学授予名誉博士学位,也是上海交通大学、华东师范大学和北京师范大学的名誉教授,还是曲阜师范大学、日照职业技术学院名誉校长。1994 年当选中国科学院外籍院士。

> 要培养孩子的审美观、美感。自然是美的，科学也是美的。孩子从小用敏感的心灵去感受世界的美，会受益终身。

# 该读怎样的科普书

## 甘子钊

1949 年，我才 11 岁，刚上初中。那时，有很多苏联译过来的书，我记得有一本伊林写的书——《人怎么变成巨人》，是中国青年出版社出版的，沿着科学发展轨迹介绍了很多科学家，如法拉第、居里夫人、爱因斯坦等。这本书给我的影响：一是对大自然的奥秘充满了好奇，发现大自然的美，并由此热爱自然，追求大自然给自己心灵带来的安慰；二是惊讶于科学对人类的贡献，现在我们的生活，有很多直接受益于科学的探索与发现，但我们并不那么在意，如最早发现电能传导的是一名英国工人，但我们甚至不知道他的名字；三是科学家崇高的精神境界和状态。

人们常常受益于科学而不自知，但从来没有一位真正的科学家因此而有怨言，他们只把科学的真理看得最高。我当时看了不少这类书。可以说，一方面是国家的分配安排，另一方面也是科普读物使我走上了科学的道路。

1949 年后，我国出版了很多好的科普读物，像《十万个为什么》，

甘子钊院士作"科学的本事"演讲（作者提供）

在历史上起了很好、很大的作用。现在的科普有两大误区：一是过于强调单纯的知识，其实科学普及的不只是知识，更多的是一种科学观、世界观、人文素养、心灵的修炼；二是太功利化，什么有了科学，猪就肥，养蝎子就能赚钱，这是对科学庸俗化的解释，当然也有它的作用，但如果以为科学就是致富，只有这一种解释，而没有更高层次的科学理念的诠释，那是很糟糕的。

好的科普读物应该在知识的传递之外，贯穿这样几个重点。首先，是做人。爱因斯坦说过：伟大的科学家的成就往往还不如其人格魅力对世界的贡献大。科学家追求真理、探索未知都是非功利的，特别是搞基础科学研究的，可能一辈子默默无闻，他们凭的是信念。其次，恰恰是非功利的追求带给整个人类最大的功利。科学和知识从本质上讲是属于全人类、服务全社会的，现在都讲知识产权和专利，

甘子钊院士（资料图片）

其实真正的科学家并不重视这些，科学是一代代人积累的，你在前人基础上有所进步，那是你一个人的成果吗？科学的价值不在于专利，它只有服务人类才能体现其价值。第三，是训练培养当代科学的思维方法，也就是实证和理性的思考方法。历史上有很多科学家也会有迷信，与达尔文一起发表进化论的华莱士就相信人用意念能折弯勺子；获诺贝尔奖的克鲁克斯甚至相信鬼神，因为有一次他照相时发现他背后有位美丽的女郎，他认为那是一个魂，后来被证实那女的是当地有名的妓女，只是摄影师在暗室里耍的一点小花招罢了。而有的科学家之所以迷信，是因为蔑视理性，只相信自己的经验和感觉。其实，感觉往往是不可靠的。科学的基石是实验、实证，而且在同样条件下，实验结果是可以重复的。

现在有的人大谈"后现代主义"中的"后科学"，用经验否定实验，这是很浅薄的，也是违背科学精神的。

最后，要培养孩子的审美观、美感。自然是美的，科学也是美的。孩子从小用敏感的心灵去感受世界的美，会受益终身。

总的来说，对孩子普及科学，一开始不必太郑重其事，也不必背太多知识，主要是培养他们的好奇心，对自然和科学的热爱，并为以后发展抽象思维能力打下基础。要有趣、生动一点，要有书本以外的东西，还要有些人文素养方面的内容。这些比单纯让孩子记住地球离太阳多远、闪电为什么发生在打雷前等，效果要好得多，也重要得多。因此，我希望在单纯的知识灌输之外，还蕴含一些科学的精神、科学的品质，我们真的很需要一流的科普读物。

**甘子钊** 物理学家。1938 年 4 月 16 日生于广东信宜。1959 年毕业于北京大学物理系，1963 年在该校研究生毕业。现任北京大学物理学院教授、北京现代物理中心副主任，国家超导实验室学术委员会主任，人工微结构和介观物理国家重点实验室学术委员会主任。1984 年获"国家级有突出贡献中青年专家"称号，1998 年后曾任中国人民政治协商会议第九届与第十届全国委员会常务委员。曾兼任国家超导技术专家委员会首席科学家、《中国物理快报》主编等。在半导体中隧道效应、锗中隧道过程的物理机理、发展我国大能量气动激光、提出多原子分子多光子离解的物理模型、发展了光在半导体中相干传播的理论诸方面均作出重大贡献。在凝聚态物理的一些前沿，如分数量子霍尔效应、金属－绝缘体相变、磁性半导体量子阱中极化子、杂质共振态等方面也作出重要贡献。尤其是自1986 年以来，在我国高温超导电性的研究和发展上起了重要作用。1991 年当选中国科学院学部委员（院士）。

回顾往昔，为了求学，真所谓
"为伊消得人憔悴"，但我终生不悔！

# 漫长的求学旅程

## 高小霞

以前农村小女孩一般不上学，何况我家几位哥哥姐姐也没有一位正式上过普通中学，更谈不上大学。父亲是私塾老师，善书法，教教两位哥哥的语文而已。10 岁时，我随母亲、兄嫂去了镇海才有机会上学。半年后，父亲在上海中华书局任职员，让我去陪侍他。于是在十里洋场的上海滩，开始了我漫长而又艰苦的求学旅程。

当时，家里生活不富裕，我长年穿着土林布衣服，奔走在家与学校之间。小学未毕业就考上了上海工部局女中。同学们不少是华侨女孩，她们过着舒适的生活，有漂亮的衣着，周末还有电影、舞会。上海滩一边是灯红酒绿，一边是雪地饿莩，不平和同情经常痛苦地交织在我幼稚的心里。父亲教我古文——《论语》《孟子》，我能很快背诵一些篇章，但不求甚解。给我印象最深的是"子曰：'……居陋巷，人不堪其忧，回也不改其乐。'"我虽然寂寞，但在学习上可以自得其乐。好容易念完初中，因高中学费贵，拟考免费的苏州女子师范学校。工部局女中校长知道后，给了我三年奖学金，才使我能念完高中。

大概是上海污浊的环境磨炼了人的意志，我暗下决心，一定要努力学习，将来能够独立、自强，有点真本领，不会受人欺侮。那时，抗日战争已爆发，家中生活更清苦了。高中毕业本来可以保送上海几所私立大学，但我无法去。我考上了西南联大生物系，但要绕道海防才能到昆明。又是女中校长向老师们呼吁，她们都愿意资助我足够的路费和一两年的生活费。可是，父亲当时已失业，靠卖字维持生活。他垂泪说："身边只你一人，你忍心抛下我和你继母而去？"

我偷偷哭了一晚上，眼看着同学们远去，而我只能在女中当个小教员，帮助老师们改改初中作业，以月薪补贴家用。我是不甘心的，想在上海再找机会。正好交通大学已搬进法租界，借震旦大学教室上课。走读学费极少，我就去考了化学系，以实现我学点科学技术，将来可以有个温饱生活的梦。不幸，父亲因病去世，我还能不能上学？继母一直待我很好，她决定与我苦守在上海，让我念大学。从此我一

正好交通大学已搬进法租界，借震旦大学教室上课。走读学费极少，我就去考了化学系，以实现我学点科学技术，将来可以有个温饱生活的梦（叶雄绘）

早奔校上课，中午吃点烤白薯充饥，下午做实验，晚上找份家庭教师的劳作，回家往往很晚。凄风苦雨，父亲的朋友们看不下去，劝我辍学求业，有的甚至说女孩不必读大学，结个婚算了。不过，当时上海由日本控制，百业萧条，找个工作谈何容易。我继续上学，半工半读，四年后终于毕业。短期在一家化工厂工作后，感到前途渺茫，想去重庆找哥哥和姐姐，继母则回乡以待兄长们回来。途经屯溪，欣闻抗战胜利，在

高小霞院士（中国科学院提供）

安徽省立农业专科学校教半年化学后，返回上海，哥哥姐姐们也都陆续归来了。

我忙于找工作，与同学徐光宪结婚后，幸运地进入刚从昆明搬回的前中央研究院化学研究所。先跟梁树权，后跟吴征铠两位研究员当助理员。长兄曾说："你苦苦追求上大学，如今进了'翰林院'，仍旧清苦，但该高兴了吧！"不错，我很高兴。在解放战争那样困难的情况下，所长吴学周还组织每周一次学术报告会，由研究员轮流讲学，也让助理员们准备去讲。他率先讲量子化学，在交通大学当助教的光宪也来听讲。这种学习引导我们走上科学研究的道路，影响深远。我们曾参加过全国留学生考试，可以买外汇出国。光宪借钱买了外汇去美国留学。当他在哥伦比亚大学任兼职助教时，我才于1949年初到纽约大学研究生院攻读仪器分析。

但那时，一般留学生已不能再申请外汇，而学费昂贵，我又不得不去找点工作做。由教授推荐，我白天去康奈尔医学中心当分析技术工，晚上去选读一些课程，有时还去做实验，回来往往很晚。看来，半工半读的生活已和我结下了不解之缘。好在这时能与光宪一起学习，倍觉愉快。同时，还认识了纽约的不少进步留学生，参加了"新文化学会"，能够不时听到国内消息。留学生们还举办了一次庆祝中华人民共和国成立的聚会，发起一人捐献一元庆贺海南岛解放等活动。那时，留学生中已有一些人悄悄回国，如哥伦比亚大学的唐敖庆同学已先行回国，来信盼我们早日回去，为祖国建设服务，并介绍我们到北京大学化学系去任教。不久,抗美援朝开始,钱学森要回国受到阻挠。祖国在召唤,我们怎么办?万一回不去,有负我们学以报国的初衷。光宪赶着论文答辩,积极准备回国。我到移民局办手续,他们不让我们走,给我一张申请入美国籍的表格,我把它塞在地铁车厢的座位下。其实,我在纽约只待了两年零几个月,光宪已毕业,学校竭诚留他,待遇优厚,毋须我去工作,可以专心致志学习,再有两年便能获得博士学位,匆匆离去也不免有点惋惜。我们假借一华侨家乡地址,说是回广东探亲,办成了离境手续,于1951年5月初回到了北京。

从此,结束了我漫长的求学旅程,在北京大学化学系经历了40多年的风风雨雨,坚持工作在教师的岗位上。回顾往昔,为了求学,真所谓"为伊消得人憔悴",但我终生不悔!

(本文写于1993年)

**高小霞** 分析化学家。1919年7月10日生于浙江萧山,1998年9月9日逝于北京。1944年交通大学化学系毕业。1946年至1948年在中央研究院化学研究所当助理员。1949年至1951年初在美国纽约大学研究生院学习并获硕士学位。1951年5月起任教北京大学化学系,曾任分析教研室主任。国务院第一、二届学位委员会理科评议组成员。中国化学会第21、22届常务理事。所培养的数十名博士和硕士,大多数成为教学、科研的骨干和学术带头人。长期致力于分析化学的教学和研究,在仪器分析和电化学分析上很有建树,形成国内极谱分析的特色。著述有《铂族元素极谱催化波》《电化学分析法在环保监测中的应用》《电分析化学导论》《极谱催化波》《稀土农用与电分析化学》等,在国内外期刊上发表论文近200篇,主编了"分析化学丛书"。1980年当选中国科学院学部委员(院士)。

学海茫茫欲何之，惜阴岂止少年时。

秉烛求索不觉晚，折得奇花三两枝。

# 珍 惜 时 间

## 谷超豪

有人问我，做学问中有什么"格言"，我想来想去，还是用"惜阴"两字比较合适。

中国有许多劝人惜阴的古训，比较通俗的有"一寸光阴一寸金，寸金难买寸光阴"，这比由西方传入的"时间就是金钱"深刻得多。世界上有许多重要的东西不是金钱所能买到的，时间的流逝是永远无法追回的。古人还有不仅要"惜寸阴"，还要"惜分阴"的说法。也有劝人惜阴的诗词，如岳飞的"莫等闲白了少年头"，激励了许多后人。唐诗中也有："劝君莫惜金缕衣，劝君惜取少年时。花开堪折直须折，莫待无花空折枝。"这首诗固然可以从爱情的角度来解读，但诗的妙处是听凭您去体会。我曾用这首诗为中学生数学冬令营题词，希望参加者能抓紧时间很好利用这一特殊的学习和交流的环境，求得最大可能的提高。

"惜阴"是很简单明了的两个字，但做起来并不简单，我要谈一下我的体会。

第一，要"惜阴"必须有所追求，要为自己树立一个奋斗目标，为达成这个目标，要下决心把一切可利用的时间都运用上去。我的小学和初中都是在国难时期度过的。在小学里,我牢记"青少年要立志做大事"的格言。近百年国家的屈辱,当时亡国的近忧在我们幼小的心灵中激起了强烈的爱国情怀。科学知识使我们懂得了近代科学与技术的巨大力量,于是我就认定了救国和治学是应该立志去做的两个方面的"大事",这也就为今后的"惜阴"打下了思想的基础,使得我在同一时期中,往往努力去做这两个方面的事。例如,在中学时期,我课程学习非常好,同时还参加抗日救亡工作,加入了中国共产党。在大学时期,我的数学研究开始于奋力从事学生运动和地下党的各项任务的时候。在以后的岁月里,我除了科研、教学之外,往往有相当多的行政、社会工作在进行。

第二,与奋斗目标相联系的,就是要有强烈的责任感和事业心,在学术方面还必须有浓厚的兴趣。在我的生涯中,不断地感觉到自己肩上总是有很重的负担,从支部书记、系主任、副校长、校长以及政协委员、人大代表等岗位,我总是感到负担很重,非兢兢业业地去做不可。这样,就不允许自己有空闲的时间。从事教学和科研,也同样感到重任在身,这关系到国家的发展和下一代的成长。除此之外,"兴趣"的确也起很大的作用,我从小培养起对数学的爱好,在大学里开始进入科研领域后,总是把在数

谷超豪与胡和生院士夫妇在探讨思维路径(侯艺兵摄)

谷超豪院士（中国科学院提供）

学中提出新问题、创造新方法、得出新结果看成是极大的乐趣。后来，又对数学与力学、物理学的交叉看成是非常美妙的一幅幅蓝图。在大学时期，我除了跟苏步青、陈建功教授学习数学之外，还选读了量子力学、相对论等物理学课程。1957—1959年在苏联莫斯科大学进修期间，在完成了科学博士论文的写作后，我又去钻研流体力学，从头学起，包括去听为大学生开设的流体力学课程。我觉得有了物理学和力学的知识，我的数学视野更开阔了，有了新的直观的基础，为后来的创造提供了新的思路。

第三，必须善于利用时间。在相当长的一段时间里，我感到我的控制机制很灵，做一件事情就专心致志不去想另一件事，一有空余时间就把它利用起来。比如说，在我担任中国科学技术大学校长期间，校务工作特忙，我就利用出差坐火车、坐飞机的时间来从事学术工作，也能有所收获。非线性科学的研究，也从那时取得了突破。我感到从事科研必须不断"线"，停顿了一段时间恢复起来就困难。"数苑从来思不停，穿云驰车亦有成"，这是我引以自豪的。

第四，必须全面处理各方面的关系。比如说要注意健康，这也是"惜阴"所必需的，但也得有所牺牲。例如，生活要求简朴，不讲享受，不能有太多时间从事文娱、旅游等兴趣活动，与亲朋好友的联系也不够周全，对于这些自己也时常引以为憾，有时也以能得到人们的理解而感到安慰。

随着年岁的增大，力不从心的事也多起来了，如何过老年生活的问题也逐步显现出来，三年前我曾写过"学海茫茫欲何之，惜阴岂止少年时。秉烛求索不觉晚，折得奇花三两枝"。古人云，老而好学，如秉烛之明。我也愿以此为自勉。

**谷超豪**　数学家。1926 年 5 月 15 日生于浙江永嘉（今温州市鹿城区），2012 年 6 月 24 日逝于上海。1948 年浙江大学数学系毕业，1953 年起在复旦大学任教，1957 年赴苏联莫斯科大学力学数学系进修，获科学博士学位。复旦大学教授。历任复旦大学副校长、中国科学技术大学校长和温州大学校长。主要从事偏微分方程、微分几何、数学物理方法等方面的研究和教学工作。在一般空间微分几何学、齐性黎曼空间、无限维变换拟群、双曲型和混合型偏微分方程、规范场理论、调和映照和孤立子理论等方面取得了系统的、重要的研究成果。特别是首次提出了高维、高阶混合型方程的系统理论，在超音速绕流的数学问题、规范场的数学结构、波映照和高维时空的孤立子的研究中均取得了重要的突破。撰有《数学物理方程》等专著。研究成果"规范场数学结构""非线性双曲型方程组和混合型偏微分方程的研究""经典规范场"分获全国科学大会奖、国家自然科学奖二等奖、三等奖。曾获 2009 年度国家最高科学技术奖。1980 年当选中国科学院学部委员（院士）。

科学研究和技术开发的灵魂就是创新；必须用最积极的态度培养自己的创新意识和创新能力；创新的基础之一是多思联想、独立思考。

# 勤学苦练　踏实学问

## 郭尚平

### 勤能补拙　惰则必失

回顾我这一生，并非天资聪颖者，用现代话说，不是智商高的人，只能算一个智商中等的人。能在科技活动中做一点工作，原因是比较勤奋、踏实和有恒。人贵有恒，在勤奋踏实这一点上也必须持之以恒；稍一懈怠虚浮，就会出败局。

大概4岁时，兄姐开始教我在方块纸上认读汉字，稍后又教我学加减法，打算盘。这些都有效地培养了我对学习的兴趣和比较勤奋的习惯。将满6岁时，大人送我入读四川自贡市玉皇庙小学，由于比较勤学和踏实，一年级两个学期的成绩都是班上第一名。当时有跳级制度，通过考试录取，可以越级上学。我便在一年级之后跳级到三年级上学期，然后又跳级到四年级上学期。小学毕业后，考入隆昌县县立初中。这时我刚满10岁，开始贪玩起来，不再用功学习，不用心听老师讲课，做习题时也不再仔细踏实了。晚上自习时间，同学们在努力学习，我却常常伙同两位同村来的同学在校园里捉迷藏或游戏。其结果真糟糕：学期结束后拿到成绩单一看，地理和动物两科不及格。由于以前学习成绩优秀，对这么严重的打击没有一点思想准备，于是一个人躲在房间里蒙头大哭，伤心不已。这打击还真有效果，在大人的帮助下，第二天就认识到：以前的成功源于勤奋和踏实；现在的失败出自懒惰和虚浮。于是，下定决心痛改前非，今后必须比以前更勤奋努力和踏实学习。自此以后，又较快恢复到不断上升和比较顺利的学习局面。

当时日本帝国主义侵略我国，正值国家民族危亡之秋。自己认为我国受人欺侮的原因是工业落后，所以立志用功读书，长大后当工程师，走"工业救国"之路。又眼见家庭经济拮据，觉得今后一生须靠自己奋斗。所以，国家民族的原因和个人家庭的原因都促使我走勤学之路。

以后，考入清华大学校友会在成都办的清华高中后，自觉英语基础太差。怎么办？只有一条路：勤学苦练。我便在英语课和作业外采取了当时条件下可能采取的自学措施。一是尽力扩充词汇量，努力牢记单词、短语和成语。为此，我衣袋里总是揣一本很小的袖珍英汉词典，只要发现我不知道的英语词汇，不管是书上的、黑板上的、商品说明书上的、电影里的，甚至是大街上的英语广告或商店招牌上的，都立刻掏出词典来，弄清并记住这个词汇的意思、读音和用法。二是系统地自学语法，力求真正弄懂和尽力掌握语法。为此，自学了中文版的《北新英文法》和英语版的《实验高级英文法》。三是努力实践，勤阅读与写作。为此，除阅读英语短文外，还坚持读完了 *Gone with the Wind*（即小说《飘》）；用英文写日记；用英语做数学习题，等等。

功夫不负有心人，勤学苦练还真使我的英语水平提高了一大步，为今后几十年的学习和工作打下了一些英语基础。遗憾的是那时没有条件锻炼口语，以致我说起英语来至今仍是结结巴巴的。

## 独立思考　努力创新

　　1953年秋，我被国家选派去莫斯科石油学院做研究生，师从油田开发专家、该院院长穆拉维耶夫教授。确定论文题目时，导师给我选的题目是某一油田的开发动态分析。我自己想选一个创新性更大、意义更重要的课题。当时一种提高油井产量和采收率的新技术——油层水力压裂技术刚出现不久，还很不成熟。已发表的文章主要涉及现场应用经验、施工技术改进和压裂效果统计分析等经验性内容，而对该技术的理论基础、机理规律、定量计算和预测预报等方面则几乎未见论文发表。我觉得这些应用基础研究和应用研究性质的课题对该技术的根本性改进和更强劲的发展是很需要的，便自选了一个课题——"油层水力压裂效果"，其实质内容是研究当油层内有各种不同形状、大小、倾角、数目等的人工裂缝时流体在油层内的渗流问题。技术路线是将数学物理方法、水电相似模拟和现场实际资料分析相结合。当时在实际上和研究中都只考虑单井压裂，我感到今后的发展必定是大规模应用压裂技术，即一个油田或一个区块的大多数甚至全部采油井和注水井都水力压裂（我当时称之为"集群压裂"，现在称为"整体压裂"），所以我计划同时研究单井压裂和集群压裂的渗流和效果问题。

　　当我把自己提出的课题和总体设想呈交导师时，心里顾虑是很大的，非常怕导师因为我不采用他为我选的课题而不高兴，甚至引起误会。但情况并非如此，他说："很好，科研人员就是应当培养自己独立思考的素养和积极创新的意识；但是，你的题目内容和目标难度都大，你可要有思想准备；我同意你的题目和计划，去努力实现吧！"我表示一定尽最大努力。

于是，我参加全苏油田开发研究所水力压裂研究队，去当时苏联最大的油田——罗马什金油田，参加约 30 井次水力压裂现场实际设计和施工，并结合进行观测和分析。然后开始室内试验和数学物理分析研究。在导师和其他几位老师的指导下，论文工作比较顺利。1957 年春论文答辩时学术委员会二十多名委员一致同意通过答辩并授予副博士学位，委员们的评论是论文创新性强。导师非常高兴，他说，情况不错，全票通过的情况很少，一般情况都有几票至少一两票反对。

除我的导师外，不少老师也都热心地指导和帮助过我，特别是数学家毕斯古诺夫教授，油田开发专家、苏联科学院通讯院士克雷诺夫教授，渗流力学家谢尔卡乔夫教授和修诺夫教授，水力压裂专家列斯克工程师和乌萨乔夫工程师。在此，我再次对我的导师和这些老师们致以深切的谢意。

20 世纪 50 年代末 60 年代初，在我们国家油田开发和油气渗流领域的实验研究方面曾有不同看法。具有压倒优势的看法认为，物理模拟实验的岩芯或模型只能用天然的，不能用人造的，否则是脱离实际的。想来想去，我不同意这种观点。我认为，只从岩芯或一块岩样本身的物理化学性质来说这个观点是对的。如果要模拟一个井组（就是模拟一块地层），天然岩芯就无能为力，而人造地层模型倒可以模拟地层的形状、大小、厚薄、非均质性、井数、井别、井位等。从这个角度说，人造地层模型反而更接近实际，何况我们还可以尽可能地模拟地层岩石的物化性质，使之尽量接近实际。所以，天然岩样和人造模型各有短长，两者相辅相成才能较好地模拟油田开发和地下渗流问题。

在这种观点指导下，我感到非常有必要赶快开始研究开发人造地层模型的工艺技术。这是因为，天然岩芯方面的工作不但很多单位很多同行都在大力进行，而且有关技术已经比较成熟；估计不久后生产发展和科学研究就会需要人造地层模型，而后者在我国还没有一点基础。于是，我立即组织力量开始探索开发人造地层模型技术。先是孙敏荣、马效武，以后陆续增加吕跃明、马守信、刘泽阳和阎庆来等同志开展这项工作。当时正值三年困难时期，物资极为欠缺，条件极为艰苦。我们克服了技术上和条件上的困难，奋斗三年多，创新性地开发成功一种先进的一次成型人造地层模型工艺技术和用 X-射线仪观测不透明地层模型内不互溶二相流体渗流规律的技术，并应用这套技术研究了一系列油水二相渗流和油田开发问题。不久之后，大庆油田派人来渗流室学习并掌握了全套技术，以后在大庆、胜利和玉门等油田推广应用，并发展了这项技术，为我国油田开发做了一点工作。

通过一段时间的科研实践，我更体会到导师当时的教导有很重的分量。他教导我要独立思考积极创新。我越来越感到：科学研究和技术开发的灵魂就是创新；科学研究人员和技术开发人员的任务就是创新；必须用最积极的态度培养自己的创新意识和创新能力；创新的基础之一是多思联想、独立思考。

1962 年，时值 32 岁，有一次，当我正在思索用什么办法才能观测不透明地层模型内二相流体边界的运动规律时，脑子里突然浮出一个想法：我们现在想来想去的问题都是把一块地层或岩芯作为对象，研究地层或岩芯内的渗流问题；这种研究并不能告诉我们地层内的孔隙裂隙里的流动是什么情况，而地层或岩芯是由千千万万条非常微细的孔隙裂隙组成的；如果能把孔隙裂隙作为对象，观测研究每条孔隙裂隙内的流动规律，我们就会从根本上深入地阐明地下渗流规律，从而对有关工程技术和生产建设提出更有力的建议。

我想，我们不妨称对地层、岩芯内的渗流问题研究为宏观渗流研究；称孔隙裂隙内流动的研究（即孔隙水平的渗流研究）为微观渗流研究。把宏观研究与微观研究结合起来，就有可能使渗流问题以及油气田开发等与渗流密切相关的地下能源开发等问题的研究，解决得更有科学依据。这一思想就是我们开展微观渗流研究的起点。多年以后，钱学森先生说，"你们称其为细观渗流更好"。由于当时"微观渗流"已经初步形成行业用语，所以至今没能改过来。

郭尚平院士在演讲（作者提供）

　　还是在 1962 年，阅读一篇科普文章时，一段话引起了我的联想，或是说触类旁通。文中说，毛细血管内流动的血液给细胞带来氧气和营养，人体每个细胞附近约 20 微米内必有毛细血管，否则这个细胞会因无氧气和营养供给而死亡。这段话给了我很大启发：既然毛细血管在人体内的分布是这么密集，则众多的微细的毛细血管密集成群的集合体就可能是某种类型的多孔介质，则其中血液的流动就属渗流，就可以作为渗流来研究。那么，为什么我们不能开展一种新型的渗流研究——血液渗流研究，而不是把渗流研究仅仅局限于岩层和土壤内的流动呢？地下渗流研究对地下资源开发和水力水利工程等有用；血液渗流研究也一定会对人的健康和疾病防治有用的。

我们的血液渗流研究就是在这一思想启发下开始的跨学科研究。以后，在血液渗流研究真正开展起来之后，又发现不止血液系统，而且淋巴系统、肺泡系统、肾小管－肾小球系统、肝胆小管系统、肝血窦系统、窦周间隙系统等都属多孔介质，其流动都属渗流，可作为渗流进行研究。我们还初步分析认为植物的根、茎、枝、叶也由特殊的多孔介质组成，其中的流动是营养液和光合作用生成的糖液等流体的复杂的、特殊类型的双向渗流。由于人体、动物体和植物体内普遍存在多孔介质和渗流，我们就把这种新型渗流研究称为生物渗流。

## 不断学习 团队精神

为了培养和提高创新能力，非常重要的一点是不断学习，终身学习。科学技术发展很快，本专业领域的新进展、新知识不断出现，当然需要学习。作为科研人员，还必须尽力拓宽自己的知识面。不但需要从其他学科领域吸收知识营养，引进旁人的新思想、新方法、新技术来武装自己的专业，解决自己专业领域的问题，而且更重要的是，还因为新学科、新领域、科学技术新发展的生长点往往出现在多学科的边缘点、交叉点，产生于各学科的交叉渗透之中。

科研人员的学习主要靠自学，一是从书刊上学，二是从实践（科研实践、生产实践）中学。很重要的是虚心地诚恳地向别人学，向自己周围所有的人学。尽可能多地参加学术会议和各种类型的学术讨论（包括非本专业的学术活动），这是吸收学术营养、启发科学思想的很重要的渠道。必要时（例如自己连一点点最肤浅的概念都没有的时候）请别人指导，甚至系统地去听课，以便打点基础，就可能效率更高。

要开展生物渗流研究，必须要有一定程度的医学方面的知识，而我们当时对医学一无所知。我和于大森、吴万娣几位就去兰州医学院同二年级大学生一起坐在教室里听周教授讲授人体生理学，当时我们的年龄都近 50 岁了。当然，我们还自学了组织胚胎学和脑组织学等方面的知识。我们十分感谢周教授，是他给予我们医学方面的启蒙教育。

郭尚平院士（中国科学院提供）

　　一个人的精力和智慧是非常有限的。除个别的例外，现代的科学研究和技术开发项目往往都要科研集体才能完成，所以要非常强调团队精神。由不同特长不同特色的各种人员组成的科研集体协同配合，团结合作，并充分发挥每个人的积极性和创造性，才能较好地完成科研任务。

　　从一生的学习和科技活动中，我深深地感到团队精神的重要。一个人的力量再大也是小的，集体的力量再小也是大的。只有依靠科研集体的团结合作共同奋斗，我们才达成了各个时期的科研目标。例如，微观渗流工作，要不是有一个集体主义和团队精神很强的科研集体，很难想象在没有任何基础且条件极为困难的情况下，在不长的时间内，就能够成功地开发出一套由 11 项技术配套的微观模拟和测试技术（石油工业部已于 1990 年举办培训班推广该技术），并通过一系列实验研究，提出了初步的物理化学渗流微观理论。又如，生物渗流工作，也是在国内外从没进行过的情况下，从开发生物多孔介质二维、三维的宏观、微观标本的制造工艺开始，经过研制各种脏器的宏观与微观标本、观测计算和分析介质结构和物性参数、论证生物管道系统是否为多孔介质及其类型、探索生物渗流基本规律的研究方法、探索和发现生物渗流基本规律、研究解决生物多重介质渗流的数学描述方法等阶段，直到结合生理、病理问题建立数学模型和求解并获得相应的结论，难度和工作量都较大。如果不是由于有一个创新性较强、工作热情较高、锲而不舍、不畏困难、团结合作的科研集体，则现有的进展是很难想象的。

在这里，我诚挚地感谢我们的微观渗流科研集体，感谢黄延章、胡雅仍、周娟、于大森、周炎如、陈永敏、马效武等几十位同志；深深地感谢我们的生物渗流科研集体，感谢于大森、吴万娣、王学定、俞理和合作单位中国医学科学院血液研究所的刘泽阳等以及中国科学院力学研究所的梁乃刚、刘庆杰等十几位同志，特别要感谢他们长期的合作和可贵的友谊。

**郭尚平** 流体力学、生物力学、油气田开发专家。1930 年 3 月 17 日生于四川荣县，祖籍四川隆昌。1951 年毕业于重庆大学矿冶系。1957 年在莫斯科石油学院获副博士学位。中国石油勘探开发研究院和渗流流体力学研究所研究员。曾任中国科学院兰州分院院长、石油勘探开发科学研究院副院长。首先提出"微观渗流"概念、理论和实验技术，为提高石油采收率提供新的理论基础，使渗流和油藏工程研究深入到多孔介质的孔隙裂隙层次。让渗流力学与生命科学交叉渗透，首先提出"生物渗流"思想和理论，获国际同行高度评价。提出压裂采油中的渗流理论及集群（整体）压裂概念和效果（1957）等。我国最早按正规设计开发的大油田——克拉玛依油田的主要设计人之一，石油工业部大庆油田开发工作组渗流研究计算组负责人，为我国油田开发作出重要贡献。1995 年当选中国科学院院士。

对联"学如逆水行舟不进则退，心似平原走马易放难收"写得很好，比喻很贴切，就一直作为自己的座右铭。

# 劝君惜取少年时

侯　洵

青少年是祖国的未来，具有朝气蓬勃、思想活跃、兴趣广泛等极宝贵的特点，但同时也有缺乏阅历、不知珍惜时间等缺点。作为一名年届"耳顺"的长者，我想就珍惜时间问题向青少年朋友进一言。

世界上的一切事物总是存在于一定的时间和空间内的，生命自然也不例外。"神龟虽寿，犹有竟时"。人的生命就更短促了，因此时间是宝贵的。古人云："一寸光阴一寸金，寸金难买寸光阴。"光阴一去不复返。青少年记忆力好，精力旺盛，正处在为一生的发展打基础的阶段，因而青少年的时间尤为可贵。然而少年朋友因为是时间的富有者，往往不知道珍惜。人小时候都觉得时间过得太慢，怨年节总不来临。随着年龄的增长，要学的、要做的多了，肩上有了担子，慢慢就感到时间过得快了。过了"不惑"之年以后，就会感到真有些"光阴似箭，韶华易逝"之感。年纪愈大，感受愈深。无论年轻时对时间采取了什么态度，"知天命"之后多半都要向下一代讲述时间的可贵，劝勉后人珍惜时间，所谓"劝君莫惜金缕衣，劝君惜取少年时"。不同的是，有的基于经验，有的基于教训罢了。可惜相当多的少年因为富有时间，觉得来日方长，何必急哉，把这些他人用一生的成败换来的经验教训只当作耳边风。及至自己年老，有所体验，却悔之晚矣，只能作为沉痛的教训说给下一代。如此一代一代地重复下去。其间只有那些认真记取前人教训并见诸行动的受了益，成就了一番事业。

我小的时候贪玩。因为母亲受过教育，特别是受中国优秀文化传统的影响较深，在我小的时候她经常讲些启发我上进的故事。在我工作之后又经常讲"忠孝不能两全"，让我全心全意去工作。那些

记得上小学时，每天母亲都要送我到家门口，再三叮咛好好念书（叶雄绘）

侯洵院士（中国科学院提供）

故事中给我印象最深的是岳母在岳飞背上刺"精忠报国"四个大字的故事，以及那首脍炙人口的"满江红"词。但当时对其中"莫等闲白了少年头，空悲切"的话，也只是人云亦云，顺口溜而已，没有什么体会。记得上小学时，每天母亲都要送我到家门口，再三叮咛好好念书，我却把母亲的教诲当作耳边风，打弹球、抓蟋蟀、上树玩捉迷藏、看武侠小说……就是没有好好念书、练字，以至直到现在还要为自己那一手"孩儿体"的字脸红。我至今常常怀念那位因为我不交大小字而拎着我的耳朵让我站起来的蔡老师，感谢她的严格要求，懊悔自己没有按她的要求练字。

我懂得珍惜时间，已经是上高中的事了。促成我自觉珍惜时间的，有母亲的教诲和期望，有立志的因素，也有前人名言警句的作用。

珍惜时间是一个老生常谈的话题，前人的名言警句很多。高中时我不知从哪里听到这样一副对联——"学如逆水行舟不进则退，心似平原走马易放难收"，觉得写得很好，比喻很贴切，就一直作为自己的座右铭。的确，少年贪玩，不加克制就会越玩心越野，要收心使之专注于学业十分困难，所谓易放难收。因此，不要放纵自己，要从小立大志，志存高远。古人云"取法乎上，得之乎中"，如果目标定得低，将来能达到的水平就更低了。另一方面，千里之行始于足下，要从当前的学习做起，一步一个脚印，踏踏实实朝前走，不可好高骛远。持之以恒，成效自见。

经常听到人们在遇到问题时说："我没有时间想。"鲁迅先生说，"不是没有时间想，是有时间的时候没有想。"这是一句非常有哲理的话。它启发我们平时多学习、多思考，遇事自然能应付裕如，不至于措手不及。

自然界没有天然的钢，社会也没有天生的栋梁之材。铁可以炼成钢，人可以学成才。我把前面的对联和鲁迅先生的话介绍给青年朋友，希望你们常常想到它们。珍惜时间，增长才干，成为祖国的栋梁。

**侯　洵**　光电子学专家。1936年12月6日生于河南灵宝，祖籍陕西咸阳。1959年毕业于西北大学物理系。中国科学院西安光学精密机械研究所研究员、所长。长期从事瞬态光学方面的研究工作。主持参与中国核试验、激光核聚变及重大基础研究项目，研制了多种变像管高速摄影机，使中国超快现象诊断的时间分辨率提高6个量级，响应范围覆盖红外到软 X 射线整个波段。解决了快、暗、小目标的测量难题，发展了我国新一代靶场光测设备。在国内率先研究透射式负电子亲和势 GaAs 阴极及场助 Ⅲ－Ⅴ族光阴极与第三代像增强器，发明了钯银氧铯阴极，为中国光电器件及夜视技术的发展作出了贡献。1984年获国家有突出贡献的中青年专家称号，1992年被国家科委聘为"攀登计划"项目"飞秒激光技术与超快过程研究"首席科学家。自1986年来发表学术论文数百篇，荣获国家科技进步奖特等奖，一、二、三等奖8项，中国科学院科技进步奖10项，省（部）级奖4项，1999年获何梁何利基金"科学与技术进步奖"。曾兼任中国光学学会常务理事，陕西省科协副主席，陕西物理学会理事长，中国科技大学兼职教授，西安交通大学电子与信息工程学院院长，西北大学、北京理工大学、华南师范大学兼职教授。1991年当选中国科学院学部委员（院士）。

我非常热爱教学工作，觉得能将自己学到的知识传授给青年一代是最重要、也最有意义的，尤其是将一些艰涩的内容教懂学生，我会觉得十分快乐，有成就感。

# 在数学的征途上

胡和生

## 女儿当自强

我生于一个艺术家家庭。祖父胡郯卿是很有名的画家，他是自学成才的。父亲胡伯翔成名很早，国画自成一家，将西方画法融入国画之中，很有创新，他又是中国摄影艺术的最初倡导者之一。他们都是依靠自己的艰苦奋斗而成为社会精英的。我家有兄弟姐妹七人，女孩五人，我居中。父亲时常教育我们要爱国，要学好本事，有一技之长以立足社会，要有奋斗自强的精神，不断进步，取得成功。

在小学里，我各门功课成绩优秀，老师们称赞我聪明好学，很喜欢我。日本侵略中国，国家遭受了浩劫，抗日战争开始。在南京，祖父家中珍藏的古画及个人珍品被日寇抢劫一空，还差一点丢了性命。祖父在南京享有盛名，为了躲避日伪对他的拉拢与迫害，他逃到了上海和我们住在一起，隐居起来，不再对外作画。当时，有些日本人和汉奸要父亲为他们作画，父亲拒绝了，并停止出售任何作品。祖父与父亲这种爱国行为给我留下了深刻的印象。在我六年级时，大姐肺结核病重，肺部双侧均有空洞，入医院手术，并切除了四根肋骨，为她治病，耗尽家产。那时孤岛上海，粮食短缺，米价很贵，我跟二姐常到粮店去排长队挤买碎米、苞米面。由于营养严重不足，原来身体就瘦弱的我，变得更为体弱多病。接着，我考进了著名的清心女中，学校离家远，我坚持每天快步行走近半小时去上学。夏季雷雨天和台风之后，马路上常常积水高达膝盖，也只能蹚水过去；冬季脚后跟冻疮严重溃烂，我也忍着痛拖着鞋去上学。我的求学决心很大，从不缺课，艰难的条件锻炼了我的意志。

高中时期，太平洋战争已经爆发，上海市区租界变为日寇的占领地，随时传来日军横行霸道残害中国同胞的消息。我们到校读书，也常面临日军戒严、交通断绝的威胁。我就读的是女子中学，尤其感到紧张。我家住在环龙路（现在的南昌路）沿马路，对面法国总会（现在的上海科学会堂）一度被日本侵略军占用，他们站在平台上，就可看到我家，我们非常害怕，白天黑夜都拉着窗帘，生怕被日军看到我们家里有好几个女孩，真是心惊肉跳地过着日子。这些都使我认识到，国家不富强，就要受欺侮，人民要遭殃。因此，很快就接受了"科学救国"的思想，立志努力读书，报效祖国。

## 踏上数学之路

中学毕业后，我选择数学作为自己的专业方向，先后在上海交通大学数学系和大夏大学数理系学习，得到老师们很好的训练。大学毕业时，上海已经解放，老师推荐我到同济大学担任助教，但我还想继续读书，投考研究生，北京大学和浙江大学都录取了我。父母担心我从小体弱多病，不能适应北方气候；又听说浙大苏步青教授是几何学大家。于是，就到浙大报到了。

一到浙大，就为那里浓厚的学术空气感染，系里的老师除了认真教学外，还提倡科学研究，许多教师都有自己的研究方向，力求在数学上有所创造，还经常发表论文。这一片学术繁荣情景是我从来未曾见到过的。

苏先生是有名的严师，那学期他招了三名研究生。我们一进校，他马上为我们开设讨论班，要我们读书和做报告，并安排我做第一个报告。我认真做了准备，在讨论班上仔仔细细地报告了书中的内容，对苏先生的提问都能正确回答，苏先生那张严肃的面孔也泛起了笑容，称赞我"讲得很好"。我听说过苏先生对学生很严，总爱挑报告中各种各样的毛病，这次我能顺利过关，感到很高兴。苏先生看到我读书理解深入，经得起他的提问，便要我读国外数学刊物上最新发表的论文，有英文的，有德文的，后来还有俄文的，往往很长，从二三十页到上百页都有，内容有关高维欧氏空间的子流形方面，特别是关于超曲面的变形理论。当时没有复印机，单单抄下来也得花许多时间，在这样的重压下，我感到只能硬拼。我体力差，白天工作之后到晚上就没有力气了，只好先睡觉，到半夜里再起来接着读。凭着数学的推理和反复体会，把论文读懂，也从中享受了读书的苦与乐，对数学的兴趣进一步增强了。由于学习的工作量很大，使我不得不抓紧时间加倍努力，又因为总有不少干扰会影响自己，我当时就为自己制订了16字的座右铭——专心致志，刻苦钻研，持之以恒，不受干扰。天天要读一遍。

苏先生的严格要求，使我懂得做学问的人必须具备的素养。为了进一步培养我，1951年暑假前，苏先生与中国科学院联系，把我收为中国科学院的研究实习员，因而我多了一重身份，也有了一份收入，又和中国科学院数学研究所有了正式的联系。苏先生帮我制订每一年度的研究计划，要我每季度写季度工作报告，寄到北京。当时华罗庚先生担任数学研究所所长，他仔细审阅了我的报告。这种写季度报告的方式，帮助我有效地克服惰性，增强了我的责任感，受益匪浅。

1952 年院系调整，我随苏先生来到了复旦大学。苏先生迈开了重新奋斗的创业之路，我也开始在微分几何的研究中，获得了一系列成果。我最初研究仿射联络空间的几何学，所写的第一篇论文是将苏联几何学家诺尔琴的共轭仿射联络对推广为 $n$ 个共轭联络，这篇论文交给苏先生后，他很高兴，仔细地看了我的稿子，在进行了一些文字修改后，很快就把它推荐到《数学学报》发表，陈建功先生知道后鼓励我说："你有了第一篇，就会有第二篇、第三篇……"文章发表后，得到诺尔琴的重视和肯定，在苏联《数学评论》作了详细介绍。接着，我又较快地得出仿射联络空间方面的一些成果，写成两篇论文。后来，我又研究高维欧氏空间与常曲率空间中超曲面的变形理论，以及常曲率流形的结构等问题，还发表了十多篇论文，这些工作改进了著名几何学家 E.Cartan、T.Y.Thomas 和苏联通讯院士 Yanenko 的研究成果。陈省身教授在美国的《数学评论》中介绍了我的成果。由于做出了上述一系列评价相当好的成果，在 1956 年我被评为中国科学院数学研究所的先进工作者，这是数学所的第一次评奖活动，华罗庚教授很重视，亲自写信给我，表示祝贺和鼓励。苏步青教授的指导，陈建功、华罗庚、陈省身等老一辈大数学家的鼓励，让我深受感动，信心越来越足，决心在数学研究的道路上继续奋斗，一定要向更高的目标前进。

### 坚强自信　力克困难

紧接着 1957 年的"反右运动"、1958 年开始的一股否定与批判基础研究的"左"倾思潮干扰了数学界，在复旦数学系陈建功先生与我两人成了批判对象。什么"理论脱离实际"、鼓吹"英才教育"等帽子向我们头上抛来，来势之凶猛简直难以置信。由于大家对1957年"反右运动"记忆犹新，都十分恐惧，吓得不敢与我讲话了，只有陈建功先生偷偷地对我说"彼此彼此"。我相信自己选定的、从事基础数学研究和教学的事业是正确的，是国家所需要的。遭批判我感到很委屈，但在压力面前我没有灰心、也不退缩，反而以更积极、更求进的态度来对待科研。说我理论脱离实际，我就努力去学习实际知识，相继学习了弹性力学、量子力学及广义相对论等方面的知识。在下工厂解决实际问题时，我得到了锻炼，做出了成绩，并且和原子能系的几位教师合作，开展了群论和核谱的研究。在这段时间里，我坚持数学基础理论的研究，我又学习齐性空间几何学和群表示论，完成了黎曼空间运动群空隙性的研究。意大利著名数学家Fubini在1903年首先发现了黎曼流形运动群的参数数目有空隙，提出空隙性问题，引起了很大的重视，成为当时几何方面的一个热门的重要课题，40年代至60年代王宪钟、Yano〔日〕、Vrancenu〔罗〕、Teleman〔罗〕、Egorov〔苏〕、Wakakuwa〔日〕等人都投入了这个问题的研究，虽有很多进展，但并不理想，他们确定了第一、第二空隙，但第二空隙是在空间维数大于248时才能得到证明。1959年至1966年间，我研究齐性空间微分几何理论，深入钻研探讨迷向群与运动群之间的关系，并通过对正交群及其子群的研究，确定了正交群的最大不可约子群的维数，经过复杂的论证和计算，得到确定所有空隙的一般方法。同时，也确定了有关的黎曼度量，解决了这个持续六十多年的重要问题。苏先生十分高兴，在会上称赞说"这是别开生面的工作，远远超越了前人"。十多年后，改革开放，著名美籍日本几何学家Kobayashi来华参加国际会议，一见面就说起我的这项工作，赞扬我的这项成果。由于日本几何学家当时也在研究这个热门问题，我的这项工作给日本数学家留下深刻的印象。从 1983 年起直到 21 世纪初，我多次访日，日本数学家还继续多次提到这项成果。这一段经历，使我深深感到，把困难与挫折视作机遇，倒是走向成功之路。40 年后的今天，我回忆起这段往事，仍然激动不已。

在困难和挫折面前，一定要坚强自信，一定要继续艰苦奋斗，发扬拼搏精神。只有这样，才能不被困难所压倒，才能把自己的工作推向新高度。使我感到非常惋惜的是，当我的科研教学正处于黄金时期，"文化大革命"像暴风骤雨般席卷而来，进一步迈向高峰的征途被堵死了。我不断地受到批判，不断地劳动改造，研究工作已经无法进行了，但我仍然没有失去信心，我相信科学的春天终究会来临。

## 继续奋斗　走向世界

到了 1974 年，尚处"文化大革命"期间，杨振宁教授访问上海，建议与复旦大学的教师开展规范场有关的数学问题的研究，成立了一个科研小组，谷超豪是组长，成员都是数学与物理方面的精干，我是研究组成员之一。

这项合作持续了几年，是卓有成效的，得到了很有意义的成果，完成了一系列的合作论文，我也作出了实质性的贡献。这时"文革"终于结束了，迎来了改革开放的划时代变革，使我获得了无穷动力，欲快马加鞭，决心追回失去的宝贵年华。那时，国际交流的环境也开始形成，要用国际水平来衡量我们的工作，这又是新的挑战。当时，所完成的关于规范场方面的一系列工作，有一部分是走在当时国际前列的，为国际学术界所重视，面临这样的情势，我只有努力拼搏，赶快跟上世界潮流。我感到自己教学生涯中的第二个春天也将来临。

我在有质量规范场、引力场中规范场的静态解和规范场的团块现象等方面创造性的研究成果在国际交流中受到了注目。例如，1979 年去美国访问时，我的关于有质量规范场的研究就很快引起重视。我深入探讨了静态解的存在性问题，发现质量 $m = 0$ 和 $m \neq 0$ 两种情况的重大差异，因而发现了质量 $m \to 0$ 时的不连续性。对这一事实，美国著名物理学家 S. Deser 在他本人发表的论文和给杨振宁的信中称"胡是第一个给出了经典场论中质量 $m \to 0$ 时不连续性的显式事例"，"成果十分有意义"。接着，我又进一步发展了这方面的研究，就 Yang-Mills 场的团块现象和黑洞外 Yang-Mills 场是否存在的问题，进行了深入的研究，得到了法国科学院院士 Lichnerowicz 和 Choquet-Bruhat 的高度赞赏，多次请我到国际学术会议作特邀报告，又多次请我到法兰西学院作学术演讲。1983 年中国数学会派出了以苏步青教授为首，由王元和我组成的中国数学会代表团，去参加日本数学会年会，王元和我在会上作了特邀学术报告。随后，我又多次到法、德、意、瑞、日等国进行研究和讲学活动，并十多次在国际学术会议上作大会特邀报告。1990 年还作为中国数学会代表团三位成员之一到日本首次正式参加世界数学联盟代表大会，会后又参加世界数学家大会。这段时期前后我担任过中国数学会副理事长，上海数学会理事长和《中国数学学报》副主编，1991 年我被选为中国科学院学部委员（院士）。

新的困难又向我袭来，1995 年我因患结肠癌在中山医院动了手术，是由著名外科专家王承培教授为我做的，手术很成功。我的冷静、坚强和自信性格，使我较快地恢复了健康。过了一年多，我又投入到紧张的科研和教学工作之中，在可积系统与微分几何方面取得了新的进展。从 20 世纪 80 年代开始，我把现代的孤立子理论和微分几何联系起来，发展了孤立子理论中的 Darboux 变换方法，并应用于调和映照和线汇论等方面的研究中，给出了 Minkowski 空间伪球线汇的分类及构作等，特别是在最近五年，建立起射影空间的 Laplace 序列和 Toda 方程之间的联系，并给出求解方法及实例。我还得到有关 Laplace 序列的嵌入性定理，与同事们合作给出复射影空间的 Laplace 序列成为调和序列的充要条件，并给出第一个周期性调和映照序列的实例，等等。这方面的研究先后应邀在法国、日本的国际会议上作大会报告，受到很高评价。以后又在德国、中国香港等地讲学访问。2000 年，我应邀出席了法国科学院院士大会，Choquet 院士在会上将我介绍给全体院士，介绍了我的学术成就，赞扬我在规范场及可积系统方面作出了在物理上和数学上都极有意义的工作。

2002 年，我荣幸地得到世界妇女数学组织的邀请，在四年一次的世界数学家大会（2002，北京）作艾米·诺特讲座（一小时），报告中包括了我当年获得的最新成果。这个讲座是为纪念世界伟大女数学家艾米·诺特的，从 1994 年起，每四年请一位女数学家作学术演讲，前两次所邀请的是美国著名女数学家、科学院院士 Uhlenbeck 和 Morawetz，能在世界数学家大会上作诺特报告，是我很大的荣誉。

2003 年，我当选了第三世界科学院院士，又获得何梁何利基金"科学与技术进步奖"。

从成为浙大研究生起，我就开始做一些对工农干部和大学生的教学工作，到了复旦以后，虽然我长期属于中国科学院和复旦的科研编制，但一直从事几何方面的教学工作，开了大学生的基础课、专门课程和讨论班，指导毕业论文。从帮助苏步青先生指导高年级学生和研究生，到后来自己招收研究生，一直到现在。50 年代后期起，苏先生的行政工作和社会活动一直非常繁忙，我就努力地为他分担一些教学任务，他对我很放心，也很放手。这样，我肩负的教学工作也一直很繁重，贯穿到我的整个生活。我非常热爱教学工作，觉得能将自己学到的知识传授给青年一代是最重要、也最有意义的，尤其是将一些艰涩的内容教懂学生，我会觉得十分快乐，有成就感。我努力把教学和科研结合起来，尽可能地把自己学到的、在研究的新的重要内容、前沿的内容教给学生。我努力去了解学生的情况，全面地关心他们，并在教学上根据他们的情况和能力对他们提出不同的要求，并就如何改进学习方法进行有针对性的指导，这就使不同程度的学生，都能很快得到进步，难怪周围的人都

胡和生院士（中国科学院提供）

说我能做到因材施教。我还把优秀的学生推荐到国外高水准的学府去深造，有好几位已经有相当高的国际声誉。在国内的几何学界，也有我的一批好学生在努力工作，成为教学和研究的骨干。近年来，我的研究生中有三位获得国家优秀博士论文奖。

一面从事科研工作，一面又承担繁重的教学，当然很辛苦，而且运动一来，还要受委屈，但我始终忠诚于教育事业，坚持自己认为正确的方向，作不懈的努力。

回顾自己从事数学工作的历程，我深深地感到，要取得成就，就必须有长期奋斗的决心，就必须不断学习，深入思考，刻苦钻研，持之以恒。在人生的道路上也必然会遇到各种挫折和困难，这就需要目光远大，有勇气面对困难，坚持正确的方向，化困难为机遇，并以此作为继续前进的动力。

岁月在流逝，时代在前进，我为自己能生活在祖国正在腾飞、人民生活在快速改善的时代而感到十分高兴。我也为自己能为祖国的建设事业竭尽绵薄之力而自豪。目前，我已进入高龄期，但我努力保

持自己的朝气，发挥余热，为数学学科的发展，为青年优秀人才的成长再做一份力所能及的工作。

**胡和生** 数学家。1928年6月20日生于上海，原籍江苏南京。1950年毕业于大夏大学数理系。1952年浙江大学数学系研究生毕业。复旦大学教授。长期从事微分几何研究。早期研究超曲面的变形理论、常曲率空间的特征等问题，发展和改进了几位著名数学家的工作。在黎曼空间运动群方面，给出了确定黎曼空间运动群空隙性的一般方法，解决了持续60多年的重要问题。在对有质量规范场解的研究中，第一个得到经典场论中不连续性的显式范例。在规范场团块现象、球对称规范势的决定和场强是否决定规范势等问题，都取得有难度、高水平的成果。在可积系与微分几何的研究中，通过调和映照、线汇论、Toda方程等的研究，发展了孤立子的几何理论。代表作有《孤立子理论与应用》《微分几何学》等。2003年获何梁何利基金"科学与技术进步奖"。1991年当选中国科学院学部委员（院士）。2002年当选发展中国家科学院院士。

人生充满机遇和挑战，在学术上要有成就需要有机遇和天赋。只有抓住机遇，经过废寝忘食的忘我努力，才能有所成就。我相信，抓住机遇和刻苦努力就会有成。

# 我的人生际遇

## 胡文瑞

古人说，人生七十古来稀。转眼间，我也快七十了。漫漫人生充满坎坷、充满挑战、充满机遇。我也是在坎坷中摸索，在学海中搭乘大船和小舟，寻找胜境。学海无涯苦作舟，苦中觅乐，我的中、青年时代就是这样度过的。人的一生会有许多机遇，抓住机遇努力奋斗，就会事业有成。

## 少 年 时 代

我的祖籍是湖北武汉。祖父家境清贫，父亲胡学元（字君素）行大，还有一个叔叔和一个姑姑。父亲信基督教，在教会的帮助下刻苦学习、自学成才，青年时考入海关工作，由低级职员一直做到高级职员，解放后曾任科长。叔叔胡晓风少年时离家出走，参加共产党领导的娃娃剧团，长期在"国统区"做地下工作，解放后先后在团中央和四川省委工作。姑姑一直在武汉，是纱厂的工人。三位长辈走了三条完全不同的人生道路。

我于1936年出生在上海，上有两个姐姐和两个哥哥，下有一个弟弟和一个妹妹。全面抗战爆发后，举家迁往四川，先在宜宾后在重庆，抗战胜利后父亲调到北京工作，举家迁移北京。在知识分子家庭长大，我从小接受知书达理的教育。父亲对子女要求很严，倾向于说服教育，很少打骂。他还努力创造条件，使子女都能受到良好的教育。在我少年时，每逢学校放假期间，他总是每天早晨教我一段英文或古文，晚上回家后要检查。

父亲对自己也严格要求，从不抽烟和饮酒。邻里发生纠纷总请他帮助调解。在我的印象中，父亲常说自己是一个"正直的人"，是靠个人奋斗事业有成的人。解放前能在海关工作，被旁人看作是捧到了"金饭碗"，但那里其实是一个藏污纳垢的地方，腐败之风盛行，父亲声称自己从来没有贪污受贿。尽管解放前海关的待遇不错，但由于家庭人口多，生活并不富裕，在抗战最困难的时候，母亲也必须外出工作。

我印象中，少年时代受到的主要教育是要好好读书，好好做人。

## 青 年 时 代

抗战胜利后随父母来到北京。小学毕业后，1948年我考入北京市有名的私立育英中学。我的两位兄长也都在育英中学读书和毕业。大哥胡文璞长我四岁，解放前夕考入燕京大学，院系调整后毕业于清华大学。二哥胡文璨长我两岁，解放后考入天津大学，学习成绩一直优秀，毕业后在水利勘测设计院工作。解放后，育英中学改名为第25中学，有很好的师资和教学条件，我在那里学习了六年，1954年高中毕业。

在1952年的"三反五反"运动中，父亲因为与海外教会的关系问题，被海关开除（30年后才被平反），家庭经济变得拮据。我和父母、弟妹、大姐一家住在一起，大姐胡文琼在中科院图书馆工作，她为大家承担起生活的重担，作出重大的牺牲。在我读高二、高三时，是家庭生活最困难的时期，我在班上也是最贫困的学生。幸运的是，我并未因贫困而沉沦，参加了共青团和各项活动。至今还记得班上一些同学对我的帮助和关照。

中学时期，我喜欢上了文学艺术，假期或周日常常会去新华书店，在柜台旁看文艺书。高中毕业时，语文老师曾要我去考文艺院校。考虑再三，我还是希望学习理工。高中毕业前夕，学校组织参观北京大学，我被北大校园的环境和氛围所陶醉，立志报考北大。因为体检时发现有色弱，只能选择数学力学系。高中同班同学中有四人考入北大，真是欣喜若狂。从家中拥挤的小屋搬进北大明亮的宿舍，真是换了一个天地。当时对于所选择的专业知之甚少。

北大数学力学系1954级是一个难得的优秀班级，其中包括一批小有名气的数学尖子生，包括北京神童马希文、上海神童张恭庆等。不少同学已在《数学通报》上发表文章，解答难题了；还有不少人在开课前已经通过了考试而不用上课。非常幸运，我能生活在这样优秀的团体中，学习生活十分充实而有意思。1956年以后，国家规定吃饭不再免费供应，这对我来讲成了一个问题。我知道家里经济困难，决定退学参加工作。在父母和兄姐的劝说下，最后还是继续求学，他们每月给我12元生活费。幸运的是，不久北京市政府和国家安全部联合成立了北京编译社，安排我父亲去该社担任英语组负责人。整个家庭的生活和气氛都得到大大改善。

北大数学力学系1954级在前两年不分专业，旨在打下扎实的数学根基。我们每天在教室、食堂、图书馆、宿舍之间奔忙，有时为了想一道题目而废寝忘食。到1956年才分专业，我选择了流体力学。从加拿大回国的王仁老师和从美国回国的孙天风老师、周光炯老师给我们带来了西方力学体系的教育，注重实际和物理概念，这对当时一切照搬苏联的光侧重数学和逻辑的力学体系是很大的扩充。特别是钱学森、郭永怀等国际著名流体力学家的回国，对我们这些北大学子是极大的长进，开阔了眼界。遗憾的是，1957年的反右派运动完全打乱了正常的校园生活。

大学生活充满青春幻想。在读二年级时，我先后担任了系学生会的副主席、主席，三年级时调到校学生会任副秘书长，使我有机会接触到学校的领导和各系的许多同学。这些工作还增加了我对社会的了解，提高了组织工作能力。但学生会的干部也是相当辛苦的，营养不良又过度劳累，免疫力下降，在"反右"后期，我竟患了空洞性肺结核。值得庆幸的是，经过校医院的精心治疗，很快恢复了健康，又回到班级参加毕业考试，顺利地完成了大学的学业。

## 学 习 做 研 究

1958年大学毕业了，等待国家统一分配工作，同学们都表示完全听从祖国的召唤。由于航天任务的迫切需要，在毕业前航天部就挑选了一批同学去工作。毕业时，国防科研部门又挑选了一批同学。我由于家庭和海外关系问题不能从事保密工作，被分配到新成立的中科院动力研究室。我非常高兴终于能自立工作，而且能够留在北京和进入中国科学院。报到后不久，动力室主任吴仲华先生（学部委员）要我参加冲压发动机的研究。政审部门很快通知，我不能参加保密工作，因此转到吴承康先生领导的燃烧组，从事基础性的实验研究，主要是研制化学激波管。在动力室工作约半年，1959年春天下放到四川资阳参加农业生产劳动。一年的农村艰苦生活，让我亲历了人民公社的兴衰，目睹了一场巨大的社会变革实验，也丰富了我的人生经历。

回到北京以后，到处沉浸在"大跃进"的余波之中。当时有一项新技术是磁流体发电，也就是带电流体横越磁力线后直接产生电能，而不用任何转动机械。这被看成是一项重大技术革命。燃烧组承担了研制攻关任务，吴仲华先生经常亲自来督促。我们研制成全国第一个示范性装置后，张劲夫副院长及院内外的领导不断来实验室。最后，集中人力和物力，大家成功地完成了一千瓦磁流体力学燃气发电装置的研制。

为了加强力学所承担国防任务的实力，1960年夏天，动力室合并到力学所，一批政审合格的人员参加了力学所分部的国防任务研制工作，动力室的其他人员成立了力学所的一、三、五研究室，参加磁流体发电的人员则并入由郭永怀副所长负责的六室，从事磁流体力学研究。流体力学的发展由常温、低速到高温、高速，当时认为，进一步的发展是等离子体和磁流体力学。力学所是我国力学研究的中心和摇篮，集中了不少海外回国的著名专家和一批才华横溢的早期研究生和中层学术骨干。这么好的学术环境确实是刚大学毕业的年轻人梦寐以求的，任何力学难题在这里都可以找到人请教和讨论。我有四位同班同学毕业时分配到力学所，到所不久就有三位被调到中科院的技校去教书，他们在学校都是佼佼者，但失去了做研究的机遇。我通过动力室转到了力学所，并在郭所长的指导下做研究，这种机遇也真是千载难逢。

力学所第六研究室被称为郭所长的"自留地"，郭所长是主任，具体事宜由徐复先生负责。徐复的夫人是在北大教过我的数学老师，我在学术上得到徐复先生的许多帮助。郭所长首先指导大家打基础，学习电动力学、电磁流体力学等方面的知识。在动力室做磁流体发电时，我就一个人埋头学习磁流体力学，有问题可以向大家请教，这为以后的研究打下了基础。郭所长决定停止磁流体发电的研究，他认为除非与受控聚变核反应配合，目前的低电导率流体方案用处不大。1961年，他给我出了第一道研究课题，即磁流体力学管道流动。我用级数展开的方法，用手摇计算机完成了计算，解决了这个问题。做完第一个题目后，成立了一个组，叫我负责研究用电磁离心法分离铀同位素。我十分珍惜这一段时光，吸收各个方面的学术营养，每天都熬到深夜。我有机会向国内一些大科学家请教，特别注重学习他们考虑问题的思路，也抓紧机会向郭所长请教。

作为大学毕业不久的学生，对国外学成归国的名家十分崇敬。郭所长的学术造诣很高，他常常说"不要迷信外国学者"，鼓励我们独立思考放手去做前沿工作。事实上，在他的指点下，我们比较快地接触到当时的国际前沿。他对国际最新的学术进展十分关注，看到新的结果时，也关照我们留意。他看到一些国外的论文，有时也要我帮他再具体算算。郭所长非常关注做研究的刻苦精神，他选择学生的首要条件是肯吃苦。他每个星期日上午都来办公室，而且常常来和你讨论问题。这三四年的经历，逐步让我明白了该如何做学问，培养了我的独立工作能力，终身受益。1965年，六室全体人员去山西永济参加农村"社教运动"，回北京后就开始了"文化大革命"。万幸的是，这几年所打下的基础，为以后的研究做了铺垫。

由于专心致力于学术研究，放松了对政治的投入，我竟成了力学所有名的"白专"典型，每次运动都要受到批评，连正常的提级也把我排除在外。我在这里没有了朋友，对力学所的环境有点郁闷。于是，在1964年报考了赵九章先生的研究生。在临考试前一天，郭所长劝我留下，他说，跟他在力学所做研究与做研究生一样。我极为感激郭所长对我个人的特别关照，别人找他必须提前预约，我可以随时去他的办公室讨论问题，他也经常来我的办公室。我感到内疚的是，因为这种关照也使他承受了压力，有人为此对他提意见。1968年郭所长因公殉职，对国家是一个重大损失，对我个人也是沉重的损失。以后，我只能追思他的教诲，懂得更要靠个人去奋斗了。

## 独主做研究

多年来，学习和研究已经成为我的生活支柱。"文化大革命"中断了正常的生活秩序，整个人好像失去了依托。"文化大革命"初期，有人贴了几张大字报，批评我的个人主义和"白专"，以后一段时间就基本没有人管了。闲得没事，1967年与中科院大连化物所的研究生李建国结婚，时年31岁，次年获长子。也算是安家立业。"文化大革命"中期，每天去北京毛纺厂劳动，同时抽空做一些研究，继续在磁流体力学管道流动和电磁离心分离同位素方面写了一些文章，以后陆续在国内刊物上发表。

1973年，毛泽东主席提出生命起源、物质结构和天体演化三大自然科学问题，中国科学院立即组织有关科研人员落实毛主席的指示。因为宇宙中到处充满等离子体和磁场，许多过程都涉及磁流体力学。中科院有关领导点名叫我参加天体物理的研究，使我能够在"文化大革命"后期正大光明地做研究，也使我进入了一个新的领域。在学习天体物理的过程中，南京大学戴文赛先生给了我许多帮助。他指点我需要读的书、解答我的疑题，甚至建议我与他做合作研究。为了学习太阳物理的问题，我曾住在云南天文台的望远镜塔楼下，学习观测和图像分析。我几乎走遍了全国的天文台和相关大学、参加国内的许多天文会议，向天文界的同仁学习。在此基础上，逐渐在国内刊物上发表了一些星系结构和太阳磁场方面的文章，受到国内外同行的关注。我的这些研究实际上是流体力学和磁流体力学在天体物理和空间物理方面的应用。在此期间，北大和北京天文台的同志和我一起组织学术讨论班，讨论太阳耀斑问题、讨论宇宙磁流体力学问题。这在"文化大革命"后期是十分难能可贵的。

1975 年，美国著名学者林家翘教授回国讲学，中国科学院钱三强先生负责组织接待，我们几个人参加听讲和讨论。林先生和他的学生们一起用密度波理论来解释星系的螺旋结构，在学术上获得极大成功。林先生的访问受到高层领导的重视，也带动了我国的星系结构研究。大多数听课的同志都接受密度波理论，有些同志还与林先生合作发表了文章。我在听课期间对密度波理论有些质疑，并很快写了一篇文章交给钱三强先生，然后我自己又搞了一套理论。考虑到当时的环境，钱先生希望我不要向林先生提出质疑，等以后再商讨。我质疑密度波理论的文章于 1977 年在《中国科学》上发表，在国外引起反响。几年后，我在美国工作期间，还有单位请我去作学术报告。

作为"实践十号"首席科学家的胡文瑞院士接受媒体采访（作者提供）

美国国家大气研究中心下属的高山天文台每年在全球范围邀请很少几位客座研究人员，1980 年我接到工作一年的邀请。这种高薪出访的待遇当时在国内似乎还很少，因此受到中科院党组李昌等同志的关注，严济慈先生和钱三强先生也找我谈话。访美前，我顺便访问日本的几个学术单位，受到很好的礼遇，郭永怀所长的日本老同事们也出来见面。在赴美大陆前，我们夫妻还去夏威夷拜见了我阔别三十多年的舅舅一家，亲情感人。开始工作初期，参加了全美的太阳物理年会和天文学年会，遇到不少朋友，第一次感受西方学术会议的丰富多彩。美国一些单位还邀请我去作学术报告，结交了不少朋友。美国是全球最富的国家，它可以吸收全球的人力资源来解决任务，可以很快地组织力量来承担任务，可以利用竞争机制来筛选人才。这一年基本是自己一个人做研究，可以和其他人讨论和利用各种研究资源。在完成的研究工作中，最主要的是提出宇宙三维磁场的理论，得到同行较多关注。遗憾的是，客座期间我对单位内一些同事的文章表示了异议，我认为这是学术讨论，是对大家有益的事情。这可能使一些人感到不快，结果台长找我，说我几乎把全台的人都批评了。

回国以后，我继续在宇宙流体力学的范围自由驰骋，涉及太阳磁场理论、太阳耀斑、太阳风加速、地球磁暴、射电双源结构、星系结构等问题，基本上是个人研究。科学出版社帮忙出了几本书。英国出版的《天体物理和空间科学》刊物聘我为编委，我的论文也由国内刊物为主转为更多地在国外刊物发表。在此期间，力学所成立了天体物理组，由我负责；科学院还要我主持了一些专项论证和重大项目。我逐渐地参与一些重要的学术组织工作。

## 组织做研究

1986年启动了国家高技术发展（863）计划，经中科院推荐，我参加了第一届航天领域（863-2）专家委员会，首席科学家是屠善澄先生，任务是为我国载人航天制定蓝图。专家委员会有六个成员，专家组有十几位成员，每个人都是一方面的专家。再加上到各地去调研，极大地开阔了眼界，学习了许多知识。四年多的论证工作使我走

胡文瑞院士（中国科学院提供）

出了基础研究的象牙塔，投身到国家重大任务之中；从个人埋头写论文转而到集体协作发展大科学；从纯学术追求发展到兼有组织管理。

我在专家委员会的任务主要是论证载人航天的利用系统，要解答载人航天有什么用处的问题。利用系统涉及上至天文、下至地理，包含物理、化学、生命科学、地球科学以及技术科学许多领域。为了做好工作，必须极大地扩充知识面，努力地学习。载人航天一直是世界空间活动的热点，冷战时期主要是满足大国竞争的需要，载人航天真正的应用目标至今仍是一个有争议的课题，这就需要十分关注国际发展动态、促进国际学术交流。四年多的专家委员会工作使我结交了一大批国内外的朋友，获益匪浅，就像又上了一次大学，而且许多知识是学校里不可能学到的。

我是一个研究人员，我的主要工作是做研究。无论我参加什么其他任务，无论有多忙，我也不放弃本职的研究工作。通过这段经历，我接触和逐渐了解了微重力科学，它是研究在失重条件下物质运动规律的科学。微重力科学是近30年来迅速发展起来的一门新兴的学科，是航天飞机和空间站等大型航天计划的主要利用项目。随着我国载人航天计划的启动，对发展微重力科学提出了迫切的需求，而此前我国的微重力科学几乎是空白。"863-2"计划开始筹划我国微重力科学的发展，以后的"神舟"飞船计划支持了空间微重力科学实验。在此背景下，我的研究工作开始转到微重力科学，主要是微重力流体物理。与此同时，我们建立了具有一定规模的中国科学院国家微重力实验室，支撑我国微重力科学和载人航天任务的发展。经过十余年的努力，我们的研究成果和国家微重力实验室的能力都在国际上占有了一席之地，这是团队努力的结果，是十分难能可贵的。

人生充满机遇和挑战，在学术上要有成就需要有机遇和天赋。只有抓住机遇，经过废寝忘食的忘我努力，才能有所成就。我相信，抓住机遇和刻苦努力就会有成。

**胡文瑞** 流体力学专家，1936 年 4 月 4 日生于上海市，祖籍湖北武汉。1958 年毕业于北京大学数学力学系流体力学专业。毕业后在中国科学院动力研究室工作。1960 年动力研究室合并到力学所，历任研究实习员、助理研究员（1978 年）、副研究员（1978 年）、博士生导师（1984 年）和研究员（1985 年）。主要从事磁流体力学管道流、宇宙气体动力学和磁流体力学、微重力流体物理方面的研究，在学术上有所建树。80 年代起，参加制订我国载人航天规划和计划，筹建了国家微重力实验室，为发展我国的微重力科学作出贡献。发表学术论文 200 余篇、发表或主编专著十余本，代表著作有《微重力流体力学》（1986）、*Floating Zone Convection*（2003）等。1995 年当选中国科学院院士。1996 年当选国际宇航科学院院士。2001 年当选国际宇航科学院院士。2004 年被中国科学院授予"载人航天工程突出贡献者"荣誉。

我们要学会自学和独立思考。自学的路是知识青年都要经历的，自学的习惯是早晚都得养成的。

# 天才在于勤奋 聪明在于学习

华罗庚

应该说，学习没有什么窍门与捷径。

路总是自己走出来的，任何方法都要结合各自的具体情况。别人的学习经验只能作为参考，不能硬性搬用。这是我在谈学习方法之前必须声明的。

## 独 立 思 考

首先，我要强调"独立思考"的重要性。

我常说，我们应该看透三件事。第一，有老师指引不是经常的，没老师指引是经常的。第二，碰到问题，从书上找到现成答案不是经常的，找不到答案是经常的。第三，成功不是经常的，而不成功则是经常的。这三件事要求我们学会自学和独立思考。自学的路是知识青年都要经历的，自学的习惯是早晚都得养成的。

培养了独立思考能力，不但保证我们在校能学习好，而且保证我们将来能不断得到提高。一位青年即使没有大学毕业或中学毕业，但如果有了自学的能力，将来在工作上的成就不会比大学毕业的人差。

与此相反，一位青年即使读到了大学毕业，甚至出过洋，拜过名师，得过博士，如果他没有学会自己学习，自己钻研，那一定还是在老师所划定的圈子里团团转，知识领域不能扩大，更不要说在科学研究上有所创造和发明了。我接触过不少大学生，他们从来没有想到要有与书本上不同的看法。这样，他们实际上就变成了一个简单的知识传声筒。

我们从事科学研究的目的，就是要去挖掘前人未发现的东西。历史上任何一项较重要的科学发现，都是发现者独立地、深入地研究问题的成果。只有在接受前人知识的基础上，而又能独立思考，才不会被前人牵着鼻子走，才能提出并解决一些前人未考虑的问题。因此，在科学研究中最重要的精神之一是独创精神。在"山穷水尽"的时候，卓越的科学家往往能独辟蹊径，创造出"柳暗花明又一村"的境界。特别在今天，我国的科学要赶上并超过一些先进国家，如果没有独创精神，不去探索更新的路，只是跟着别人的脚印走路，那就总要落后别人一步。因此，要想赶过别人，非有独创精神不可。

有的同学认为自己在中学和大学里全是名列前茅，老师讲的全背下，似乎就不错了。我认为，如果从事研究工作，这是很不够的。我们不只要求会背老师讲的，而且要融会贯通。例如，你们不要满足于会证明一些恒等式，你们把等式的一边盖住，看看是否能够自己猜出等式的另一半来？这就需要独立思考。

为培养独立思考的能力，平常要多想问题。例如，根据苏联公布的四个火箭落点，自己能否算出火箭发射处在什么地方，射程多少，精确程度如何，等等。有些问题想了，当时可能没有多大用途，但却有助于培养我们独立思考问题的能力。

当然，独立开创与拒不接受他人经验，这两点并无丝毫相同之处。我想告诉青年朋友们一件非常遗憾的事。我曾收到成百封关于研究"用圆规直尺三等分角"的信件。这问题残害了不少青年，因为这是已经解决的"不可能"问题。搞这问题的大都是成绩优异的青年。虽然别人已经证明了这问题不能解决，但他们对别人这个经验不去研究而是乱撞，企图得到偶然的成功，把宝贵的时光花在毫无出路的"研究"上。这种"独立思考"只能是浪费精力。我们要在总结别人经验的基础上进行独创。

## "拳不离手，曲不离口"——练好基本功

在整个学习过程中都要进行独立思考，然而在学习之初，基本功必须搞得很坚实，很熟练。

我曾见过很多这样的人，他们觉得对初等课程全知道了，而高深的却钻不进去，很窘。实际上这是基本功练得不扎实，不浑厚，不熟练。比如一把斧头，斧背要浑厚，斧刃要锋利。斧刃不锋利，像锤子一样，不能劈开木头，只能把大木头打为碎末；而斧背不浑厚，那就会把刀刃全崩卷了口。只有斧背浑厚，斧刃锋利，一斧下去，锋刃凭借浑厚的斧背的惯性，直插入木头的深处。搞科学研究工作就要像这把斧子。我曾为中学和大学低年级的课程花了不少的时间和精力，但我一点也不后悔，在以后研究工作中，我能够运用自如。在中学时，别人花一小时，我就花两小时。而到工作时，别人花一小时解决的问题，我有时就可能用更少的时间去解决了。

基本功练成什么样呢？要练得很熟，熟了才能有所发明和发现。熟不一定就要背，会背也不一定就熟。如果有人拿书念上十遍，二十遍，却不能深刻地理解和运用，那我说，这不叫熟，这是"念经"。熟，就是要掌握基本精神和基本原理，能够灵活运用。我们学的理论是从实际得来的，而学理论又是为了运用到实际当中去。在理论和实际之间，还有一个环节，谓之"技巧"，不通过技巧，原理不能运用。例如，熟读了几何定理，但有时也不会证题。这不是知识不够，

而是有技巧上的困难。技巧如何获得呢？这就是苦练，练熟，因为"熟能生巧"。不仅如此，在获得技巧后，还必须经常温习。俗话说，"拳不离手，曲不离口"，就是这个意思。

在学基本功时，最忌"好高骛远"。我在初中毕业后自学时，最容易犯的毛病就是急躁贪快，内容贪多。贪快，不够实事求是，结果还是不行，发现了"夹生饭"，不得不又"返工"。不但在练基本功时，就是在整个学习过程中都要循序渐进。因为科学是累积性的东西，如果第一步不了解，第二步就会发生困难，而第三步也就跟不上去了。因此，第一步不懂就不要轻易去跨第二步；一天不懂，再演习一天，要有这种坚持性。只有这样，科学的宝塔才能建得又高又大。不然犹如"沙上建塔，必塌无疑"。古人云"登高必自卑，行远必自迩"[1]。在科学道路上急于求成的人，往往比什么人走得都慢。我们要走得又快又稳。

在练基本功时，不要怕粗活，不要轻视点滴工作。轻视点滴工作的现象是相当普遍的，我自己也有过这方面的痛苦教训。在理解容易了解的东西时，如果漫不经心，以后应用时就不能得心应手。何况有时小的点滴是供给人们修改原则的资料或是发现新原理可能性的重要依据。不轻视点滴工作，不轻视粗活，方能不惧怕困难。轻视困难和惧怕困难是孪生

华罗庚院士在思考（中国科学院提供）

① 西汉·戴圣《礼记·中庸》："君子之道，譬如行远必自迩，譬如登高必自卑。"迩：近；卑：低。意指"君子实行中庸之道，就像走远路一样，必定要从近处开始；就像登高山一样，必定要从低处起步"。

兄弟，往往会出现在同一个人身上。例如有人轻视复杂的计算，实际上是惧怕计算。我见过不少年轻人，眼高手低，浅尝辄止，忽忽十年，一无所成。关键就在于没有落实。

基本功没练好的人，怎么办呢？

首先，基本功练得好不好，并不可怕。一个人在学习中，总是学到后来才知道基本功的重要，而当时是体会不深的。有一种人，从前未搞懂的，今后不愿再去搞它了，这是最可怕的。基本功没练好，补救的办法只有"返工"。什么地方不懂就从那里追起，要穷追，退一步追，甚至退若干步，要退够了，一直到不再翻过去的东西也能解决新问题为止。基础打了之后，如果经过几次实际问题的考验，能过得去，就表示他学习得很好了。

## "从薄到厚，从厚到薄"——如何读书

在学习知识中，如何读书当然是一个重要问题。看懂一本书，不只是学到一些知识，搞懂书本的逻辑推理，还要设身处地地想，在没有这些定律之前，如果我发现它是否有可能？如果可能，那么要经过怎样的实践和思维过程获得它？

获得书本知识是"从薄到厚"的过程。大家会以为，在不懂之前，书是那么厚，"懂"的过程中又加了那么多注解，补充了那么多材料，当然更厚了。其实，"从薄到厚"不是真懂的时候，而只是局限于对书面内容的局部的表面的了解。在真懂了之后，脑海中就感到书本变薄了，而且越是懂得透彻，就有越薄的感觉。经过一番苦思苦索，解剖这些感性材料，弄清楚它的来龙去脉和相互联系的中心环节，并加以综合整理之后，就达到了实质上的了解，就从庞杂纷繁的客观材料中寻得了统帅全局的基本线索——从而将书本"从厚变薄"了。这不是知识变少了，而是把内容消化了。

　　"从厚变薄"的过程是思考过程，是分析与综合的过程。我常说，我们大家都要去"知识、见识、学识"。"从厚到薄"的过程关键不在于"知、见、学"，而在于后面那个"识"字。孔子有句名言："学而不思则罔，思而不学则殆。"[①]对"思而不学"的人，大家都会去批评他，而对"学而不思"，不少人还认识不清。例如有的人死背公式。普天下的知识，靠背是背不过来的。退一步说，即使现有的知识全背过来了，也不过是一本"大百科全书"。那新的知识又如何"背"出来呢？而且万一背错了点什么，就很麻烦。倘若你掌握了"识"，有个提纲挈领的了解，即使对公式、定理只记住个大概轮廓，但只要冷静地想一想，便能得出问题的答案来。看书时思考什么呢？就是要分析与综合。学完一本书之后，要做解剖工作。对其中的重要结论，必须分析它所依据的是什么。分析定理证明过程时，要了解其中心环节，这可把证明过程显示得又简单，又直观。这种分析工作越透彻，在今后运用时就越方便。例如第120页的一个定理只需前20页的知识，那么在研究一个与第120页定理相似的问题时，只需参考前20页即可，而不必参考整个120页。解剖之后还要综合，要弄清各部分之间的联系，并且要把书本的内容和以往的知识联系起来。例如在学习高等代数"二次型"时，就必须与中学的"圆锥曲线"联系起来。在学"积分方程论"的"对称核"时，又与代数的"二次型"联系起来。看书时经过这样的比较，对于懂得的部分就可以比较快地读过去。集中精力对重点进行钻研。这样，看完一本书之后，不是把整本书都装进脑子里了，而仅是添上几点前所未知的新方法、新知识。这样，印象反而深刻，并且读得越多，就懂得越多，知识的基础就越厚，读

---

　　①《论语·为政》子曰："学而不思则罔，思而不学则殆。"学：学习；而：表转折；思：思考；罔：迷惑而无所得；殆：精神疲倦而无所得。意指"一味读书而不思考会陷入迷茫，只思考却不实实在在地学习和钻研就会精神疲倦而无所得"。

书进度也就可以大大加快了。

## "锲而不舍，勤奋刻苦"——顽强刻苦的精神

科学是日新月异，精益求精的。科学成就是一点一滴积累起来的。必须认识攻打科学堡垒的长期性和艰巨性。既然长期，就要求我们顽强，坚持不懈；既然艰巨，就要求我们踏实，勤奋刻苦。向科学进军不但要有大胆的想象力，而且要踏踏实实，付出长期艰巨的劳动。"一曝十寒"是要不得的。我们需要经常性的工作，需要持久的热情。为思索一个问题，一夜不合眼，这是常有的事。在科学领域里，成功的科学家几乎没有一位不是辛勤的耕耘者。科学的重要发现，有的是在科学家头脑中反复深思达二三十年之久方始成熟的。所谓牛顿由落下苹果就得出万有引力定律的故事，那是有人故意把知识谈得很神秘，仿佛只有"天才"才能掌握。唯有由持久的热忱所支持的不断努力，才是能有成就的可靠保证。

有些人所以缺乏坚持性和顽强性，是因为他们在工作中碰了钉子，走了弯路，于是就怀疑起自己是否有研究工作的才能。其实，许多科学家和作家都是经过多次失败，走过很多弯路才成功的。有人看到一位作家写了一本好的小说，或科学家发表一篇优秀论文，便仰慕不已。很想自己能信手拈来，便成妙谛，一觉醒来，誉满天下。其实，成功的作品和论文，不过是作家们创作和研究中的极小部分。我们只看到他们成功的作品，而失败作品是不会公开发表的。要知道，一位科学家在他攻克堡垒的长征中，失败的经验远比成功的经验丰富得多。失败虽然不是什么快乐的事，但也不要气馁，否则就会前功尽弃。例如，我见到一位青年，他一直坚持花了两年的时间才学习了一个方法（虽然这方法用几个小时就可以给大学生讲明白）。经过两年坚持不懈的锻炼，难关一破，收获滚滚而来。另一位青年，草稿纸

废了几百张，算了半年，多次摔倒，向老科学家说："行不通了！攻不破了！"但老科学家给他信心和具体帮助，终于得出了结果。这些都说明，在研究过程中，方向不正确，走了些岔路，费了许多精力，这是常见的事。更重要的是不灰心丧气，善于从失败中吸取教训，总结已有的经验，再继续前进。特别在刚进入独立工作阶段时，必须有遭受挫折和失败的思想准备。受了挫折，不要悲观失望，半途而废，而要坚持不懈，锲而不舍，坚韧不拔，持之以恒。

总之，学习和从事科学研究，要特别注意培养独立思考的能力，而整个研究过程是循序渐进的过程。在这过程之初要特别注意把基本功搞得非常熟练，能够运用自如。学习就要看书，学会读书就是学习和研究过程中能勇往直前，永不掉队的保证，就需要有顽强的毅力和刻苦的精神。在学习过程中，这几点应该注意的事项本来是联系得很密切，而且是相辅相成的。

数学是一门非常有用的科学。我们要建设祖国，要保卫祖国，必须有科学知识，而数学是一切科学的有力助手，近代科学的发展，使深湛的数学显得更重要了，不但与数学相近的精密学科（如力学、物理学等）需要用数学，甚至在经济学、生物学也给数学开辟了广阔的天地。数学工作者不只出于帮助的地位（如组织计算或解决一些物理学家向他们提出的数学问题），更重要的是数学家利用他们所掌握的钥匙，直接插入其他领域中。另一方面，像加里宁所说：数学是"思维的体操"。体操能使身体健康，动作敏捷，而数学能使你思维方法严密、敏捷。数学是科学的语言，通过它，人们才能把自然科学中头绪万端的现象更简洁地、深刻地表达出来。所以，说数学是科学的工作母机之一——制造机器的工具机，我看这不是过分的。

有人说，数学太抽象了，太难学，只有"天才"能够学它。我说，数学也难学，也不难学。说它难，是因为科学中没有一门是信手拈来

华罗庚院士（中国科学院提供）

的；说它不难，是因为既然是学问，那就总会一步一步地锻炼出来的。数学是抽象，但不是枯燥。乍一看，好像抽象就是空洞，脱离实际。事实正好相反，正因为抽象，它反映的问题就越普遍，因此应用的地方就越广。也正因为应用广，在大量的事物中才能抽象。如果只用到一件事情上，那就谈不上抽象了。因此，数学是生动活泼的，是有血有肉的，也是很有趣味的。数学是研究"数"与"形"的。试问生活里哪个地方没有"数"与"形"？

至于"天才"，我不否认人有天资的差别，但根本问题是勤奋。"天才在于勤奋，聪明在于积累"。有很多人说我是"天才"，这些人是不了解我的，而我自己知道，我是一个笨的人。其实，我在初学数学时，是靠补考才及格的。我知道自己笨，这反而是好事，这样我就更努力了。凭着努力，初二以后我数学才好起来。因此，不断努力就是充分发挥天才。像我前面谈到的废了几百张草稿纸的那几位同志，他们在大学里都不是最优秀的学生，但他们有一个共同的特点：忘我地工作，因而都取得了出色的成绩。这就说明，对不畏艰险的人来说，他们是一定攀得上光辉顶点的。

你们是新时代的新青年，我是十分羡慕你们的。在旧社会，以我为例，谁关心一个十四五岁的失学青年向哪儿走？而今天就在你们这一代，我国科学将赶上世界水平，在你们中间一定会出现不少世界科学舞台上突出的大科学家，给祖国带来很高的荣誉，给人民带来丰硕的成果。我们老一辈科学家十分迫切盼望把自己的专长早日交给青年们。亲爱的同学们，让我们一起为攀登科学高峰共同前进吧！

（本文是20世纪60年代，时任中国科学技术大学副校长的华罗庚院士在11系的讲话）

**华罗庚**　数学家。1910年11月12日生于江苏金坛，1985年6月12日逝于日本东京。1924年毕业于金坛县立中学初中，入上海中华职业学校一年，因家贫失学，后在家中小杂货店当学徒并自学数学。1929年在金坛中学任庶务会计，开始发表论文。1931年经熊庆来教授推荐到清华大学，从管理员、助教到讲师。1934年成为中华文化教育基金会研究员。1936年在英国剑桥大学做访问学者。1938年受聘任昆明西南联大教授。1946年赴美国任普林斯顿数学研究所研究员。1948年在美国伊利诺伊大学任终身教授。同年当选为中央研究院院士。1950年回国后历任清华大学教授，中国科学院数学研究所所长，中国数学会理事长，中国科学技术大学数学系主任、副校长，中国科学院应用数学研究所所长，中国科学院副院长，中国科学技术协会副主席，中国民盟中央副主席，全国人大常委会委员，全国政协副主席。是当代自学成才的一位杰出学者，蜚声中外的数学家，中国理论数学（解析数论、典型群、矩阵几何学、自守函数论与多复变函数论等方面）研究的创始人与开拓者。论文《典型域上的多元复变数函数论》被国际学术界称为"华氏定理""布劳威尔－加当－华定理""华－王（元）方法"。又是用数学为国民经济建设服务的先驱者，提出适合中国国情的"统筹法""优选法"，并普及推广到全国26个省、自治区、直辖市；提出了正特征矢量法。发表学术论文200多篇，10部专著（其中8部在国外出版，有些被译成俄、日、德、匈、英等国家的文字），还写了十余部科普作品。相继被选为美国科学院外籍院士，第三世界科学院院士，德国南锡大学、美国伊利诺伊大学、香港中文大学等校的荣誉博士，德国巴伐利亚科学院院士；其名字已进入美国华盛顿史密斯松尼博物馆，并被列为芝加哥科学技术博物馆中88位数学伟人之一。1955年被选聘为中国科学院学部委员（院士）。

善于抓住问题的物理实质提出形
象的模型，能以最简单的数学方式概
括出结果。

# 把兴趣集中在自己研究的问题上

## 黄　昆

　　这几年人物介绍的文章很多，但是自己介绍自己的文章怎么写
法呢？对没有文字写作修养的人，我想也只能回忆一下各个年代，想
到什么就写什么。

　　一个人讲问题，往往不免受个人经历的制约。我对小学生的负
担重曾发表议论，认为大可不必，这大概是因为自己的小学学习是糊
里糊涂过来的。当时自认为最出色的一次表现就是在三年级曾带回
家给母亲一份因学习好而得到的奖品，那就是北京史地课考试得第
五名奖给我的一份北京城的油印讲义。为此，我始终为能熟练说出
北京所有内外城门名而感到自豪。同样是由于自己的经历，在要我
和青少年谈话时，我总不免讲，中学打的基础是影响一辈子的事。可
以说，这里我有正反两方面的经历。

　　我刚上中学的半年是住在身为教授的伯父家。他见我放学后很
空闲而询问我。我说老师安排的数学作业我都做完了。他说那不行，
数学书上的题目自己都要做。从此，我就按他的话做了，其影响深
远。这不仅使我数学课很熟练，也产生了很大的兴趣，而且由此我习

惯下课就忙于自己做题，很少去看书上的例题。我后来回想，总觉这一偶然情况有深远影响，使我没有训练出"照猫画虎"的习惯。

我的反面经验是语文课没有学好，到高三时已接近不及格的边缘。老师出作文题，我不是觉得一句话就解答了，就是觉得无话好说。其后果也可以说是影响一辈子的。举个实际例子，我于1944年参加了当时留美和留英两项考试。留美考试未录取，后来通过别人查分数才知道我的语文考试只得了24分。在留英考试中，我的作文只写了三行再写不下去，只好就此交卷。居然我被录取，曾使我大吃一惊。以后有机会看到所有考生的评分，这才知道这位考官显然眼界很高，而打分又很讲分寸，很多考生的中文成绩都是40分，再没有更低的分数，我当然是其中之一。以后虽然没有再考语文，但是我的"语文关"远没有过去。拿近年来说，不少场合要你讲点话或是让你题个词，我只能竭力推辞，而主持人则很难谅解。这时，总使我想起中学语文老师出了题我觉得无话可说的窘况。

我上大学是在当时的燕京大学。那时物理系的课程内容是很有限的。回顾起来，从两个方面讲，这对我是很有利的。一是我深知自己的才智十分有限，正因为当时的课程比较浅，分量不重，才使我的学习得以比较主动，而这种主动性无论对学习或是对从事研究都是最为重要的。正是基于自己这样的体验，我讲过这样的观点，认为学习知识不是越多越好，越深越好，而是应当与自己驾驭知识的能力相匹配。另一方面，由于课程不重，使我得以花较多的精力完全是自学，阅读钻研了当时在国内看来是新兴和深奥的量子力学理论，使我达到了入门的水平。这正好与我毕业后到西南联大随吴大猷先生作研究相衔接。吴先生当时是在国内最早开展原子、分子的量子力学理论研究的科学家。跟随吴先生作研究又使我在使用量子力学上取得了经验。所以，1945年我到英国留学，和一般英国研究生比较，在量子力学基础上具有明显的优势。

1941年我大学毕业后，经葛庭燧先生推荐给吴大猷先生任西南联大的助教。系主任饶毓泰先生第一次接见我时就严肃地对我说，这里人很多，根本不需要助教，你在这儿就是钻研学问作研究。后来我的情况正是如此。当时，西南联大名教授很多，课也开得很多。我在一年中就旁听了六门物理和数学的课，教学任务只是每周带一次普通物理实验。我听课很多，课后却不复习，所以大部分没有懂，但应该说仍旧获益不少。一是开阔了眼界，二是某几个方面还是不同程度地学到了一些更深的知识，如分析力学、电磁理论、群论的一点入门知识。后来的经验表明，较广的知识只要概貌地有些了解，遇到问题时就可能用得上，在用之中把它掌握起来。

黄昆（左）与杨振宁合影（作者提供）

莫特教授是我到英国投奔的博士生导师。他当时还是很年轻的教授，但已出版了三本著名的专著，每一本的出版都标志着一个学科方向的诞生（原子碰撞理论、金属合金理论、离子晶体中电子过程）。正因为他有如此广阔的成就，我初和他接触时十分惊奇地发现，他只对他当时研究的问题感兴趣，和他谈更广的问题他不感兴趣。我后来才领悟，正是由于他的这种专注的治学特点，才使他能在十年之中在几个不同的领域取得重大成就。他治学的另一个鲜明特点是，尽管有深厚的数学理论修养，但他最善于抓住问题的物理实质提出形象的模型，能以最简单的数学方式概括出结果。他的这些治学特点不能不对我有很深的影响。但也无可讳言，长时期习惯于把兴趣集中在自己研究的问题上，也给我带来很明显的局限性。

在英国时，在我的心目中，主要研究固体的，除了我所在的布列斯托尔大学就是爱丁堡大学的博恩教授。所以获学位后就到他那里访问半年。博恩教授不仅是晶格动力学的创始人，而且这个学科几十年的研究进展大部分是他自己和他的学生完成的。没有想到，我的这次访问最主要的结果是他建议我与他合作完成一本以量子理论为基础的晶格动力学专著。写书的工作从 1948 年开始一直延续了三年，到最后时期，如果不是有约在先，已经很不想写下去了。这是因为当时这远不是一个热门，我想书出版后，大概也没有多少人看，过两年也就会停版了。没有料到，由于固体物理学全面大发展，这本书成为一本标准专著，过了 25 年出版社才决定停版，而且过了三年又根据科学家提议，再次出版。这真是万万想不到的。

我于 1951 年回国到北京大学物理系任教授，直到 1977 年，前后 26 年主要是教课。最初教了两年普通物理，以后开了两门课，一门是固体物理，一门是半导体物理。早在刚回国后为上课做准备时，曾作过一次试讲，45 分钟的讲课就被助教提了 10 条批评意见。院系调整后，特别强调教学要十分认真，所以当时我教普通物理，每周上三次课，备课足足要用 50 到 60 小时。这虽然有点过分，但是经过两年，确使我对课堂教学讲求效果这方面获得了不少锻炼。现在每逢听别人做的那些事先没有下过功夫的科学报告，让人听不懂，我就会

黄昆院士（中国科学院提供）

想到课堂教学的锻炼是多么重要！

我开设固体物理课是从碰钉子开始的。我初回国时正值思想改造运动时期，系里要我和当年三名研究生商量，给他们开一门课。因为我在国外时研究的主要是固体的问题，我建议讲一门固体物理。他们听过介绍后干脆说，听起来这个课没有啥意思。首次开固体物理课的尝试，就这样碰了壁。其实这样一门课应主要包括什么，我也不清楚，还是以后经 1953 至 1955 年，先后给几位研究生和中国科学院物理研究所的人员两次讲课，并结合专业建设才形成了一门比较系统的大学课程。

半导体物理课的开设更是没有蓝本可以遵循，当时连综述性的文章也很少。所以第一次在学校开课，是由中国科学院物理研究所王守武、洪朝生、汤定元和我各依据自己熟悉的一点知识讲九个学时，将它们拼凑起来的。回顾起来，开设这两门课最大的受益者恐怕是我自己。

我在北京大学的年代中，基础研究由于种种干扰始终没有搞起来，我的研究生涯中断了近 30 年。1977 年我被调到中国科学院半导体研究所。这时身在研究所不做研究道理难容。但是，研究中断了几十年，自己年龄已近 60，研究工作怎样才能做得起来呢？我当时想，科学家老了会掉队，大概有两个原因：一是知识老化，特别是基础理论和方法跟不上发展；二是由于地位容易脱离第一线的具体工作，以致自己原来的老本也会逐渐忘记。我要把几十年基础理论的发展认真地补上恐怕是做不到的,所以我拿定主意,承认这个局限性,只去做自己能做的,但是要坚持自己动手做第一线的具体工作。我这样做,已经十多年了,总算多少做了一点工作。当然,这使我的知识在广度和深度上都有很大的局限性。

**黄　昆**　固体物理、半导体物理学家。1919 年 9 月 2 日生于北京,原籍浙江嘉兴。2005 年 7 月 6 日逝于北京。1941 年毕业于燕京大学。1948 年获英国布里斯托尔大学博士学位。中国科学院半导体研究所研究员、所长,后任名誉所长。主要从事固体物理理论、半导体物理学等方面的研究,是中国半导体物理学研究的开创者之一。提出了稀固溶体的 X 光漫散射理论和晶体光学振动的唯象方程,并预见了晶体光学声子和电磁场的耦合振动模式。提出并发展了由晶格弛豫引起多声子跃迁理论(包括光跃迁和无辐射跃迁),提出了有效解决半导体超晶格光学振动模型,并阐明其光学振动模式的要点。与玻恩合著的《晶格动力学理论》成为该学科领域的第一部权威专著和标准参考文献。1995 年获何梁何利基金"科学与技术成就奖"、陈嘉庚数理科学奖。2001 年获年度国家最高科学技术奖。1955 年被选聘为中国科学院学部委员(院士)。1980 年当选瑞典皇家科学院外籍院士。1985 年当选第三世界科学院院士。

> 学习与思考本是互相依存与促进的。光学习不思考，只是对他人经验生搬硬套和对书本知识死记硬背，不会有什么创新。光思考不学习，则缺乏基本知识，受到个人思维的局限，会掉到空想或错误的陷坑里不能自拔。

# 学 习 与 思 考

黄祖洽

学习是一个人生活的重要组成部分。有道是："活到老，学到老。"其实，小儿从呱呱坠地就开始了学习的过程。他先是在尝试中不自觉地学习。尝试成功了，高兴的感觉使他重复同样的动作，并且得到同样的结果。重复的次数多了，便知道这样做总能得到所希望的结果。这个规律性的认识就慢慢变成了他的初步知识。他也通过模仿来学习：模仿别人说话（牙牙学语），模仿别人动作（举手动脚）。这样，到一两岁、两三岁，可以学会说话、走路和做一些小游戏。更大一些，生活圈子大了，接触到更多的人和事，这种初步知识积累得更多了，他便开始懂得注意周围的事物，觉得有趣。这些有趣的事物，会反映到他的小脑袋里，给他留下好玩的印象，有时会引起他的好奇心，使他慢慢开始想一些问题：为什么会这样？为什么会那样？这就是他思考活动的萌芽。等到上了学，识了字，学会了看书，有了

学习与思考本是互相依存与促进的（叶雄绘）

与同学们交流、向老师学习的机会，他学习的范围和思考的问题便有可能大大扩展和加深了。不过，一般来说，总要到参加工作，更多地接触了外部世界以后，学习和思考的能力才会得到更大发展，对个人和工作的重要性也才会更充分地表现出来。

大自然赋予人高度发达的头脑，本来就是为了让人能够更好地学习和思考，以便让没有具备锐利爪牙的人类能够维持生存，并且成为"万物之灵"的。不过，人的头脑也遵从生物界"用进废退"的普遍发展规律。如果因为主观或客观的原因，不去或没有机会学习，或是儿童时期学习的兴趣和好奇心得不到培养和满足，甚至反而受到不正当的引导或压制，那么即使本来天赋不错，却因为得不到锻炼，其学习和思考的本领非但不能发展，反而会越来越退化，以致灵性逐渐失去。现实生活中，这样令人惋惜的例子并不少见。

宋朝有个文学家叫王安石，他青年时曾在家乡看到过一个特别聪明的孩子，叫作仲永，很小就会作诗。可是，仲永的家长并不注意对他的培养，只是把他当作一个可以为他们谋利的玩物，带着他到一些"贵人"家里去"表演"，以便获得贵人的夸奖和财物的赏赐。等到王安石出外工作了一些年以后再回到家乡时，发现仲永竟退化成了一个毫无灵气、浑浑噩噩的普通人。有感于此，他写下了一篇《伤仲永》的文章，记载了这个发人深思的故事。

懂得了用进废退的道理，就要勤于学习、勤于思考，而且要善于学习、善于思考，才能勇于创新，充分发挥大脑的作用，也才能增长才干，提高我们认识世界、改造世界、改善生活的能力。

学习有各种途径：向周围的人学习，向古今的伟人学习，向书本学习，向实践学习……不过，不管通过什么途径，都要注意学习的方法。初看起来，学习只是接受和记忆已有的知识，而思考却偏重于理解、想象和创新。但是，所有认真学习过的人都知道：只有理解了的东西才能记得牢，也只有牢牢掌握基本的东西，才能得心应手地去学习和理解更广泛、更深刻的知识，并且进一步去创新。所以，善于学习的人总是把学习和思考有意识地结合起来。以我国杰出数学家华罗庚先生为例，他是从刻苦自学开始，又在国内外著名大学中进修和工作多年后，才在数学领域中作出了不少创造性成果，成为世界知名学者的。他自己介绍早年自学中的经验有四条：一是要踏实，从自己的水平出发，不好高骛远；二是要有周密的计划，经常检查；三是要多想多练；四是要以长期性和艰苦性克服所遇到的困难。在谈到读书方法的时候，他首先强调要用慢功夫打好基础，把基本的知识弄懂弄通。他形象地用"由薄到厚"和"由厚到薄"的譬喻，说明读书时学习和思考相结合的两个阶段：在读一本书的过程中，如果对各章各节都作深入的探讨，在每页上加添注解，补充参考材料，便会把它由薄读厚；等到对书的内容有了透彻的了解，抓住了全书的要点和精神实质以后，就会感到书本变薄了。越是懂得透彻，就越有薄的感觉。这并不是学的知识变少了，而是通过学习和思考的过程，把知识消化吸收了，变成了自己知识结构的一部分，书上原来看着很繁难的东西都变得很简单了。华先生还介绍一种更高级的把学习和思考结合起来的读书法：一本书拿到手，他不是迫不及待地把书打开去读，而是对着书名思考片刻，就开始闭目"想书"；首先回顾过去所读的同类书籍的一般写法和观点，然后设想，要是自己遇到这个题目，应该怎样去写，等这一切全部想好后，再把书翻开来"扫阅"。这样，凡是其他书上已有的或者自己已经知道的内容，就不必再看，只有那些独到的新见解，才值得去读；也很容易把它们吸收到自己头脑里原有知识结构中的适当位置。华罗庚先生的这些经验和体会，虽然是从自学和读书中得到的，但是它们包含的道理具有普遍意义。

可以说，不管通过什么途径去学习，总要在充分占有实际材料的基础上，经过质问、讨论和实验等功夫，去想，去试，看看前人或旁人的说法是否真有道理，是否真的符合自己当前所遇到的实际情况。只有把学的东西先在头脑中加工，用去粗取精、去伪存真、由此及彼、由表及里地予以分析，再经过综合、提高的创造性思考过程，才能针对当前的实际问题形成自己的看法，得到自己完全能够掌握和运用的、可以在实践中解决问题的真知。实际上，学习和思考本来是

黄祖洽院士（作者提供）

互相依存、互相促进的。光学习不用心思考的人，只是对他人经验生搬硬套和对书本知识的死记硬背，必然会迷失在浩瀚无垠的知识海洋中，不辨方向，不得要领，不能理解，不会正确地加以运用，自然更谈不上会有什么创新。这样的人只是一个毫无用处，有时甚至还会是误事的书呆子。战国时代，就有个这样让人引以为戒的书呆子，他就是自以为熟读了兵书，夸夸其谈，结果打起仗来却大败于秦将白起，导致40万赵兵被活埋的赵将——赵括。

反过来，一个光思考不学习的人，缺乏基本知识，没有正确的出发点，成天只会埋头去考虑一些不切实际、没有根据的想法，便必然会受到个人思维的局限，偏离实际，掉到空想或错误的陷坑里不能自拔。他没有办法利用前人或旁人的经验和意见，不可能站在他们的肩膀上，扩大眼界，得到启发，有所发现，有所发明，形成更好的意见，达到新的、更高的认识，而只能成为一个劳而无功的、可笑的狂人。这样的狂人在生活中也是不难遇到的，例如直到今天仍然会偶尔出现的，某些自己宣布发明了这种或那种"永动机"的人物。

学习和思考能不能结合，不单是个方法问题，首先还是一个态度问题，也就是说，要看"为什么学习"的问题明不明确。例如：有的孩子把学习当成家长强加的负担，不认识这是自己健康成长的需要，因而不感兴趣，不愿用心多想一想学习的内容；有的成人学习只是为了取得一个文凭，作为求职、升官或向亲友夸耀之用，觉得马马虎虎混张文凭就行了，用不着费心去思考；还有的人学点东西只是为了打发日子，当然更不会自找麻烦去伤脑筋，苦苦思考。只有那些树立了正确的学习目的，为了解决生活中和工作中所面临的问题，为了干一番事业，为了更好地为人民服务的人，像自学成才的许多有志青年，像在革命战争中学会了战争的开国元勋们，像为经济建设和国防事业作出了创造性贡献的科学家们和工程师们，他们有着明确的学习目的，自然会感到对真知的需要，自觉地认真开动脑筋，殚精竭虑地把学习和思考结合起来，为达到所追求的目的，面对各种层出不穷的新情况、新困难和新问题而不懈奋斗，不断去研究、克服和解决它们。希望我国的青少年，都能成长为这样的有益于国家和人民的人。

**黄祖洽**　*理论物理和核物理学家。*1924 年 10 月 2 日生于湖南长沙。2014 年 9 月 7 日逝于北京。1948 年毕业于清华大学。20 世纪 50 年代赴苏联进行科学研究。长期从事核理论、中子理论、反应堆理论、输运理论及非线性力学等方面的研究，是中国核武器理论研究和设计的主要学术带头人之一。参加和领导了中国原子弹理论的研究，对中国核武器的研制成功、设计定型及其他一系列科学试验作出了重要贡献。晚年在氢分子激发态的相互作用及强激光场中的原子离化过程等方面做了大量研究。曾任北京师范大学教授及低能核物理研究所名誉所长、第二机械工业部第九研究院理论部副主任、北京第九研究所副所长、中国原子能研究所副所长、《物理学报》主编等。1982 年获国家自然科学奖一等奖，1991 年获国家教委科技进步奖一等奖，1996 年获何梁何利基金"科学与技术进步奖"。是"两弹一星杰出贡献者"。1980 年当选中国科学院学部委员（院士）。

我认为要学好一门课，真正能掌握这门学科的内容，就需要把几种教材编写体系的异同和重点搞清楚，并选择一种教材为中心骨架，把具体的事例都穿插进去，摆到适当的地位，写出一套自己编制的笔记。

# 我的学习方法

## 蒋明谦

少儿时代的爱好、学习和朦胧的意识，想起来件件都是很有意思的。其中，对我一生的成长最有深刻影响的，是少儿时代的学习方法。

我6岁（1917年）开始上学时，家乡的教育还很落后，只在城镇才有小学，离我家都在10公里以外。当时家塾比较多，我就在自己家的私塾里启蒙。学的课本只有一套小学《国文》，后来又增加了《四书》《左传》《史鉴节要》《龙文鞭影》等书，并熟读了一些古文和诗词。对于这些书本中的部分内容，至今还能顺口成诵，对诗词一直是爱好的。

1923年，我到镇上的高小学习，听到老师们谈什么声、光、电、化，可以算作开始接触到了自然科学知识，开阔了自己的眼界，但对这些课程的内容并不了解。1925年到县里进初中，当时正是学制改革的时期，在旧学制中，中学四年另加高等学校二年，才可以升入大学本科。新学制将中学分为三三制的初、高中，课程也跟着有较大的变动，并出现了好几套不同的教材，也有几门学科混合编制，例如数学这门课程，混合制的教材是把算术、代数、几何、三角几门课程体系都打乱，然后就一个个课题如三角形、四边形等穿插编写，物理与化学两个课程也是一个个题目混合编在一起。但当时最流行的教材还是单科制的白话文教材。在中学时期，多数老师都要求学生写笔记，大多数学生都只是抄老师在黑板上的提纲，有时也参照一下别的教材。有一次我在写植物笔记时，看到一本教科书在第一页开始就讲南瓜，我感到非常惊异，于是找了几本生物学书来对照，也没找到一本是从南瓜或其他个别物种讲起的。在物理和化学教科书中，虽然没有发现这么突出的差异，但也没有几本书的编写体系和骨架完全一样的。这使我感到专靠一本教材来学习有时会漏掉一些重要内容，甚至出现偏差和不合理的地方。我认为要学好一门课，真正能掌握这门学科的内容，就需要把几种教材编写体系的异同和重点搞清楚，并选择一种教材为中心骨架，把具体的事例都穿插进去，摆到适当的地位，写出一套自己编制的笔记。在上初中的三年中，我就这样把物理、化学、生物等课程的笔记都修改过或重写了一遍。这套笔记花去了我几乎所有的课余时间，但对我考取几所大学预科以及后来顺利地考入本科起了很大作用。

在大学本科时期，化学成为我的专业，我把学习的中心内容限定在无机、有机、分析、物化和工业化学等课程以内，对每一门学科仍然是参考四五本同级学校采用的教材来做笔记。我编写笔记的体系或骨架不是抄袭或随意安排的，而是逐条地经过思考、分析、比较、综合归纳的，对它们的了解比较深入，对于各个具体的事实在骨架上的位置，也是比较合乎逻辑的，漏掉重要内容的可能性就很少，这套笔记成了我考取公费留学时的有力工具。

做笔记的学习方法，我一直用到考博士学位的总考。尽管所做的笔记并不一定有多大价值，但对于思考方法是一种有效的锻炼。经过多次对化学笔记特别是有机化学笔记的补充、扩大、修改，我逐渐认识到当代化学发展的一个主要趋势是从定性走向定量化，并且可以把结构性能间的定量关系作为主线贯穿几乎所有的化学事实。由此，我对当时哈同（W.H.Hartung）教授所主张的"讲授药物化学要以结构与药理作用为中心"能很快理解。对亚当斯（R.Adams）教授"把化学作为一个整体来看待"的思想，使我体会到有机分子之间是互相联系的整体，应将各种不同的分子和基团联系起来看待。这就需要设法来表达化合物的共性，也需要一定手段来区别化合物的特性。在这种思想指导下，我认为需要有一种定量的方法表达分子或基团的相对活性。这就更加深了我的信心，有机化合物结构性能定量关系就成了我毕生的追求。

蒋明谦院士（右一）在与学生探讨（中国科学院提供）

在这样的思想基础上，我提出了用原子电负性表达基团电负性的设想，从同一个结构基础以同一方式计算所有基团常数。所依据的只有原子电负性、共价键键长和所带电荷等几个基本参数，可以计算出任何类型的非共轭化合物的分子结构和化学活性间明确而简单的定量关系，精确而普适预测反应速度和平衡，并发现了反应生成物产率和诱导效应指数之间的 S 形曲线。于

蒋明谦院士（中国科学院提供）

1963 年出版了《诱导效应指数》专著，发表了研究论文。

诱导效应指数解决了非共轭体系结构与化学活性间的定量关系，对共轭体系来说，最主要的结构因素是体现分子整体性的结构因子。经过艰苦的探索，在 1964 年找到了一个体现同系物递变的基本结构因素——同系因子。用同系因子归纳出 38 种结构、20 多种性能都得到良好直线，1976 年完成了奠定同系线性规律的 10 多篇论文，1980 年出版了《同系线性规律》专著。同系线性规律表明：同系物中各分子轨道的能量、各能级差值以及各种物理化学性能都是同系因子的线性函数。通过众多实验证明了同系线性规律是普遍适用的，同系因子和性能是严格对应的，确切表明同系线性关系所反映的结构性能关系是一种真正的内在规律。在同系线性规律的基础上考查了复杂共轭体系中各种共轭基团相互间的结合效应，通过实验确切表明了它是度量分子基干上的同系递变效应，以及支链、取代基效应的一个可靠尺度。用这个尺度定量地证明了各共轭基团之间的共轭效应，它要受到分子中各基团结合方式的限制，依赖于一定的分子结构条

件，有一定的结合规律。其中还发现了几种特殊的基团效应。实验表明，当共轭基团以特殊方式结合时，都不能传递分子基干上的共轭极化作用。由于这些特殊基团效应的发现，不但可以准确地判别复合分子中的基干与支链、端基与分岔，而且可以定量地计算出各类基团对性能的影响。这就为研究复杂共轭化合物的结构效应提出了一条新途径。1987 年出版了专著《共轭基团结合效应》，近 10 年内发表研究论文 30 余篇。

为了深入探讨上述规律的由来，相继提出共轭环节的概念，认为复杂共轭体系是由若干环节组成，每个环节包括一个贯通的共轭极化体系，环节之间是以一个不能通过共轭极化效应的原子或基团联结起来的。这个新概念已经过博士生的三篇论文予以初步验证，得到了肯定的结果。

**蒋明谦**　有机化学家。1910 年 11 月 10 日生于四川蓬溪。1995 年 5 月 19 日逝于北京。1935 年毕业于北京大学化学系。1944 年获美国伊利诺大学博士学位。曾任中国科学院化学研究所研究员。从事有机化学、药物化学研究，重视科学现象的个体性与整体性关系。早年从事药物化学研究，侧重药物分子结构与药理作用的关系。20 世纪 50 年代开始了有机化合物结构与性能定量关系的研究。1962 年提出了"诱导效应指数"，用于非共轭体系有机物性能的预测，得到了广泛的承认。1977 年提出"同系线性规律"，适用于定量计算和预测所有有机同系物系列的性能与结构关系。曾任《化学》杂志副主编，《化学学报》副主编。发表研究论文 70 多篇，专著 4 部。1980 年当选中国科学院学部委员（院士）。

身在异国他乡，我会不由自主地怀念远方的祖国和亲人。物理学没有国界，但中国是我出生、成长的地方，是我的亲人生活的地方。

# 钟 情 物 理

雷啸霖

## 多 事 的 童 年

日本帝国主义发动全面侵华战争后的第二年，我出生在南国山清水秀的桂林城。那时作为后方重镇的桂林，不断遭到日军飞机轰炸，频繁的"空袭警报"恐怖声成为我幼年印象最深、至今不能磨灭的记忆。为了躲避空袭，父母任职的中学曾暂时迁到郊县，满以为乡间可以安然上课，不料 1940 年 8 月，县里的临时学校也遭到日军飞机轰炸，师生伤亡严重。还不到两岁的我，腿部也被炸伤，险些丧命。虽然腿伤数月后是愈合了，但心灵中的创伤难以愈合。

## 从 小 爱 科 学

我的父亲和母亲都毕业于北京师范大学史地系，一生从事中国和西洋历史和地理的教学。父亲写得一手好字，是本地知名的书法家。他对中国古典文学颇有研究，还写过很多诗词。他经常给我讲警世格言和名家诗词。母亲则给我讲中国和世界的历史人物，讲瓦特发明蒸汽机，爱迪生发明电灯和留声机等令人神往的故事。从少年时代起，我对自然现象就表现出极大的好奇，母亲也因势利导，让我在自然的天地里成长。

我对科学的爱好是从饲养小动物开始的。还是小学二年级的时候，我就在家中养蚕，以后又养鸡、鸭和鸽子。我特别喜欢鸽子，曾细心观察鸽子繁殖、孵化和生长的全过程，逐一将它们详细记录在实验本子上，让鸽子在家中繁殖了好几代，直到鸽子繁殖得太多，经常弄坏屋顶的瓦片，才遭父亲禁止。

从初中一年级起，我又成了"小小化学家"。我省下零用钱去买化学实验用品，将试管、烧杯和装有酸碱试剂的药瓶摆满了属于我自己的整个房间，一天到晚摆弄它们。我还是一个少年天文爱好者。多少个晴朗的夜晚，我无数次仰望故乡夜空中一个个美丽的星座，试图窥探银河深处的奥秘，逐日观察木星和金星在黄道平面上相对于恒星的移动。我更是一个痴迷的少年业余无线电爱好者。现在还清楚地记得，为了接收到无线电信号，年仅12岁的我竟能独自一人爬上二楼屋顶，树起一根比屋脊高3米、长20米的天线，这个举动着实把父母吓了一跳。母亲常对姑姑和叔叔们讲我有两个比别的孩子更突出的特征：一是当醉心于某一件事的时候往往会痴得入迷，废寝忘食；二是无论做什么，总要把事情做得规规矩矩，方方正正。

母亲在培养我少年的科学思维中起了重要的作用。从小学二年级起她就有意识地让我在算术方面得到比学校里更多的训练，做了不少课外习题。三四年级以后算术题越来越复杂了，她自己不能解答，就去请教中学的数学老师。

到小学高年级，从课外数学书籍中吸取更多的知识已成为我不可或缺的学习内容。从小学到中学，我学数学如鱼得水。到了高中阶段，数学严密的逻辑推理和导出的结论，使我得到了一种从未有过的深深的满足。同时，物理可以用极其简洁的方程，把宇宙和原子都描绘得如此精确，更令我神往。我的崇拜偶像从瓦特和爱迪生转向了牛顿和爱因斯坦。选择当一名物理学家作为自己的目标和理想在这个时候已基本确立了。

## 大学生活二十年

怀着投身科学、振兴祖国的美好憧憬，1955年我如愿考进了北京大学物理系。北大兼容并包的学术氛围，民主与科学的优良传统，加上院系调整荟萃了众多的一流名师，是助我通向物理学殿堂最好的基站。当年，亲耳聆听北大名教授讲课，我领略到物理学是多么广阔和严谨，开拓了我的视野，对这门科学的理解上了一个层次。但是，按部就班却不能使我满足。我认为独立思考是学到知识的必由之路。我复习功课，往往比别的同学用更多的时间。对每一章节，我都要按自己的思路重新分析，追根求源，直至归结到基本的公理或定律。在一年级的普通物理和高等数学的学习中，这种思维方式总是引导我到高年级的理论力学、热力学、电动力学和复变函数的教科书中去寻找答案。

独立工作的实践，使我自然地总结出这样的学习模式：一个问题，只有能够完全用自己的逻辑和语言表达出来，而且自信比课堂上和教科书中表达得更清楚、更严格的时候，才是弄懂了。因而每一节课后的学习过程，我都自然地要求达到如同教师备课写出讲稿的程度。经过了这一过程，到期末考试的时候我是比较轻松的。我很少有耐心再把教材或讲义重温一遍，但几乎每一次考试我都获得了优异的成绩。这种贯穿于我整个大学阶段的"独立思考"的学习模式所打下的扎实基础，使我做毕业论文时就能很快地进入科学研究的领地。

1955年至1963年的八年中，我在北大度过了整整六年。大学生活有很多愉快，但也有不少迷惘。我曾为吹响"向科学进军"的号角欢欣鼓舞，却又为许多父辈、师长和满腔热情的同龄学子挨整而悲伤。一次又一次批判，反反复复折腾，只有两次运动的间歇才是可以安心读书的时光。1957年春我因病休学回家，脱离了闹闹哄哄的外部世界将近两年，让我有机会自学了不少数学课程。但也从那时起全家经历了困难的时期：父亲因为讲过"如今农民还很苦"的话，被打成"右派"，失去了工作；情同手足的弟弟考进广西大学的第二学期因病早逝；母亲悲痛欲绝，体弱不能继续任教；经济拮据导致妹妹不能上高中；我大学念书的花费要靠工资微薄的姐姐供给。沉重的家庭出身包袱使我长期陷入苦闷和孤独之中，只有躲到图书馆，在物理和数学的天地里才能寻得一点安慰。直到1962年，我和张景千同学相识并相爱了，爱情把我们带到未名湖边，我才又感觉到燕园迷人的风景。

1963年毕业被分配到山东大学后，我本希望一边教学一边继续刚刚开始的物理学研究。但只做了不到一年的正式助教，史无前例的"文化大革命"就开始了。这场"革命"毁掉了我们这一代人学术上的黄金时期：漫长的十余年中，完全没有从事研究工作的可能。不过，像我这样低级别的"臭老九"够不上"反动学术权威"，比不断挨批斗的父辈和年长的老教授要幸运得多。我在工厂和农村中接受"改造"和"再教育"之余，可以偷偷地从业余无线电爱好中得到一点乐趣。我又重操"旧业"，手工制作印刷电路板，安装晶体管收音机和电视机……这段"逍遥"的经历锻炼了我的动手能力和实验技能，使我在后来复课时能轻松地承担无线电原理和测量等课程的教学，编写出《电视接收技术》讲义，并成为研制100千伏离子注入机的主要人员之一。

## 走上物理学之路

1978 年，在"科学的春天"里，我来到中国科学院上海冶金研究所，才重新回到了自己所钟爱的物理学领域。但 12 年完全的停顿，外国人早已远远跑在前面，我们自己不仅失去了最富创造性的青春年华，连老本也丢得一干二净了。好在作为一位从事基础研究的初级人员，我在上海冶金所得到了一个比较安静的环境和自由的空间。我抓紧一切时间学习基础知识，学习相关领域的最新发展，学习外语。每天，在上下班的电车上念诵 New Concept English；每晚在 9 平方米全家的居室内坐在微型的写字台边继续数学或物理分析，我对每一个问题都独立思考和不局限于前人的结论。这样的努力得到了收获，我的研究工作很快恢复到 20 世纪 60 年代的水平。

不久，我对超导临界温度级数的收敛判据提出了独到的见解，得到同行承认。同时我提出了电荷密度波超导体拉曼散射的能隙激发理论，研究了超导电性、巡游铁磁性与电荷密度波共存系统的热力学及光学性质。这一时期，我的主攻方向逐步转向凝聚态物质的电子输运领域，研究铁磁金属的自旋波散射、高阻合金电阻率的负温度系数及 A15 化合物低温电导反常，得到较好的结果。

1983 年我有机会到美国休斯敦大学作访问研究。在那里，与丁秦生教授合作提出了分离质心的力学运动与相对电子的统计运动，选择最捷径初态的物理模型，建立了平衡方程输运理论。1984 年至 1985 年，我在纽约市立大学任客座副教授；1985 年至 1986 年任斯迪芬理工学院客座教授。这期间，我将平衡方程理论推广到半导体异质结、超晶格等二维系统以及多种载流子组成的体系；研究了瞬态、高频和有磁场情况下的传导，以及噪声、扩散和热电势等多种输运问题。四年间，我在物理学主要学术刊物上发表了三十多篇论文。

我终于走上了物理学研究之路。当然，太晚了一些，早已错过了科学家的最佳年龄。我明白，已是知天命之年才勉强达到起跑线上的人，几乎是不可能攀到学科之巅的。但我总还是能做一点事，在物理学浩瀚的原野或山坡上留下一两块小小的印记。人生一旦走上了这条路，就意味着物理学将成为生活中最重要的事业，成为自己毕生的追求：就会把在物理学中探索到一点小小的奥秘，获得一点小小的成功当作最大的快乐。对我来说，物理学中的一个概念、一个符号、一个数据，都是重要的事情。为了早点得到一个数据，我会把其他的事都抛到一边。

雷啸霖院士在上海交通大学校园（2011年，方鸿辉摄）

20世纪80年代在纽约的日子里，很多有趣的题目等我去做，妻子被动员成为我输入程序的助手，同时我们充分利用一切可能的计算资源。哪怕是风雨交加的夜晚或大雪齐膝的寒冬，只要机器有空闲，我们也照样从河边住所赶到山上的实验室，让它运行。圣诞之夜，家家都在过节，我们在实验室中也特别高兴：整个系统中几乎没有别的用户，全校的计算机都在为我们服务，多幸福！

## 祖国、亲人和理想

虽然研究工作进展顺利，条件更好的职位也在等着我，身在异国他乡，我会不由自主地怀念远方的祖国和亲人。物理学没有国界，但中国是我出生、成长的地方，是我的亲人生活的地方。我出国的第一年，饱受折磨的父亲

雷啸霖院士（中国科学院提供）

与世长辞，儿子未能去见最后一面；四年了，年迈的母亲，您过得怎样？……我决定回国，回故乡去追求人生的理想。

1986年，飞机上看到上海的夜空还只有点点稀疏的灯光，从纽约回到这里仿佛是到了农村。但在这片生我养我的土地上，正萌发着可喜的变化。中科院上海冶金研究所的领导和老一辈科学家给了我很多支持和帮助，我有了自己的研究小组，各种条件也一年比一年好。对于一位专心于科学研究经历了半生坎坷的学者来说，我很满足。

20年过去了，这片土地的面貌大为改观，浦江两岸展现东方明珠的美姿。我的研究工作也取得进展：提出了电子输运的布喇格散射模型，导出了任意能带系统在电场和磁场中的传导方程，建立了太赫兹电磁波作用下的输运理论，获得了微波辐照引起的磁阻振荡规律。尽管这些工作很微小，它们都在帮助我追求自己的理想。

回顾这些年走过的路，我基本上是一位尽职的科学工作者，在物理学研究的道路上兢兢业业，没有半点怠惰。但是，我不是一位

尽职的父亲，当成长中的女儿最需要关怀和指导的时候，即使我在家中，也只关心自己的研究而没有让她得到父爱。我也没有做到儿子应尽的孝顺，从小父母为我做了很多很多，我却没能承担服侍年迈双亲的责任，我感到深深的愧疚。回顾四十多年的历程，我要感谢我的妻子，在最困难的时候，是她给我鼓励；在最需要时，是她给我支持，我的每一项工作都凝结了她辛劳和贡献。随着年龄的增长精力已不及从前，但我还是和过去一样，钟爱物理，哪怕只能作些微不足道的小事，我还是情愿把有生之年都献给这门科学，追求我的人生理想。

**雷啸霖** 物理学家。1938 年 11 月 27 日生于广西桂林。1963 年毕业于北京大学物理系。上海交通大学教授。曾任山东大学助教，美国休斯敦大学、纽约市立大学和斯迪芬理工学院客座副教授和客座教授，中国科学院上海冶金研究所研究员等。长期从事固体材料的电子输运和超导电性研究。与吴杭生院士共同提出超导膜的尺寸非局域效应，导出薄膜临界磁场随厚度变化的负 3/2 次方规律；与丁秦生教授合作创立半导体输运的平衡方程理论；建立适用于任意能谱材料在电场和磁场中的输运方程；提出研究强电磁辐照下半导体输送性质的一个系统方法等。获 1994 年中国科学院自然科学奖一等奖、1995 年国家自然科学奖二等奖、全国"五一"劳动奖章等。2006 年获何梁何利基金"科学与技术进步奖"。代表作有《半导体输运的平衡方程方法》等。1997 年当选中国科学院院士。

赶时髦，急于求成，不是做学问的态度。青年人要坐得住，耐得住寂寞，能勤学苦练，不怕外界干扰，才会有出息。

# 勤 能 补 拙

## 李星学

古往今来，任何在某一方面卓有成就的杰出人物，无一不具有勤奋好学、志趣专注和百折不挠的毅力。勤奋，对任何有进取心的人，都可说是成功的必由之路；对于在学习文化知识打基础阶段的青少年，更是如此。否则，岁月匆匆，一旦时过境迁，长大成人，步入社会和工作时，才感到基础欠扎实，往往就难于弥补，甚至遗恨终生了。

勤奋是学习、工作、做学问和立身之本。我对此是深有感受的。

1982 年秋，我以一名地质古生物学家身份应邀赴日本访问、讲学。我知道日本人是很爱中国书法字画的。临行前，特地买了些中国名家字画复制品，以备应酬之用。孰料，有一天，到一县博物馆参观时，刚刚在客厅坐下，才寒暄几句，馆长就在桌上铺开白纸，端上磨好了墨水的大砚池来，恭敬地请我题词。这一来，却给我一道难题。因为我的字写得太差。我的小学时代是在 20 世纪 20 年代后期湘南战乱特多、常常处于颠沛流离的时光中度过的；在武汉读初中，

李星学在长沙雅礼中学求学时（作者提供）

因特大洪水，到上海等地逃难转学，动荡不安；加之自己不重视临帖练字，影响了我的书法。因而，从来不敢允承为人题词。我把实情告诉馆长，希望能予谅解。可是，他们不依，以为我是谦虚，坚持要我留下墨宝，作为纪念。陪同我的日本同行——木村教授也在旁再三劝促，我只好提起笔来，在白纸上写了"中日两国人民友谊万岁"几个大字。放下笔，以为任务完成，可以舒一口气了。不料，他们还要我继续写，说他们馆里有六个人，每人想要一张。我拗不过他们的善意，依次又写了五张。可以说，这是我平生碰上的最为尴尬的一件事。20世纪90年代初，我们单位访问日本的一位同事对我说，他到那个县博物馆参观时，还看到我写的那张条幅悬挂在客厅里。我总感到，如果我的字写得好，挂在那里，是我的一种荣幸；但我的字并不好，长久挂着，反而使我内心不安。我记得，上高中时，我的一位舅舅在给我的回信中曾提醒过我："书写之重要有如人之服饰，不可不适当注意。"为此，我也一度临帖练字。可是，意志不坚，又少毅力，没多久就停止了。现在，非常懊悔。这正是俗话所说：少壮不努力，老大徒伤悲！

另外，我还想谈我专业工作上的两件事。

我从事古生物学中的古植物学，不像古动物学分门别类得那么细，系统研究得那么深，而是内容复杂、涉及基础知识面较广、难度较大的一门学科。新中国成立初期，我被借调到地矿部门干了几年

学术会议间隙，李星学院士（右）与专家在探讨（中国科学院提供）

地质找矿工作，又影响了专业知识的系统掌握，使学习一度进展不快。相对来说，与我同时参加工作以及从事其他专业的一些同志，多有论文发表了，我却没有什么具体研究成果，感到压力很大，因而也想写写文章。这种跃跃欲试的思想和举动被我的专业老师——斯行健先生（中国科学院院士）发觉后，曾不客气地对我进行了批评。他说："赶时髦，急于求成，不是做学问的态度。青年人要坐得住，耐得住寂寞，能勤学苦练，不怕外界干扰，才会有出息。"并且告诉我，他在德国留学期间，经常整天泡在植物化石储藏室里，午休不回去吃饭，常常是几块面包，一杯凉水了事。有时，连晚上做梦也都是植物化石在飞舞。他的这些亲身经历和语重心长的教诲，大大激励了我。自此以后，我尽量排除私心杂念，潜心所学，苦打基础，补习现代植物学知识，鉴定大量化石标本以增长实践经验，同时通读了两本英文古植物学教科书和几部有关中国古植物的代表作，并将工作、学习中发现的问题随时请教导师并铭记于心。经过一两年磨炼，在我确实

李星学院士（中国科学院提供）

有独立承担工作的能力以后，斯老才放心让我写论文和独自承担较大的研究任务。可见，有了名师，如果自己思想不端正，不勤奋学习，也是不会取得好效果的。

此外，光是勤奋不行，还要有恒心。目标要专注，要有百折不挠的毅力，才能把希望变成现实。譬如，外语是搞科学研究必不可少的工具，特别是地质古生物工作者研究的主要对象是沉积岩和生物化石，涉及地球科学和生命科学多方面的知识和问题，做工作往往要参考古今中外的许多文献资料。因此，多掌握一门语言就等于多一个通向知识宝库的门道。我没留过学，在学校里只学过英语，远不能满足实用的需要。因而，我暗自下决心，一定还要学好德、法、俄三种语言的基本知识，因为它们也是我们工作中最常碰到的语种。于是，在南京解放前夕，由于社会动荡不安，正常业务工作难以开展，我就上夜校，将俄语断断续续学了一年。在平时工作中，忙里偷闲，随斯老学了些德语。20世纪60年代初，我又参加了单位为研究生开办的法语速成班。一起上课的30多人中，我的年龄最大，40多岁了，同学都认为我学不长久。可是除了坚持每周三小时的听课外，我还充分利用早、晚较多的空闲，背单词，做练习，从不间断。四个月后，能一直坚持学下来的只有包括我在内的七八人，最后的结业考试，我居然取得了较好的成绩。现在，除了英语接近"四会"外，还勉强能阅读俄、德、法文的专业文献，大大便利了研究工作。回想起来，如果当年对学外语稍有犹豫，或不能持之以恒，就不可能取得今天的成绩。

也许有人会想：你的脑子灵，机会好，自然容易取得成绩。其实，我的智力平平，机遇也不比一般人多多少。我之所以在地质古生物学（特别是古植物学）专业领域做了一些工作，作出一点贡献，主要是我始终铭记着前辈们的这样一句话："勤奋的人不一定都会成功，但成功的人没有一个不是勤奋的。"

我认为，智力的高与低，机遇的多与寡，并不是人生成功与否的决定因素，关键则是看他是否勤奋、有恒心、努力向上和勇于探索。笨一点，条件差一些并不可怕，只要努力不懈，有锲而不舍的顽强意志和始终如一的专注精神，再多的坎坷，再大的困难，都是会被克服的。俗话说，只要功夫深，铁杵磨成针。其实，"勤能补拙""笨鸟先飞"也都说明脑子笨、条件差是不足惧的，是有办法可以补救的。

工作、学习中的勤于思考和勇于探索也很重要。

苹果落地之类的事件，千千万万的人可能都碰到过。为什么唯独就引起英国人牛顿的特别注意并因此而发现了"万有引力"呢？这显然和牛顿平常对科学知识的多方积累与具有勤于探索的思维能力是分不开的。我国著名数学家陈景润，为了证明"哥德巴赫猜想"这个国际数学界的难题，在当时非常困难的工作条件下，仅演算手稿就有几麻袋，可见他是如何呕心沥血，最后才在这个问题上取得突破性的新成就，为国争了光。上面的例子多少印证了法国大科学家巴斯德的名言："在观察的领域里，机遇偏爱的是那些有准备的头脑。"也说明了机会的偶然性寄存于经常勤奋和爱动脑子的必然性之中的哲理。再说，才智高，条件好的人，如果还能勤奋好学，积极上进，那他一定会有超越一般人的辉煌前程；如果他怕吃苦，骄傲自满，只想投机取巧，追逐个人名利，甚至不走正道，一味地在吃喝玩乐上耍小聪明，也不会有好的结果，小则会成为"龟兔赛跑"寓言中那种兔子式的笑料，大则可能成为社会的渣滓，民族的败类。

当然，对于当代青少年来说，只勤奋学习基础知识和生活技能也是不够的。你们是我们国家未来的主人翁，要承担历史赋予的重任。你们应当不断地树立爱国情操，自觉地培育高尚的道德修养，提高科学文化素养。同样不可忽视的是，自青少年时代起，就要注意身体健康，坚持体育锻炼。健康是人间最宝贵的财富，没有它，一切都失去了依托的基础。只有热爱祖国，品学兼优，德才兼备，又有强健的体魄，才能成为真正合格的高素养的人才。

（本文写于 1999 年）

**李星学** 地质学家、古植物学家、地质古生物学史专家。1917年 4 月 8 日生于湖南郴县。2010 年 10 月 31 日逝于江苏南京。中国科学院南京地质古生物研究所研究员。1942 年毕业于重庆大学地质系。作为中国古植物学和陆相地层学重要开拓者和奠基人，长期从事地质古生物研究，以研究古植物学及非海生物地层学见长。代表作《华北月门沟群植物化石》中许多属种被收入了国内外多种古植物学教科书或论丛，对华北石炭、二叠系划分提出的新观点和建立的植物组合顺序，至今仍在华北煤田地质勘探中广泛应用。作为生物地层学研究领域重要成果的《中国晚古生代陆相地层》，对不少传统观念作了重要订正并补充了新资料。对一些具有特别意义的植物化石、含煤地层和植物地理区划，进行了深入的专题研究，取得一系列突破性成果。发表了《华南大羽羊齿类生殖器官的发现》《中国与邻区晚古生代植物地理区划》等 140 多篇重要论著，推动了中国古植物学全面发展并走向世界。为国家培养了大量人才。1980年当选中国科学院学部委员（院士）。

好的课外书、鼓励人向上的书，会成为读者的人生向导，它是读者的一面镜子，将使读者的视野扩大，也将成为读者的终身伴侣，而终身受益。

# 多读些好的课外书

李衍达

在中学时代，我最感兴趣的课程莫过于物理课了。物理老师吴蔚棠先生的课讲得富有逻辑，引人入胜，给我们展示了一个崭新的世界。课余借阅课外书，尤其是物理学方面的参考书，是我的一大乐趣。结果，一段时间以后，在中学图书馆我再也找不到可继续借阅的物理学的课外书了。看课外书使我学得主动、深入。

我的日记记录了一堂使我印象深刻的物理课。在那堂课上，吴老师提问让大家解答："现在提第四个问题，请大家解答一下，电池内部电流是由什么构成的呢？请李衍达同学说说。"对这个问题我已想了一会儿，在站起来前几秒钟把要说的意思略略组织一下，我回答："荷电的离子受两极所造成的电场的吸引而作有规则的运动，负电离子向正极移动而正电离子向负极移动，组成电池内的电流。"吴老师不断点头表示赞同："他所说的是完全对的，答得很好，很完满。我再提一个问题，如何将导体中电流的意义扩大起来结合电池内部电流的构成，概括出电流的意义呢？"说着望望大家。我也早已想着，最后我认为电子与离子都是有质量的极小的微粒，可用微粒来代表它们。这时，老师的眼睛望着我说："可否请李衍达同学再来解答这个问题？"我站起来简短地回答："带电的微粒受电场吸引而作有规则的运动便组成电流。"吴老师马上点头说："回答得完全对而且能概括得这么到位。你想到了电子和离子一样是微粒吗？这次回答得更好，十分难得。李衍达同学一定事前看过很多参考书，对这问题有完全深入的了解，我教高中物理两年来没有同学回答得这么完整、这么概括的，这是难得的。你们大家对物理学都很用功，可是概括力不够，这就要向李衍达同学学习，他概括得很好，要知道这次他的回答是一点也没错，完全对。"这样的夸奖，对吴老师来说也是极其罕见的。课外书对我确实有很大帮助，我在课外书中看过一些有关溶液电流问题，我已想到离子可能运动，而物理课上老师曾提及"在金属中电流只是电子移动，离子是不动的，但在其他物体中情形可不是这样"。这几句话，其他同学听起来可能感到没什么，却触动了我的思想，更肯定了我的理解，这次课堂上的答问，我是结合看课外书与上课时的心得而作出的，因为这些问题当时在高中的物理课上是不会讲到的。

实际上，我看课外书的范围很广，绝不仅是在物理学方面。例如，我有计划地看过《列宁生平事业简史》，也看过《玛琳娜的生活道路》，并作了笔记，我在日记上写道："这本书太好了，给我很大的启示，我这时期很喜欢看书，人简直不可以缺少书，我尤其喜欢看关于英雄成长的书，关于崇高品德的书，我喜爱那些英雄人物。一个人的美丽不但表现在外表上，更主要是在他的内心，他的品格是否高尚。玛琳娜的好是在她有不断的上进心、忠诚的性格、勇敢坚毅的精神……"

看过这些课外书后，我便主动与伙伴们讨论什么是人生。好的书对我是这样的重要，以至于我在日记上感叹："我简直不能离开书本一天而生活，图书馆是最迷人的地方，这种感觉早在高一时已深切感到了。"我喜爱马克思说过的一句话：我愿意做一条蛀书虫。

在医院里，我借了一本《几何题解一百道》来看。从医院出来以后，我不仅自己补上了几何课程，而且在几何方面有了很大的进步，使同学们都感到惊讶（叶雄绘）

李衍达院士（中国科学院提供）

由于书籍扩大了自己的眼界，因而又渴求知道更多的东西，在整个中学期间总感到时间不够用。恨不得一天能有 48 小时。正是这样的环境陶冶了我的情操，培养了我的自学能力与自觉精神。

自学、阅读课外书对我的一生帮助很大。还是在高中时，由于得了严重的痔疮，我在医院动手术，缺了近一个月的课，这时正是几何课最重要的一个学期。在医院里，我借了一本《几何题解一百道》来看。从医院出来以后，我不仅自己补上了几何课程，而且在几何方面有了很大的进步，使同学们都感到惊讶。

另一次经历是在 1979 年，那时我作为中国第一批赴美访问学者到美国麻省理工学院进修。由于当时环境的需要，我进修的主要内容是数字信号处理，这在当时对我国来说是一门新学科。我的指导老师是世界著名的信号处理专家奥本海默教授。鉴于我对数字信号处理还处于刚入门的阶段，奥本海默教授计划在一年多的时间里主要让我学习几门课程，以此作为我进修的主要内容。而我觉得，如果仅仅学习几门课程，何必要横跨万里大洋跑到美国来呢？因此，我打定主意，不仅要补学这几门课，还要学习、了解麻省理工学院数字信号处理小组的最新研究成果与研究方法。为此，就必须进行课题研究，而且是前沿性的研究工作。不入虎穴，焉得虎子？为了能在短短的一年多时间内完成这一计划，我就采取超常的学习方法。在暑假以后，我自学了数字信号处理的基本内容，同时补学有关的课程。结果，我在较短的时间内学完了几门必修课程，及时地开展了前沿性课题研究的工作。在不到一年半的时间里，我不仅完成了课程学习任务，而且研究工作也取得了较重要的新成果。

我之所以能较易地通过自学转向一门新学科，实在是得益于中学时代阅读的课外书，以及在清华大学读书时所受的严格训练和打下的扎实基础，也得益于从课外阅读中所培养的一股奋发向上与自强不息的顽强精神。

好的课外书、鼓励人向上的书，会成为读者的人生向导，它是读者的一面镜子，将使读者的视野扩大，也将成为读者的终身伴侣，而终身受益。

同学们，喜爱书籍吧，多读些好的课外书吧！

**李衍达** 信号处理与智能控制专家。1936年10月12日生于广东东莞。1959年毕业于清华大学自动控制系。主要从事信号处理理论和地震勘探数据处理方法的研究。在信号重构理论方面，提出了应用幅度谱和部分采样点重构信号的新定理；提出了利用相位重构技术估计时延的新方法；提出了仅用幅度谱重构最小相位信号的新算法；与合作者在用不完全投影重建图像问题上，提出了新的投影关系定理；在将信号处理、模式识别技术应用于地震勘探数据处理方面，提出了利用测井资料提高地震剖面分辨率的新方法，以及高分辨率速度谱估计方法；与合作者提出了采用POCS图像复原技术恢复波阻抗剖面的方法；提出了基于零、极点估计的子波估计与反褶积方法等。曾获国家自然科学奖，国家教委科技进步奖等多项。1991年当选中国科学院学部委员（院士）。

对于整个物理学和科学来说，你需要有一颗追根究底的好奇心。是的，每个人都应提问题，很困难的是能提出关于未来的物理学的问题。我一直认为从事物理学是很幸运的，我们能够不断地前进。

# 向被证明的"真理"提问

## ——李政道访谈录

### 李政道

**史密斯**（以下简称史）：您好，李政道教授，欢迎来到斯德哥尔摩。您与杨振宁一起获得了 1957 年的诺贝尔物理学奖，2007 年您回到这里庆祝该奖项颁发 50 周年。您认为公众当年和现在对诺贝尔奖的认识有改变吗？

**李政道**（以下简称李）：让我来评论公众的观点，也许并不是非常合适。但如果说公众的看法改变了很多，我肯定不会感到意外。虽然诺贝尔奖在 1957 年已完全为公众所知，但毕竟那时它只有 56 年的历史。到今天，诺贝尔奖的设立已经一个多世纪了，我认为诺贝尔奖，至少在物理学方面，见证了整个物理学从 20 世纪到 21 世纪初的发展，这是一个令人激动的时代和惊人的纪录。

**史**：您得奖时，是否为您举办了庆祝派对，就像现在所做的那样？

**李**：是的。我认为诺贝尔奖从一开始就受到大家的重视，因为那是一个重大事件。

**史**：1957 年该奖项的奖金和现在相比少很多。[1]对于获奖的轰动性来说，并没有太大的改变。人们在当时做的事情和现在几乎没有太大差别，对吗？

**李**：是的。我认为人们一贯是十分重视的。

**史**：您推翻了物理学的基本定律之一从而获奖。我的理解，您指出了在基本粒子的弱相互作用中宇称不守恒，认为基本粒子具有一种手性，它们要么是左手性，要么是右手性。人们能够通过探索来改变他们对于基本物理规律的理解。现在是否仍然如此，还是那个时代已经过去了？

**李**：我希望依然如此。对于自然界的每一项理解，总是使我们面临更深一步的谜团。

**史**：我记得 1973 年诺贝尔物理学奖获得者贾埃弗[2]在一篇演讲中提到费恩曼[3]，他说费恩曼非常享受作为物理学家的乐趣。费恩曼说，现在正是发现自然界基本规律的大好时机，而这个时机是千载难逢的。费恩曼的话多少意味着，他是在最适当的时候成了一名理论物理学家。

**李**：我时常想，很多人，特别是对于那些成功的人来说，常常觉得是恰逢其时。但是如果认为时不再来，我并不同意。

**史**：对。您在发现弱作用中宇称不守恒后很快获奖，这在任何时

---

① 1957 年诺贝尔奖金额约为 20 万瑞典克朗，现为 1000 万瑞典克朗。

② 贾埃弗（I. Giaever），挪威籍美国物理学家。因实验发现半导体和超导体的隧道效应而获 1973 年诺贝尔物理学奖。

③ 费恩曼（R. Feynman，1918—1988），美籍犹太裔物理学家。由于在量子电动力学基础方面的贡献，从而对于基本粒子物理产生了重要影响，在 1965 年与朝永振一郎（Sin-Itiro Tomanaga）和施温格（J. Schwinger）共获诺贝尔物理学奖。

候毫无疑问都是一件不同寻常的事，特别在现在看来这样的事情就更不寻常了。

李：很难说。我们首先要问为什么发生这样的事情，不是问为什么你在一年内获奖，而是问，为什么一个很深奥的概念，在一年内，每个人都认识到它是真的。这是我们必须要去问的，而不是去问获奖本身。

1957年12月10日，李政道接受诺贝尔物理学奖（资料图片）

在探索物理学的过程中，有很多比宇称更重要的发现。所有伟大的发现都有一种模式，源于人类探索自然界的热情。比如相对论，一个卓越的概念，后来被确认是正确的。但当初概念形成时，要证实它，需要一段时间，因为所有的实验证据和理论想法通常是相互关联的。比如，以迈克耳孙—莫雷对于光速与地球的自转无关的实验测量为例，你可以顺着地球自转方向和逆着地球自转方向测量光速。如果这一测量可以一下子就做出很明确的结果的话，每个人都会认识到其中有着某种特殊的意义。但是，实际上那个实验测量前后经历了数十年，实验结果是正是负的差异极小，实验的艰难影响着理论概念的形成。所以一个理论概念，即使是爱因斯坦的狭义相对论，也需要时间来验证。正因为实验要时间，理论家提出概念也要时间，那么获奖的时间就要更晚。但是关于宇称概念的情况大不相同，在宇称不守恒提出后，吴健雄和安布勒等开始做实验，几个月后有了结果，尽管是初步结果，但是一旦大家认识到宇称不守恒理论是正确的，就有人去做实验。而在几天内就看出了左和右，在一个月内近百项不同的实验也都有了结果。其实，只是因为有一种心理障碍，因而没有人去做实验研究它而已。

**史**：您在理论工作中给出了需要测量的参数，之后就没有什么技术障碍吗？

**李**：吴健雄的实验并不是很容易做的，但是它肯定能验证我的概念。吴的实验需要一个低温环境，她花了几个月的时间，虽然算是短的了。那是一个百分之百的效果，因此我毫不怀疑其准确性。接下来的几天之内，十多个实验做出来了，在一个月内，有近百项实验都做出来了。因此，该理论的准确性能够在短时期内毫无异议地被核实，也使诺贝尔基金会较容易作出决定，这也许可以解释我很快获奖的原因。

**史**：以爱因斯坦的相对论为例，必须等待日食的出现，才能做一次验证性的测试。

**李**：的确。由于理论思想和实验精确度通常相互关联，一方有所进展，另一方有时需要花费十年时间去验证其正确性。即使在最好的情况下也要不少时间。

**史**：让我们集中讨论一下您提到的一点，需要改变人们已有的概念，人们已经接受了宇称守恒，他们不能跳出这个概念，是吗？

**李**：这种说法只是部分正确。因为宇称是一个相当古老的概念，当量子力学开始发展的时候，人们从对称性认识到宇称，之后有检验其存在的许多实验，还写了书。但是，认真分析这些实验，发现它们并不是验证。虽然宇称的概念被人们使用并且检验过，拟合过数据，但是实际上数据并没有支持左右对称或者左右不对称。一个非常好的例子是考克斯[①]等在20世纪30年代做的实验，他的第一个实验用电子去尝试验证理论公式，结果并不符合理论。当时每个人都说实验是错的，因为违反了宇称守恒。然后他改变了实验。事情是这样的，他的第一次实验用的是来自 β 衰变的电子，其束流较弱。第二次他改用热发射电子枪，结果就与理论符合，皆大欢喜。这是一个人们是这样相信宇称守恒的例子。

**史**：在20世纪30年代，人们在 β 衰变中寻找过这个问题，在那个实验中已见到宇称不守恒。

**李**：那个实验的电子源较弱，人们试着去加强，用更强的电子源去重复实验，然后核对。但是强的电子源不是 β 衰变，而是热电子发射，因此两次实验互相不符合。没有人质疑第二次实验，人们一致认为它是正确的。人们在许多场合运用宇称的概念，他们发现实验与这个概念一致，因此便认为已经进行了验证。我是说有上百次实验，而不仅仅是一次。

**史**：所以，您和杨教授一起把所有的实验证据都检验了一遍，看是否支持宇称守恒？

**李**：在物理学上作了全面的检查，我们得出结论，到那时为止，没有什么证据可以证明宇称守恒，因而必须用特定的实验去检验它。现在做这种实验的技术已经成熟，因此一旦理论有所发现，在短时间

---

① 考克斯（R. T. Cox）的文章参见：R. T. Cox et al, Proc. Natn. Acad. Sci. U.S.A., 14（1928），544。

内，几天的时间内实验就做出了突破性的结果。在几个月的时间内就毫无疑问地证明了宇称不守恒这个真理。

李政道博士在授课（20世纪80年代初，资料图片）

**史：** 下一个问题：是什么原因使得少数人在他30多岁，20多岁出来挑战这种公认的理论呢？

**李：** 我认为起因之一，是在宇宙射线中发现的称之为奇异粒子的特性，我们称之为谜。说来话长，简单地说，有这么一个谜，有两种粒子，很明显它们是不同的，因为它们有不同的宇称。但是在实验误差范围内，所测出的它们的寿命、质量都相同。为什么它们是这样一个双重态呢？

**史：** 这项发现是您和别人所观察到的吗？

**李：** 不是我，是实验学家观察到的。我只是看到了他们的工作。这个激烈争论之谜，在我们发现宇称不守恒之前两三年就有了。可能我是以不同的方式来学习物理学的，因此我用不同的方法，带着刨根问底的好奇心去挑战已证实的问题，也许我自己的背景导致了我的这种思维方式。然后在1956年，有一个关于奇异粒子的实验，这个实验是由施泰因贝格尔和施瓦茨等完成的。他们后来在我所在的哥伦比亚大学的实验室合作另一项实验而获得了诺贝尔奖。[①] 1956年，他们的实验结果显示了宇称不守恒。但是，由于所得的事例不够多，因而不够明确。然而一旦有了这个实验结果，我认识到可以推广到其他方面，特别是用在 $\beta$ 衰变方面。第二个测试——吴健雄的实验，采用流强较大的 $\beta$ 衰变源代替宇宙射线或加速器产生的电子。这一实验证实了宇称不守恒。这要用不同寻常的思维去思考，跳出先验的左右对称的概念。

**史：**您的背景让您总是向已被证明的"真理"提问。那么，是否所有的理论物理学家都要不断地寻找真理，质疑以前的知识基础呢？

**李：**这个不好回答。不过，我自己开始进入科学的大门是与别人不同的，也许就是因为这个原因。我受的教育因战争而中断。所以，我并没有真正从头开始受过正规的培训，而是在中途学到了更多。

**史：**您出生在中国，是什么让您对物理学产生了兴趣呢？

**李：**我出生在一个知识分子家庭。1941 年，也就是日本偷袭珍珠港那一年，我离开了家。当时我并不知道什么是物理学。从那时起到我来到美国之前这段时间，我的教育在中学四年级中断了，一般应该在中学六年后才上大学。在战争时期，我只上了两年大学。在那段时期，我没有系统地学习，因此倾向于用我自己的方式更深入地思考。

**史：**关于您学习方面的一些事情，您是从身边的环境中学习的，您渴望学习，但在那种困难的时期，世事多变，而您的愿望一直是学习。我想如果我亲身经历的话，那时候生存也是很困难的吧。

**李：**是这样的。学习和学习物理学，后者是前者的子集，它们并不等同。我的家庭是知识分子家庭，但不是学物理专业的。以前我不

---

① 施泰因贝格尔（J. Steinberger）、施瓦茨（M. Schwarz）和莱德曼（L. Lederman）因实验发现 $\mu$ 子中微子而获 1988 年诺贝尔物理学奖。

知道任何关于物理学的知识。我接触物理学是偶然看到物理学书籍，书中讲自然规律。与传统的中国式教育非常不同，书本中讲的不是自然规律而是大量的行为准则。我相信，自然规律是客观存在的，如牛顿定律。使我产生疑问的是"为什么"，这激发了我自己的判断思路。我想，这或许是我与其他幸运而接受了系统教育的人不同的地方。

**史**：您学习物理学没有受过正规的教导，您怎样自学有关的数学呢？

**李**：数学比较容易，因为是从条件推出结论，相对来说容易些。物理学更难，我清楚地记得我当时的反应。我偶然看到了一本书——《达夫物理学》[①]，然后看到一本中文物理学教科书[②]，我知道了牛顿的三大定律，感到很有趣，它们是自然的法则。第一定律、第三定律，都很合理。牛顿第二定律 $f=ma$，我认为是牛顿最伟大的贡献。我学习时的反应依旧生动地保存在我脑海中。方程式左边是 $f$，并不知道它是什么。右边是加速度，这是要把它求出来的。我思考并查阅书籍，了解到在两种情况下，牛顿认识到力是空间的函数。这个函数是与弹性有关的，$f$ 与距离 $R$ 有线性关系，另一种情况是重力。所以，一旦左侧是一个已知的空间函数，就可以解这个方程式，求出右边加速度的值。我感到这很有趣。但是，这不是我在书中看到的，而是我自己的入门过程。

**史**：当您有这些想法时您多大？

**李**：16 岁。在中国比较幸运，在战争期间，即使你没有接受过正

---

① 《达夫物理学》(*Duff Physics*) 是 20 世纪三四十年代在美国流行的大学普通物理教科书，在中国有影印本。

② 李政道曾经讲过，那本书是 1933 年出版的萨本栋编著的《普通物理学》，是我国首次用中文正式出版的大学物理学教材。此书在 20 世纪三四十年代被各所大学选用，我国当代科学技术专家中不少人在年轻时都学习过此教科书，至今谈起来犹感受益匪浅。

式的教育，同样有机会读大学，以同等学力报考。只要你能证明自己的能力，就可以进大学，当然要困难得多。我读了两年大学，然后我得到奖学金去芝加哥大学留学，在费米的指导下做研究生。

史：这样，通过您自己读物理学，您开始质疑正在阅读的有关定律。您花了短暂的时间在中国的大学里学习物理？

李：是的，然后我就去了美国。我很幸运，在战争年代，我得到深造。由于战争，我竟然在两所不同的大学就读。在第一所没完成学业，由于战火而逃难；第二所是在昆明。但在这两个地方，教授都非常好。我是一名二年级学生，只要参加考试，就可以念任何我想念的课。当时，我试图在整个学院内跨越年级选修课程。这就是为什么我能得到在美国读研究生的奖学金的原因。

史：您说在整个学院内跨越年级选修课程，您指的是物理学还是全部科目？

李：物理学和数学，我并没有学习其他方面的课程。大学里的教授都非常好，他们给了我很大的自由。

史：所以，您以优异成绩毕业，赢得了奖学金，使您能进入美国芝加哥大学？

李：是的。我并没有毕业，但是得到了奖学金。正是这个奖学金让我在战后，也就是 1946 年到美国学习。因为我当时没有本科学位，被研究生院录取是非常困难的。费米那时在芝加哥大学物理系，系里作了很大的努力，最终我成了费米的博士研究生。

史：多么不平常的过程！ 1938 年诺贝尔物理学奖获得者费米教授接收一名来自中国的没有学位的学生到他的实验室工作，那是怎样发生的？

李：让我现在去问费米教授已经来不及了。

史：但我要弄清楚一点，他是如何了解您的呢？

**李**：事实上，我从来没有请求过他，但是之后我从芝加哥大学了解到，物理系和系里的几位教授，包括费米，都希望破例录取我。你看，我只读了两年大学，但是在那里我学到了非常深刻的学习物理学的方法，这对我来说是一个难得的经历。

1959年，李政道、杨振宁与几位曾获诺贝尔奖的物理学家合影（资料图片）

**史**：但是，他们是怎样发现您的？由于这奖学金而使您到芝加哥大学，他们是怎样选中您的？

**李**：是我自己申请进芝加哥大学的，在很短时间内，我被录取了。当然，我并不太了解具体的录取手续。芝加哥大学是很有名的大学，"二战"后名声更加显赫。我在1946年进入芝加哥大学时，物理系只有一位诺贝尔物理学奖得主，就是费米。1946年到1956年，当时在物理系的学生和教师中，如果我数的话，除了费米外，在当时和后来一共出了11位诺贝尔物理学奖得主。那是一个非常好的时期。

我随便提几位诺贝尔物理学奖获得者，张伯伦①、施泰因贝格尔、

———————

① 张伯伦（O. Chamberlain，1920—2006），美国物理学家。因发现反质子而获1959年诺贝尔物理学奖。

玛丽亚·格佩特·梅耶。①

史：费米作为一位导师是怎样的？人们喜欢跟他一起工作吗？

李：他只有非常少的几名学生，我是他理论方面的学生。每周我们都花一个下午的时间交流，就我们两个。

史：您是他的理论学生，那么在当时他只有一名理论学生吗？

李：是的，当我是他的学生时，他只有一名理论方面的学生和几名实验方面的学生。他每星期要花一个下午来跟我讨论，这是非常耗费时间的。那时正值"二战"之后，他正处于事业的顶峰。后来，我体会到这样做是非常好的。

史：您感到很好吗？准备每次下午的讨论，你觉得有压力吗？

李：之后，我认识到这是一种非常好的方式，让我知道不少事情。他叫我"李"（因为我的名字"政道"对他来说发音太难了），"要不你准备一下，下周给我来次讲座？"他每周都有准备，我很高兴能给费米作报告，这是师生互相理解的一个非常好的方法。他提出问题，我来回答。一切都需要作证明，给出是什么原因。后来，我意识到这是费米的巨大的努力，通过一对一的指导，传授知识，建立学生和年轻人的信心。这就是为什么费米有许多优秀学生的原因。

史：他选择的学生都是高标准挑选的？

李：的确。他没有时间带更多的学生。他本人非常忙，除了建造回旋加速器、做实验外，在"二战"后，他在发现 π 介子方面作出了重要的贡献，他开创了人工利用原子能的先河。我一直铭记费米是一位伟大的老师，也是一位伟大的物理学家。我从他那里受益匪浅。

史：他于1954年去世，在您获得博士学位后有一段时间您不太熟悉他的工作。在那段时间，您一直保持跟他联系，还是您就自己做

---

① 玛丽亚·格佩特·梅耶（Maria Goeppert-Mayer，1906—1972），德裔美国物理学家。因发现原子核壳层模型而获1963年诺贝尔物理学奖。

研究呢?

李:是的。当我经过芝加哥的时候,我会去拜访他。他总是非常友好,并且还邀请我去其他地方。我的感觉非常好。回头看,就像当你年轻的时候有父母的照顾一样,但是到你长大后才能深刻体会。

史:很遗憾他没能再等三年,看到他的天才学生因证明宇称规律而获奖。

李:对于他来说,我想影响他健康的部分原因是他曾被辐射伤害过。

史:他去世时太年轻了。您从他那儿学到的教授学生的方法一直在您自己进行的教学生涯中运用吗?

李:是的,我也用,我也总是花整个下午的时间与我的博士研究生交流。当然具体也会因人而异。

史:我想真正能运用这种高效方式的人是很少的。

李:那是因为费米是一位好老师,而我不是。

史:您希望能教给学生什么呢?

李:尝试着把对物理学的喜爱传授给年轻一代,当然还要上课教书,上课教书是面向一批人的。

史:您仍然与学生有一些互动吗?

李:现在我还在大学里,由于我的年龄大了,直接上课教书我不再做了,但我还是和我的同事们一起做研究工作。

史:您有没有想过,您学习物理学时是带着追根究底的好奇心去学习的。我猜想,大部分聪慧的年轻物理学家都是按照常规途径学习物理学的。因为他们已接受和遵守已有事实,不总是带着追根究底的好奇心。当您遇到他们时,您能教他们更加好问吗?

李:我不知道。我想这个问题不能明确回答,因为每个人都不同,你可以看到,大部分的问题是你如何去提问,这与个人的性格和过去的经历有关，因此这件事说不清楚。对于整个物理学和科学来说，你需要有一颗追根究底的好奇心。是的，每个人都应提问题，很困难的是能提出关于未来的物理学的问题。我一直认为从事物理学是很幸运的，我们能够不断地前进。

史：您能否谈一下，在您的职业生涯中会碰到各种问题，那么在不断发现新东西的过程中，您是如何选择哪个问题是要去研究的？

李：这个问题很难回答。通常是指按什么准则，首先必须找那些吸引你的东西，让你觉得这就是未来的发展。然后要问：假如答案是这样，会有什么样的结果；假如答案是那样，结果会是怎样。如果问题是基本性质的，不管得到什么样的结果，它都有巨大的影响。那么，你应该努力看能否找到答案。这也许是衡量哪一类问题是你应努力去解决的准则。

史：有一件事您没有提到，就是您是如何解决问题的？

李：考虑一段时间后，立刻进入这个问题，从几个方面着手去解决。一方面是靠自己思考，另一方面也许是通过新的实验给予的启示，然后将两者结合。如果能从实验的参数得到更多信息，那么这个问题就可能被解决。在这样做了以后，如果问题还不能解决，应该问不同的问题，再尝试着去解决，就这样继续前进。

史：您有一份问题的清单吗？我的意思是在您职业生涯中，除了成功解决的外，您涉及的问题中还有没解决的吗？

李：没有解决的问题的数目是解决的十倍之多，但是应该坚持不断地提问题。重要的是，当一个问题导致了一个领域的发展，而开始蓬勃发展时，你就应该问不同的问题了，因为留下的是一些更细节的东西。要继续前进，就要坚持不断地尝试新的问题。

史：目前，我看到您的一项工作是用新方法解薛定谔方程。这方面我不太了解，但我很感兴趣为什么您要用新方法去解像薛定谔方程这种已经被解决的问题?

**李:** 主要是因为我有新方法去解它,假如有新方法去解的话,你也会想去尝试的。事实上,目前我在两个方面做工作。我有了一个解薛定谔方程的新方法,对于某些种类问题,我的求解方法可以从高一点的能量向严格解趋近,也可以从低一点的能量向严格解趋近,这样可以同时得到解的上限和下限。得到下限的技术过去还没有在求解上用过。我很偶然地跟我的同事一起想到了这样的方法。然后我们试着去发展这个方法。几年前,我用这种方法解薛定谔方程,并逐步发展。现在,我开始做另一类问题,进入理解粒子结构的新时期。

**史:** 您总是寻找非常复杂的问题,好像您总尝试着去寻找那些问题,正如您所说的,可以开辟一条还没有被很多人开发过的新路,它好像就在您面前,您就挑战这条新路。听起来,好像这些问题需要由一个人单独花大量的时间去解决?

**李:** 也许是,也许不是。举一个具体的例子,这正是我现在所做的工作。什么时候可以得到答案,我不知道。今天的物理学很像 100 年前的物理学那样,不过问题更深入了,挑战也更大了。这与 20 世纪 50 年代的物理学不同。20 世纪初的物理学与 20 世纪中期我开始物理学生涯时的物理学是有所不同的,而今天的物理学与 20 世纪初的物理学很相像。

**史:** 哪方面很像呢?

**李:** 这需要花一点时间来说明。首先看 20 世纪 50 年代中期的物理学,正是"二战"后,物理学磅礴发展,费米正好是领头人。从宇宙射线和新建的加速器得到的新信息推动着刚刚开辟的领域,我认为,那时几个月的工夫,就会有新物理学产生,宇称的问题就是在那时冒出来。如果看看过去 50 年诺贝尔物理学奖的记录,那个时期是非常令人兴奋的。现在再看看 20 世纪初诺贝尔物理学奖,你觉得当时的物理学怎么样？当然非常棒。但是时间的节拍不一样，那不是几个月而是几年才会有所发现，是更加深奥的问题。1905 年狭义相对论、1912 年玻尔原子模型、卢瑟福的 α、β、γ 射线，所有这些重大的发现都是在 20 世纪初。然后再看看 20 世纪中期，那个时候研究的步伐越来越快了。但是，假如你问研究的深度，也许 20 世纪初要更深入些，现在我们正处于这样一个时期。

**史**：真是很令人兴奋。我们如何再次进入辉煌时期？发生了什么呢？

**李**：现在这个时代将发现什么？在宇宙中，除了我们不清楚的暗物质、暗能量外，已知的物质只占大爆炸所产生的宇宙的 5%。它们是由什么成分构成的？远远超出了质子、中子的范畴。我们要问已知物质的基本成分是什么，现在我们知道是由六个夸克和六个轻子构成。50 年前发现宇称不守恒时，我们只知道两个基本粒子。50 年前和 20 世纪初大不一样，现在是探寻新物理学的新世纪的开端，就像 20 世纪初探索 α、β、γ 那样。

**史**：看来，现在我们正在为开始探索下一轮深层次的疑难问题提出方向？

**李**：是的。现在我们知道，所有已知的物质是由六个夸克和六个轻子构成。在 50 年前，并没人知道六个夸克，甚至有人对此提出过质疑。至于六个轻子，那时我们只知道电子和 μ 子，那时提出的中微子也不是我们现在所知道的真正的中微子。我们现在正处在与 20 世纪初类似的一个时代。

**史**：我感觉在 20 世纪初，人们有更多的时间坐下来思考，然后慢条斯理地工作，而现在生活的节奏太快了，每个人都关心着筹措经费，在下一代对撞机上做实验，大学的院系怎样才能发挥他们的功能呢？人们已经没有沉思的空间了，可能理论物理学不是这样的？

**李**：噢，大多数人也许是这样的。但是，如果想培育下一世纪的诺贝尔奖获得者，那不是正确的道路。

李政道院士出席上海国际科学与艺术展开幕式（2011年，方鸿辉摄）

**史**：这不是诺贝尔的本意，给人们钱，并不是为了鼓励人们追求奖。

**李**：我要说的是，现在是一个非常令人激动的时代。物理学正处在一个极其富有挑战性的时代，就像20世纪初那样。20世纪的前25年，相对论、量子力学相继被提出。20世纪中期，当我开始做研究的时候也是很兴奋的，但是时代不同，因而我们以更快的步伐做研究来发展相对论和量子力学。今天，我们面临着与20世纪初期同样巨大的挑战，并且相信我们做出的结果将与相对论和量子力学具有同样深刻的意义。

**史**：那些刚进入物理学研究的人是否知道这些信息呢？那些年轻人认识到他们将面临的挑战吗？

**李**：我不知道。但是，我想很多人可能还没有意识到，因为他们以为物理学已经过时了，我认为这是完全错误的。在我们的宇宙中，除了暗物质和暗能量外，我们已知的物质的基本成分是12种，但50年前我们仅仅知道两种。现在是一个非常激动人心的时代，我们期待新的爱因斯坦、新的玻尔、新的费米的出现。

**史**：这非常富有挑战性，非常惊人。

**李**：我感觉对于年轻的一代，这是非常剧烈的挑战。对于你来说，《诺贝尔奖新闻》将报道下一个爱因斯坦、玻尔，或者费米，真正的巨人将会出现。

**史**：您事业中的另一大方面，是管理运行由您的努力而建立的一些大型研究机构，比如担任 RIKEN-BNL 研究中心①的所长。除了喜欢挑战重大问题之外，这也是您所喜欢做的事情吗？

**李**：在某种意义上，这样我能看着它发展。也许你要问为什么要这样做？人们要问这个问题。

你知道，为了寻找答案，需要集体的努力。一个人能做他所擅长做的任何事情，但是对于物理学的探索，需要一种集体的模式。我几年前有一个想法，现在我坚信它是跟暗能量和宇宙学常数相关的。换句话说，在所有我们已经发现的场中，其中有一个惯性场。什么场能够改变惯性呢？我相信那个场就是大家称之为"希格斯场"的场。我们已经发现了 W、Z 和所有在电弱相互作用中的新粒子，以及光子。我们没有发现引力子，但是我们相信它是存在的，它还没有被发现只是技术上的问题。已发现的场的粒子都有自旋，有角动量。希格斯场的角动量是零，它还没有被发现，我想这是由于我们用了找共振的方法去寻找希格斯粒子，不是所有的粒子都能被共振的方法所发现。任何有复杂结构的粒子都不能被共振的方法发现。一个很好

---

① 理研－布鲁克黑文研究中心（RIKEN-BNL Research Center, RBRC），是日本理化学研究所（RIKEN）和美国布鲁克黑文国家实验室（Brookhaven National Laboratory, BNL）于1997年联合成立的研究单位，李政道对研究中心的成立起了很重要的作用，并任第一届所长，现任所长为萨米奥斯（N. Samios）。

的例子是超导的"库珀机制",即"库珀对"①。库珀因而获得了诺贝尔奖,但是也不能用共振的方法去发现库珀对。库珀对拥有很多耦合道,因而它很宽,所以它不能被像针一样地拣出来。这就是一个集合模式,需要用不同的方法去寻找集合模式。

希格斯场有类似惯性的变换。因此,如果取一个较大体积,希格斯场就有一个平均值,而且定义它跟惯性的值成比例。因此,如果比值改变,这一体积内的每一个粒子的惯性也随之改变。这种集合模式我们从没有在实验中研究过,这需要用重离子碰撞去实现。因此,大约在30年前,我和我的同事威克(Gian-Carlo Wick)尝试提出一种理论模型,我们意识到需要用相对论重离子碰撞去改变背景。也许这个想法是正确的,这也是为什么建造相对论重离子对撞机②的原因。我们为此在实验上做了极大的努力。我并没有做这个实验,但我愿意鼓励人们参加,这也是我为什么尽力帮助实验物理学家去建立新的装置。在新的领域中,现在至少已有了一些初步的成果。

**史**:您是运用您的组织能力去推动它的建造,使它运行起来的。是吗?

**李**:更准确地说,我更想鼓励别人去做。我指出了这个物理学方向,尽全力支持。我要指出很重要的一点,没有集体合作,我们就不能前进。物理学不能只靠一个人的思索去探索,需要一个集体合作的模式去发展,就像自然界中的集体模式那样,也是集体的成果。我们需要集体的努力,因此我一直潜心花一部分时间去帮助年轻人,同

---

① 库珀(L. Cooper)、巴丁(J. Bardeen, 1908—1991)和施里弗(R. Schrieffer, 1931—2019)三位均为美国物理学家。1972年因超导BCS理论获得诺贝尔物理学奖。

② 相对论重离子对撞机(Relativistic Heavy Ion Collider, RHIC)1999年在布鲁克黑文国家实验室建成。可加速金原子核,让两束金原子核对撞,金原子核的每个核子的能量达100吉电子伏。

时也帮助实验学家组织起来去探索自然。

**史：**是啊，相对论重离子对撞机是大家合作的成果。

**李：**是的，他们一起合作。仅在两年前，物质的集体运动模式被美国物理学会认为是一大发现。这个集体运动模式的性质仍然不太清楚。可能是夸克—胶子等离子体，我十分相信最终能证明它和暗能量是同一种东西。也许对，也许不对，但值得我们努力探索。宇宙学常数自从大爆炸以后就已经改变。为什么现在 75% 的能量都是暗能量？这就是我们的宇宙，我们必须去了解它。暗能量可能是简单的，跟希格斯场是同一种东西。我相信这可能是一个答案，但必须查证它。而且不能够仅仅根据纯粹理论的思考去查证，需要实验，需要把大家组织起来共同工作。我认为这非常令人兴奋。

**史：**另一件事情是您花费了大量的时间来促进美国和中国之间的关系，而且您设立的奖学金项目培养了一大批中国科学家。您可以说点这方面的事情吗？

**李：**我只谈其中的一部分，特别是 CUSPEA[①]项目，从 1979 年开始到 1988 年止。那时因为中国经历了"文化大革命"后刚刚起步，中国的大学毕业生没有办法去美国、加拿大或者其他地方深造，这不单单是钱的原因。因此，我在 10 年时间内为物理学方面的学生的深造作些贡献，其他学科的朋友把这个事情扩展到其他方面。在那段时间，每年大约有 90 位学生入选当研究生，并且免去所有费用。我尽我个人的力量，做得非常成功。这些人，这些研究组，其中的一些

---

① CUSPEA 的全称为 China United States Physics Examination and Application Program（中美联合招考物理研究生项目），是由李政道提出设立的。从 1979 年开始试行，到 1988 年截止，共送出 915 名学生通过 CUSPEA 项目进入美国一流大学攻读博士学位。所有费用都由美国大学提供。李政道为此项目亲自参加全部具体工作。

后来，吴瑞教授扩展到生物学方面，名叫 CUSBEA。

在美国,有一些在中国,共同为今后的发展努力。我常想,假如当时没有我在中国的导师和费米教授的帮助,不会有今天的我。

**史:**听起来像您以您的工作方式去做这些事。的确,如果没有 CUSPEA 项目,很多人才将会丧失。我认为中国物理学者显然正在强大起来。由于需要的发展,正如您提到的,不断要求新的联合的实验设备,这意味着物理学发展更需要全球性合作了吗?

李政道院士(中国科学院提供)

**李:**是的,我是这样希望的,我认为这样做非常好。

**史:**不单单是物理学,很多学科的研究花费越来越多。一些小国家越来越难以维持做研究的经费。在物理学方面,在基本的物理学方面,情况也许不是这样。

**李:**是啊,我们也有同样的问题,因为公众对物理学的支持减少了,部分原因是我们没有很好地强调研究自然的基本的重要性。假如与大多数物理学家谈及此事的话,他们可能不会同意我的观点。换句话说,物理学不是数学,任何我们在宇宙中不了解的事情都是一个挑战。对于物理学的自然现象,我们必须找到答案。不能只是生活在大爆炸后的宇宙中,而不去努力地理解它。

**史:**人们是否把大量的注意点集中在与人类日常生活密切相关的应用知识上,而不在对自然的探索上?

**李:**我们来看看万维网(WWW)。它来自哪里?它是 1993 年至 1994 年从欧洲核子中心发展出来的。由于欧洲核子中心加速器的复杂性，他们发展了一种系统，即万维网，作为传递数据的系统，就这样发展起来了。欧洲核子中心决定把万维网无偿地推广给整个世界。在一年之内，就发展到每个人都能免费使用了，但是现在没有人知道它来自高能物理。如果欧洲核子中心要向每次使用收一分钱的话，欧洲核子中心将会有充裕的经费。这些都需要让公众了解。

**史：**科学实验所开创的应用将会以料想不到的方式发展吗？

**李：**到现在为止，所有的新技术，包括激光和其他新技术都来自于物理学。在我看来，物理学未来的发展很重要。生物学很重要，但其源头是物理学。

**史：**这几年中，有许多事例，比如一位诺贝尔生理学或医学奖得主，在诺贝尔奖演讲中他着重强调，他在做与干细胞相关的研究，引起了大家对拯救生命的技术的广泛关注。但是，他的本意不是真正努力去解救生命，而是去了解自然。他也在做着与您刚才谈论的有点相似的事情。

**李：**这就是为什么诺贝尔奖和诺贝尔基金保持的记录，是人类和自然关系的记录，成就和未来期望的记录。

**史：**最后一个问题，您在准备接受采访时提到，您并不经常使用计算机，那可能使人有一点点吃惊：理论物理学家不使用计算机。那么，您如何工作？在办公室中，您做什么呢？

**李：**实际上，我的研究小组就建造了超级计算机。做量子色动力学的计算，需要超级计算机。我领导同时也努力在布鲁克黑文成立RBRC研究所，作为第三位投资者共同建造超级计算机。RBRC、布鲁克黑文国家实验室和哥伦比亚小组共同努力进行这一工作，他们成为我的左右手。我帮助他们组织，但是我并不用那个计算机，因为我自己的思考是不同的，目标也不同。计算机非常重要，可以用它证明理论思想是基本正确的，人们需要这些计算。对理论概念追根究底，不是依靠复杂的电脑程序，而是用基本的规律，这是人类直接面对自然，两者是不同的。

**史：**谢谢您！我认为这个结尾非常好。

**李：**谢谢，我想也许我说得太久了。

**史：**一点也不。跟您谈话非常高兴。您的讲话非常振奋人心，也十分感谢您参加关于宇称的诺贝尔奖颁发 50 周年纪念，并且接受我们的采访。

（本文由中国科学院高能物理研究所张敏、迟少鹏根据录像翻译成文，叶铭汉校对，脚注都是由译者做的，由本书编者选配插图）

**李政道**　物理学家。1926 年 11 月 25 日生于上海，祖籍江苏苏州。1943 年考入迁至贵州的浙江大学物理系，师从束星北、王淦昌等教授。1945 年转入昆明国立西南联合大学。1946 年经吴大猷教授推荐赴美进入芝加哥大学，师从费米教授。自 1950 年后，先后任加利福尼亚大学伯克利分校讲师、普林斯顿高等研究院教授和布鲁克海文国家实验室主任等，研究领域很宽，在量子场论、基本粒子理论、核物理、统计力学、流体力学、天体物理方面的工作都有建树。因在宇称不守恒、李模型、相对论性重离子碰撞物理、非拓扑孤立子场论等领域的贡献闻名学界。1957 年与杨振宁一起因发现弱作用中宇称不守恒而获得诺贝尔物理学奖。1979 年到 1989 年亲自主持 CUSPEA 项目；以后又倡导成立中国博士后流动站和中国博士后科学基金会，并担任全国博士后管理委员会顾问和中国博士后科学基金会名誉理事长；创立了中国高等科学技术中心并担任主任；成立了浙江大学的近代物理中心和复旦大学的李政道实验物理中心。2006 年起任北京大学高能物理研究中心主任。1994 年当选中国科学院外籍院士。

我们提倡多问、多想，不是随心所欲或离奇荒谬的乱想，而是要以科学原则为指导，提出有意义的问题。

# 怎样做学问

李政道

## 学问，要学会"问"

2007年初，在苏州大学一间宽敞的会议厅里，数十名大学生与八十高龄的物理学家李政道教授聚集一堂。

坐在李政道对面的一位女学生提问："您是20世纪最杰出的物理学家之一。请问，您是怎样治学的？您的治学之道对您在物理科学研究上取得巨大成就起了什么作用？"

这个问题，很多年轻人都问过。我的回答很简单：学问，学问，要学"问"。只学答，不学"问"，非"学问"。我们有些同学很用功，整天读和背现成的答案，这种只会背别人答案的"只学答"，短时间能勉强记住，以应付考试，但不能增强自己的学问。做学问，一定要学会"问"，自己能提问题，再经过自己的思考想问题，自己求得答案。这才是一种创造性思维，才能真正掌握学问，增长学问。

我从小就爱问。一次祖父抱着我说起"上帝"的事，我好奇地问：你们都说"上帝"，"上帝"在哪儿啊？祖父回答说，"上帝"在天上呀！

我又问："上帝"在天上怎么不掉下来？祖父回答我，"上帝"很轻，像空气一样轻，他老跟空气在一起，所以他就掉不下来了。

祖父的这个回答尽管未解开我的疑惑，但我知道了一个道理，像空气一样轻的东西，是不会掉到地上的。后来，我识字了，就成了一个"书迷"，总是缠着母亲或哥哥去书店买书。我喜欢看《汤姆历险记》《膨胀的宇宙》等描写自然界奇特变化的书。看这些书，我就有提不完的问题要爸爸妈妈和哥哥们解答。

到西南联大读大学后，我又成了"好问迷"。吴大猷老师不是我的授课老师，但我经常到他家去求问，要他给我出难一点的物理学习题。他出的"难题"，我总是很快做完。后来，吴老师干脆给我一本美国大学物理系高年级用的《物理学》，要我把全书的习题都做出来。吴老师后来说，他是想"难倒"我，结果不到两星期，我把这本书上的全部习题做出来了。我把习题作业送给吴老师，吴老师看了颇为惊讶。他说我做的习题，思路独特，步骤简单。他问我："你才学了一年的物理学，这本书上好多习题要用许多你没有学过的知识来求解，你从哪里学的？"我告诉吴老师，我自己琢磨不出的就去找书看，增加知识后再琢磨。做习题、研究问题时，我从不请人教我怎样解题，总是通过自己的刻苦学习和思考，自己解问求答。吴老师后来说，从事科学研究就是要有这种爱发问、好钻研、善思考的"疯劲"。

## 做杂家很有好处

一位女学生提问："我们读书，除了领会、记住书本知识，脑子里很难产生问题，也没有本事去想问题或找出问题的解答方法，您能告诉我们怎样学会提问、想问和解问吗？"

提问，想问，解问，答问的本领要努力培养。若要学会"问"，一是要充分激发自己的好奇心。对一名科学工作者说来，好奇心可以使他对宇宙万象及变化产生浓厚的兴趣，可以吸引他去发现问题，探究奥秘。记得 1946 年,我和朱光亚先生等同船赴美留学,在船舱里,我手中的一支别针失手掉到地板上,后来又滚到地上的一张纸上,我感到很好奇,就琢磨起来,是什么力量让它从地上滚到稍高的纸片上的呢?是舱板移动,还是掉下的自由落体作用力呢?我反复琢磨,并用微积分、物理学原理去计算别针掉落滚动的运行轨迹,测算它的各种力学数据,琢磨了好几天,还同朱光亚先生一起讨论。通过琢磨这个问题,我的数学、物理等知识和解题能力有所提高。

李政道(右)与部分诺贝尔奖获得者会面(1957 年,中国科学院提供)

培养丰富的想象力,对于我们想问题、解问题会很有帮助。想象力是思维的翅膀,可以扩充我们的思想视野,寻找解决问题的多种可能性,再从中分析、比较,就可以帮助我们从纷繁的思绪中,逐步理出思想脉络,找到解题的方法。

扩大知识面对科学工作也非常重要。现在的学科分科越来越细,这是科学研究分工细化和深化的要求。但是，一名研究工作者如果只注重学科内知识的钻研积累是不够的，应该尽可能地拓宽自己的知识面，因为人类各种知识的获得、积累的过程和原则是一致的、共通的。

我是研究物理学的，但我对生物学、化学、天文学、地理学以及文化、艺术、史学、考古等，也都很有兴趣，并经常涉猎。这对我从事物理学研究很有好处。我用物理学者的眼光审视，在甲骨文中就发现了在公元前13世纪就有发现新星的记载。在屈原的《天问》中就有"天如蛋壳，地如蛋黄"的宇宙观……所以，我希望你们将来也要做一位知识广博的专家。

## 想问题要有科学精神

一位法学专业的学生问道："我在做学问时往往是设问很多、很高，却难于找到答案，这是为什么？该怎么办？"

想问题必须要有科学精神。我们提倡多问、多想，不是随心所欲或离奇荒谬的乱想，而是要以科学原则为指导，提出有意义的问题。从事科学研究，总是从已知探究未知，获得新知。提问题，想问题，都要从现有科学基础出发，用现有科学知识规律去解析、探究、论证，去寻找新的结论。当然，在做学问或研究中，有些问题也可能是完全合理、有意义的，但一时确实难以求得结论。这是因为我们现有的知识水平、认识能力还难以达到解决问题的程度，或现有科学规律还难以解答、论证，这就需要我们有长期奋斗的准备。例如，现在物理学界正在热议的暗物质、暗能量等问题，目前还难以解释、判断。但是，我们相信科学家们坚持长期进行研究，会逐步取得突破的。

## 天才、勤奋、机遇孰重

提问的学生越来越多。学生们迫切希望聆听李政道教授的更多

1957年12月10日，李政道接受诺贝尔物理学奖瞬间（资料图片）

教诲。一位男同学提问："获诺贝尔奖的学者都是天才。但人们常说，一个人的成功取决于他的天才、勤奋和机遇三个方面的因素，这三者中哪个更重要？"

你说到天才，我的理解是人的天赋，这种天赋每个人都有。所谓天赋，就是说他对某个领域较敏感，有较强的反应、理解、实践的能力。这种能力可能超乎常人。当然，天才，或者说天赋，有大有小。人有天才当然是好事，但是如果在人的成长过程中不加以引导、培养，不进行刻苦的学习锻炼，不勤奋研究实践，有限的天才恐怕也难发挥，或者被埋没。

对做学问、搞研究来说，能否获得优异成绩和杰出成就，勤奋很重要，天才和勤奋是对获得优异成绩和突出成就起主导作用的两大因素。

成功包括获得崇高奖项、学位，取得荣誉、地位和经济收益，这种成功除了靠天才和勤奋创造杰出成就，确实还有个机遇问题，这里我想举两个例子。

赵忠尧院士是我国杰出的物理学家。20世纪30年代，他在美国留学时，通过多项开创性实验，率先发现了正电子。这项伟大的发现，理应获得诺贝尔奖。但是，后来诺贝尔奖评委会发布对正电子发现这个科学成果的授奖名单时，却没有赵忠尧的名字，而在赵忠尧做出这个重要实验后才进行实验的另一位美国物理学者却得了这项诺贝尔奖。这件事当时在物理学界议论纷纷，特别是海外的中国物理学家更为赵忠尧先生鸣不平。

事过 50 年，我曾向参加此次评选的一位科学家询问过，为什么没有给赵忠尧授奖？

他说，一是因为赵忠尧是中国人。当时，西方对中国人是歧视的，认为中国不可能有杰出科学家。二是后来两位美国物理学者用赵忠尧的方法重复做该实验，取得的数据同赵忠尧的不

李政道院士（中国科学院提供）

一致。实际上是这两位学者做实验时出现了错误，导致数据有异。

事实证明，赵忠尧的研究成果是开创性的，结果是经得住验证的，应该得奖的是他，只因当时评委中的偏见和误会使赵忠尧失去获奖的机会。

我的物理生涯也有一个"机遇"问题。1946 年，我在浙大中断学习后，投奔西南联大，遇到了无私热心关怀青年成长、善于识才、敢于破格举才的吴大猷老师，使我有机会在国立西南联合大学就读，并给我悉心辅导，大胆破格举荐我赴美留学，为我攀登物理学科学高峰创造了较好的条件（机遇）。如果没有遇到吴老师，我可能走的是另一条路。

总之，一个人的成功，其主导作用是才干和勤奋，机遇也有一定关系。但是，也要看你能否抓住机遇。

（本文刊于 2007 年 1 月 12 日《浙江日报》，原标题"李政道八十论治学"）

当你捕捉到一个有价值的研究课题却在工作开展后把握不住方向时，当你在探索真理的汪洋大海中感到茫然不知所措时，当你下狠心攻克某个科学难关而又难以攻下时，请回头探讨一下你的"目标模型"，问问自己是否已经建立起一个相当合理的模型。

# "毛估"的思维方式

## 卢嘉锡

科学家不是"算命先生"，不能"预言"自己的研究结果；但茫无目标地"寻寻觅觅"也是科学工作者的大忌。

进行科学研究时，我一向比较重视对最终结果的预测，以便从总体上更好地把握研究方向。我习惯于把这种预测叫作"毛估"，而且时常这样告诫自己的学生和科研人员："毛估比不估好！"

我之所以特别强调"毛估"，说起来与我做学生时出过的一次差错有关。记得念大学三年级时（1933年），教物理化学的区嘉炜老师挺喜欢考学生。有一回他出了几道考题，其中有个题目特别难，全班就我一个人基本上做出来。可是等改好的卷子发下来，我发现那道题目老师只给了四分之一的分数，感到很委屈，因为我只是把答案的小数点点错了地方。

老师注意到我思想上有些想不通，就耐心地开导我："假如设计一座桥梁，小数点点错一位可就要出大问题，犯大错误了。今天我扣你四分之三的分数，就是扣你把小数点点错了地方……"

我理解了老师重扣分的一片苦心，继而就想：如何才能避免诸如把小数点点错地方之类的不应有的错误呢？当我静下心来检查出错的原因时，我发现问题不仅仅在一时的疏忽上，因为我的计算结果在数量级上明显不合理；如果解题的时候能够认真对照分析一下题目所给的条件，那一类错误是完全可以及时发现并纠正过来的。而我之所以出了"岔子"，根本的原因就在于自己心中对解题的目标没个"谱"。

从那次以后，不论是考试还是做习题，我总是千方百计地根据题意提出简单而又合理的物理模型，"毛估"一下答案的大致数量级，如果计算的结果超出这个范围，就赶快检查一下计算过程……这种做法，使我有效地克服了因偶然疏忽引起的差错。

1939 年秋，我在英国获得理学（国外通常称为"哲学"）博士学位，旋即到了美国加州理工学院，跟随后来两度荣获诺贝尔奖（1954年化学奖和 1962 年和平奖）的鲍林教授学习并从事结构化学研究。我注意到也十分钦佩导师所具有的那种独特的化学直观能力：只要给出某种物质的化学式，鲍林往往就能大体上想象出这种物质的分子构型。这无形中"催化"了我那朴素的"毛估思维"。我常常揣摩导师的治学与研究的思维方法，探究他那非凡想象力的根基与奥秘。我发现，那是善于把握事物本质的能力与"毛估"性判断的结果。这一发现，引发我更重视"毛估方法"的训练和提高。

在鲍林教授指导下进行了一系列研究工作以后，我深深地领悟到，具有定性意义的"毛估方法"对于从事科学研究是很重要的。不错，科学技术上的发现与发明往往是要经过"定量"过程，即通过大量精确的实验和计算之后才能完成；但在立题研究的初期，研究者特别是学术带头人如能定性地提出比较合理的"目标模型"（通常表现为某种科学假说或设想），对于正确地把握研究方向，避免走弯路甚或南辕北辙是很有意义、很有价值的。

回国以后的 60 年代，我在组织研究并合成有关硫氮系新型化合物的同时，曾设想从闭合多面体的立体构型能够打开成闭合多边形的准平面构型，甚至有可能进一步像硫黄这样的环状构型分子可以打开成链状分子。"文化大革命"打破了这个计划的实现。后来国外发现聚硫胺 $(SN)_x$ 的薄膜和纤维（外延生长）及其多种优秀性能，证实了我当时的设想是合理的。

20 世纪 70 年代初，豆科植物共生结瘤菌固氮酶催化的生物固氮作用以及它的化学模拟研究，引起国际上一些生物化学家和化学家的极大兴趣和重视，当时在中国科学院生物局主持生物学科研究组织管理工作的过兴先教授注意到这一动向，便倡议组织这方面的研究工作。唐敖庆、蔡启瑞和我三名化学同行立即作出响应，把化学模拟生物固氮研究着手组织起来。

我和中国科学院福建物质结构研究所的同事们对固氮酶活性中心可能具备的构型进行了"毛估"，认为理想的固氮酶活性中心结构模型应当是不少于四核的"簇合"型化合物。运用"毛估"的方法使我们在 1973 年下半年就提出了"网兜状"四核簇的"福州模型 I"，这是当时国际上发展得最早又是比较成熟的两个结构模型之一（另一个是蔡启瑞教授提出的"厦门模型"），后来我们在此基础上又发展出"福州模型 II"。在提出"毛估"的模型之后，我们还建议用网兜状陆森黑盐阴离子 $[Fe_4S_3(NO)_7]$ 作为化学模拟的第一步模型物。最近，由美国的 Rees 及其合作者 Kim 和 Chan 提出的固氮酶铁钼辅基的活性簇芯结构模型，由两个四核"网兜状"原子簇组成，一个是

〔(Fe₃S₃)Fe〕的"黑陆森"簇；另一个是〔(Fe₃S₃)Mo〕，其中Mo原子取代陆森黑盐"兜底"Fe原子的"黑陆森"簇，与"福州模型Ⅰ"所差的只是Mo原子占据的位置，而"整体"和"福州模型Ⅱ"所差的则基本上只是两个黑陆森盐的偶联方式，特别是就单体而言与"福州模型Ⅰ"十分类似。可见，我们提出的"毛估"模型有不小的合理成分。

卢嘉锡院士（中国科学院提供）

当然，运用"毛估"需要有个科学的前提，那就是全面把握事物的本质。"性能敏感"结构是我们在新技术晶体材料科学方面提出的一种观点，有趣的是：据说一位美国同行据此估计锂硼砂（$Li_2B_4O_7$）有可能是一个优质倍频晶体，这位美国朋友费了不少气力培养出单晶之后，却发现它的倍频作用并不理想，因而向我们的一位研究人员请教。这位研究人员回答说根据他早些时候进行的理论计算，硼砂阴离子〔$(B_4O_7)_2^-$〕不可能是优质倍频基团。

当这位同事向我介绍这个故事时，我当即微笑着告诉他，这其实用不着进行什么复杂的计算，只要从结构化学的角度"毛估"一下，就可以非常直观地看出问题所在：〔$(B_4O_7)_2^-$〕确实含有两个有利于产生倍频效应的〔$(B_3O_3)_3^+$〕平面六元环；可是在锂硼砂这种具体材料中，这两个平面六元环共用一个相互交错的（$B_2O_3$），这样它们的平面性及类芳香性必然受到破坏，因而这种材料不可能显示出优越的倍频性能。

这是我长期从事科学研究工作积累起来的一点体会，我想寄语青年一代科学工作者：当你捕捉到一个有价值的研究课题却在工作开展后把握不住方向时，当你在探索真理的汪洋大海中感到茫然不知所措时，当你下狠心攻克某个科学难关而又难以攻下时，请回头探讨一下你的"目标模型"，问问自己是否已经建立起一个相当合理的模型。

最后，我想与大家共勉的还是那句老话："毛估比不估好！"

**卢嘉锡** 物理化学（结构化学）家。1915 年 10 月 26 日生于福建厦门（祖籍台湾台南）。2001 年 6 月 4 日逝于福建福州。1934 年毕业于厦门大学，1939 年获英国伦敦大学物理化学专业哲学博士学位，1944 年获美国国防科学委员会颁发的"科学研究与发展成就奖"。长期从事结构化学研究，是我国物理化学学科及结构化学学科领域的奠基人之一，在固氮酶活性中心化学模拟和过渡金属原子簇化学研究中提出活性元件组装方法和某些簇合物的类芳香性等创新性学术思想，运用结构化学观点指导新技术晶体材料科学研究，在世界上首次组织指导研制成功低温相偏硼酸钡和三硼酸锂等非线性光学晶体材料。为中国科学院的改革与发展、培养科学技术人才、发展国际学术交流等方面作出了卓越贡献。1945 年回国后历任厦门大学化学系教授、主任、理学院院长、副教务长、校长助理、副校长，福州大学副校长、名誉校长，中国科学院福建物质结构研究所所长、名誉所长，中国科学院院长，中国科学院主席团执行主席、名誉主席，中国科学技术协会副主席，中国化学会理事长，全国政协副主席，中国农工民主党中央主席，全国人大常委会副委员长等。1984 年后相继当选欧洲文艺、科学及人文科学院院士、第三世界科学院院士、副院长。1955 年被选聘为中国科学院学部委员（院士）。

纯熟的实验技术、技能，高质量的外文水平和一定的理论知识都是大学生必须具备的基本知识，即所谓"基本功"。

# 练好基本功

钱临照

## 没有实验就没有科学

有人认为，做实验只是验证定律，学不到东西；或者认为，实验只是学点技术。其实，这两种想法都是错误的。没有实验，就没有科学；有了实验，理论才能跟上去。做实验要由简单到复杂，由易到难，由低到高。大学里的实验对同学们是一种很好的锻炼。

苏联有位低温物理学家卡皮查，他曾经说过："一位理论物理工作者一年可以写两篇论文，而五位实验物理工作者两年之内才完成一项工作。"这就是说，实验物理工作者与理论物理工作者之比为 20∶1。中国的《物理学报》以前是理论文章占 90%，实验文章占 10%，今年后者达到 30%。这是逐渐在转变，是个好现象，但实验物理的工作还是不够多。任何一个重要的理论得不到实验证明只能停留在假设的阶段。由此可见，实验在物理学中占有何等重要的地位。

你们是物理学的接班人，应当有雄心壮志。近年来，我碰到一些欧洲的较年轻（三四十岁）的物理学家，他们都通于理论也精于实验，希望你们也能如此，成为理论与实验兼长的人。

## 看书与做习题

谈到读书，首先要读好，甚至读烂它。这就是说要把握书的中心、重点。以学习《分析力学》为例吧，拉格朗日方程的推证和结果，这两点是进入分析力学之门的重要之点，必须抓住，并知其来龙去脉。虚功原理、达朗贝尔原理、拉格朗日方程，这就是纲，抓住了它们也就一目了然了。抓到一本书，切记不要囫囵吞枣，生吞活剥，或一遍一遍简单地重复，而要悟其要领，通其道理，读一遍就有进一层的新体会、新收获。这样认真读烂（即精读）一本书后，再去读下一本书，便会兴趣横生，而不至于觉得枯燥无味了。

钱临照院士与学生聊怎样读书与做学问（作者提供）

在临考复习时，也应该如此，抓住重点，取其精华，不要走马观花。有的同学说，不看一遍书不放心，这是习惯问题。其实，走马观花是无济于事的。复习完后，起码要有得"3分"的把握（当年满分为5分），"大路货"（即最基本的部分）要掌握。

读书只有与做习题相结合才能收获多，见效快。有些学科如理论力学，把它学好的关键之一是做好习题。理论力学内容多，时间少，布置了大量习题，这就产生了读书与做习题的矛盾，要善于处理好这个矛盾。有人认为，做题要花去大量的时间，会妨碍知识的掌握。这是不正确的。因为，做习题是学习过程的一部分，是学习手段的一种，它与听讲是一样重要的。往往在做题之前，概念不十分清楚，甚至很模糊，但在解题过程中就会逐步清晰起来，明确起来。也只有认真地解题，才能较快较好地了解书上所讲的概念，同时也训练了解题的技巧和思维方法，以后是受用不尽的。在解题时，往往会出现这样一种情况——只能硬着头皮凑答数，虽然这不是一种好办法，但能凑出来比凑不出来好。正如饭要一口一口地吃，路要一步一步地走一样。做习题从凑数据开始也是好的。在第一次凑出答数后，千万不要急忙放下。先凑数据固然不好，但是能进一步从凑答数的过程弄明白其中的道理，从而掌握概念和技巧，以后不再去凑数解题，而是独立地正确地迅速地解题，这就好了。这样，最终也能炼成钢。

## 必须掌握外语

在大学阶段，学好外语很重要，必须掌握好，否则今后到工作岗位会碰到很多困难，有时甚至会急出眼泪来。同学们应当把外文同数学、物理学、理论力学等学科一样重视。依我看，中国科学技术大学学生的外文水平应该较高。就是说，一拿到文献就能读，还要能写，至于做到能讲也能听，那就更美了。所谓"能读"，就是说读下去就能懂，像看《人民日报》一样的自然。所谓"能写"，就是要没有文法上的错误。如果能锻炼到用外文思考问题，那么你的外文学习就到家了。要达到这一步，需要较长时间的锻炼，要踏踏实实地一步一步地学。初学时看得慢，慢不要紧，不要急于求成，正像小孩子学走路一样，开始不会走，以后让人扶着走，最后自己走，越走越快，越走越稳。学外文就要循序渐进，持之以恒。铁杵磨绣针，功到自然成。

你们必须先学好"一外"，以后再去学"二外"，绝不要三心二意，几种外文同时学。"一外"学好了，学"二外"就容易了。目前，学"一外"最好选择英文或俄文。只有当"一外""二外"学得确实很好了以后，再学"三外""四外"就不那么困难了。大学出来如能学会英、

钱临照院士（中国科学院提供）

俄、德、法、日文就好了。一个人外文学好了，到图书馆去眼睛才会发亮。如果只懂中文，则外文文献无法阅读，也就是说无法开展研究工作。希望同学们大学毕业时，起码精通英文、俄文。

## 创造不能凭空而来

前面已经谈到，纯熟的实验技术、技能，高质量的外文水平和一定的理论知识都是大学生必须具备的基本知识，即所谓"基本功"。你们在大学学习的主要任务是打好基础，练好基本功。"九层之台起于累土，千里之行始于足下"（老子《道德经》第六十四章），只有一点一滴地积累，一步一步地做，有了雄厚的基础之后，才能有创造、发明，这是大学毕业以后的事了。不是放下牛顿力学不学，而要在牛顿力学定律的基础上更深入一步。新的创造不是凭空而来的，而是在前人的基础上发展起来的。牛顿之所以才能高，正是因为他站在前人的基础上，正是他收集了大量实验材料，总结了前人的知识和经

验的结果。当时有人问牛顿为什么有如此巨大的创造时，牛顿回答得好："因为我站在巨人的肩膀上。"这里的"巨人"即前人积累的雄厚基础。但有的人想入非非，不在掌握前人知识的基础上进行科学研究，妄想平地搞出一个尖端来，这终归要失败的。

（本文是20世纪60年代初，时任中国科学技术大学技术物理系副主任的钱临照院士与该系学生座谈时的讲话记录）

**钱临照**　物理学家、教育家。1906年8月28日生于江苏无锡，1999年7月26日逝于安徽合肥。1929年毕业于上海大同大学物理系。1930年起先后任东北大学物理系助教、北平研究院物理研究所助理研究员。1934年至1937年赴英国伦敦大学大学学院Carey Foster实验室做研究工作。1937年至1949年先后任中央研究院物理研究所研究员、中央大学物理系教授、中央研究院代理总干事等。1949年任中国科学院物理研究所研究员。1960年起任中国科学技术大学教授，后兼任副校长（1980—1984）。曾被选为中国电子显微镜学会和中国科学技术史学会的首任理事长、国务院学位委员会首届学科评议组物理组组长等。是我国金属晶体范性形变和晶体缺陷研究以及物理学史研究的奠基人之一，中国科学史事业的开拓者。抗日战争时期从事光学仪器研制，对我国仪器工业的发展作出了贡献。长期从事压电效应和金属晶体形变机理研究，在国内首先用电子显微镜研究单晶体形变，推动了全国晶体缺陷和电子显微学研究。1955年被选聘为中国科学院数理化学部委员（院士）。

> 古往今来，不少学问家有过很多理论和经验。依我看，有一条最重要，就是要把"学"和"问"统一起来，做到"以学为主，学中有问，好学多问，求知创新"。

# 学·问·学问

钱令希

我在校求学期间就领悟到我们中国文字中常常把"知识"称作"学问"的一些道理，现在就把我的想法写出来供同学们参考。

"学"指学习和接受知识，"问"指提问和追求知识。好学是美德，但是如果不仅好学而且好问，也就是在听课或读书的过程中，喜欢动脑思考，提出问题，问自己或向别人质疑和讨论，那就更是生动活泼的学习了。因为这样可以开发自己的智力，得来的知识比较活，在将来的学习和工作中能发挥能动作用，而且这种学习方法，可以令人一辈子受益。

在教育日趋普及的现代社会，同学们大都在各级学校中接受过正规的教育。你们主要的任务是学，通过学习，开发自己的智力资源。怎样才能学得好，并把智力开发得更有成效呢？古往今来，不少学问家有过很多理论和经验。依我看，有一条最重要，就是要把"学"与"问"统一起来，做到"以学为主，学中有问，好学多问，求知创新"。

中国有句老话：人生识字糊涂始。人有求知的欲望，始于无知。无知就产生问题。刚上小学，老师让你们知道自己的无知，便按照老师提出的问题按部就班地学习语文、算术等课程，这是开窍的过程。随着年龄的增长，在学习过程中，学到一定的深度，或对一个问题钻研到一定深度，你们必然会思考一些问题，如果你抓住机会适时提问：问自己，问老师，问同学，问书本……这种提问将拓展

钱令希院士与学生谈"学贵善疑"之精髓（作者提供）

自己的思维范围，由此引导对所学知识内容的深入思考与追索。所以，问是学习深化的必然过程。譬如说，做完一道习题，不妨问自己，除了书本上的或老师讲授的，还有没有其他做法？经过一番冥思苦想，也许能想出其他一些解题方法，也许想不出来。但不管结果如何，这种思考过程对开发自己的智力和提高解决问题的能力

是大有好处的。又如老师讲述某
项科学理论或发现时，往往会顺带
说到当初科学家对该问题的思考
过程。这时，学生可以提出这样的
问题：假如是我，面对这个现象或
问题时，会如何思考呢？这个"假
如"，就可以把我们带上科学研究
与创造之路。

钱令希院士（作者提供）

学习中随时可以碰到问题。
我们不要错过"提问"的机会，更
不要惧怕问题。相反地，倒是应该
抓住机会，亲近问题，还要有意识
地寻找问题。"学贵善疑"，在学习中不断提出问题，既可以使我们
学得生动活泼，又可以有助于培育我们质疑求实的创造精神，这也
就是学习的乐趣和收获。

我国传统的教育，在封建时代以科举考试取士，要求死记硬背圣
贤之书，是不许质疑提问的。现在的教育当然是大不相同了，但是还
是偏重于向学生灌输知识，而不着重在启发讨论，老师也往往不喜欢
爱提问题的学生。在考试环节上，出考题则偏重于考核知识的记忆
和掌握的程度。这样，便导致学生习惯于围着老师转，学而不问，也
不善于自学，这就缺乏平时独立思考的锻炼。

著名的华裔物理学家杨振宁先生在谈到中国的传统教育方式时
说过一段话："中国的教育方式代表东方文化传统的教育特点，但它
不应该成为新中国教育方法的特点。这种方法使学生容易产生相信
先贤的看法，对先贤不敢持怀疑态度，或者觉得反正别人都已做过
了，我的目的，只是去学习。"他接着认为：这种学习态度有它的好

处，比较谦虚，训练出来的学生善于考试，但是在搞科学研究工作的时候，就不太行了。应该承认，这种传统的"应试教育"仍然在一定程度上影响目前的学校教育。这正是我们今后教育改革需要下大力气从各个方面来解决的一个问题。

作为学生，应该努力摆脱"应试教育"的束缚。既要完成学校规定的学习任务，又要时常想到这个"问"字。当然，问什么，怎么问，这里也有许多讲究。最重要的一点是要"多思敢问"。想得多和问得多了，就会总结出一些经验来逐渐做到想得巧、问得好，以提高"问"的质量来促进"学"的质量。

科学研究实际上是一种通过"学"和"问"来创造知识和解决问题的智力劳动。首先，必须学习和掌握一定的知识，学习是绝对重要的，也是没有止境的。一个人从小学、中学读到大学甚至研究生，花了 20 年左右的时间，学了上百门课程，也还是"书到用时方恨少"。走上工作岗位后，还得学，根据需要不断地学。要知道现代科学的发展速度非常快，有人估计，大学毕业生在一生工作中所使用的知识，有 90% 以上是在他们走出校门以后学到的。但是这 90% 知识的学习是依靠在学校打下的基础。在校"好学多问"的人容易适应出校后的工作和学习，比之"学好少问"的人往往要强得多。在这方面，我是有点体会的。

20 世纪 60 年代开始的"文化大革命"使多数知识分子脱离了科学学习。直到 70 年代，可以重新进图书馆时，翻开从前自己熟悉的国际专业刊物，竟全然陌生了，甚至看不懂了。这 10 年，科技进步之速度确实惊人，像我从事的工程力学领域，受电子计算机的冲击，过去认为难以克服的许多障碍似乎已不在话下。但是，由于研究领域的扩大和深化，新的问题和困难又层出不穷了。除非自甘落后，要赶上去，就得重新学习，更新知识。这对已是五六十岁的人来说是有一定困难的。如果他们原来学习的基础比较好，也就是他们原来的知识比较扎实灵活，他们有比较好的学习方法和经验，则这些人跟上这个潮流并带领年轻人一起干，还是很有可能的。他们经过努力，看到青年赶上来并超过自己，这是最可欣慰的了。而后辈人的任务，就是充分继承前人创造的学问，好学多问，站在前人的肩膀上，提出新问题，解决新问题，创造新的学问，努力超过前人。

中国的科学技术曾有过辉煌的历史。近代以来，我们落后了。新中国成立到现在，已经打下了比较好的基础。未来的几十年是"科教兴国"的关键时期，我们老一代科教工作者热切地寄希望于今天的青少年。

（本文写于1994年）

**钱令希** 工程力学家、教育家。1916年7月16日生于江苏无锡，2009年4月20日逝于辽宁大连。大连理工大学教授。1936年毕业于上海中法国立工学院，1938年获比利时布鲁塞尔自由大学最优等工程师学位。20世纪50年代初出版的著作《静定结构学》与《超静定结构学》培养了我国一代土木工程师，至今仍被人称道。在国内最早发表了变分原理（余能原理）的研究。20世纪60年代初主持核潜艇壳体承载能力的研究，对壳体极限分析和稳定性方面的理论作出了开创性贡献。70年代初期倡导把传统的结构力学与现代化的电子计算技术结合起来，在中国倡导"计算力学"，并已在工程结构优化设计方面作出显著成绩，被广泛应用于各个领域。作为结构力学与现代科学技术密切结合的先行者与奠基人，在中国的桥梁工程、水利工程、舰船工程、港湾工程等领域都作出了重要贡献。善于教书育人，爱护人才，培养出了几代优秀的力学家与水利工程大师。曾任大连理工大学（原大连工学院）第二任校长。1955年被选聘为中国科学院学部委员（院士）。

> 一个人的精力是有限的，不能要求他把样样都搞得精透，你们在学习上应该有所为有所不为。有一些东西，只要基本上了解就行了，可是对于若干门重要课程，就必须认真下功夫，搞精、搞透、搞深。

# 应该有所为有所不为

钱三强

## 不要做"书呆子"与"活字典"

对大学的生活，我是过来人了。根据我的体验，青年人处于学习的好时期，大学阶段对你们今后的工作很重要。你们在大学阶段应该怎样学习，要不要读很多书？我的看法是，读书是好的，但不要读很多书。我觉得，青年人不要做"书呆子"与"活字典"。

一个人的精力是有限的，不能要求他把样样都搞得精透，你们在学习上应该有所为有所不为。有一些东西，只要基本上了解就行了，可是对于若干门重要课程，就必须认真下功夫，搞精、搞透、搞深。不但要弄懂是怎么一回事，而且要了解这些学科发展的历史，主要问题解决的过程。例如，原子核物理的发展成长是曲折复杂的，不像教科书中说的那样简单，容易接受。但教科书中提出的那点东西，就像母亲的乳汁一样，是容易被婴儿接受的。实际上，认识自然的过程并不是这样简单的。随着分子运动论的发现和气体放电现象的研究，科学的进一步发展，使人类认识到物质的微观世界。由 X 射线与天然放射性的发现开始，经过原子结构理论的奠定和人工突变的发现，引到中子和人工放射性的发现，最后结晶到铀的裂变，使我们能应用原子能。这个过程是经过多少次曲折，人们又是绞尽了多少脑汁啊！有机会讲一些科学发展的故事是很有用的，否则毕业时你们就会以为科学太简单了。

钱三强与何泽慧院士夫妇在学习与探讨（中国科学院提供）

　　前人研究和弄清事物的过程，常常也是我们认识事物的过程。只要弄清楚这样几个问题，你们就好像找到了一把开启科学之门的钥匙。掌握了这把钥匙，就能比较容易地揭开其他科学的奥秘。知识学得越多，越要防止脑筋给束缚住了。推动科学向前发展，需要年轻而有足够知识的人，需要敢想敢做、有一定科学修养的人。

　　假如我是教师，我并不要求你们门门功课都是 100 分。100 分的学生若不断努力，一般来说将来是会有成就的，但在科学上有所建树的人，他在学生时代不一定是门门功课都得 100 分的学生。

钱三强院士谈笑风生（中国科学院提供）

我们要求什么样的科学工作者呢？我想，他们不应该是一本"活字典"，或者是学校里老师喜欢的"乖孩子"，而是头脑灵活、勇敢坚毅、主动性强、富有生命力的人。他不但能学，更重要的是他能解决科学中提出来的问题。你给他一个问题，指出一个方向，给他一定的帮助，他就能自己往前走，接触实际，反复深入，找到关键所在，自己动手把它解决。不像有些人那样，肚里虽然装了很多书，思想却不活跃，工作上不主动，得靠别人推一把走一步。

### 学好基础课，重视实验

有同学问，要在专业上做怎样的准备？

钱三强院士（中国科学院提供）

说到准备，我觉得你们现在主要把基础课学好。大学课程的分量是针对一般水平安排的，但是同学中水平差别总是存在的，有些人感到吃力，有些人感到有余力。对于那些确有余力的同学（注意，我说的是确有余力的同学）当然可以看一些课外的东西，特别是学点外语。要从事科学研究，一门外语是不够的。你掌握了一门外语，就好像在你的脑袋左边添了两只眼睛；再掌握一门，右边又添了两只眼睛。不懂外语的人，只能看一个方向，多掌握几门外语，就可以"眼观四方，耳听八面"了。所以我说，正课之外，确有余力的同学，可以搞一些外语和一些其他的东西。没有余力就集中力量搞好课内的东西。现在你们的课业很重，能把课内功课搞好也不太轻松。

有一点我要提醒你们的，就是要特别重视实验。不要怕麻烦，怕费事，觉得光一次实验就花去半天时间，不上算。其实，很多发明创造都是经过实验得出来的。将来你去工作了，交给你们一个任务时，并不是把一切条件都准备好的，多数情况下，要你们自己去创造条件，甚至白手起家，建造实验室，制作仪器和设备。科学工作者是离不开实验的。毕业后专门看书的机会不多了，所以你们在学习的时候就应该准备好做实验的本领，学会做科学上的"粗活"，真正科学上的发明创造都是在无数的"粗活"中碰出来的。

当然，还必须重视文娱体育活动。你们将来要为国家工作几十年，没有好的身体是不行的。青年人应该有各种爱好，譬如游泳、打球，不要光玩扑克。劳逸结合的原则，什么时候都得强调，散散步也是好事。

## 热爱专业，做一枚结实的螺丝钉

你们都已选了专业，有些同学问到将来学什么，做什么，工作怎样分配。我觉得对专业问题，应当有个正确的态度。谈到专业就关系到兴趣问题。兴趣是什么呢？难道你们在入大学以前就对现在所学的东西预先有了兴趣吗？真正的兴趣是在接触那件东西之后培养起来的。过去我们这一代人在选专业的时候是没有明确目的的，那时就凭"兴趣"，什么学科时髦，就学什么，给个人搞点名堂，至于跟国家建设，就毫无关系了。那时候的政府也根本不想搞什么科学，搞什么建设。弄一些人搞科学，不过是装点门面，做个点缀。现在不同了，你们选择专业，都是有明确目的的，对社会主义建设有用的，都是重要的。根据需要接触了实际，也就培养了个人的"兴趣"。我想，个人的兴趣要是能以国家利益为前提，就能够处理好这个关系。

有同学问到怎样为祖国科学事业作贡献。现在的重要科学技术，常常是许多科学技术的结晶，它是建立在许多科学技术方面成就的基础上的。要想对科学事业起作用，就要树立做科学事业这部机器上的一枚螺丝钉的思想。一枚螺丝钉，不出名、不显眼，可是它在特定的位置上起着不可缺少的作用，没有这枚螺丝钉，就会出问题，整部机器就要出毛病，这就足见螺丝钉是重要的。一个人应该把自己融化在集体之中，在集体的创造中发挥其力量，埋头苦干，做一枚出色的、胜任的、结实的螺丝钉。这样，他就能为祖国的科学事业作出实际的贡献。有些人希望别人做很多工作，而他去很容易地搭个尖，出出风头，这种想法是不正确的。要记住，同学们一参加科学实践就进入一个全新的阶段，科学实践不是简单的"学习的延续"，在科学实践中要有敢于闯的精神。著名学者卢瑟福说过一句话：你说我总在波浪上头转，我应该说，并不是我随着波浪转，而是我在推动波浪。

希望你们也大胆地去推动科学上的波浪！

（本文节选自时任中国科学院原子能研究所所长的钱三强院士在20世纪60年代初，与中国科学技术大学学生的一次座谈记录）

---

**钱三强** 核物理学家。1913年10月16日生于浙江湖州，1992年6月28日逝于北京。1932年毕业于北京大学预科。1936年毕业于清华大学。1937年赴巴黎大学镭学研究所居里实验室跟随伊莱纳·约里奥－居里夫人攻读博士学位。1939年完成了博士论文。1946年荣获法国科学院亨利·德巴微物理学奖。1948年起任清华大学物理系教授，以后相继担任中国科学院近代物理研究所（后改为原子能研究所）副所长，中国科学院副院长兼浙江大学校长，中国科协副主席、名誉主席，中国物理学会副理事长、理事长。作为中国原子能科学事业的创始人，长期全身心投入原子能事业的开创和组建工作。曾参加了苏联援助的原子反应堆的建设，并汇聚了一大批核科学家（包括他的夫人何泽慧及邓稼先等优秀人才），将他们推荐到研制核武器的队伍中。为中国第一颗原子弹及以后的氢弹爆炸成功作出重大贡献，被追授中国"两弹一星"功勋奖章。1955年被选聘为中国科学院学部委员（院士）。

学物理不像学中文，不要追求文字的记忆硬背，而要体会其严格的概念，要学通，通就是懂了，懂了才能用，用了就自然记得了。

# 恩师助我择专业

钱伟长

进入大学的第一件事是选系。我在中学里确实爱好文科，而对理科特别是数学、物理学视为畏途。但在"九一八事变"后，我和大多数青年一样激发了"科学救国"的热情。可是，我并不理解科学是什么，以为数理化即科学，所以我就决心弃文学理。学校里既然有吴有训这么一位人人传颂的科学家在物理系任主任，我自然力图进入物理系。在1931级的106位新生中，要求进物理系的竟有21人。对那些入学考试物理学、数学成绩好的同学，系里当然欢迎，而对我却尽力劝说到别的系去。我一再找系主任吴有训教授，他就拿出我的全部入学考试试卷，恳切地提出我学中国文学或历史最合适，并说中文系的杨树达教授很欣赏我的那篇作文，希望我到中文系去；历史系的教授对我的答卷也特别满意(题目要求写出二十四史的名称、卷数、作者、注者)，希望我到历史系去。但是，我的数理化三科考分的总和不到100分(其他同学的成绩都在200分以上)，英文也考得不好(当时理科教材多是用英文版本)，将增加学习困难。吴老师极力

吴有训老师不断给我指导，告诉我学物理不像学中文，不要追求文字的记忆硬背，而要体会其严格的概念，要学通，通就是懂了，懂了才能用，用了就自然记得了（叶雄绘）

劝导我学中文或历史，说中国文学和历史也是国家民族所需要的。他见我身体瘦小羸弱，特别关切地说，要根据个人的条件选择系，物理系每届都有一半同学受不了学习负担而转系，对学校和个人都是损失。他担心我承受不了物理系功课的负担。吴老师没有料到他所面对的是一个下定决心、态度坚决的青年。要弃文学理，是我经过反复思考表达的愿望，是不会轻易更改的了。经过一个多星期的恳谈，最后吴老师同意我暂时读物理系，但是要我保证在学年结束时，物理和微积分的成绩都超过 70 分，同时选修化学，还要加强体育锻炼，向马约翰教授学习。这对我的确是全面要求，每周除上课外，有两个下午的物理学实验和两个下午的化学实验，还有课外锻炼，我必须加倍努力克服困难，达到要求，否则就得"转系"。

我得以实现弃文学理的愿望，也必然承担物理系学习的压力。最困难的是第一个学期，除学习正课和做实验外，还要自己补习英文和中学的一些基础数学，只得夜以继日苦读。大学一年级的普通物理是吴老师亲自讲授的。吴老师讲课与众不同，从不带讲稿，不是照本宣科。每堂讲一个基本概念，从历史的发展讲起，人们怎样从不全面的自然现象和生产经验中，得到一些原始的往往是不正确的概念，以后从积累的生产经验中发现有矛盾，又怎样从人们有控制的和有意安排的实验中，来分辨这些矛盾概念的正确和错误，从而得出改进了的概念。在进一步的实验中，又发现这种概念的不完备性和矛盾，再用人为的实验进一步验证和分辨其真伪。这种人类对物理世界的认识，以及怎样用这种认识来提高我们的生产水平和满足生活需要的各种事实，激发了同学们对知识的追求探索，启迪了同学们掌握学习的正确道路。听这样的课，真是最高的科学享受。

开始我听课记笔记，仍用中学生的办法，但效果不好，每周20分钟的课堂测验，我竟一连七个星期不及格。吴老师不断给我指导，告诉我学物理不像学中文，不要追求文字的记忆硬背，而要体会其严格的概念，要学通，通就是懂了，懂了才能用，用了就自然记得了。劝我上课不要只顾记笔记，至多写一些简单的标题和名词，重要的是仔细听讲，力求当堂听懂，课后用自己的语言择其关键简明写出，一堂课至多写出5条到10条就足够了。在写的过程中发现有不明白的，可以看有关的参考书。为减轻我读英文的困难，吴老师给我一本某校的中译本讲义，便于查阅。以后还经常给我具体指导，使我从死记硬背改进到掌握学习的科学方法，培养了有效的自学能力，逐步提高了学习成绩。第一学期我的物理成绩及格了，学年终了时各科都追到70多分（当时考核成绩是非常严格的，得70—80分就不易了，很少能得90分的），实现了我的保证，四年后以优异的成绩毕业。

吴老师非常重视实验思想与技能的培养。记得第一堂物理实验课，是安排用一根2厘米的短尺，度量一段约3米的距离，必须达到一定要求的准确度。这种训练是为教育同学们认真对待测量误差问

钱伟长院士（中国科学院提供）

题的。二三年级以后，要同学自己选取实验用具和仪器，并安排连接实验的工具。到做毕业论文时，连测量仪器都是同学们自行设计、自己焊接的。我们在物理系的四年里受到严格训练，不少同学基本上以实验室为家，有人甚至一连很多天睡在实验室里的行军床上。吴老师总是与同学们在一起的，哪里有成果，哪里就有他的笑声；哪里有挫折，哪里就有他的带着浓重江西口音的鼓励话语，与同学们一齐寻求克服困难的道路。

吴老师和叶企孙教授一样，非常重视科学知识的全面培养，不仅要求我们学好本系的课程，并且指导我们多选修数学、化学等外系的重要课程。我们班就有好几位同学既学了不少数学课，也学了分析化学、有机化学、物理化学和工业化学等课，而且严格要求与化学系的同学一样，要做满全部实验。我们也还分头选读了直流交流电机、热工原理、结构力学和结构理论等工学院的重点课，有的同学甚至于读满了两个系或三个系的学分。这样的训练，为一生从事教育、科研工作打下了坚实的基础，易于联系实际，适应生产需要。

大学毕业后，我考取了中央研究院研究实习员，同时也考取了清华大学物理系研究生。研究实习员月薪 70 元，研究生只有每月津贴24 元。我因家境贫困，要担负母亲和弟妹的生活，考虑放弃研究生，但心里实在想继续学习。吴老师了解到我的处境，告诉我说争取去考上海商务印书馆的高梦旦奖学金。我幸而考取，每年得奖学金 300

元，就可以解决家庭经济负担，才决定留清华读研究生，直到考取留英公费出国。吴老师爱护青年学子以至于关注到他们的生活问题，这是我亲身感受的。

**钱伟长**　力学与数学家。1912 年 10 月 9 日生于江苏无锡，2010 年 7 月 30 日逝于上海。1935 年毕业于清华大学物理系。1942 年获加拿大多伦多大学博士学位。后在美国加利福尼亚州理工学院喷射推进研究所任研究员。历任清华大学教授、教务长、副校长，中国科学院力学所副所长，上海工业大学校长，上海大学校长及几所高校的名誉校长。曾任中国力学学会副理事长，中国中文信息学会理事长，《应用数学和力学》主编，美国《应用数学进展》《国际工程科学月刊》编委，《简明不列颠百科全书》的中美编审委员会委员，波兰科学院国外院士，中国民主同盟中央副主席，全国政协副主席等。主要从事力学、应用数学等方面的研究与教学。首次将张量分析及微分几何用于弹性板壳研究并建立了薄板薄壳的统一理论，提出了线壳理论的非线性微分方程组，国际上称为"钱伟长方程"。首次成功地用系统摄动法处理非线性方程，迄今国际上仍用此法处理这类问题。提出的广义变分原理和环壳分析解等成果被誉为"具有我国独特方法的重要贡献"。研制成功新颖中文编码及计算机汉字输入方案（钱码）。对大功率电池的设计理论、电机计算理论等有独特见解。发表研究论文 160 余篇，并有《弹性板壳的内禀理论》等专著 20 多种。曾获 2010 年中国教育年度新闻人物特别奖和感动中国十大人物、全国优秀科技图书一等奖、何梁何利基金"科学与技术成就奖"、国家自然科学奖二等奖等。1955 年被选聘为中国科学院学部委员（院士）。

> 科学上的创新光靠严密的逻辑思维不行，创新的思想往往开始于形象思维，从大跨度的联想中得到启迪，然后再用严密的逻辑加以验证。

# 科技创新人才的培养

钱学森

今天找你们来，想和你们说说我近来思考的一个问题，即人才培养问题。我想说的不是一般人才的培养问题，而是科技创新人才的培养问题。我认为这是我们国家长远发展的一个大问题。

党和国家都很重视科技创新问题，投了不少钱搞"创新工程""创新计划"，等等，这是必要的，但我觉得更重要的是要培养具有创新思想的人才。问题在于，中国还没有一所大学能够按照培养科学技术发明创造人才的模式去办学，都是些人云亦云、一般化的、没有自己独特的创新东西。受封建思想的影响，一直是这个样子。我看，这是中国当前一个很大的问题。

最近我读《参考消息》，看到上面讲美国加州理工学院的情况，使我想起我在美国加州理工学院所受的教育。

我是在 20 世纪 30 年代去美国的，开始在麻省理工学院学习。麻省理工学院在当时也算是鼎鼎大名了，但我觉得没什么，一年就把硕士学位拿下了，成绩还拔尖。其实，这一年并没学到什么创新的东西，很一般化。后来我转到加州理工学院，一下子就感觉到它和麻省理工学院很不一样，创新学风弥漫整个校园。可以说，整个学校的一个精神就是创新。在那里，你必须想别人没有想到的东西，说别人没有说过的话。拔尖的人才很多，我得与他们竞赛，才能跑在前沿。这里的创新还不能是一般的，迈小步可不行，你很快就会被别人超过。你所想的、做的，要比别人高出一大截才行。那里的学术气氛非常浓厚，学术讨论会十分活跃，互相启发，互相促进。我们现在倒好，一些技术和学术讨论会还互相保密，互相封锁，这不是发展科学的学风。你真的有本事，就不怕别人赶上来。我记得在一次学术讨论会上，我的老师冯·卡门讲了一个非常好的学术思想，美国人叫"good idea"，这在科学工作中是很重要的。有没有创新，首先就取决于你有没有一个"good idea"。结果马上就有人说："卡门教授，你把这么好的思想都讲出来了，就不怕别人超过你？"卡门说："我不怕，等他赶上我这个想法，我又跑到前面老远去了。"所以，我到加州理工学院，一下子脑子就开了窍，以前从来没想到的事，这里全讲到了，讲的内容都是科学发展最前沿的东西，让我大开眼界。

我本来是航空系的研究生，我的老师鼓励我学习各种有用的知识。我到物理系去听课，讲的是物理学的前沿，原子、原子核理论、核技术，连原子弹都提到了。生物系有摩尔根这位大权威，讲遗传学，我们中国的遗传学家谈家桢就是摩尔根的学生。化学系的课我也去听，化学系主任莱纳斯·卡尔·鲍林讲结构化学，也是化学的前沿，他在结构化学上的工作还获得诺贝尔化学奖。以前我们科学院的院长卢嘉锡就在加州理工学院化学系进修过。莱纳斯·卡尔·鲍林对于我这位航空系的研究生去听他的课、参加化学系的学术讨论会，一点也不排斥。他比我大十几岁，我们后来成为好朋友。他晚年主张服用大剂量维生素的思想遭到生物医学界的普遍反对，但他仍坚

钱学森先生(右)当年在加州理工学院与同事们在探讨(资料图片)

持自己的观点,甚至与整个医学界辩论不止。他自己就每天服用大剂量维生素,活到93岁。加州理工学院就有许多这样的大师、这样的怪人,决不随大流,敢于想别人不敢想的,做别人不敢做的。大家都说好的东西,在他看来很一般,没什么。没有这种精神,怎么会有创新?

　　加州理工学院给这些学者、教授们,也给年轻的学生、研究生们提供了充分的学术权力和民主氛围。不同的学派、不同的学术观点都可以充分发表。学生们也可以充分发表自己的不同学术见解,可以向权威们挑战。过去,我曾讲过我在加州理工学院当研究生时与一些权威辩论的情况。其实,这在加州理工学院是很平常的事。那时,我们这些搞应用力学的,就是用数学计算来解决工程上的复杂问题。所以,人家又管我们叫应用数学家。可是,数学系的那些搞纯粹数学的人偏偏瞧不起我们这些搞工程数学的。两个学派常常在一起辩论。有一次,数学系的权威在学校布告栏里贴出了一张海报,说他在什么时间什么地点讲理论数学,欢迎大家去听讲。我的老师冯·卡门一看,也马上贴出一张海报,说在同一时间他在什么地方讲工程数学,也欢迎大家去听。结果两场讲座都大受欢迎。这就是加州理工

钱学森院士在讲课（中国科学院提供）

学院的学术风气，民主而又活跃。我们这些年轻人在这里学习，真是大受教益，大开眼界。今天，我们有哪一所大学能做到这样？大家见面都是客客气气，学术讨论活跃不起来。这怎么能够培养创新人才？更不用说大师级人才了。

有趣的是，加州理工学院还鼓励那些理工科学生提高艺术素养。我们火箭小组的头头马林纳就是一边研究火箭，一边学习绘画，他后来还成为西方一位抽象派画家。我的老师冯·卡门听说我懂得绘画、音乐、摄影这些方面的学问，还被美国艺术和科学学会吸收为会员，他很高兴，说"你有这些才华很重要，这方面你比我强"。因为他小时候没有我那样的良好条件。我父亲钱均夫很懂得现代教育，他一方面让我学理工，走技术强国的路；另一方面又送我去学音乐、绘画这些艺术课。我从小不仅对科学感兴趣，也对艺术有兴趣，读过许多艺术理论方面的书，像普列汉诺夫的《艺术论》，我在上海交通大学念书时就读过了。这些艺术上的修养不仅加深了我对艺术作品中那些诗情画意和人生哲理的深刻理解，也学会了艺术上大跨度的宏观形象思维。我认为，这些东西对启迪一个人在科学上的创新是很重要的。科学上的创新光靠严密的逻辑思维不行，创新的思想往往开始于形象思维，从大跨度的联想中得到启迪，然后再用严密的逻辑加以验证。

像加州理工学院这样的学校，光是为中国就培养出许多著名科学家，钱伟长、谈家桢、郭永怀等，都是加州理工学院出来的。郭永怀是很了不起的，但他去世得早，很多人不了解他。在加州理工学院，他也是冯·卡门的学生，很优秀。我们在一个办公室工作，常常在一起讨论问题。我发现他聪明极了。你若跟他谈些一般性的问题，他不满意，总要追问一些深刻的概念。他毕业以后到康奈尔大学当教授，因为冯·卡门的另一位高才生西尔斯在康奈尔大学组建航空研究院，他了解郭永怀，邀请他去那里工作。郭永怀回国后，开始在力学所担任副所长，我们一起开创中国的力学事业。后来，搞核武器的钱三强找我，说搞原子弹、氢弹需要一位搞力学的人参加，解决复杂

钱学森院士的风采（中国科学院提供）

的力学计算问题，开始他想请我去。我说现在中央已委托我搞导弹，事情很多，我没精力参加核武器的事了。但我可以推荐一个人——郭永怀。郭永怀后来担任九院副院长，专门负责爆炸力学等方面的计算问题。在我国原子弹、氢弹问题上他是立了大功的，可惜在一次出差途中因飞机失事牺牲了。那个时候，就是这样一批有创新精神的人把中国的原子弹、氢弹、导弹、卫星搞起来的。

钱学森院士（中国科学院提供）

今天我们办学，一定要有加州理工学院的那种科技创新精神，培养会动脑筋、具有非凡创造能力的人才。我回国这么多年，感到中国还没有一所这样的学校，都是些一般的。别人说过的才说，别人没说过的就不敢说，这样是培养不出顶尖帅才的。我们国家应该解决这个问题。你是不是真正的创新，就看是不是敢于研究别人没有研究过的科学前沿问题，而不是别人已经说过的东西我们知道，没有说过的东西我们就不知道。所谓优秀学生就是要有创新。没有创新，死记硬背，考试成绩再好也不是优秀学生。

我在加州理工学院接受的就是这样的教育，这是我感受最深的。回国以后，我觉得国家对我很重视，但是社会主义建设需要更多的钱学森，国家才会有大的发展。

我说了这么多，就是想告诉大家，我们要向加州理工学院学习，学习它的科学创新精神。我们中国学生到加州理工学院学习的，回国以后都发挥了很好的作用。所有在那儿学习过的人都受到它创新精神的熏陶，知道不创新不行。我们不能人云亦云，这不是科学精神，科学精神最重要的就是创新。

我今年已90多岁了，想到中国长远发展的事情，忧虑的就是这一点。

（本文是钱学森院士2005年3月29日下午在301医院谈话的记录）

**钱学森** 空气动力学家、科学家、教育家。1911年12月11日生于上海，祖籍浙江临安。2009年10月31日逝于北京。1934年毕业于交通大学机械与动力工程学院。1936年获美国麻省理工学院航空工程硕士学位，后转入加州理工学院航空系学习。1939年获美国加州理工学院航空、数学博士学位，1945年任该校副教授，1947年任教授。1938年至1955年在美国从事空气动力学、固体力学和火箭、导弹等领域研究，并与导师共同完成高速空气动力学问题研究课题并建立了"卡门－钱学森"公式。28岁时已成为世界知名的空气动力学家。1955年回国后，先后担任了中国科学技术大学近代力学系主任、中国科学院力学研究所所长、第七机械工业部副部长、国防科工委副主任、中国科学技术协会名誉主席、中国人民政治协商会议第六至八届全国委员会副主席、中国宇航学会名誉理事长、中国人民解放军总装备部科技委高级顾问等重要职务，还兼任中国自动化学会第一、二届理事长。作为中国载人航天奠基人，"两弹一星"功勋奖章获得者，还被誉为"中国航天之父""中国导弹之父"和"中国自动化控制之父"。1957年被增聘为中国科学院学部委员（院士），1994年被选聘为中国工程院院士。

把自学精神贯穿整个学校的教学过程，这可能是保证学生能够超过老师并不断前进的方法。

# 养成自学习惯

钱锺韩

我自己也算是"正途出身"，上过小学、中学、大学，在上海交通大学毕业，也曾到外国去留过学，我却感到对自己成长影响最大的还是自学以及自学的方法。这要从我幼时的经历和时代背景说起。

我出生于旧知识分子家庭。父亲和伯父中国古书读得很多，有相当深的造诣。从五岁开始，他们就教我们读中国古典文学和诸子百家，教我们写文言文，连家信都不许用白话文。我伯父是几所大学的中国文学教授。他希望我们跟他走，学文科，最好是搞中国古典文学，不得已时也可以考虑改学西洋古典文学。我的堂兄钱锺书就是按照这个计划培养出来的。我是家庭中第一个学理工的人，在这方面得不到家里的帮助（因为他们对现代科学一窍不通），也得不到他们的支持。

祖父很反对"洋学堂"，因此，起先我读了四年私塾。所谓私塾，就是在家里请位老秀才，读点线装书，练点毛笔字。1918 年，送入亲戚的私塾中读书，锺书读《毛诗》，我读《尔雅》。我开始读《尔雅》是私塾先生的主张，此书佶屈聱牙，不知所云，全靠死记硬背，我为此经常挨打，吃了不少苦头，锺书读的却是《毛诗》和《孟子》，比较流畅好懂，我对此十分羡慕——看来读《尔雅》并不是我父亲和伯父的主张，而是我祖父听了私塾先生的主张而在我个人身上进行试验，因为其他同学都没人读，这本关于上古时代的训诂书是最不合适的启蒙读物，对我来说是一次彻底的失败。但就是这样下的苦功，十一岁时我们已经读完了《论语》《孟子》《毛诗》《礼记》《左传》等书，闲暇时已经涉猎子史古文及唐诗，动笔写文章了。大伯父虽然教育有方，但他毕竟是旧式文人，对新学一窍不通。我们兄弟的语文水平和历史知识都远远超出当时小学的一般水平，但最严重的缺陷就是没有学过算术，没有学过加减乘除。后来家里亦看到时代不同了，1920年才同意我们进入公立学校，直接插入"高等小学"，相当于现在的小学五年级。为了应付升学考试，在暑假里临时突击学会阿拉伯数字，学了一点加减乘除。

进入高小后，由于缺少了四年基础教育，学习困难很大。学校里有一套功课，有一套作业（当然比现在少得多、浅得多），家里却从不过问；只是另行安排一些课外学习任务：继续读些古典文学，读些中国历史，写些议论文章。在这几年里我学得很狼狈，成绩不佳，有时还不及格，只能靠自己的阅读能力来勉强应付学校功课。我们家里还有个特别的风气，就是看不起教科书，因为那些都是无名小卒写的，要读书就读大本的名著。但在小学里，不读教科书又能读什么呢？

后来读初中，进了一所美国教会办的教会中学。它的教育另有一套，对英语非常重视，而数理课程相当落后。到了高中一年级时，北伐战争胜利，教会学校亦受到冲击。国民政府规定，学校里不得强迫学生上宗教课，外国教会就把学校停办，以示抗议。这对我是个思想解放的机会和学习方向的转折点。

北伐胜利后，民族工业和国营工业都有了发展。社会上开始看到这方面的出路，学校里更加重视数理化的教学。同时，我的家庭环境亦促使我从理工方面找出路。我的父亲、伯父和堂兄都是博闻强记，才思敏捷，下笔千言。相比之下，我显得很笨。自己早就知道不是学文学、历史或哲学的料子，因为在那些领域里，如果没有天才和灵感，就没有出头的日子。我立志要学理工，走自己的路，首先是离开他们远一点，可以少受一点批评，减少一些心理上的压力。我亦觉得理工科比较实事求是，注重逻辑思维，比学文史哲容易得多。

钱锺韩院士（中国科学院提供）

当时交通大学的入学考试竞争激烈，淘汰率很高，我以前所在学校的数理课程根本达不到要求，为了投考交大，还须通过大量自学来进行准备。我的数学、物理、化学等各门课程，都是加码自学的。由于在中学里掌握了自学方法和打下了扎实的基础，所以在进入交通大学后，我觉得对一些新课（例如力学、电工、机械、热工等），并没有什么困难，因为这类理工课程的基本路子都是相似的，可以触类旁通，举一反三。

此外，还有一个特殊的时代背景在起作用。在1911年辛亥革命之后，国内局势一直非常动荡，并影响到学校。军阀们每隔几年就要打一次内战，一打仗学校就要停课。不打仗时，学生还要罢课、游行，以反对政府同日本人签订卖国条约，或抗议外国人在中国土地上的暴行，如"五四""五卅"等"国耻运动"。因此，学校上课很不稳定。我在学校读书期间，就经历过军阀战争（1924年"齐卢之战"，也称"江浙战争""甲子兵灾"）、北伐战争（1927年）、淞沪抗日战争（1931年），从初中到大学，多次停课。假如要依靠老师们一门一门教下去的话，就永远毕不了业。但是学校有它规定的进度，不管停课不停课，老师还是每年照常考试。在这样的条件下，不会自学是上不去的。

我从初中二年级起就开始自学数学。最初是由于内战停课，在家里闲着没有事干。后来逐渐成为业余爱好，特别是对整数论问题（如费马定理，哥德巴赫猜想等）觉得很有兴趣，自愿花时间去搞。到了高中，差不多全部课程都是提前自学的，这就是我当年的学习过程。基本上每一步都得自学，可以说是由于家庭特点和学校教育的脱节而逼出来的。当时学校里几次停课或罢课，虽然不利于常规教学的进行，却有助于自学习惯的养成。在学校里我有过许多好老师，我对他们是很尊敬的。他们把自己的一生，献身于教育事业，献身于下一代，这种"甘当铺路石"的高尚精神，值得我们感戴和铭记！

但在业务学习上，究竟哪些老师对我帮助最大呢？我总结一下自己的经验，觉得还是某些公认的"蹩脚老师"对我帮助最大。他们每次讲课，只能提出问题，不能解决问题。由于他讲不清楚，就会引起我的注意，把脑筋集中到真正的难点上去。听课之后总觉得不满足，就只能自己去学。这些老师讲过的内容，必须经过自己摸索才能弄清楚，在自己脑子里反复思考，按照自己的思路找到答案，花了不少力气，所以印象深刻，不会忘掉；将来用到它的时候，即使事隔多年，还能想得起来。这不就是我们所希望的教学效果吗？

1985年10月，我与我校少年班大学生专门谈了自学成才的问题。我对他们说："我们那一代人在20世纪四五十年代里所做的工作，已经不是上一辈老师所教的东西，必须依靠自学来补充自己所缺少的知识。现在新中国提出了建设四个现代化，提出新技术革命的任务，将要求你们这一代要超过我们。在学校学习过程中，你们很快会发现，或许你们已经发现，老师教不了你们了。如果真是到了老师教不了你们的时候，就表明我们的教育改革已取得初步成功。今后的问题是你们该如何进一步独立学习。因此在分手之前，老师还应该送你们一段路，就是教会你们如何自学。只要掌握自学这个武器，你就可以脱离老师，跨出校门，开拓前进，走入下一个世纪。现在你们14岁，到了20世纪末，大致30岁；到60岁退休时，你们将在21世纪里生活和工作30年。我们希望这个30年将是一个高速发展和富有开创性的年代。你们必须为这个前景做好相应的准备。"

总之，把自学精神贯穿整个学校的教学过程，这可能是保证学生能够超过老师并不断前进的方法。当然，如何在各级学校中建立这种激励自学的机制，培养更多开拓性人才，还需要大家共同来探索，可以说，这也是今天教育改革的主题。

（本文写于 1994 年）

**钱锺韩**　工程热物理和自动化专家。1911 年 6 月 2 日生于江苏无锡，2002 年 2 月 8 日逝于江苏南京。1933 年毕业于交通大学。1934—1936 年在英国伦敦帝国理工学院当研究生。东南大学名誉校长、教授。长期从事热物理学和热工仪表自动化的教学和研究，创办了国内最早的热工仪表自动化专业，培养出新中国首批电厂运行自动化专家，并取得一系列重要科技成果。在电厂热工过程动态学方面，进行了系统化和工程化的工作，在方法上有创新。20 世纪 60 年代初提出了建立低阶近似模型的（以级数展开为基础的）数学方法，解决了当时国产模拟计算机容量太小的难题。1973 年为国内蒸汽发电机组的第一次大规模系统仿真试验提供了简化实用数学模型的成套公式。利用等效电路，阐明了各种热力设备的动态运行特性，为控制和综合自动化提供了理论依据。参加了华东地区各大电厂的热工自动化试点和计算机控制试点，为推广自动化技术作出了重要贡献。长期致力于教育改革，50 年来为国家培养出众多具有开拓性的优秀人才。1980 年当选中国科学院学部委员（院士）。

古今中外大科学家和大学问家获得成功，绝大多数是依靠孜孜不倦的自学。自学使你获得前所未有的知识，自学使你变得聪明起来，自学使你具有了翱翔蓝天的翅膀，而这个道理我是从高中时代就已经深深体会到了。

# 翱翔科学天空的翅膀

## 沈文庆

每当有人问起我，你靠什么能准确把握核物理学研究的方向？靠什么能洞察核物理学各个研究的领域？靠什么能在核物理学研究方面获得创新性成果？我会坦诚地回答他们：如果说我能大致掌握核物理学研究发展方向并在这个领域中取得一些成绩的话，主要得益于不断地刻苦自学，使自己在探索核科学奥秘的道路上一步一步前进。自学，如同雄鹰强健的翅膀，靠它在广阔的天空翱翔。

这使我想起了伟大的革命导师恩格斯，他为了确立辩证唯物主义历史观和自然观，需要自然科学知识，这使他长期处于"脱毛"之中。他没有上过大学，缺乏必备的自然科学知识，但是他始终刻苦自学，广泛阅读了物理学、化学、生物学、天文学、地学、数学以及其他一些自然科学知识。他就是依靠了自己坚韧不拔的"脱毛"精神，不仅为建立唯物辩证法打下了牢固的科学基础，而且在一些科学领域中也作出了重要的贡献。例如，他在研究无机化学、有机化学和生理化学后，提出了"生命是蛋白体的存在方式"这一著名科学论断，并预言："只要把蛋白质的化学成分弄清楚，化学就能着手制造活的蛋白质。"20世纪后的有机化学的发展，特别是生物化学的发展，人工合成了牛胰岛素，完全证实了恩格斯的科学预言。恩格斯确实是自学成大器者的典范。可以说，古今中外大科学家和大学问家获得成功，绝大多数是依靠孜孜不倦的自学。自学使你获得前所未有的知识，自学使你变得聪明起来，自学使你具有了翱翔蓝天的翅膀，而这个道理我是从高中时代就已经深深体会到了。

我少年时代的学习并不好，孩子的稚气总是对学习缺乏好感，但靠一点小聪明学习得还算可以。后来我进入了上海复旦大学工农预科班念高中，那时念复旦预科班算是很幸运的了，包括像上海交通大学预科班、华东师范大学预科班等，都为一般学生和他们的家长所向往。在复旦预科班教我们课的是复旦大学的老师，他们在教学上十分强调通过自学来培养学生接受知识的能力，这种培养方法使我受益匪浅，我一改少年时代对学习缺乏自觉性的习气，养成了自学的习惯，对学习的兴趣也与日俱增。几乎在每个暑假会把下学期的高中课程先自修一遍，等到开学上课就感到很轻松，可以腾出一些时间学习我感兴趣的知识。那时，上海教育部门和科技协会经常在全市中学生中组织物理学、数学、化学等方面的竞赛，我常常报名被推荐参加竞赛，还得过数学优胜奖，从著名的数学家谷超豪先生手中接过奖状，那时他很年轻，我真是十分敬慕他。

1962年我高中毕业，考取了清华大学，就读工程物理学专业。大学学制虽说是5年，但念了3年以后，1965年下半年就去农村"社教"了一年，不久"文化大革命"就开始了，1968年起又去部队农场锻炼了两年。可以说，大学期间，我只学完了基础课，专业课几乎没有学到什么知识。正因为我在高中预科养成了自学的习惯，在那动荡的年代里，我靠自学得以系统补习了专业知识，为今后走上研究岗位打下了基础。1970年我到中国科学院近代物理研究所从事实验核物理方面的研究。1991年调入中国科学院上海原子核研究所。几十年来，一直保持着自学的习惯，捕捉物理学发展的新动态，掌握物理学领域新的学科交叉点，学习与核科学相关的其他专业知识，关心生物学、化学等学科领域的现状等，我深深地感到，了解和掌握这些知识对于自己的研究工作是十分有帮助的。

要使自学达到一定境界，也是不容易的。通过几十年的自学实践，我悟出一些体会。

首先，自学要克服外界的压力。1970年初到近代物理所时，尽管"文化大革命"还在如火如荼地开展着，我还是坚持抓紧时间做研究和自学，星期日和春节几乎都花在学习和工作上。那时受"读书无用论"的影响，学习气氛已荡然无存了，一些成绩很好的学生，成了"政治"的活跃分子，还有些学生沉湎于制作半导体收音机和编织毛衣，优秀学生在"左"的思想影响下荒芜了学业。而我坚持学习，这种行为当然被看作走"白专"道路。可我顶住了压力，不怕戴"白专"帽子，依然我行我素。那时在近代物理所，我的英文已经可以了，比老的科技人员都不差，外国人来所参观考察，我算是会讲英文的少数人之一。自学使我深深尝尽读书带来的乐趣，我真不敢想象，在那个动乱年代，如果我放弃了自学，不知将如何生活。

其次，自学要克服自我小天地。也就是说，自学绝不是关起门来孤立地学，要主动取得导师、同学和同事们的帮助，与他们交谈，从中汲取知识营养。还要向周围的人请教，人各有所长，有的基础理论扎实，有的实践经验丰富，平时多与他们交谈，会使自己的思路开阔；即使是与不同科学领域的人进行知识交流，请教一些问题，也能使自己耳目一新，获得许多新的见识；有时了解他们如何解决各自领域内的疑难问题，对于自己深入开展科研也是很有启示的。近代物理研究所的杨澄中先生是我经常请教的一位学长。杨先生是位学问功底很深的核物理学家，1949年获英国利物浦大学哲学博士学位，1951年回国，为开拓和发展我国原子核物理科学事业作出了重要贡献，是我国重离子物理研究和重离子加速器建设的奠基人，1980年当选中国科学院学部委员（院士）。我经常利用他上班间休和下班晚走的时间向他请教，包括科研工作、科研方法和其他学术上的问题，每次交谈，都能获得新的东西。特别是我刚踏上科研岗位，对于怎样搞好研究工作，是迫切需要指点的。他教了我很多这方面的东西，告诉我首先应该看些什么书，应关心什么问题，如何把基础知识与科学研究结合起来……使我获益匪浅。杨先生虽然早已离我们而去，但他给予我的帮助终生难忘。

还有，自学要不断求新。如果说科学的生命在于创造，在于不断探索和发现新的领域，那么，与科学相伴随的知识，也是在不断更新着的。因此，自学就要求新。我在核物理研究工作中深深体会到，科研工作的创新在于抓住问题，即发现问题、分析问题和解决问题。一旦旧的问题解决了，新的问题又产生了，由此再进行一个循环，使事物的奥秘不断被揭开，由浅入深，由表及里。自学就要把握科技创新的这个规律，同研究工作结合起来，清楚地了解什么是没有解决的问题，我得从哪方面去补充不了解的东西，同时在学习过程中要了解别人的工作是对还是不对，作出判断后，确定自己下一步的工作目标，再进一步深入学习解决新问题所需要的知识。我在科研上的一个特点就是喜欢到未知领域去探索，而与之伴随的就是喜欢在知识海洋中寻觅有益于探索未知领域的相关新知识、新见解。

沈文庆院士在上海世博会演讲（2010，方鸿辉摄）

　　最后，自学要不怕困难。自学往往会遇到很大的困难，甚至要付出巨大的精力和心血，如果缺乏恒心和毅力，就得不到理想的效果。1979 年 2 月，我作为"文化大革命"后较早的一批科技人员到德国重离子研究中心进修两年。初到德国，感到在业务上有差距，工作遇到了困难，特别是计算机的应用。20 世纪 80 年代初，德国的计算机发展已很快了，有了大型计算机控制带终端，而我们国内没有多少科研单位在使用计算机，即使有，也是比较初级的。因此，我接触计算机的机会并不多，显然缺乏计算机方面的知识，但在德国实验室工作，计算机应用技术是必不可少的。我就着手"啃"计算机资料，足足有6 大本，每本近 300 页，要读懂它，而且要与操作结合，确实遇到了很大困难。我一面自学一面请教别人，经常搞到凌晨两三点钟，每天最多只能睡五六小时。我花了整整 3 个月的时间，终于过了计算机应用这一关，受到了德国国家重粒子物理所副所长博克教授的很高评价，还为我申请到了大众汽车基金 20 万马克的资助，帮助我回国工作。除了自学计算机应用技术外，德国重离子研究中心还有许多仪器设备必须学会使用，我也是靠刻苦学习，一样一样地去弄懂搞通。初到德国那时，我付出的代价是巨大的，如果没有恒心和毅力，就可能在困难面前趴下了。

我有时在问自己，为什么会坚持刻苦自学，是不是功利主义在驱动？我坦诚反省，如果自学的动力来自对功利的追求，那么恐怕早就被"走白专道路"的帽子所压垮，被学习中遇到的种种困难所吓倒。我感到对于学习如果没有正确的世界观和人生观，任何动力都是不能持久的。我刻苦自学的动力来自对科学的热爱，来自对核物理学、原子能事业的执著追求和奉献的信念。我念高中时，当初喜欢的是数学，我不是在数学竞争中也得了优胜奖吗？那时我认定自己将来是搞数学的，也准备报考大学数学系。但是，当我知道我们国家急需发展原子能事业时，我就毫不犹豫地转向了核物理专业，而且为了掌握这门专业，排除困难，一直坚持刻苦学习。可以说，自打我认准了核物理专业时，我就做好了为发展核科学事业奉献毕生精力的准备，而无任何功利思想可言。同其他学科不同，从事核物理科学似乎要承担更大的风险和社会责任。被称为"原子弹之父"的美国科学家奥本海默长期从事原子及原子核等方面的理论研究，他从天然铀中分离铀 -235 和确定生产原子弹所需铀的临界质量数。1942 年 8 月，美国实施"曼哈顿计划"——研制原子弹，奥本海默被任命建立一个实验室并担任主任。他集聚起许多杰出的科学家，于 1945 年夏制成了第一批原子弹。美国在日本广岛投下原子弹，他目睹原子弹给日本

沈文庆院士（中国科学院提供）

人民带来的巨大灾难，心灵遭到很大创伤。1946年3月16日，他作为讨论国际管制原子能问题美国科学家代表团成员，出席了联合国会议。在大会发言时，奥本海默内疚且痛苦地说："主席先生，我的这双手沾满了鲜血……"后来他担任原子能委员会的总顾问委员会主席。这个顾问委员会曾反对试制氢弹。由此，奥本海默受到军事情报机关的指控，说他曾与共产党人合作，庇护苏联间谍，反对制造氢弹，美国政府对他进行了审查，判定他不能接触军事机密，解除了他的原子能委员会总顾问委员会主席的职务。尽管1963年约翰逊总统把原子能委员会的"费密奖"授予奥本海默，以这种方式为他恢复名誉，但他遭受的政治迫害，使他长期心力交瘁。1967年2月18日晚上，奥本海默与世长辞，年仅62岁。这一事例始终烙在我的脑海中，不时浮起。当然，在我们国家科学家是受到尊重和保护的，这是由社会主义制度所决定的，但科学是无国界的，科学（特别是核科学）仍有可能会被少数人利用，成为危害人类和平事业的工具，科学家要随时承担更大的风险和社会责任。

当今，核物理学似乎也不太"吃香"了，比不上生物学、信息学、材料学、微电子学等"时髦"学科，大学招生人数也少了，但我丝毫也不后悔。核物理研究领域还有许多谜需要解开，我现在从事的"发射性核束物理和核天体物理"研究，就需要很好深入，有做不完的工作。因此，我必须一如既往地坚持不懈地自学，勇于开拓新的研究领域，为核物理事业作出自己应有的贡献。

**沈文庆** 实验核物理学家。1945 年 8 月 21 日生于上海。1968年毕业于清华大学工程物理系理论核物理专业。毕业后在中国科学院近代物理研究所从事实验核物理方面的研究,任研究员和博士生导师。1991 年调入中国科学院上海原子核研究所。自 1979 年起曾多次到德国、日本、法国、美国、丹麦、荷兰等国从事核物理学研究工作。曾任国家自然科学基金委员会副主任,中国科学院上海原子核研究所研究员,中国科学院近代物理所副所长,中国科学院上海原子核研究所党委书记、副所长,中国科学院上海分院院长,上海市科学技术协会主席,中国核物理学会理事长,国家 973 项目"放射性核束物理和核天体物理"的首席科学家。在低能和中能重离子核反应实验和放射性核束物理研究方面做出创新性的工作,负责兰州国家重离子加速器实验区建设与组织第一批实验方面作出重要贡献。曾与同事一起多次获得国家自然科学奖二等奖、中国科学院自然科学奖特等奖、一等奖等,曾获国家人事部、国家教委有突出贡献中青年专家和有突出贡献出国留学人员称号,五次被评为中国科学院优秀研究生导师。在国内外杂志发表论文 100 多篇,被 SCI 引用 200 多次。1999 年当选中国科学院院士。

对社会人而言，科学研究是一件苦差事；对真正的科学家而言，科学研究实在是牵肠挂肚、茶饭不思、情有独钟、妙不可言。

# 做诚实的学问　做正直的人

## 施一公

各位同学：大家下午好！

你们刚刚开启了自己的科学研究之路，一定对未来充满了美好的憧憬，也同时有一点点恐慌和不安，因为你们无法预测未来的科学研究是否会一帆风顺。

今天，我作为一位曾经的博士研究生、博士后和已经培养了几十位博士、博士后的相对资深的科研工作者，想跟大家谈谈自己对学术品位、学术道德、学术道路的看法。我的观点都来自自己的切身经历和感悟，所以个人色彩会非常强烈，根据以往的经验，可能会引起个别人不舒服，先提前道歉。但也请大家记住：我的观点和世界上任何其

施一公院士（中国科学院提供）

他人的观点一样，都是主观的，也都是有局限性的，因此未必全然正确，更未必适用于具有不同成长经历、来自不同培养环境的你们中的每一位。所以我的讲述仅供大家参考，更多地意在抛砖引玉，希望能够由此激发大家的独立思考。

### 一名优秀的研究生，时间的付出是必须的

所有成功的科学家有一个共同的特点，那就是必须付出大量的时间和心血。

实际上，一个人无论从事哪一种职业，要想成为本行业中的佼佼者，都必须付出比常人更多的时间与心力。有时，个别优秀科学家在回答学生或媒体的问题时，轻描淡写地说自己的成功全凭借运气，不是苦干。这种客套的回答避重就轻，只是强调了事业成功过程中的一种偶然因素，这常会对年轻学生造成很大的误导；一些幼稚的学生甚至会因此而投机取巧、不全力进取，总是等待所谓的"运气"。

说得极端一点：如果真有这样主要靠"运气"而不是时间和心力的付出取得成功的科学家，那么他的成功倒很可能是攫取别人的成果，而自己十有八九不真正具备了在该领域有领先的学术水准。

神经生物学家蒲慕明先生在多个神经科学领域作出了重要贡献。十几年前，身处美国加州大学伯克利分校的蒲先生曾经写过一封很有见地的电子邮件在网上广为流传，这封邮件是蒲先生写给自己实验室所有博士生和博士后的，其中的观点我完全赞同。这封电子邮件语重心长，从中可以看出蒲先生的良苦用心。我把这封电子邮件转给了我实验室的所有学生。

其中的一段翻译过来是这样说的："我认为最重要的事情就是在实验室里的工作时间，当今一名成功的年轻科学家平均每周要有60小时左右的时间投入到实验室的研究工作……我建议每个人每天至

少 6 小时的紧张实验操作和 2 小时以上的与科研直接有关的阅读等。文献和书籍的阅读应该在这些工作时间之外进行。"[1]

蒲慕明院士（资料图片）

我从小就特别贪玩，不喜欢学习，但来自学校和父母的教育与压力迫使自己尽量刻苦读书，才被保送进了清华。尝到了甜头以后，我在大学阶段机械地保持了刻苦的传统，综合成绩全班第一，并提前一年毕业。当然，这种应试和灌输教育的结果就是让我很少能够真正地独立思考，对专业也提不起兴趣。

大学毕业后，我去美国留学。博士一年级时，因为对科研和专业没有兴趣，我内心有点浮躁而迷茫，无法继续刻苦，倒是花了很多时间在中餐馆打工并选修了计算机课程。第二年，我开始逐渐适应科研的"枯燥"，对科学研究有了一点儿兴趣，并开始有了一点儿自己的体会。有时，领会了一些精妙之处后，还会得意地产生"原来不过如此"的想法，但逐渐对自己的科研能力有了一点儿自信。这时，博士学位要求的课程已经全部修完，我每周五天从上午九点

① 蒲慕明，神经生物学家，美国国家科学院院士、中国科学院院士、香港科学院创院院士，美国加州大学伯克利分校 Paul Licht 杰出生物学讲座教授，中国科学院上海生命科学研究院神经科学研究所所长。

到晚上七八点都做实验，周末也会去干半天。到了第三年，我已经开始领会到科研的逻辑和奥妙，有点儿跃跃欲试的感觉。在组会上还会常常提问，而这种"入门"的感觉又让我对研究增加了更多兴趣，晚上常常干到

施一公在实验室（资料图片）

十一点多。1993年我曾经在自己的实验记录本的日期旁标注"这是我连续第21天在实验室工作"以激励自己。到第四年以后，我完全适应了实验室的科研环境，再也不会感到枯燥，时间安排则完全服从实验的需要。其实，这段时期的工作时间远多于刚刚进实验室的时候，但感觉上好多了。研究生阶段后期，我的刻苦在实验室是出了名的。

在纽约做博士后时期则是我这辈子最刻苦的两年，每天晚上做实验到凌晨三点左右，回到住处躺下来睡觉时常常已是四点以后，但每天早晨八点钟都会被窗外街道上的汽车喧闹声吵醒，九点左右又回到实验室开始了新的一天。每天三餐也都在实验室，分别在上午九点、下午三点和晚上九点。这样的生活节奏整整持续十一天，从周一到第二周的周五，周五晚上乘坐灰狗长途汽车回到巴尔的摩（Baltimore）的家里，周末两天每天睡上近十个小时，弥补过去十一天严重缺失的睡眠。周一早晨再开始下一个十一天的奋斗。虽然很苦，但我心里很骄傲，我知道自己在用行动打造未来与创业。有时，我也会在日记里鼓励自己。我住在纽约市曼哈顿区65街与第一大道路口附近，离纽约著名的中央公园很近，那里也常常有文化娱乐活动，但在纽约工作整整两年，我从未迈进中央公园一步。

我常常把自己的这段经历告诉我实验室的学生，新生常常问我：
"老师，您觉得自己苦吗？"我回答："只有自己没有兴趣的时候觉得很苦。有兴趣以后一点也不觉得苦。"

是啊，一个精彩的实验带给我的享受比看一部美国大片强多了。现在回想起当时的刻苦，仍感觉很骄傲、很振奋！我在博士生和博士后阶段那七年半的努力进取，为我独立科研生涯的成功奠定了坚实基础。

## 一名优秀的博士生必须具备批判性思维

要想在科学研究上取得突破和成功，只有时间的付出和刻苦，还是不够的。批判性分析（critical analysis）是必须具备的一种素养。

研究生与本科生最大的区别是：本科生以学习人类长期以来积累的知识为主，兼顾科学研究和技能训练；而博士生的本意是通过科学研究来发掘并创造新的知识，而探索新知识必须依靠批判性的思维逻辑。

其实，整个大学和研究生阶段教育的很重要一部分就是要培养critical analysis 的能力，养成能够进行创新科研的方法。这里的例子非常多，覆盖的范围也非常广，在此举几个让我难忘的例子。

1. 正确分析负面结果是成功的关键

作为一名博士生，如果每一个实验都很顺利地得到预期的结果，除个别研究领域外，一般可能只需要 6 至 24 个月就可以获得博士学位所需要的所有结果了。然而在美国，生命学科的一名博士研究生，平均需要 6 年左右的时间才能得到 PhD 学位。这一分析说明：绝大多数实验结果会与预料不符，或者是负面结果（negative results）。很多低年级的博士生一看到负面结果就很沮丧，甚至不愿意仔细分析原因。

　　其实，对负面结果的分析是养成批判性思维的最直接途径之一。只要有合适的对照实验，判断无误的负面实验结果往往是通往成功的必经之路。一般来说，任何一个探索型研究课题的每一步进展都有几种、甚至十几种可能的途径，取得进展的过程就是排除不正确、找到正确方向的过程，很多情况下也就是将这几种、甚至十几种可能的途径一一予以尝试、排除，直到找到一条可行之路的过程。在这个过程中，一个可靠的负面结果往往可以让我们信心十足地放弃目前这一途径。如果运用得当，这种排除法会确保我们最终走上正确的实验途径。

　　非常遗憾的是，大多数学生的负面实验结果并不可靠，经不起逻辑的推敲！而这一点往往是阻碍科研课题进展的最大阻碍。比如，对照实验没有预期结果，或者缺乏相应的对照实验，或者是在实验结果的分析和判断上产生失误，从而作出"负面结果"或"不确定"的结论。这种结论对整个课题进展的伤害非常大，常常让学生在今后的实验中不知所措、苦恼不堪。因此，我告诫并鼓励我所有的学生：只要你不断取得可靠的负面结果，你的课题很快就会走上正路；而在不断分析负面结果的过程中所掌握的强大的批判性分析能力，也会使你很快成熟，逐渐成长为一名优秀的科学家。

　　我对一帆风顺、很少取得负面结果的学生总是很担心，因为他们没有真正经历过科研上批判性思维的训练。在我的实验室中，偶尔会有这样的学生，只用很短的时间（两年以内，有时甚至一年）就完成了博士论文所需要的结果。对这些学生，我一定会让他们继续承担一个富有挑战性的新课题，让他们经受负面结果的磨炼。没有这些磨炼，他们不仅很难真正具备批判性思维的能力，将来也很难成为可以独立领导一个实验室的优秀科学家。

## 2. 耗费大量时间的完美主义阻碍创新进取

尼古拉·帕瓦拉蒂奇（Nikola Pavletich）是我的博士后导师，对我影响非常大，他作出了一系列里程碑式的研究工作，享誉世界结构生物学界，31 岁时即升任正教授。1996 年 4 月，我刚到 Nikola 实验室不久，纯化一个表达量相当高的蛋白 Smad4。两天下来，蛋白虽然纯化了，但结果很不理想：得到的产量可能只有预期的 20% 左右。见到 Nikola，我不好意思地说："产率很低，我计划继续优化蛋白的纯化方法，提高产率。"他反问我："你为什么想提高产率？已有的蛋白不够你做初步的结晶实验吗？"我回敬道："我虽然已有足够的蛋白做结晶筛选，但我需要优化产率以得到更多的蛋白。"他毫不客气地打断我："不对。产率够高了，你的时间比产率重要。请尽快开始结晶。"实践证明了 Nikola 建议的价值。我用仅有的几毫克蛋白进行结晶实验，很快意识到这个蛋白的溶液生化性质并不理想，不适合结晶。我通过遗传工程除去其 N 端较柔性的几十个氨基酸之后，蛋白不仅表达量高，而且生化性质稳定，很快得到了有衍射能力的晶体。

在大刀阔斧进行创新实验的初期阶段，对每一步实验的设计当

施一公博士后导师尼古拉·帕瓦拉蒂奇（资料图片）

然要尽量仔细，但一旦按计划开始后，对中间步骤的实验结果不必追求完美，而是应该义无反顾地把实验一步步推到终点，看看可否得到大致与假设相符的总体结果。如果大体上相符，你才应该回过头去仔细改进每一步的实验设计。如果大体不符，而总体实验设计和操作都没有错误，那你的假设很可能是有大问题了。

这样一种来自批判性思维的方法在每一天的实验中都会用到。

过去二十年，我一直告诉实验室所有学生：切忌一味追求完美主义。我把这个方法论推到极限：只要一个实验还能往前走，一定要做到终点，尽量看到每一步的结果，之后需要时再回头看，逐一解决中间遇到的问题。

3. 科研文献与学术讲座的取与舍

在我的博士生阶段，我的导师 Jeremy Berg 非常重视相关科研文献（literature）的阅读，有每周一次的实验室文献讨论，讨论重要的相关科研进展及研究方法，作为学生我受益匪浅。起初，我以为所有的科学家在任何时期都需要博学多读。

刚到 Nikola 实验室，我试图表现一下自己读文献的功底，也想与 Nikola 讨论，以得到他的真传。1996 年春季的一天，我精读了一篇《自然》周刊上发表的文章，午饭前遇到 Nikola，向他描述这篇文章的精妙，同时期待着他的评述。Nikola 面色尴尬地对我说："对不起，我还没看过这篇文章。"我想，也许这篇文章太新，他还没有来得及读。过了几天，我精读了一篇几个月前发表于《科学》周刊的文章，又去找 Nikola 讨论，没想到他又说"没看过"。几次碰壁之后，我不解地问："你知识如此渊博，一定是广泛阅读了大量文献。你为什么没有读过我提到的这几篇论文呢？"Nikola 看着我说："我阅读不广泛。"我反问："如果你不广泛阅读，你的科研怎么会这么好？你怎么能在自己的论文里引用这么多文献？"他的回答让我彻底意外，大意是"我只读与我的研究兴趣有直接关系的论文,并且只有在写论文时我才会大量阅读。"

我做博士后的单位——纪念斯隆－凯特琳癌症中心(Memorial Sloan-Kettering Cancer Center)有一个系列学术讲座(seminar),常常会请来各个生命科学领域的著名科学家作演讲。有一次,一位诺贝尔奖得主来讲,并且点名要与 Nikola 交谈。在绝大多数人看来,这可是一个不可多得的好机会去接近大人物以取得好印象。Nikola 告诉他的秘书:请你替我转达我的歉意,讲座那天我已有安排了。我们也为 Nikola 遗憾。让我万万想不到的是,诺贝尔奖得主讲座的那天,Nikola 把自己关在办公室里,早晨来了以后直到傍晚一直没有出门,当然也没有去听讲座。以我们对他的了解,十有八九他是在写论文(paper)或者解析结构。后来,我察觉到,Nikola 常常如此。

在我离开 Nikola 实验室前,我带着始终没有完全解开的谜,问他:如果你不怎么读文献,又不怎么去听讲座,你怎么还能做一个如此出色的科学家? 他回答道(大意):我的时间有限,每天只有十小时左右在实验室,权衡利弊之后,我只能把我的有限时间用在我认为最重要的事情上,如解析结构、分析结构、与学生讨论课题、写文章。如果没有足够的时间,我只能少读文章、少听讲座了。

Nikola 的回答表述了一个简单的道理:一个人必须对他做的事情作些取舍,不可能面面俱到。无论是科研文献的阅读还是学术讲座的听取,都是为了借鉴相关经验以更好地服务于自己的科研课题。

在博士生阶段,尤其是前两年,我认为必须花足够的时间去听相关领域的学术讲座,并进行科研文献的广泛阅读,打好批判性思维的基础。但是,随着科研课题的深入,对于文献阅读和学术讲座就需要有一定的针对性和选择性,也要开始权衡时间的分配了。

4. 挑战传统思维

从我懂事开始，就受到教育：但凡失败都有其隐藏的道理，应该找到失败的原因后再重新开始尝试。直到 1996 年，我在实验上也遵循这一原则。但在 Nikola 实验室，这一基本原则也受到有理有据的挑战。

有一次，一个比较复杂的实验失败了，我很沮丧，准备花几天时间多做一些对照实验找到问题所在。没想到，Nikola 阻止了我，他皱着眉头问我："告诉我，你为什么要搞明白实验为何失败？"我觉得这个问题太没道理，理直气壮地回答："我得分析明白哪里错了才能保证下一次可以成功。"Nikola 马上评论道（大意）：不需要。你真正要做的是把实验重复一遍，但愿下次可以做成。与其花大把时间搞清楚一个实验为何失败，不如先重复一遍。面对一个失败了的复杂的一次性实验，最好的办法就是认认真真重新做一次。

后来，Nikola 又把他的观点升华：（大意）是否需要找到实验失败的原因是一个哲学决定。找到每一个不完美实验结果原因的传统做法未必是最佳做法。

仔细想想，这些话很有道理。并不是所有失败的实验都一定要找到其原因，尤其是生命科学的实验，过程繁琐复杂；大部分失败的实验是由简单的操作错误引起的，比如 PCR 忘记加某种成分了，可以仔细重新做一遍；这样往往可以解决问题。只有那些关键的、不找到失败原因就无法前行的实验，才需要刨根究源。

我选择的这些例子多少有点"极端"，但只有这样才能更好地起到震荡大家思维的作用。其实，在我自己的实验室里，这几个例子早已经给所有学生反复讲过多次了，而且每次讲完，我都会告诉大家打破迷信、怀疑成规，而关键的关键是：跟着逻辑走！（Follow the logic）这句话，我每天在实验室里注定会对不同的学生重复讲上几遍。严密的逻辑是批判性思维的根本。

## 科学家往往需要独立人格和一点点脾气

对社会人而言，科学研究是一件苦差事；对真正的科学家而言，科学研究实在是牵肠挂肚、茶饭不思、情有独钟、妙不可言。靠别人的劝说和宣讲来从事科学研究不太可行，只有自己真正从心里感兴趣直至着迷，一心一意持之以恒地探奇解惑，才有可能成为一流的科学家。正所谓"不疯魔不成活"。在这个过程中，独立人格和脾气显得格外重要。

所谓独立人格，就是对世界上的事物有自己独立的看法。恰恰是一些有脾气的人不会轻易随波逐流，可以保持自己的独立人格。因为时间关系，这里就不举例了。

## 不可触碰的学术道德底线

做学问要诚实，反映在两方面。

首先是有一说一，实事求是，尊重原始实验数据的真实性。

在诚实做研究的前提下，对具体实验结果的分析、理解有偏差甚至错误是很常见的，这是科学发展的正常过程。可以说，绝大多数学术论文的分析、结论和讨论都存在不同程度的瑕疵或偏差，这种学术问题的争论，往往是科学发展的重要动力之一。越是前沿的科学研究，越容易出现错误理解和错误结论。

比较有名的例子是著名物理学家费米，他 1938 年获得诺贝尔奖，获奖的重要原因之一是发现了第 93 号元素。实际上，尽管费米在 1934 年曾报道用中子轰击第 92 号元素铀可以产生第 93 号元素，德国的化学家哈恩在 1939 年 1 月发表论文，证明产生的元素根本不是 93 号元素，而是 56 号元素——钡！但这个错误并没有改变费米是杰出物理学家的事实，也没有影响他继续在学术上的进取。费米很快提出后来用于制造原子弹的链式反应理论，并于 1941 年在芝加哥大学主持建成世界上第一座原子反应堆。

再举一个生命科学领域的例子，爱德蒙·费舍尔（Edmond Fischer）和埃德温·克雷布斯（Edwin Krebs）因为发现蛋白质的磷酸化于 1992 年获得了诺贝尔生理学或医学奖，但如果仔细阅读他们发表于 20 世纪 50 年代的几篇关键学术论文，你会发现他们当时对不少具体实验现象的理解和分析与我们现在的理解有一定差距，用今天的标准可以说不完全正确，但瑕不掩瑜，这些文章代表了当时最优秀最有创意的突破。

举这两个例子是希望大家区分 error 与 misconduct 的区别。比如一个实验由于条件有限，得出了一个结论，后来别人用更高级的实验手段、更丰富的实验数据推翻这个结论，那么第一篇只要详实地报道了当时的实验条件，更重要的是基于这些描述，其他实验室都可以重复出其所报道的实验结果，就情有可原，无须撤稿。但如果明知实验证据不足，为了支持某个结论而编造实验条件或实验证据，这就是造假了，该视作学术不端。

但诚实的学问还有另外一层重要含义：只有自己对具体实验课题作出了相应的贡献（intellectual contribution）后，才应该在相关学术论文中署名。

但这一点，很多人做不到。大老板强势署名的事情屡见不鲜，更有甚者，利用其学术地位和影响力，使一些年轻学者不得不在文章里挂上自己的名字，有时还以许诺未来的科研基金来换取论文署名。这种做法不仅有失学术道德，更是会严重阻碍创新，对整个学术界风气的长远恶劣影响更甚于一般的造假。

## 你不习惯的常识

**1. 我们有限的认知不足以支撑一成不变的真理**

你们在课堂里学到的所有定律、公理等，都是前人对自然现象的归纳总结，是现状下最好的归纳总结，可以有效解释这些现象，甚至预测一些还未发现的现象。也许这些定律和公理可以非常接近真理；但是，这些定律和公理仅仅是对现实的近似描述，都不是永恒的真理。随着人类对周围环境和宇宙认识的加深，这些定律和公理都会有失效的时候。这里最有代表性的例子应当是强大的牛顿万有引力定律，它可以解释太阳系行星围绕太阳的公转，但它无法完美解释水星近日点进动的问题，而需要引入爱因斯坦的广义相对论。所以，请同学们牢记：科学研究中没有绝对的真理，只有不断改进的人类对自然的认识！

**2. 科学与民主是两个概念**

科学是探寻未知，其结果是发现规律和定理；而民主通常是指在决策过程中每个人都有发言权的现象和过程。很遗憾，但也许是很幸运，在科学研究的过程中，从来没有"少数服从多数"这一原则。实际上，在前沿和尖端的科学研究领域，常常是极少数人孤独地探索，作出一些有违常规的意外发现，这些发现也常常被大多数人排斥甚至攻击。但最终，极少数的这些科学探索者的发现，还是会被学界和社会所接受。从苏格拉底到布鲁诺、哥白尼，这样的例子不胜枚举。

虽然科学真理最初往往被极少数人发现，这个道理人人知晓，但到了日常科学研究中，在各种噪音中，真正能够全力探索、冷静辨别真伪的，又有多少人能理智地做到呢？

其实，真正优秀的科学评价也不是简单的一人一票。我从霍普金斯大学读博士到普林斯顿大学做教授的这 18 年间，常常看到一个有趣的现象，那就是在一场激烈的学术讨论过程中，初始阶段大多数人坚持的观点逐渐被少数几个人的观点说服，成了实实在在的多数服从少数。这些少数人制胜的法宝就是精准的学术判断力和严密的逻辑。这种现象，在基金评审、科学奖项评审、重大科研课题讨论及评审等过程中，也常常出现。

施一公院士（中国科学院提供）

3. 科学是高尚的，但科学家未必高尚

走上科研的道路，每个人的动力都不同。有人可能是基于兴趣，有人可能是因为成就感，也有人就是把科研当成了追求名利，甚至仅仅是谋生的手段。所以，大家没有必要盲目崇拜所谓"学术权威"，盲目崇拜教授专家。

然而，在科学评价中，却是"论迹不论心"。也许以名利为手段的会最终心想事成，作出重大的科学成果并名利双收；也有淡泊清高却醉心学术的因为种种原因会一事无成。这都是实实在在会发生的。

但不论每一个个体是以什么目的、什么动力在做科研，科学的本质就是求真，科研的目标是不断拓展人类知识的边界，推动技术的进步。而哪怕你的初衷只是把科研当成一份普通的工作，当成谋生的手段，如果你坚持走下去了，我也祝福你能够慢慢从日复一日的重复、无路可走的焦灼，在柳暗花明灵光乍现的起伏中，逐渐体会到从事科研的幸福感、满足感和成就感。

真正的科研动力来自内心的认同。真正的学术道德在完善科研管理体制之外，也有赖于每一个个体对于科研之道的认同而实现的自律。

谢谢大家！

（本文是 2018 年施一公院士在全国科学道德和学风建设宣讲会上所作的报告）

**施一公**　结构生物学家。1967 年 5 月 5 日生于河南郑州。1989 年本科毕业于清华大学。1995 年获美国约翰霍普金斯大学医学院分子生物物理博士学位，随后在美国纪念斯隆－凯特琳癌症中心从事博士后研究。1998 年至 2008 年，先后任普林斯顿大学分子生物学系助理教授、副教授、终身教授以及 Warner-Lambert/Parke-Davis 讲席教授。2008 年回清华大学工作。曾任清华大学生命科学学院院长，教授、博导，清华大学副校长。现任西湖大学校长，中国科学技术协会第十届全国委员会副主席，清华大学生命科学与医学研究院院长、欧美同学会副会长。主要从事细胞凋亡及膜蛋白两个领域的研究，重在研究肿瘤发生和细胞凋亡的分子机制，肿瘤抑制因子和细胞凋亡调节蛋白的结构和功能，与重大疾病相关的膜蛋白结构与功能的研究，以及细胞内生物大分子机器的结构与功能研究。2010 年获赛克勒国际生物物理学奖。2014 年获瑞典皇家科学院爱明诺夫奖。2017 年获第二届"未来科学大奖"之"生命科学奖"。2018 年入选"中国改革开放海归 40 年 40 人"榜单。2019 年入选"中国海归 70 年 70 人"榜单。2020 年获陈嘉庚科学奖之"生命科学奖"。2013 年当选中国科学院院士、欧洲分子生物学学会外籍会士、美国国家科学院外籍院士、美国人文与科学院外籍院士。

文字与语言的表达能力，包括外文的修养，对从事研究工作、总结研究成果及进行学术交流都起到直接的作用，绝不可低估。

# 关于治学的对话

## 苏步青　李大潜

在复旦大学宿舍区的一个安静的角落，有一幢两层的小楼，四周是如茵的草地，这便是 90 岁高龄的著名数学家苏步青教授自称萝屋的家。作为苏老的学生，我们自然经常有机会在这里聆听他的教诲，总是受益匪浅。春节中的一天，我（李大潜）又踏上了通向他家的小径，但这次是受《群言》杂志的委托，带着采访任务来的。在向苏老拜年以后，就直截了当地进入了正题。（以下对话中，苏——苏步青，李——李大潜）

**李：**苏先生，您作为驰名中外的数学家，当初是怎样对数学发生兴趣，并决心献身数学的？

**苏：**一开始也是糊里糊涂的。中学时代只不过是爱好数学，基础比较好一些。后来东渡扶桑，由于经济原因，1920 年考入有公费资助的东京高等工业学校，学的是电机科，但入学考试数学得了满分，对录取起了决定性的作用。1923 年东京大地震，家当全被烧光，才破釜沉舟，并以第一名的成绩考入了日本东北帝国大学数学系，受到当时系主任林鹤一教授的赏识，坚定了学数学的决心。当时下决心献身数学还有一个重要的原因，即曾经也是东京高等工业学校学生的陈建功改学数学后，1923年在日本的《东北数学杂志》上用外文发表了一篇论文，这在当时是破天荒的事，对我是一个很大的激励与鼓舞。我就这样开始与数学结缘，并且缘结终生了。

**李**：陈省身教授曾说过："在30年代能发表数学论文的中国人还寥若晨星，而苏教授却以自己的丰硕成果闻名于世。"当时微分几何的大师、德国的布拉施克教授曾称赞您为"东方第一几何学家"。您在进入数学研究领域不太长的时间内，即跻身前列，在国际数学界享有盛誉，成为我国现代数学的开创者之一。您觉得有哪些经验，值得我们年轻的数学工作者借鉴？

**苏**：当时我所从事的微分几何学，在高斯、黎曼、达布、克莱茵等前辈数学大师的开创性工作的影响下，正在蓬勃发展。德国汉堡的布拉施克学派在仿射微分几何学方面颇多建树，并和我的导师洼田忠彦教授有较密切的联系，他对我有很大的影响。意大利的一批学者对射影微分几何学的研究也居于前列，我通过与他们的通信联系，将他们的一套也学到了手。可以说，那时我对国际上方兴未艾的前沿课题现状的了解与掌握是下了一番苦功夫的。为了阅读这方面的文献，我在大学学习时还专门学习了德文和意大利文。

**李**：这是不是像牛顿所说的"站到了巨人的肩膀上"呢？

**苏**：可以这么说。但学习的目的是发展，是创造。我固然也跟在他们后面做过一些锦上添花的工作，但那时年纪轻，精力旺盛，入了门就下决心啃硬骨头，力图解决一些带根本性的重大问题。像仿射微分几何与射影微分几何，以往大家一直分别进行研究，对究竟两者之间有什么关系这个重要问题，从来没有人研究过。我以"仿射空间曲面论"为题，一连在《日本数学辑报》上发表了 12 篇文章，彻底地解决了这个问题，这也是我的博士论文的主要内容。另外，布拉施克学派所用的一直是传统的微分形式的方法，几何意义很不明显，能否用一个纯粹几何的方法来建立整个的理论，在方法上另辟蹊径呢？我从日本回国后，从 1935 年开始连续花了好几年的时间，借助于平面曲线可表奇点的几何结构，建立了与前人完全不同的构造性的方法，

苏步青院士在演讲（李大潜提供）

清楚地将整个理论一下子展现出来，真正别开了生面。陈省身先生对此颇为欣赏，认为在平常的研究中总是把奇点撇开，而我恰恰抓住了奇点，用奇点处的不变量对其他几何不变量作出了解释。

**李**：要抓住当代数学发展的主流，要努力攻克带根本性的重要问题，要解放思想、勇于探索新的思想和方法，您的这些经验对培养第一流的数学工作者应该是具有普遍意义的。您在仿射微分几何和射影微分几何方面取得举世公认的成果以后，接着又开展了对一般空间微分几何学的研究。请谈谈您是怎样不断拓展自己的研究领域，并继续作出高水平的成果？

**苏**：一般空间微分几何学是在黎曼几何的研究取得巨大成功的基础上，由美国著名数学家道格拉斯在 20 世纪 40 年代中叶提出来的。由于黎曼几何在相对论中的重要应用，一般空间微分几何学作为黎曼几何学的扩充，一提出来就引起了人们的重视。我能够进入这一领域开展研究工作，也同样是下了大功夫的。为了掌握法国数

学家嘉当提出的外形式法，我不仅花了很大力气"啃"了他关于黎曼几何及李群的两本法文原著，还把它们翻译出来，开设了有关课程。1947年我还硬着头皮花了一个暑假的时间念完了托马斯所著的700多页的关于一般空间微分几何的著作。这不仅使我掌握了在这方面开展深入研究工作的基础，而且也看清了进一步研究的方向，从而才有可能带领一些学生在K展空间、芬斯拉空间等方面做出系统的成果，将研究工作推进到一个新的阶段。

**李**：苏先生，您过去是搞基础理论研究的，在"文化大革命"中，才由在江南造船厂搞船体数学放样课题时开始进入应用数学的领域，以70多岁的高龄开辟了计算几何这一新学科，并一直重视和支持应用数学与工业的结合。您认为结合"四个现代化"建设的需要开展应用数学的研究，对数学学科的发展究竟有什么作用？

**苏**：应用数学很重要。一方面"四个现代化"建设有实际的需要，同时计算机的迅速发展提供了强有力的计算工具，应用数学现在已蓬勃发展起来，将来还会更兴旺地发展下去。我自己的体会，要结合实际为数学理论开辟广阔的用武之地。

搞船体放样课题，要了解样条曲线上奇点发生的规律以便加以控制，我原来研究了多年的仿射微分几何中的不变量理论，在这儿发挥了重要的作用，成了解决问题的关键。另一方面，丰富多彩的现实世界中的实际需要也为数学理论的发展提供了一个重要的源泉，反过来对理论的研究又起了极大的推动作用。我对一般空间中样条曲线的仿射不变式所作的系统研究成果，就是受研究船体放样课题的推动而得到的。运用有关的数学理论，可以很方便地找到一切可能的拐点的位置，颇受一些国外学者称道。我自己虽只初步尝到了甜头，但也充分显示了理论与实际密切结合并互相促进是一个正确的方向，是大有可为的。

苏步青院士与他的学生——谷超豪、胡和生与李大潜（后中，李大潜提供）

**李**：您认为作为一名青年数学工作者，应该具有怎样的素养并作哪些方面的努力，才能真正脱颖而出，成长为新一代的学科带头人呢？

**苏**：我觉得最主要的是要高瞻远瞩，具有宽广的胸怀。个人的成名成家是次要的，重要的是要根据时代发展的要求，努力使我国的科研教育事业一代代地不断发扬光大。

作为一名学科带头人，不仅要努力培养学生，而且要鼓励、帮助学生超过自己，真正做到承上启下，继往开来。否则，业务再好，但心胸狭窄，"老子天下第一"，一定成不了大事，甚至会"断子绝孙"。要做到这一点，还要正确地认识自己，把自己的成绩和贡献摆到一个恰当的地位。牛顿晚年尚且认为他只是在大海边上拾了几个贝壳，又何况于我们！

"曾经沧海难为水"，我搞了65年的数学教学科研工作，回过来想想，也不过就搞了这么一点点东西，有什么值得骄傲的呢？世界无穷尽，科学无止境，真正重要的发明和发现，还得寄希望于一批批成长起来的年轻同志。我自己一直希望学生能超过我自己，看到学生

苏步青院士（中国科学院提供）

一批批地成长起来，将我手中的接力棒接过去，而且个个对我十分尊敬，内心总感到说不出的高兴。我90岁了，身体还相当好，这也是一个很重要的因素。

**李**：现在不少学者和专家都兼任着繁重的行政工作，平时的社会活动也不少，您自己就更多了。在这种情况下如何坚持做学问？您能否说说自己的经验？

**苏**：我的经验很简单。如果有整匹布做衣服自然最好，否则就用零头布拼起来做。没有整段的时间，我就利用出差途中、开会间隙种种零碎的时间看书、研究，这就是我的"零头布"。当然，我也很重视假期中的一整段时间。将"零头布"拼接起来，可集中做一些事。我的好多著作及论文就是这样完成的。

**李**：您一直强调要文理相通，提倡学理科的要多学一些文科的知识。您自己在旧体诗词及书法方面都有很高的造诣。您觉得这对做一名出类拔萃的数学家究竟有什么好处呢？

**苏**：首先可以扩大视野，避免思想的僵化。在埋头做数学的同时，也要抬头看看世界的风云，了解当代科学技术的发展。这有助于扩大知识面，使头脑开阔、灵活，变得更加聪明起来。马克思主义的哲学，是指导思维的科学，对数学研究同样有重要的指导作用，可以使我们的脑筋开窍。董仲舒"三年闭户，不窥庭院"的办法，是绝对不行的。同时，文字与语言的表达能力，包括外文的修养，对从事研究工作、总结研究成果及进行学术交流都起到直接的作用，绝不可低估。此外，还可以调节身心，使生活充满情趣。一天到晚愁眉苦脸，是搞不好科研的，更不可能有别开生面的见地。空闲下来，做一两首打油诗，给生活添加一些润滑剂，又何乐而不为呢？

李：在去年庆祝您90华诞的大会上，您曾吟诗一首，其中有"丹心未泯创新愿，白发犹残求是辉"两句。您虽已90高龄，但精神抖擞，健步如前，大家都十分高兴，也非常关心您今后的打算，能不能请您简单地说一说？

李大潜院士（2007年，方鸿辉摄）

苏：古诗说："贫不卖书留子读，老犹栽竹与人看"，这两句话现在也适用。我年纪大了，脑力慢慢衰退了，学问也老了，但还要继续鼓励一代又一代的年轻同志努力掌握飞速发展的科学知识，同时希望他们能像充满生机的翠竹一样，永远谦虚谨慎奋发向上，勇攀数学科学的高峰。

（采访者李大潜院士是苏步青的学生，本文原载1992年《群言》）

**苏步青** 数学家、教育家。1902年9月23日生于浙江平阳，祖籍福建泉州。2003年3月17日逝于上海。1919年中学毕业后赴日本留学，1927年毕业于日本东北帝国大学数学系。1952年全国高校院系调整，从浙江大学来到复旦大学数学系任教授、系主任，后任复旦大学教务长、副校长和校长。曾任多届全国政协委员、全国人大代表，以及第七、第八届全国政协副主席和民盟中央副主席等职。作为我国近代数学的主要奠基人之一和中国微分几何学派创始人，一生潜心科学，著作等身。还是一位令人敬仰的教育家，培养了包括多位中国科学院、中国工程院院士在内的一大批优秀科学人才。长期从事微分几何学和计算几何学等方面的研究。在仿射微分几何学和射影微分几何学研究方面取得出色成果，在一般空间微分几何学、高维空间共轭理论、几何外形设计、计算机辅助几何设计等方面均取得突出成就。代表作品为《微分几何学》《射影曲线概论》《射影曲面概论》。1955 年选聘为中国科学院学部委员（院士）。

**李大潜** 数学家。1937 年 11 月 10 日生于江苏南通。1957 年毕业于复旦大学数学系，1966 年该校在职研究生毕业。复旦大学教授。曾任复旦大学研究生院院长，中国数学会副理事长，中国工业与应用数学学会理事长，教育部高等学校数学与统计学教学指导委员会主任，国际工业与应用数学联合会执行委员。现为中法应用数学国际联合实验室中方主任。研究方向为偏微分方程的理论及应用。对拟线性双曲型方程组的自由边界问题和间断解的深入研究，对非线性波动方程经典解的生命跨度估计的完整结果，以及对拟线性双曲系统精确能控性的系统成果均得到国际上的高度评价。坚持数学理论和生产实际相结合，为各种电阻率测井方法建立了统一的基本理论框架，据此制作的测井仪一直成功地在大庆等众多油田使用。曾获国家自然科学奖二等奖、三等奖，何梁何利基金科学与技术进步奖，华罗庚数学奖，上海市科技功臣奖，苏步青应用数学奖等多项科技奖励及高等教育国家级教学成果一等奖及上海市教学成果特等奖。1995 年当选中国科学院院士，1997 年当选第三世界科学院院士，2005 年当选法国科学院外籍院士，2007 年当选欧洲科学院院士，2008 年当选葡萄牙科学院外籍院士。

青少年时代的这段往事对我产生
的主要是对科学的感情——爱好和向
往，而真正成为专家，则是通过大学
时期和毕业以后多年中的不断学习和
钻研。

# 从爱好者到天文学家

## 苏定强

1949 年至 1951 年我在上海肇光中学念初中，对我影响最大的是黄云锦老师。她教算术，也是班主任，在她严格的教育和引导下，我的学习成绩迅速上升，对自然科学的兴趣极大地提高，到初二、初三时我的总平均分一直是班上的第一、二名，并且在学习上有一些令我终生难忘的事情。

初中学化学，老师做实验演示，我也想自己动手来做。我用日常生活中的物品和家庭药箱中的药，开始了最早的化学实验。记得第一个成功的实验是这样的：我将高锰酸钾倒在一个空墨水瓶中，放在煤球炉子上烧，发现高锰酸钾崩裂，似乎放出气体，我把已点着的香放进去，香马上燃烧起来，自己从实验中发现了高锰酸钾加热会放出氧气。不仅制造氧气，后来我还发现了一种用日常物品制造氢气的办法：我用家里的铝漏斗过滤生活用碱和石灰的混合液时，发现漏斗壁上有气泡，进而用铝皮做这样的实验，将发生的气体收集起来，发现这竟是氢气。当时我还将碱和石灰包在一起，叫作氢气药，配上铝皮，送给一些同学。中学时期我住在上海外祖父母家，除了节省平时的零花钱，我还向外祖母提出洗一次碗 2 分钱（相当于"勤工俭学"），每积到 6 角多钱，就到延安中路中国科学图书仪器公司去买一个烧瓶、烧杯或一点化学药品，就这样我的化学实验渐渐上了一个台阶。我看到高中化学实验课中有"氢气还原氧化铜"的实验，就自己动手来做，我做得更彻底，要"从铜回到铜"：我先把铜放在浓硫酸中加热，得到硫酸铜，再将它与生活用碱作用，得到碳酸铜沉淀，将碳酸铜加热得到氧化铜，然后用氢气还原，获得最初的铜。我做过两三次这样的实验，每做一次都使我度过一个快乐的下午。记得其中的一次，当我做到最后一步用氢气还原氧化铜时，因一时反应还未开始，我心急，用火去点了一下出气口，突然"砰"的一声发生了爆炸，盛有稀硫酸和锌的烧瓶及输气玻璃管系统都炸开了，我的前额也被碎玻璃划破了，房顶（我们家房间的顶很低）落下了一阵灰，幸好那瓶玻璃管通过作为干燥剂的浓硫酸，因玻璃瓶厚，只是塞子跳开，没有炸开和溅出。距我做实验的桌子只有 2 米多远的沙发上，外祖母李毓诚正和亲戚老娘舅陆云章在谈话，一爆炸，他们马上关切地过来看我，老娘舅对我外祖母说，这个孩子真好，将来会有前途的，不要责备他。外祖母根本就没有责备我，而是亲切地关心我额上的伤口。这些事都发生在初二和初三上学期的时候。还应当提到，这段时期化学老师王进生先生也曾给过我很多关心和帮助。

初三学物理，我同样充满了兴趣，那时流行一种新颖的显微镜（放大镜），这是一个用玻璃丝烧成的小玻璃球，我也去做了，但我不满足于模仿，受它的启发，我想出了另一种放大镜：在一个金属片上，开一个直径 2—4 毫米的小孔，滴一点水或油在其中，就形成了一个焦距很短的透镜，只要孔很圆很光滑，液面的形状就很规则，成像质量就很好。我一般是在金属瓶盖上做这种小透镜,将它放在玻璃片上,调节液量可以方便地改变焦距,获得玻璃片上物体清晰的放大像。我又进一步想用两个这样的液体透镜,一个作物镜,一个作目镜,构成一架显微镜。记得1951年春假,我将大部分时间花在了这上面,但终因成像不清晰和极难调整,没有成功。

当时的数学,初一是算术,初二是代数,我都学得很好,初三换成几何,有一段时间我感到解几何难题有困难,但我没有退缩。我清楚地记得,一连有好几个星期日,为了证明一道几何题,从早到晚我苦苦思考一整天,最后都证出来了,第二天我自豪地发现我是班上很少几位证出了这道题的同学之一。渐渐地,几何也学得像算术和代数一样好了,这段经历也使我认识到天才源于努力。

1951年夏初中毕业,我报考了上海中学和上海高级机械职业学校(原国立高机),都考取了,尽管这样,暑期我也没有尽情地玩,我花了大部分时间,企图证明初中物理学中的所有公式,在自己的努力下,许多都被我证出来了,是否正确,现在已没有当时的手稿可查了。我想有的的确是证明,有的可能只是一种理解,但不管怎么说,这对我在物理学方面的思维是一种很好的训练。

初中快毕业时,有一次在英文课上,于星海老师讲到:沿着北斗七星中的两颗延长五倍就可找到北极星,萌发了我对天文学的兴趣,我不仅实际去看了,而且去买了一些天文科普书来读,渐渐地我的主要兴趣转移到了天文学上。其中对我影响最大的启蒙书是陈遵妫先生的《天文学概论》,读了这些书,我多么希望能亲眼目睹一下月亮上的环形山、土星的光环、木星表面的浮云、太阳的黑子。当时我的第一个望远镜是用从小摊子上买来的单透镜做的,口径虽有约10厘米,但焦距只有30多厘米,像差十分严重,好些天象都看不到,不过用它还是看到了不少肉眼看不到的暗星。1951年初中毕业后,我进入了上海高级机械职业学校（后改为上海动力机器制造学校）。此后的几年中，我对天文的兴趣不仅没有减弱，反而更浓了。当时我偶然发现将物镜的口径挡小，像会变得清晰。1952 年秋的一天，我坐在家里的西窗口，脚踏着屋顶的瓦，手倚窗，握着口径挡小到仅 9 毫米的望远镜，第一次看到了月亮上小如沙砾（望远镜倍率也不高）的环形山时，我兴奋极了，并且持续了好几天。

坐在家里的西窗口，脚踏着屋顶的瓦，手倚窗，握着口径挡小到仅 9 毫米的望远镜，第一次看到了月亮上小如沙砾的环形山时，苏定强兴奋极了（叶雄绘）

不久，我买到了一个焦距长达 1 米的平凸透镜，用它作物镜做了一架望远镜，当口径挡小到 35 毫米左右时，能清楚地看到月亮上的环形山、太阳黑子、木星椭圆形的视面和四大卫星。当时我还结交了一批爱好科学的朋友，他们是钱明华、李挺、张家瓅和叶建国，我们经常一起观测天象、讨论各种天文问题。1952 年底，我们想去定制一个口径 5 英寸（127 毫米）的透镜，做一架性能更好的望远镜。为了这个计划，我们节省下了每一分零花钱。记得那时我们在储蓄箱上写的两句话是："创造人类美好的未来，征服遥远无边的宇宙"。终于，我们积到了足够的钱，向上海吴良材眼镜公司定制了这枚透镜。为了减少像差的影响，我们将焦距定成 3 米，由于焦距太长，这架望远镜始终没有安装架子，光学系统只是装在一条长木板上，观测时是很不便的，但用它能较清楚地看到不少天象。

在天文学方面，我当时也进行过一些研究，如看到书上讲月亮上的山高是根据影子的长度求得的，我就自行系统地推导和研究了测量月面山峰高度的公式，并用月亮照片进行了实测；提出了一套利用中学数学计算行星位置的方法；用自己想出的插值法，计算了月掩昴星团的情况等。

我们也热心天文普及工作，1953 年 7 月 26 日有一次月全食，我们在上海长乐路、茂名南路口的广场上，办了一个规模相当大的月食宣传站，虽然由于一些顽童的扰乱，这次活动失败了，但它给我们留下的印象是难忘的。当时，家长对我们的科普活动是很关心和支持的，好几架望远镜是在钱明华家做的。月食宣传站虽失败，当晚我外祖母和钱明华的母亲都到现场来看望我们，鼓励和安慰我们。

需要说明，在中专学习期间，由于花在天文爱好方面的时间太多和对机械专业兴趣不大，我在学校里的成绩只是中等。

1954 年，我又认识了三位热爱科学的朋友，他们是张志方、马家衡和李瑞亨，他们不仅热爱天文，而且在化学、摄影方面都有很高的水平。1954 年夏从中专毕业后，我被分配到上海交通大学造船系当实验员，就在这年秋天的一个展览会上，我见到了青年科学家杨世杰制造的口径 6 英寸（152 毫米）的望远镜和用它拍摄的天文照片，不仅像质极好，而且镜头是他亲手磨制的。于是我写信给他，并登门向他请教。在他的帮助、指导下，很快我和我的朋友们学会了磨制天文镜面的技术，并在杨世杰的帮助、指导下磨制了一个口径 6 英寸，焦

苏定强院士（中国科学院提供）

距长达 2 米的镜头。记得那时我的工资除吃饭外，几乎全部用到了科学爱好上，303 氧化铝砂要 20 多元一磅，我也不吝地买了。从磨制镜面到天文观测、照相，我和朋友们几乎花去了所有的业余和课余时间。当时，我们拍摄的月亮照片已非常清晰，不仅环形山，就是一些环形山中间的小山峰也相当清楚。在这段时间里我也自学完了普通天文学教程，做完了全部习题。还有一点令我难忘的是：外祖父母住在陕西南路近淮海中路的祥生饭店，在这样繁华的居民区作天文观测是很困难的，6 英寸望远镜的多次观测我们是爬到祥生饭店前楼顶上去做的。

少年时代我也爱好文学、戏剧，我曾为巴金的中短篇小说所深深感动，很长时间巴金一直是我最崇拜的作家。

1955 年春我向交大造船系领导提出，希望能同意我报考南京大学天文系，得到了同意。记得 1955 年 8 月中旬的一个晚上，我们这一群热爱科学的年轻人躺在张志方家的阳台上，愉快地谈论着科学，谈论着我们的理想，也谈一些笑话，直到 3 点钟左右月亮升起，我们拍摄了残月的照片。回宿舍的路上，天已微明，一打开门我倒在床上就睡，直到被我们宿舍管理信件的陶同志叫醒，原来是高考通知书到了。打开一看，极兴奋地得知我已被南京大学数学天文系录取。

就在这一年的 9 月 7 日，我离开上海到南京上学，终于走上了专业天文工作者的道路。从 1962 年到 2003 年的 41 年间，我一直在中国科学院国家天文台南京天文光学技术研究所（前身为中国科学院南京天文仪器研制中心，中国科学院南京天文仪器厂）工作，将自己的整个青春和中年时代，献给了为发展我国天文事业研制望远镜和仪器的工作，当然也做一些相关的研究，只是到了最近我才又回到了南京大学天文系开始天文学科本身的学习和研究。

最后，我也要真诚地告诉青年读者们，青少年时代的这段往事对我产生的主要是对科学的感情——爱好和向往，而真正成为专家，则是通过大学时期和毕业以后多年的不断学习和钻研；如果不在深度上花苦功，仅仅停留在爱好者的程度，那是不会成为科学家和高水平专家的。

（本文写于 2004 年，刊于上海教育出版社 2005 年 5 月出版的《科学的道路》）

**苏定强** 天文学家。1936 年 6 月 15 日出生于上海，原籍江苏常州。1959 年毕业于南京大学天文系。现任南京大学天文系教授、中国天文学会理事长。曾任国际天文学联合会（IAU）第 9（天文仪器与技术）委员会主席。在大望远镜光学系统的研究中，提出了一系列新的折轴系统和透棱镜改正器。与王亚男研究员共同建立了一个特殊的光学系统优化程序。与王绶琯院士共同提出了国家大科学工程——大天区面积多目标光纤光谱望远镜（LAMOST）的初步方案。领导研制成我国第一个双折射滤光器、第一个主动光学实验系统。参加多项我国天文望远镜和仪器的研制，作了大量重要的、创造性的工作。发表论文 60 余篇。曾获国家科技进步奖一等奖、国家自然科学奖二等奖等。1991 年当选中国科学院学部委员（院士）。

> 做学问要"点深面广"，要趁年轻，有选择地精读几本经典性专著，为自己打下扎实功底，日后定会一辈子受用不尽；也需要泛读一些其他的书，以拓宽自己的思维和知识领域。

# 学会有选择地读书

## 孙　钧

古人云：开卷有益。我看，这话只说对了一半，至少是不全面的。不是所有的书都是好书，更不是所有书对青年朋友都有用。书海无涯，我们的精力和时间有限，不能见书就读。做学问要"点深面广"，要趁年轻，有选择地精读几本经典性专著，为自己打下扎实功底，日后定会一辈子受用不尽；也需要泛读一些其他的书，以拓宽自己的思维和知识领域。

解放前，我在交大土木系读书，时值社会动荡，师生们安不下心来，可就在那种极端恶劣的大气候下，我还是坚持着用心去读丁莫辛柯（S. Timoshenko）的几本当时公认的权威著作并基本读通，从《应用力学》到《材料力学》《弹性理论》和《板与壳》，从《结构力学》到《结构稳定与振动》。后来，又啃完了太沙基（K. Terzaghi）的《理论土力学》，做了上千道习题。感谢这些书和交大的师长们教会了我土木、结构工程的 ABC，有了搞土木工程学起码的基础储备。而今，这几本书还摆在我的案头，温故而知新，时时还要翻翻。

去拜会我的老师俞调梅老先生，看见他把有关岩土力学的一些文章粗读一遍后都按内容做好纸片，插夹在书本里并写上几个字，以便日后用时查找。这个办法真好，我学着干了，效果不错。

当今，学科之间相互交叉以及彼此间的融合和渗透，并在其结合点上产生新的学科分支或边缘新学科等新的学科领域，是现代科技发展的特点和需要。对于像笔者从事的还不完全成熟的岩土力学与地下结构工程学科，这种结合的趋势就更为明显。在这门学科的发展前沿，一直在不断地从其他相关的，甚至不太相关的学科中汲取新思想、新概念和新方法，结合岩土学科的自身特点，逐步形成自己新的分析体系，用以研究自己的新问题。今天，我们不仅要通过读书，学习或熟悉本门学科当前国内外的学术和技术动态，从中提出可以进一步深化研讨的课题。此外，还要了解一些相关学科的发展态势，用"他山之石，可以攻玉"的思想方法，取诸家之长为我所用。这方

孙钧院士在阅读（2012年，方鸿辉摄）

孙钧院士（中国科学院提供）

面成功的例子，不胜枚举。

读书一定要带着问题读，边学习，边思考所关心和研究的问题。拿起一本书，如果不问三七二十一，就从第一页第一个字辛辛苦苦啃到全书最后一页最后一个字，我看，非但不能立竿见影，也不容易把知识真正学到手。我自己也有过教训。

要读好书，就必须热爱读书，是自觉地读而不是任何被动地读；要有热爱它的情感，就必须要先钻进去。试想，没有钻进去，哪会认识它，又何从热爱它呢？能使我们有孜孜以求、潜心进取，数十年如一日地锲而不舍的动力，我体会就只有"兴趣"两字。有了对书本、对自己的所学能钻进去，对它有浓厚的兴趣和感情，以至于好像吃饭、睡觉一样不可或缺的话，就会感到知识之广、之深真是浩如烟海，越学越有兴味，钻研与兴趣形成了良性循环。这样，成功也就在向您招手了。

记得早在20世纪50年代，我的导师、我国力学和桥梁工程界的权威学者李国豪先生就告诫过我们："一名大学毕业生，如果在毕业后五年内，没能养成自学的习惯和爱好，我看他以后也就难了。"这句警语，说得多好啊！正是前辈们的谆谆教导，我们听进去了，也老老实实照着做了，日后年齿渐长，而勤奋努力却仍不敢稍有懈怠，才不会有"少壮不努力，老大徒伤悲"的感喟。

草草写这些，以求共勉。

**孙　钧**　工程力学家，隧道与地下建筑工程专家。1926 年 10 月 23 日生于江苏苏州，籍贯浙江绍兴。同济大学教授。1949 年毕业于国立交通大学土木工程系；1956 年随苏联专家斯尼特柯教授攻读钢桥结构副博士学位；1980 年赴美国北卡罗来纳州立大学任高访教授，从事博士后研究。在隧道与地下结构学科领域开拓并建立了新的学科分支——地下结构工程力学。在岩土材料工程流变学、地下结构黏弹塑性理论、地下工程施工变形的智能预测与控制，以及城市环境土工学等领域均有深厚的学术造诣。自 20 世纪 80 年代起，承担并完成了 20 多项国家科技攻关、自然科学基金及重大工程研究项目，取得了巨大的技术经济效益。在国内外发表学术论文 360 余篇，出版学术专著 10 部、参编 3 部。先后获国家级奖励 4 项、省部（市）级奖励 17 项，其中一等奖 4 项。历任国际岩石力学学会副主席暨中国国家小组主席，中国岩石力学与工程学会理事长，中国土木工程学会副理事长。1993 年入选英国剑桥传记中心全球杰出人物名录，2015 年获国际岩石力学学会颁授的会士称号，是我国学者获此褒奖第一人。1991 年当选中国科学院学部委员（院士）。

一个人若想将来能成为国家和社会的有用之才，成为一位优秀的科学工作者，对学习、科学研究的兴趣，对未知现象的好奇心和坚持到底的精神，都是非常重要的，三者缺一不可。

# 兴趣·好奇·坚持

孙义燧

随着年龄的增长，人们往往会越来越多地回首往事。我有时也会回忆自己曾走过的道路。回忆一些往事，反思哪些事情是做得比较好的，哪些事情是做得不怎么好的，甚至是错的。回忆起来，确有一些事情对自己的成长影响比较大，至今仍记忆犹新。

上小学时，起初我的学习成绩一般，但在四年级一次上数学课时，老师在课堂上表扬了我，说我的数学作业做得很好。当时我非常高兴，因为这是我第一次在课堂上受到老师的表扬，觉得以后要学得更好。从此，我就比较用功了。由于我学习努力了，随着知识的增长和成绩的提高，对学习也越来越有兴趣了。小学毕业时，我的学习成绩在班上已经是名列前茅了。考初中时，在200多名考生中，我考了第一名。现在回想起来，我在小学学习成绩的逐步提高，关键的一点是老师的鼓励，使我增加了对学习的兴趣，让我觉得学习是一种乐趣而不是一种负担。

在初中阶段，我们的几何课老师唐敬庵先生非常关心我，对我的影响也很大。他叫我直接到他办公室，当面批阅我的几何作业，并向我指出哪些题目做得好，哪些做得不好，并告诉我更好的解法。当时我总是想，这个比较好的解法我怎么没有想到呢？并为此感到有些懊恼。这些对我的学习也是一种鞭策，使我受益匪浅。也是在唐先生的鼓励下，我初中没有毕业就提前考取了高中。记得考试时我正在发高烧，我的外祖父不允许我去考，他认为反正是提前参加高中考试的，放弃这次考试问题也不大，来年还可以考，但我想既然有这个机会就不能轻易放弃。另外，当时我的家庭经济情况也比较困难，觉得交了报名费，白白浪费了太可惜，最终我是带着药进考场的。我就读的浙江瑞安中学是有 100 多年悠久历史的中学，老师的教学水平都比较高，因此，我在中学求学阶段受到了比较好的教育。当时学校的一些实验室是对学生开放的，若有同学想进实验室做一些自己有兴趣的小实验，即使这些实验不是课程要求做的，只要向主管实验室的老师申请一下就可以了。我因而有机会经常去实验室摆弄一些自己有兴趣的小实验，比如取一片坏灯泡的玻璃片，放在用旧铜丝绕成的小圈上，然后放在酒精灯上烧，将其烧成一个凸透镜，再用马粪纸做成一个非常简单的显微镜。有时将一根头发丝，有时将苍蝇的腿、蚊子的尖嘴等放在自制显微镜下观察，可以看到很多细节，弄清楚了凡苍蝇停过的东西上为什么会有细菌。另外，还自己绕线圈做电动机，一接上电池就会转起来，用一个非常小的蒸汽机带动电动机，电表上可以显示有电流输出，这使我能从感性上懂得发电机与电动机是一回事。有时还捉青蛙来解剖，看看它的肚子里到底有哪些东西，发现将青蛙的内脏拿出来后，它的心脏还在跳动……从这些小实验中，不但学到了知识，也培养了自己的好奇心。在中学阶段，我的学习是不错的，但也顽皮得出名，上树掏鸟窝、下河游泳，等等，更有甚者，给班上不少同学起绰号，以至到现在老同学聚会时，还为此受到老同学们的"声讨"。

经常有些中学生问我为什么报考天文系，选择天文学作为自己的研究领域，等等。社会上特别在中学生中有不少天文爱好者，他们从小热爱天文学，所以一旦将来他们也从事天文学的研究是很自然的。但对我来说，可以说是糊里糊涂地考入了南京大学天文系。因为在中学时我对天文学一无所知，也不是一位天文爱好者，那么，我怎么会选择报考南京大学天文系呢？在高中时，我们的数学和物理老师张德坤先生，早年就读于浙江大学，他讲课能深入浅出，条理非常清楚。那时不像现在为了考大学在中学里搞题海战术，搞突击复习，而主要是理解好并理解透课本中的内容，做习题只是为了巩固和加深所学的知识。张先生也给了我们一些数学难题，但不是必须做的，谁有兴趣谁就去做，我记得一些数学难题我都做出来了。在这么好的老师的教导下，我对数学和物理产生了很大的兴趣。在高三时，张先生根据一些同学的特点，给出了他们该报考什么类专业的建议。他建议我考理科，而且具体指名报考北大物理系或南大天文系。浙江瑞安地处东南沿海，交通很不发达，与外界联系也很少，因而我对大学只有一些模糊的印象，对大学的专业了解就更少了。我想若报考物理系，则将来数学就顾不上了，而报考数学系则物理就没时间学了，但在南大天文系的专业介绍中，提到学习天文学需要有充实的数学和物理学基础，因为觉得学习天文学则数学和物理学两个学科的爱好可以兼顾，于是就报考了南大天文系，这是为什么说我是糊里糊涂地考进了南大天文系的原因。

进入大学后，天文系的课程安排非常紧，除了天文学的课程，还有大量的数学和物理学方面的课程，我记得数学方面的课程就达到每星期17学时，这样的课程安排倒也符合我的愿望。进入天文学研

孙义燧院士在作演讲（作者提供）

究领域后，真正认识到天文学的确是建立在物理学和数学两大学科基础上的，进行天文学的研究必须有很好的现代数学和现代物理学的基础。在大学学习期间，有一件事，对我影响很大，至今仍记得很清楚。有一次数学老师在证明一个定理时，用了一个比书上简单的方法，我在复习时，觉得该证明过程中有问题，想来想去有一步怎么也跨不过去。在老师答疑时，我把这个问题提了出来，老师考虑了半天，并和我讨论了此问题，最后老师认为我的意见是对的。当时我心里蛮高兴的，觉得这下老师肯定要表扬我了，可是恰恰相反，老师不但没有夸奖我，反而很严肃地批评了我。她说既然你已发现了定理证明中的缺陷，为什么你自己不把它补上。这件事对我震动很大，从这件事，使我懂得，发现问题是第一步，重要的是如何去解决它。老师的这一教诲，使我终身受益。我国改革开放后不久，1979年我被公派到法国尼斯天文台做访问学者。国际著名的天体力学家M. Henon教授在此天文台工作，他是新兴学科非线性科学的先驱者之一，他首先研究的一个模型，国际上称之为Henon映射。他也是

孙义燧院士（中国科学院提供）

我非常要好的朋友。有一次他和我以及另一位法国教授（这位教授是 Henon 的学生）三人一起讨论一些学术上的问题，Henon 教授提到在保守动力系统中对 Hamilton 系统或具辛结构的系统已有非常多的研究工作，但是对保守动力系统中非 Hamilton 系统或不具辛结构的系统从未有人去研究，作为保守动力系统的一个部分是应该去探索的。当时根据人们对保守动力系统性质的了解，认为这类系统一般地不会有类似于 Hamilton 系统或具辛结构的系统中 KAM 定理这样重要的结果，即不存在不变环面。但我想，这个方面的问题从未被研究探索过，在这类系统中到底会有些什么性质呢？也就是在这种好奇心的驱动下，我开始了这方面问题的探索。因为对未知领域的研究一般是从最简单的情形开始，然后逐步延伸到复杂系统，而最简单的不具辛结构的保守动力系统就是三维保体积映射。我用一类最简单的三维保体积映射开始研究，由于对这类问题既无理论结论，又无数值或实验结果，一切从零开始。在很长一段时间内，搞得有点焦头烂额，仍没有什么结果。这时我想应该考虑一下如何选择恰当的模型，在其中有可能会存在不变环面。我选取了一个比较特殊的模型，即由一个二维保面积映射受摄扩张而成的一个三维保体积映射，期望在二维保面积映射不变曲线存在区域能"长出"不变环面。在一次大范围数值探索中，突然发现一个特殊的点，从这点出发的轨道有可能在一个二维不变环面上。经过仔细计算、分析，的确找到了一个二维不变环面，并给出二维不变环面存在的条件和判别式，指出对这一类三维保体积映射，如何寻找二维不变环面。当我将此结果告诉 Henon 教授时，他也很兴奋，认为这是一个非常重要的结果，是 KAM 定理在非 Hamilton 系统中的体现。之后与程崇庆教授合作，从数学上给出了严格的证明。由此结果可以否定保守动力系统中的两个著名猜测。事后回想起来，为什么人们长时间没有对此类问题进行研究，是因为若这两个猜测成立的话，这类系统中的确不可能存在二维不变环面的。但当我在开始进行研究时，并不知道有这两个猜测，当然也谈不上想去否定这两个猜测，只是受好奇心的驱使而已。而之所以在很困难的情况下得到结果，也正是由于自己坚持不懈的努力。

回顾自己走过来的道路，我想一个人若想将来能成为国家和社会的有用之才，成为一位优秀的科学工作者，对学习、科学研究的兴趣，对未知现象的好奇心和坚持到底的精神，都是非常重要的，三者缺一不可。

**孙义燧** 天体力学家。1936 年 12 月 20 日生于江苏南京，籍贯浙江瑞安。1958 年毕业于南京大学天文系。南京大学教授，曾任国家重点基础研究发展规划（"973"计划）"非线性科学中的若干前沿问题"项目首席科学家、国际天文联合会与天体力学专业委员会委员。长期从事天体力学和非线性动力学的教学与研究工作。得到了三体问题中三体运动轨道根数变化范围的充要条件。首先发现和证明了不具辛结构的近可积系统中不变环面的存在性，由此否定了拟遍历猜测和珀欣猜测。在国内外重要刊物上发表了百余篇论文。自 1978 年以来，获国家自然科学奖二等奖一项、教育部和江苏省科技进步奖一、二等奖共五项。2001 年获何梁何利基金"科学与技术进步奖"。2010 年国际天文联合会将国际编号为 185640 号的小行星命名为"孙义燧星"。1997 年当选中国科学院院士。

> 对前人结论的怀疑，正是科学的起点。仔细观察那些真有成就的科学家，他们对问题的认识往往都要自己从头论证，从根上开始想问题，决不轻信前人。依此原则教育学生，重要的是教思想方法。

# 思想活跃与科学创新

## 汪品先

20世纪50年代莫斯科大学的考试，几乎全是口试。主考教师通常要求学生记住他讲课的内容，越详细越好。如果这位老师的讲义没有出版，迎考用的唯一材料便是课堂笔记。当时靠着年轻手快，我居然能把老师的讲课详细记录下来，差不多除了咳嗽声外很少遗漏。甚至听累了处在半睡眠状态下也能手不停地写，只要下课立即整理，竟也能从这些歪歪扭扭的字迹中辨识出词句来。考期一到，课堂笔记便成了宝贝，有时连苏联同学也来借。

即使这样，也不能万无一失。记得一次矿床学考试，主讲教授在听完我回答考签上的问题之后，又追问："第一堂课上我是怎么讲的？"我只好老实交代："那天留学生开会，请假了。"老师虽打了个满分（5分），表情却十分不快。更典型的是区域地质考试，墙上挂一幅苏联地图，老师用笔一点："在这里打钻，钻到的都是什么地层？"

据说有位自知背诵无望的学生，把地层表密密麻麻地抄在小纸卷上作"小抄"带入考场。对付这样的考试，确实是学生的一场灾难。考完之后，照例是狠狠地玩一番，把装满脑子的这门课程尽快忘掉。

假如把莫斯科大学说成是死背书的书塾，那是不公正的。就说那两周一次的名人学术报告吧，几百人的大教室场场爆满，其气氛之热烈有甚于大剧院。记得一次斯特拉霍夫院士作报告正值他的生日，当场宣布把一座新发现的海山以他姓氏命名作为礼物，激起了满堂掌声——要知道这位多产的地质学家，多年来因疾病不能坐下，是靠站着写作的。可是，这些都与考试无关，而学生的好坏是由考试成绩评判的。因此，当教研室主任奥尔洛夫院士对我们说"考试得个3分（及格）就可以了，关键要把论文做好"时，总觉得是歪门邪道。中国古生物学代表团访苏，斯行健院士劝我们"在国外最重要的是把外语学好"，我们问为什么，他说："可以看原版小说呀！"这话更令我觉得离谱。这些话含义之深，我过了几十年才理解。

汪品先院士谈科学创新与思想活跃（作者提供）

青年人的思想比较活，其实用考试是框不住的。当时读了点哲学书，禁不住要追问"宇宙之外又是什么"。到莫斯科的第二天就遇上小偷，学起"联共党史"来也不免产生疑窦。然而这些又与考试、学习无关，学习是记住书上、课上的东西，考试是把它们"还给老师"。中国留学生即使下课开会，也还是学习，学习各种伟人的指示，假如自己的认识与此不同或者有所怀疑，就可能属于该批判的范畴。1960年学成归国的留学生集中学习时，在对我作重点帮助的大会上，出身好的同学责问道："为什么我们就从来没有怀疑过？"到了工作岗位，我不懂为什么学习会上人人说相似的话而没有人提问题，听我汇报思想的领导反问道："为什么都要像你这样想怪问题呢？"

今天看来，这些并不是怪问题；但当时喜欢多想，也无可厚非。独坐静思，其实是十分有趣且有益的。我喜欢在飞机上观赏云海变幻，真想步出机舱在白花花的云毯上漫步；也喜欢在大雨声中凝视窗外，想象自己栖身在水晶宫的一隅……更喜欢把种种思绪诉诸笔墨，这便是日记。

多少年来，日记已成为一种爱好，直到"文化大革命"中，小将们想抓"反动教师"，把我多年日记搜去为止。尽管日后进驻的工军宣队归还日记时着实鼓励了我一番："看得出你是个要求进步的青年"，但这段经历已经改变了我的习惯，从此日记只记"流水账"。

汪品先院士在考察船上（作者提供）

当然，思想活跃绝不是指胡思乱想。记得别洛乌索夫院士上课时说到有人向他投书，说是"发现"地球原来是颗大晶体，地面的山脉是晶体的棱角，而晶体的中心就在莫斯科。老师说，此人定是个疯子。其实这无非是个拍错了的马屁，恰恰说明思想的贫瘠，与思想活跃无关。

20 世纪 70 年代末期起，有机会与许多国家的同行相处，看到了不同的思考方法和教学方法。古生

汪品先院士（中国科学院提供）

物学家把描述化石群和相应的现代动物群当作天职，但一位美国教授反问："没有描述过的动物群，为什么就要去描述？"一位在荷兰退休的教授说他从来只愿做仅有 60% 把握的事，"有百分之百把握的事，何必要我来做？"没有新意，便无所谓科学。对前人结论的怀疑，正是科学的起点。仔细观察那些真有成就的科学家，他们对问题的认识往往都要自己从头论证，从根上开始想问题，决不轻信前人。依此原则教育学生，重要的是教思想方法。当时在美国的范·安德尔教授说："我上课从来只教问题，不教答案。"澳大利亚的英国皇家学会会员沃克尔教授在与研究生讨论论文选题时说："你年轻人自己没有想法，来找我这老头有什么用？"不少地方的学校，学生从专业、课程，到毕业年限、主考教师，都是自行选择的。这里姑且不去比较不同教学方法的优劣、得失，有一点是清楚的：独立思考，是研究科学、学习科学的起码要求。

朱夏院士的晚年，更加致力于人才培养。当我们谈到研究生学

术思想不够活跃时，他说："思想上不敢越雷池一步的学生，又怎样能在科学上创新呢？"这句话，是不是正击中了我们的要害？

**汪品先** 海洋地质学家。1936 年 11 月 14 日生于上海，籍贯江苏苏州。1960 年毕业于苏联莫斯科大学地质系。1981—1982 年获洪堡奖学金在德国基尔大学研究。现任同济大学教授，海洋地质国家重点实验室学术委员会主任。长期从事海洋地质学和古海洋学的研究。20 世纪 80 年代通过微体化石定量古生态学的研究，在我国率先开展古海洋学并从而进入国际深海研究领域。20 世纪 90 年代积极推动我国参加大洋钻探国际合作，主持 1999 年春在南海的国际大洋钻探 ODP184 航次，在中国海实施了首次大洋钻探。2011 年起主持国家自然科学基金重大研究计划"南海深海过程演变"，是我国海洋科学第一个大规模基础研究计划。在学术上强调低纬过程在全球气候演变中的作用，将全球季风概念引入地质记录，发现大洋碳储库跨越冰期旋回的四五十万年长周期，及其驱动机制的"溶解有机碳假说"。主持过国家 973 和重大基金项目 20 余项，曾担任中国海洋研究委员会主席、国际海洋联合会（SCOR）副主席、国际过去全球变化计划（PAGES）学术委员会副主任，并主持全球季风、亚洲古季风、西太平洋古地理等国际工作组。曾获国家教委科技进步奖、国家自然科学奖、中国科学院自然科学奖、何梁何利基金"科学与技术进步奖"，以及欧洲地学联盟（EGU）"米兰科维奇奖章""亚洲海洋地质奖"等奖项，并获伦敦地质学会名誉会员、美国科学促进会（AAAS）会士等荣誉。1991 年当选中国科学院学部委员（院士）。

　　我喜欢数学理论的精确与严格的逻辑推导方法，尤其喜欢平面几何假设、求证、证明这一套程序，它需要我们对矛盾进行细致分析，逐步深入思考，有时还要加几条辅助线才能证明出结果来。

# 我的求学生涯

## 王　元

### 童　年

　　我出生时，父亲王懋勤是国民政府浙江省兰溪县县长。待我能记事时，父亲调任浙江省政府民政厅第一科科长。我家就住在杭州荷花池头一个独门独院里。在我们的亲戚中，我们家的经济较富裕。我的祖母、两个姑母与姑父叔叔都和我们住在一起，是个大家庭。我的母亲汪纫秋是苏北宿迁县人，忠厚老实。由于我弟弟王克只比我小一岁，由我母亲带，所以我是由祖母带大的。我是长子，在家里颇受宠爱。我在4岁时就进入幼稚园，听说我很腼腆，常常独自坐在墙角咬衣服尖，等着家里人来接我回家。

　　刚入小学，全面抗战就爆发了。举家内迁。到哪里去呢？全家坐火车南逃，在长沙停了一个月。一路上兵荒马乱，我记得见到国军鞭打逃兵，惨不忍睹。以后又继续逃到柳州，住了一个多月，那时姑父与叔叔都在柳州西南公路局做事。在他们帮助下，与他们家一起，坐汽车经贵阳到了重庆。

在重庆住了不久，就遇到日军空袭大轰炸，我们家只能辗转往乡下搬，最后落脚在江北县（渝北区）悦来场。这时我已10岁，才开始正规地进了小学。在逃难的途中，父亲教我语文与算术，所以学业还没有完全荒废，这样一共上了两年小学就毕业了。第一年进的是家旁的一所小学。第二年转入高峰寺小学，学校与我家隔着一条嘉陵江，我与王克就住校了，每周父亲会接我们回家一次。那时生活极苦，吃的是有霉味的平价米，有不少杂物，需要仔细挑选后才能煮着吃。穿的是平价布，由我父母在油灯下帮我们缝。我们整天在野外玩，抓青蛙、摸鱼；我还敢抓住蛇尾巴，抖一抖，它就不动了。

11岁时，父亲借来一本儿童读物《爱的教育》，由他读给我听，慢慢地我就能自己读了。我被书中充满了友爱的情节深深感动，人是需要爱的，也应该施爱于他人。

另一值得记述的事是我11岁时，一次与王克去屋后的水池帮家里抬水，3岁的小弟王光跟着去玩，不慎掉进了水池，那时我还不会游泳，却毅然跳进水里，幸好水只有齐腰深，我把他抱了上来。

## 中 学

我12岁时，与王克同时考取了位于合川的国立二中，并在暑假学会了游泳。那时考取二中是一件令人羡慕的事。扬州中学是二中的老底子，绝大部分教师与同学都是逃难到四川来的所谓"下江人"。大家格外亲切友爱。我们住校，每年寒暑假才回家。二中就像一座音乐学校，同学们自己将竹子锯成筒，蒙上蛇皮，做成二胡，几乎人人拉二胡，丝竹之声，充满了学校。我的二胡是我们班里拉得最好的。我喜欢刘天华的作品《良宵》《病中吟》《空山鸟语》等。我也喜欢画画，看上去画得不错，但我只会临摹，自己却创作不出一幅像样子的画来。我还喜欢书法。这些方面，对于提高我的文化素养帮助极大。正课中我最喜欢数学与英语。我喜欢数学理论的精确与严格的逻辑推导方法，尤其喜欢平面几何假设、求证、证明这一套程式，它需要我们对矛盾进行细致分析，逐步深入思考，有时还要加几条辅助线才能证明出结果来。每当一个问题经过反复思考后，才找到了解决问题的线索，总能给我带来喜悦与满足。我喜欢英语，这是由于接触到一种新的语言，它的语法与汉语完全不同，对初学者是较困难的，这样反而激发了我的好奇心与钻研劲头。我不喜欢一些以叙述为主的功课，我觉得自己看看书就都懂了。我还喜欢一些课外活动，如到野外露营，自己支个锅，炒菜煮饭吃，晚上还偷营。我也喜欢到周围去远足。

我14岁时，父亲辞去国民党党部工作，去中央研究院工作，历任总务主任、主任秘书等职。我们家仍住在悦来场。我16岁时，国立二中奉命解散，迁回江苏省丹阳县（现丹阳市），我即离校随家搬至重庆中央研究院宿舍，住在那里等候迁回南京的信息，那时父亲已先期到南京接收。我们家的斜对门住着建筑学家梁思成。我们两家都只有一间房子，每天看到他这位瘦弱的老人，不是躺在床上看书，就是坐在打字机旁打论文。他的勤奋与刻苦，给我留下了终身难忘的印象。

我16岁时，全家搬至南京，住在中央研究院成贤街宿舍。我转入南京社教附中（后改为市立六中）就读。我们家的邻居有天文学家张钰哲、气象学家赵九章、历史学家傅斯年、经济学家邬宝三等。那时物价不断上涨，可是这些科学家仍然坚持科学研究，过着极清贫与困难的生活。他们是高尚的人。我18岁时，高中毕业了。由于社会动荡，我又看了较多的美国文艺电影，再加上我的功课中只有数学与英语较好，我报考了六所大学，只有英士大学与安徽大学录取了我与王克。到这个时候，我才后悔没有好好读书。

## 大　学

进了金华英士大学数学系后，我感到很失望：没有正规校舍，亦无甚图书设备，连课也开不齐全。不到半年，解放军就渡江了。那时父亲已随中央研究院机关去了广州，屡次来信催我们南下。目睹国民党兵败如山倒，看来气数似乎已尽。又听说北京大学和清华大学均已恢复招生上课，所以我们决定留校等待解放，再全家团聚。然后，重新参加高考，改变我的处境。

金华解放后，好运气来了，英士大学理工科学生被并入南方最高学府之一的浙江大学就读。金华这一年，我们基本上没有上课，到了浙江大学，是再上一年级，还是上二年级？我决心闯一闯！这一年，我选了九门课。经一年拼搏，我门门都得到了高分。我一跃成为浙江大学的高才生了。

首届"吴大猷科学普及著作奖"颁奖典礼上的王元（右）与杨振宁在交谈（2002，中国科学院提供）

浙江大学在美丽的杭州，人杰地灵，尤其是它有一批著名学者，如我们数学系的分析学家陈建功，几何学家苏步青；我们理学院还有核物理学家王淦昌，有机化学家王葆仁，遗传学家谈家桢等，我听到过陈建功、卢清骏、张素诚、徐瑞云、白正国、郭本铁等教授的精彩讲课。特别那时陈老与苏老都已年过半百，仍从字母开始学习俄语，直到能翻译俄文版数学书。他们跟年轻教师一道组织讨论班，互相切磋。这种精神深深地教育了我。

王元院士（中国科学院提供）

在浙江大学学习期间，家里已不能接济我们，除免去学费与食宿费外，生活费用方面我曾得到父亲的同事与亲戚的资助。前中央研究院代理总干事、物理学家钱临照就给我们寄过钱。我还参加半工半读，如改低年级同学的习题本及理发等。

在浙江大学第三年，我参加了陈老与苏老独创的在教师指导下的学生数学讨论班。我在讨论班上报告了英革姆著《素数分布理论》。从第三年开始，每周我就只听四五节课，其余时间都自学数学。来浙江大学第一年，我还参加过学校的小提琴队，以后我就毅然放弃了这些业余爱好，全身心投入到数学学习中。三年很快过去了。由于我的成绩优良，陈老与苏老推荐我到中国科学院工作。

好运气又来了，那时数学家华罗庚已回国，出任数学所所长。他那时刚过 40 岁，年富力强。我幸运地拜他为师，向他学习数论。从此以后，我走上了一条通常数学家所走之路。

　　**王　元**　数学家，1930 年 4 月 29 日生于浙江兰溪，原籍江苏镇江。2021 年 5 月 14 日逝于北京。1952 年毕业于浙江大学。中国科学院数学与系统科学研究院研究员。曾任中国科学院数学研究所所长。主要从事解析数论研究。20 世纪 50 年代至 60 年代初，首先在中国将筛法用于哥德巴赫猜想研究，并证明了命题 (3，4}，1957 年又证明 {2，3}，这是中国学者首次在此研究领域中跃居世界领先地位。与华罗庚合作于 1973 年证明用分圆域的独立单位系构造高维单位立方体的一致分布点贯的一般定理，被国际学术界誉为"华－王方法"。70 年代后期对数论在近似分析中的应用做了系统总结。80 年代在丢番图分析方面，将施密特定理推广到任何代数数域，即在丢番图不等式组等方面做出先进的工作，1982 年获国家自然科学奖一等奖，1990 年获陈嘉庚物质科学奖。1994 年获何梁何利基金"科学与技术进步奖"。1999 年获"华罗庚数学奖"。1980 年当选中国科学院学部委员（院士）。

许多大事业、大作品，都是长期积累和短期突击相结合的产物。涓涓不息，将成江河；无此涓涓，何来江河？

# 读 书 的 乐 趣

王梓坤

### 读 书 的 乐 趣

你最喜爱什么？——书籍；

你经常去哪里？——书店；

你最大的兴趣是什么？——读书。

这是友人提出的问题和我的回答。真的，我这一辈子算是和书籍，特别是好书结下了不解之缘。有人说，读书要费那么大的劲，又发不了财，读它做什么？我却至今不悔，不仅不悔，反而情趣越来越浓。想当年，我也曾爱打球，也曾爱下棋，对操琴也有兴趣，还登台伴奏过。但后来都一一断交，"终身不复鼓琴"。那原因，便是怕花费时间，玩物丧志，误了我的大事——求学。这当然过激了一些，有点"左"。剩下来唯有读书一侣，自幼至今，无日少废，谓之书痴也可，谓之书橱也可，管它呢，人各有志，不可相强。我的一生大志，便是教书，而当教师，不多读书是不行的。

读好书是一种乐趣，一种情操；一种向全世界古往今来的伟人和名人求教的方法，一种与他们展开讨论的方式；一封出席各种社会、体验各种生活、结识各种人物的邀请信；一张迈进科学宫殿和未知世界的入场券；一股改造自己、丰富自己的强大力量。

书籍是全人类有史以来共同创造的财富，是永不枯竭的智慧的泉源。失意时读书，可以使人重整旗鼓；得意时读书，可以使人头脑清醒；疑难时读书，可以得到解答或启示；年轻人读书，可明奋进之道；年老人读书，能知健神之理。浩浩乎！洋洋乎！如临大海，或波涛汹涌，或清风微拂，取之不尽，用之不竭。吾于读书，无疑义矣，三日不读，则头脑麻木，心摇摇无主。

## 潜能需要激发

我和书籍结缘，开始于一次非常偶然的机会。大概是八九岁吧，家里穷得揭不开锅，我每天从早到晚，都要去田园里帮工。一天，偶然从旧木柜阴湿的角落里，找到一本蜡光纸的小书，自然很破了。屋内光线暗淡，又是黄昏时分，只好拿到大门外去看。封面已经脱落，

放牛也罢，车水也罢，王梓坤总要带一本书，还练出了边走田间小路边读书的本领，读得津津有味，不知人间别有他事（叶雄绘）

扉页上写的是《薛仁贵征东》。管它呢，且往下看。第一回的标题已忘记，只是那首开卷诗不知为什么至今仍记忆犹新：

> 日出遥遥一点红，飘飘四海影无踪。
>
> 三岁孩童千两价，保主跨海去征东。

第一句指山东，二、三两句分别点出薛仁贵（雪、人贵）。那时识字很少，半看半猜，居然引起了我极大的兴趣，同时也教我认识了许多生字。

这是我有生以来独立看的第一本书。尝到甜头以后，我便千方百计去找书，向小朋友借，到亲友家找，居然断断续续看了《薛丁山征西》《彭公案》《二度梅》，等等，樊梨花便成了我心中的女英雄。我真入迷了。从此，放牛也罢，车水也罢，我总要带一本书，还练出了边走田间小路边读书的本领，读得津津有味，不知人间别有他事。

当我们安静下来回想往事时，往往会发现一些偶然的小事却影响了自己的一生。如果不是找到那本《薛仁贵征东》，我的好学心也许激发不起来。我这一生，也许会走另一条路。人的潜能，好比一座汽油库，星星之火，可以使它雷声隆隆，光照天地；但若少了这粒火星，它便会成为一潭死水，永归沉寂。

## 抄，总抄得起

好容易上了中学。做完功课还有点时间，便常光顾图书馆。好书借了实在舍不得还，但买不到也买不起，便下决心动手抄书。抄，总抄得起。

我抄过林语堂写的《高级英文法》，抄过英文的《英文典大全》，还抄过《孙子兵法》，这本书实在爱得很，竟一口气抄了两份。人们但知抄书之苦，未知抄书之益，抄完毫末俱见，一览无余，胜读十遍。

## 始于精于一，返于精于博

关于康有为的教学法，他的弟子梁启超说："康先生之教，专标专精、涉猎二条，无专精则不能成，无涉猎则不能通也。"可见康有为强烈要求学生把专精和广博（即"涉猎"）相结合。

在先后次序上，我认为要从"精于一"开始。首先应集中精力学好专业，并在专业的科研中做出成绩，然后逐步扩大领域，力求多方面精。年轻时，我曾精读杜布（J. L. Doob）的《随机过程论》、洛易夫（M. Loève）的《测度论》等世界数学名著，使我终身受益。简言之，即"始于精于一，返于精于博"。正如中国革命一样，必须先有一块根据地，站稳后再开创几块，最后连成一片。

## 丰富我文采，澡雪我精神

辛苦了一周，人相当疲劳了，每到星期六，我便到旧书店走走，这已成为生活中的一部分，多年如此。一次，偶然看到一套《纲鉴易知录》，编者之一便是选编《古文观止》的吴楚材。这部书提纲挈领地讲中国历史，上自盘古氏，直到明末，记事简明，文字古雅，又富于故事性，便把这部书从头到尾读了一遍。从此启发了我读史书的兴趣。

我爱读中国的古典小说，例如《三国演义》和《东周列国志》。我常对人说，这两部书简直是世界上政治阴谋诡计大全。即以近年来极时髦的人质问题（伊朗人质、劫机人质等），这些书中早就有了，秦始皇的父亲便是受害者，堪称"人质之父"。

《庄子》超尘绝俗，不屑于名利。其中"秋水""解牛"诸篇，诚绝唱也。《论语》束身严谨，勇于面世，"己所不欲，勿施于人"，有长者之风。司马迁的《报任少卿书》，读之我心两伤，既伤少卿，又伤司马；我不知道少卿是否收到这封信，希望有人做点研究。我也爱读鲁迅的杂文，果戈理、梅里美的小说。我非常敬重文天祥、秋瑾的人品，常记他们的诗句："人生自古谁无死，留取丹心照汗青。""谁言女子非英物，夜夜龙泉壁上鸣。"唐诗、宋词、《西厢记》《牡丹亭》，丰富我文采，澡雪我精神，其中精粹，实是人间神品。读了邓拓的《燕山夜话》，既叹服其广博，也使我动了写《科学发现纵横谈》之念。不料，这本小册子竟给我招来了上千封鼓励信。以后人们便写出了许许多多的"纵横谈"。

从学生时代起，我就喜读方法论方面的论著。我想，做什么事情都要讲究方法，追求效率、效果和效益，方法好能事半而功倍。我很留心一些著名科学家、文学家写的心得体会和经验。我曾惊讶为什么巴尔扎克在50年短短的一生中能写出上百部书，并从他的传记中去寻找答案。文史哲和科学的海洋无边无际，先哲们明智之光沐浴着人们的心灵，我衷心感谢他们的恩惠。

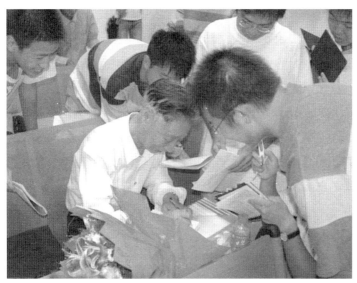

读书报告会后，听众纷纷请王梓坤院士题词留念（作者提供）

## 读书的另一面

王梓坤院士（中国科学院提供）

以上我谈了读书的好处，现在要回过头来说说事情的另一面。

读书要选择。世上有各种各样的书：有的不值一看，有的只值得看20分钟，有的可看5年，有的可保存一辈子，有的将永远不朽。即使是不朽的超级名著，由于我们的精力与时间有限，也必须加以选择。绝不要看坏书，对一般书，要学会速读。

读书要多思考。应该想想，作者说得对吗？完全吗？适合今天的情况吗？从书本中迅速获得效果的好办法是有的放矢地读书，带着问题去读，或偏重某一方面去读。这时，我们的思维处于主动寻找的地位，就像猎人追找猎物一样主动，很快就能找到答案，或者发现书中的问题。

有的书浏览即止，有的要读出声来，有的要心头记住，有的要笔头记录。对重要的专业书或名著，要勤做笔记，"不动笔墨不读书"。动脑加动手，手脑并用，既可加深理解，又可避忘备查，特别是自己的灵感，更要及时抓住。清代章学诚在《文史通义》中说："札记之功必不可少，如不札记，则无穷妙绪，如雨珠落大海矣。"许多大事业、大作品，都是长期积累和短期突击相结合的产物。涓涓不息，将成江河；无此涓涓，何来江河？

爱好读书是许多伟人的共同特性，不仅学者专家如此，一些大政治家大军事家也如此。曹操、康熙、拿破仑、毛泽东都是手不释卷，嗜书如命的人。他们的巨大成就与毕生刻苦自学密切相关。

**王梓坤** 数学家、教育家、科普作家。1929年4月30日生于湖南零陵，祖籍江西吉安。1952年毕业于武汉大学数学系；1958年莫斯科大学数学力学系研究生毕业，获苏联副博士学位；1988年获澳大利亚麦克里（Macquarie）大学名誉科学博士学位。1984年至今任北京师范大学数学科学学院教授、博士生导师。历任南开大学数学系教授（1952—1984），北京师范大学校长（1984—1989），汕头大学数学研究所所长（1993—1999）。曾任中国高等师范教育学会理事长，科学方法论研究会主任，《中国科学》《科学通报》编委等。长期从事概率论研究，发表《生灭过程与马尔可夫链》等专著9部，数学论文与科普文章各数十篇。科普作品《科学发现纵横谈》影响了几代人。培养博士20余名、硕士30余名。曾获国家自然科学奖（1982），国家教委科技进步奖（1985），全国科学大会奖（1987），何梁何利基金"科学与技术进步奖"（2002），国家级中青年有突出贡献专家称号（1984）等。还被评为1949年以来成绩突出的科普作家（1990），中国教育时代人物（2008）。1984年最早提出"尊师重教"，并与北京师范大学部分教授共同倡议在全国设立教师节，1985年全国人大决定：每年9月10日为"教师节"。1991年当选中国科学院学部委员（院士）。

积长期的学习体会，我认为可以把治学之道归纳为十个字：理想、勤奋、毅力、方法、机遇。

# 名人治学的启示

## 王梓坤

记得念中学时，我很喜欢读《孙子兵法》，甚至手抄了几份，分送给友人。读后觉得很有意思，似乎自己也可以当将军了。由此我想到，既然打仗有这么多道理，那治学，当然也会如此。于是，便留心起名家的治学经验来，看看他们是怎样成功的。谁知越留心便越觉得有趣，渐渐地，这居然成了我的业余爱好，至今仍乐此不倦。积长期的学习体会，我认为可以把治学之道归纳为十个字：理想、勤奋、毅力、方法、机遇。

### 理想是心灵上的太阳

理想就是志气和抱负，它决定一个人的努力方向、奋斗目标，决定他的兴趣和爱好，并为他提供前进动力。所以说，理想是人们心灵上的太阳。要看一个人的精神面貌如何，先要看他的理想如何。如果说人有灵魂，那么理想就是他的灵魂。

实现四个现代化，是我们共同的理想。在这个总目标下，每个人应该有具体的奋斗目标：出色地做好本职工作，学好自己的专业。不仅要掌握前人的成果，而且要有新的发现、发明和创造，争取为祖国、为人民作出较大的贡献。

不断激励自己奋发图强的一个好方法，是找一位你最尊敬、最仰慕的人作为竞赛对手，学习他，研究他，赶上他，最后超过他。有了这么一位对手，你就自然不会满足，而是奋力追赶。"不敢同冠军较量，就永远争不到冠军"，这道理，诸葛亮说过："夫志当存高远，慕先贤，绝情欲，弃凝滞，使庶几之志，揭然有所存，恻然有所感。"他不只是说说，也的确这样做。陈寿说他"每自比于管仲、乐毅"(《三国志·诸葛亮传》)，可见他选的对手是谁了。

王梓坤院士兴奋地介绍北京师范大学第一届教师节盛典(作者提供)

高标准、严要求应该具体落实到每个阶段上，步步登高才能最后登高。

## 天才出于勤奋

杜甫诗句："会当凌绝顶，一览众山小。"但要登上最高峰，必须付出极大的劳动。即使天赋很高，勤奋也必不可少。有人问鲁迅：你为什么在文学方面有那么多的成就，是否有天才？鲁迅说："哪里有天才，我是把别人喝咖啡的工夫都用在写作上的。"鲁迅的勤奋的确惊人。大家都知道他写了许多书，却未必都知道他还勤奋地抄了不少书。1913 年 3 月 5 日，他在日记中写道："……夜大风。写《谢承后汉书》始。"同月 27 日又记下："……夜风。写《谢承后汉书》毕，共六卷，约十余万字。"可见他除白天工作外，这些日子里每夜还抄书约 5000 字，直到把一部古书抄完为止。正像他自己所形容的那样："写书时，头眩手战，似神经又病矣。"

法国大作家巴尔扎克只活了 51 岁。他在短短的一生中，写了许多小说，光"人间喜剧"系列就有 94 部。算他 20 岁写起，平均每年写 3 部以上。这么多，不要说创作，就是抄一遍也很不容易。我们不难从这里想象到他工作的紧张程度。

## 成功在于毅力

有些人工作非常努力，按照他的勤奋程度，成果应该相当大，但事实并非如此，甚至毫无成果。原因之一，就是缺乏毅力。毅力表现为不怕困难，敢于在一个方向上长期坚持，即所谓"锲而不舍"，这样才能"金石可镂"。法国生物学家巴斯德说："告诉你使我达到目标的奥秘吧！我唯一的力量就是我的坚持精神。"文学家福楼拜对他的学生莫泊桑说："才气就是长期的坚持。"搞科研，常常不知能否成功，有些人碰到困难后，怕白费精力，便中途放弃而转移方向。这样转来转去，虽然他一天也没有休息，却什么也搞不出来。由此可见，勤奋并不等于毅力。毅力来自对真理的挚爱，来自对崇高理想的强烈追求。一个人的理想越崇高，他的毅力也就越坚强。

"字字看来俱是血，十年辛苦不等闲。"曹雪芹写《红楼梦》是如此，其实许多重大的成果，也无一不是如此获得的。李时珍写《本草纲目》用了 27 年；孔尚任写《桃花扇》，三易其稿，15 年才完成。有人问牛顿是怎样发现定律的，他回答说："我只不过是无时无刻不在思考它。"看来，这些大师们，真有"衣带渐宽终不悔，为伊消得人憔悴"那股顽强劲儿呢！

## 高明的方法是极富兴趣的

正确的方法使人事半功倍。许多卓越的科学家如爱因斯坦等都非常重视方法。法国数学家、天文学家拉普拉斯说："认识一位巨人的研究方法，对于科学的进步，甚至对于他本人的荣誉，并不比发现本身更少用处。科学研究的方法经常是极富兴趣的部分。"巴甫洛夫也说："初期研究的障碍，乃在于缺乏研究法。"各人的专业不同，天赋也各异，甲长于思维，乙长于实验，而丙则兼而有之。每个人应探索出一套适合自己的方法。不过，有些事项是公共的。

打好专业基础。每个专业都有最重要的基本理论、基础知识和基本技能，必须首先掌握这些东西，才能走上前沿。此外，还要学好一两门外语，否则我们的知识来源就极其有限。

王梓坤院士与夫人在文天祥塑像前留影（2014年，作者提供）

培养独立工作能力,其中最重要的是自学能力。有些学生毕业后进步很慢,原因之一就是看不懂新书,不会猎取新知识。好比一家商店,没有进货,怎能持久呢?读懂新的专业书并不简单,看小说还可以,看数学就相当难了。这需要有意识地刻苦锻炼。最好在老师指导下,由易而难地硬着头皮读一两本有价值的新书,并逐步地接触一些现代文献。

要善于运用知识,从"学"到"用"有一段距离。培根说:"用书之智不在书中,而在书外。"所谓"书呆子",恐怕主要是指只读书而不会用的人。

逐步开展科研或进行创作。万事开头难,从读书到写书(或写论文)是一个飞跃,必须开好这个头。光学习是不行的,正如一名演员,不能只看戏而不演戏。我们不仅要学科学,而且要研究科学。

科研的第一步是发现问题,提出问题。在学校里做练习,题目是前人出的陈题,而且早已有了答案。如果题目是新的,又很有意义,那就成为科研了。巴尔扎克说:"打开一切科学的钥匙都毫无异议地是问号。"李政道也说:"要开创新路子,最关键的是你会不会自己提出问题。能正确提出问题,就是创新的第一步。"

科研的第二步是围绕问题收集资料。了解前人在这个问题上的思想、方法和成就,分析他们的优

王梓坤院士坚信:科研的第一步是发现问题,提出问题(叶雄绘)

缺点。光收集已有的资料还不够,还必须对自然或社会进行观察或做实验,以获取前人所未曾有过的第一手的资料。达尔文说:"我既没有突出的理解力,也没有过人的机智,只是在觉察那些稍纵即逝的事物并对其进行精细观察的能力上,我可能在普通人之上。"

第三步是在分析研究资料的基础上,通过直觉或逻辑思维以提出假设。资料往往是少量的、离散的、片面的,只能反映事物的一个或几个侧面。为了认识事物的整体,需要把这些资料完全化、连续化、理论化。这要求我们提出一种或几种假设。例如,人们观察到11 不是整数的平方,111 也不是,……于是提出假设:"任何一个只由 1 组成的整数都不是整数的平方。"

第四步是通过实践来证实假设。如果假设能圆满地解释观察到的现象,而且能多次预见将来以指导实践,那么,经过较长时间的考验,这假设就上升为理论、定理或定律。这种"观察—假设—证明"的方法,在其他一些领域也常有效。

文艺创作虽不同于科研,但有些基本精神是共同的。如深入生活以收集素材、选择主题、通过想象以组织线索、提炼典型等。文艺创作着重形象思维,需要热烈的感情;科学研究着重逻辑思维,需要冷静的头脑。当然,这不是绝对的,有时两方面对于二者都重要。

正确处理"专"与"博"的关系。专与博都重要。梁启超谈到他的老师康有为的教学方法时说:"康先生之教,特标专精、涉猎二条;无专精则不能成,无涉猎则不能通也。"对"专"与"博"的作用说得很清楚。至于二者的关系,我觉得首先要"专",从"精于一"开始,逐步扩展到"博"。理由是:先把这"一"搞通了,其他可触类旁通。"一"是指本专业或其中某一方面;"精"要精到基本上掌握了这方面的最新成就,而且要对它进行研究,取得新成果。在这一方面,不仅要知道别人已知的,而且还要知道别人不知道的新东西,这样,我们就站稳了。有了根据地，然后再向邻近的科目开拓。由于"博"，眼界宽了，思想活跃了，反过来又可帮助"专"，于是我们进入了"良性循环"。另一种"博"的方法不是向邻域开拓，而是另开一个或几个据点，然后把它们连成一片。例如学数学的兼学生物，学理的学点文，或者反之。东汉时期的张衡是科学家，首创过地动仪，同时，他又是文学家、画家，写过名篇《东京赋》和《西京赋》；马克思则酷爱数学。作家契诃夫说："我不怀疑研读医学对我的文学活动有重大的帮助。它扩大了我的观察范围，给予我丰富的知识。"

善于找到老师或领路人。学海浩茫，有人领路就快得多。无师自通者虽有，但确实很少。名师固然可以出高徒；并非名师，只要有一技之长，对我们也很有帮助。到处都有老师，问题在于能不能找到他。大树之所以成材，是由于它的根和叶伸向四方，广泛吸取水分、养料和阳光。高尔基出身极为贫寒，却成了世界文豪，他说这是多亏了四位老师的指教。能在各种场合找到自己的老师，而不管他们的职业和社会地位如何，正是高尔基的高明之处。老师是广义的，不一定就在自己的身旁，甚至彼此可以不认识。我曾观察过某同志寻师的经过，他周围并无同专业的高手，却做出了很好的成绩。原来他认定国内一位先进同行做老师，凡是这人写的文章和书他都认真攻读，别人写的则少看，以便集中精力，把这些著作搞透了，就比老师强一点了，因为老师知道的，他都知道；而他知道的，老师未必知道。这是他的聪明之处，不妨借鉴。

## 机遇只照顾勤奋而又有准备的人

以上所说的，都可以靠主观努力做到。但人生活在客观世界中，有不少偶然机遇是难以预料的。人人都可碰上好机遇，问题在于会不会和能不能充分利用它。否定机遇并不是唯物主义。

法拉第是伟大的物理学家之一。他出身贫苦，父亲是工人，经常生病。法拉第 12 岁上街卖报，13 岁起在订书店当学徒。他自小热爱科学，认真钻研了有关电学的论述，而且还做了不少实验。不过，如果他放过了下述机遇，他的天才也许会被埋没。一次，英国皇家学会会长、化学家戴维去做学术演讲，法拉第想方设法弄到入场票，他不仅仔细地听和记，听完演讲后又反复钻研和消化，还整理出一份

王梓坤院士（中国科学院提供）

完整的记录稿，抄写得端端正正，寄给戴维，同时表示希望得到学习的机会。戴维被他的才华和精神所感动，很快就推荐他到皇家学会实验室去当助手。这是法拉第一生中重要的转折，从此他获得了很好的工作条件。

要正确处理主观努力和客观机遇的关系。没有业务基础，法拉第不可能整理戴维的报告；平日不努力，有好的机遇也利用不上。机遇只照顾勤奋而又有准备的人。投机取巧、不劳而获的侥幸心理是极有害的。另一方面，放弃一切好机遇，也不一定明智。如果法拉第不争取外援，科学界就会蒙受巨大的损失。严格说来，自始至终毫无外援只靠自学而成为杰出人才的例子并不多见。特别是一些尖端科学技术，必须利用先进的仪器设备和图书资料，完全靠自己是不可能成功的。在我们的社会里，各种各样的学校，为我们提供了许多好的学习条件。主观努力加上好的机遇，正如优良的种子遇上肥沃的土壤，必能结出丰硕的果实。

"半亩方塘一鉴开，天光云影共徘徊。问渠那得清如许？为有源头活水来。"通过每日生活的纪实，自然使文字表达的能力也得到锻炼，到作文时便有"源头活水"源源而来了。

# 贵 在 坚 持

*魏荣爵*

## 从写日记谈起

我年轻时，课余之暇，爱写日记和杂文。写日记，既记事也写感想，长年累月，集腋成裘，过了些时间再翻阅，不仅对往事是个重温，并有益于来兹，同时又是用文字表达思想的训练。写杂文，无论科学家轶事、京剧评论、杂感等，也是从日记里提炼出来的读书和日常接触的事物的心得和体会，自认为值得发挥以抒发情怀。我用的是只有自己才知道的笔名。虽不求闻达，但稿酬多少可补学用。

记日记翔实，杂文丰产，皆在我念完大学以前（即 1937 年暑期以前）。"七七事变"，接着"八一三事变"，日军占领上海，南京岌岌可危，而北行成空（因为天津南开中学主任喻传鉴先生曾来宁聘物理教师，与我面谈过随即寄来聘书），只有随姊携弟返回湖南邵阳故里，行色匆匆，旅途拥挤，于是我离开盈尺时，日记与刊物上的杂文以及手稿，全部未带！此后由邵阳再去南开中学（1938—1941年移于重庆）、金陵大学重庆分校（1942—1945年）以至在国外（1945—1951年），虽然杂文少写了，日记从简，甚至改为周记（仅记一周来感到足以"备忘"的事），可这个习惯直到回国后并没有中断，而且被我的大女儿继承下来……

在"文革"期间，我曾被怀疑是"埋藏得很深的阶级敌人"！

来势汹汹的红卫兵为了找"半夜向美蒋发报的发报机"——因我失眠常午夜不睡，谬传是干这类"特务勾当"，抄家次数可谓频繁，从地板向地下，又延伸到破天花板而上，翻腾得可谓彻底！由于无所获，于是我写的文稿、笔记，尤其是日记，成为最好的凭证。他们可以据此任意曲解和断章取义地来审问我，使我从大惑不解起，到后来的神志不清……等到自己获得自由后，有相当长的一段时间，我对写日记已不感兴趣。当然，我对过去两次丢失的日记、手稿等，仍深感惋惜，既是徒劳，又是终生遗憾了。在这些偏激思想的影响下，不仅日记停写，其他非专业文稿也很少写。由于久不用汉语写事，笔头钝了，文思不流畅了，更可笑的是某些常用字的正确写法忘了，不时还

魏荣爵院士在办公室（作者提供）

要求助于拼音字典，十分可笑。

去年（1993年）我女儿回国探亲，她说要找过去留在家里的童年日记。我想，我们家已"历尽沧桑"，大凡文字及手稿皆流离失所，哪里还能有她的日记存在？我武断地说："你会失望的！"却没料到，奇迹出现了。她用了两天时间，居然从我尚没空整理的许多外文杂志与书籍堆中"搜"出一个硬纸匣，里面装满了她当年的日记，她说："一本也不缺！"是造反派抄漏了呢，还是"童言无忌"？

特别值得我保存并给我启发的是，她在日记中找到我1963年给她写的一段鼓励写日记的话，是我已完全忘记了的话，它是对我自己言行的反击！她至今仍每天写日记，其志可嘉。因此，我又给她写了"贵在坚持"四个字，把我当年给她写的信的原文复印给南大校刊（载于1993年10月20日），并加上自己的简短"按语"发表。我觉得写日记如此，做学问更应如此，一曝十寒，是最忌讳的。这也是我自己的现身说法嘛，也许对在校的年轻同学有点用处。

漪华平时作文写得不错，可是太费劲了！从此，每天作日记，是克服这个缺点的好办法。这个习惯应当永远坚持下去。不论多忙都不该有所间断才对！宋朝有位学者叫作朱熹的有过这么一首诗："半亩方塘一鉴开，天光云影共徘徊。问渠那得清如许？为有源头活水来。"通过每日生活的纪实，自然使文字表达的能力也得到锻炼，到作文时便有"源头活水"源源而来了。

当然，写日记的最大目的还不在这里。从这里面可以反映出学习、生活……将来可供回忆，吸取经验和接受教训。

总之，这是一件很重要的事情的开始，不能随便地对待它。

希望漪华的一切也随着日记的年月日和字数而进步。

爸爸

1963.1.28 于病中

## 我读懂了"天书"

由此及彼，使我联想起我毕生中几件事。

我童年在北京上小学，是与北师大附小齐名的北师附小。我进的是5年毕业的"特别班"，应当说是优秀学生班。1927年夏，随家长搬到上海，我母亲早逝，父亲对子女上学不太关心，就让我转学到离家最近的一所中学。

入学后我就感到不对劲，除了国文是一位旧学老师，讲《论语》《孟子》外，其他都是"洋"老师（其中只有一位是真洋人），用的也是洋文课本，以我只学会英文字母的基础，万难听懂老师讲的，课后更看不懂"天书"般的洋课本中的字句。小学算术我还算可以，可我怎能看懂除数字符号以外的课文？第一学期，我除国文课以外，其余都不及格。一向有自尊心的我，又不肯向功课好的同学求教，家里又没人辅导。后来，我觉得非自力更生不可，我在世界书局找到几本汉英对照的书，记得最清楚的是当年日本首相田中给他们天皇写的侵华的计划《田中奏折》中英对照的小册子，其中透露出日本军阀全面侵华的狼子野心。我逐字逐句理顺了两种文字的对应关系，语法学习则求助于当时盛行的《纳氏文法》等书籍，而且我在一个暑期中还把学校某些文学课本（我记得英文课有文学、文法、作文、会话四门课）通读了一遍。初中毕业后，我转学到一所非教会学校。第一堂英文作文课，教师出的题目是关于对日本侵略东北三省的控诉，这方面我词汇很熟，因此是最先交卷的，教师当堂就表扬了我，并朗读了我那篇作文。这时，我回想起念初中时什么算术、文学、生物、地理，我之听不懂，看不进，视之如"天书"，全是文字在作怪，其实内容毫无深奥之处。那篇作文写得快，不也正是我坚持几个暑假的努力，从而使我有了"源头活水"吗？

## "嗒嗒"声给我带来的喜悦

魏荣爵院士（中国科学院提供）

当我选定研究水雾对声音吸收作为学位论文时，除查阅有关文献外，更重要的是实践。我住在离学校约十余英里的地方，那个地区（美国洛杉矶）多雾，而大雾弥漫时却在午夜或凌晨，因此我回到家中每天都要"观天象"。当看到有浓雾时，必然要立即驱车到学校。那时，物理楼已夜深人静，我有一把万能钥匙，打开进楼门径直奔向我的实验室，把一件一件测量仪器搬进电梯，上升到顶层上的平台，然后记录数据。这是我一个阶段的例行工作。手持电筒射出强光的老人，见到我总是彼此会心地微笑而过。这是对天然雾的测量，白天则是与人造水雾打交道。这样昼夜不分的生活，我持续了近一年之久。最令我失望的就是我试验用频闪灯拍摄悬浮态的雾滴，往往失败。我用了上百英尺的 16 毫米胶卷却得不出几张可用的清晰照片。最后，我只能改用其他办法……后来论文完成了，可我总觉得这个问题没有妥善解决，也就是不管天然水雾或者人造水雾，究竟单位体积中有多少个雾滴，它们的大小分布如何？这是一个看来极为简单的问题，为什么就没有现成的精确测量仪器，也没人去动脑筋设法解决它呢？于是，我决定努力坚持下去，或许能找出个门道。这是否就是学问之道呢？

一天，我忽然想起我过去在学校物理实验中用过的闪烁计数器，我又想到雾滴穿过光线必然有散射光（那时没有激光），但是我找到一种金属锆的点光源并自己加工一些附件，接好一个合适的光电倍增管，组成一台试制的"雾滴计数器"。这台仪器包括一根吸引水雾的管子，凡进去的水雾，其中有一束微细雾流，也就是单个粒子流，是一定要通过由点光源连接光学系统所聚集的微小光柱，从而引起光的散射。这个微弱的讯号使光电倍增管所联结的标记器记数，每当一个雾滴经过这种仪器的机械装置时，便会发出"嗒"一声。由于雾滴浓度相当大，于是"嗒嗒"声不绝，甚至密集到远非人耳所能分辨的程度！而我所在的实验室以及邻近的声学实验室都是极为安静的，因此这些响声曾惊动了邻近的教授和研究生都来围观，对这个设计颇多赞语。后来我核实了一下，与其他方法测量的结果，数量级是相同的，装置简便，结论更精确。

这使我回想起，每当我白天或黑夜，带着很长的 16 毫米胶卷回

魏荣爵院士在查看老照片，寻找岁月的痕迹（作者提供）

家，在权作暗室的浴室中洗印，又像沙里淘金那样，几个月里难得找出凑巧在电影摄影机的焦距内的几幅清晰的雾滴照片，可说是苦尽甘来，这些"嗒嗒"声给我带来的喜悦，至今仍是我值得回味的。

（本文写于 1994 年）

**魏荣爵** 声学家。1916 年 9 月 4 日生于湖南邵阳，2010 年 4 月 6 日逝于江苏南京。1937 年毕业于金陵大学物理系。1950 年获美国加利福尼亚大学洛杉矶分校哲学博士学位。1951 年回国后历任南京大学教授、物理系主任、声学教研室主任、声学研究室主任、声学研究所所长、信息物理系名誉主任。并曾任中国声学学会副理事长、名誉理事长，全国电声学标准化技术委员会名誉主任，第三世界物理中心及美国洛斯·阿拉莫斯国家实验室顾问等职。作为中国声学事业的开创者之一，运用分子的弛豫吸收理论成功地解释了低频声波在水雾中的反常吸收，指出声能耗散原因并得出水雾吸声普适公式；首创雾滴计数器；首先开展语言声学研究，在国际上最早提出用现场语噪声方法测量汉语平均谱，研究了混响及噪声对汉语语言通信的影响；在分子声学、微波声学、低温声学、混沌、孤立子等开创性研究中均取得突出成果。1999 年获何梁何利基金"科学与技术进步奖"。治学严谨，执教 50 多年，为国家培育大量科技杰出人才。1980 年当选中国科学院学部委员（院士）。

听一位神童演奏一段小提琴曲之后，莫扎特十分赞赏。这位神童问道："您看我什么时候可以自己谱写曲子？"莫扎特答："喔，还早着哩！"神童不理解。"您不是在比我还小得多时就自己作曲了吗？"莫扎特答："可我从来也没去问过谁呀？"

# 我的座右铭和"养生之道"

吴　旻

## 座　右　铭

1992年西安市教委的冯亚明同志向我征集亲笔书写的座右铭。我用硬笔写了"笨鸟先飞, The early bird gets the worm."几个字。后来发表在《人生修身治学》第一册（陕西人民教育出版社，1993）。去年，北京某中学又托人征集我的座右铭。我还是给了那几个字，不过这回是请我的夫人彭仁玲代笔。她最近在闲暇时练了几天毛笔字，而我的毛笔字还是小学时代练过一阵，从未让父亲和老师满意过，如果亲自动笔，难免吓倒学生，造成不良影响。之所以要写成中英文对照，是为了让意思表达得完整些。

"笨鸟先飞"反映了中国的文化传统：自称"笨鸟"有如"鄙人""愚兄"，比较含蓄，不说出飞到哪儿去，去干什么，让读者自己去想。说英文的人好像比较自大，总把"我"（I）写成大写，也不喜含蓄：早飞就是为了捉到虫子！中英文对照不仅可以把事情说得更明白，而且可以对比一下中西方文化的差别，也许有助于我国的青年人了解西方文化。

其实，在治学方面，我还有一条座右铭，对我影响至深，却不知道该如何表达。1944年上半年，我还在四川李庄同济大学新生院学德文，德语教科书中有一段关于莫扎特的小故事，大意是：一位音乐神童，演奏了一段小提琴曲，莫扎特听后十分赞赏，这位神童问道："您看我什么时候可以自己谱写曲子？"莫扎特答："喔，还早着哩！"神童挺不满意，又问："您不是在比我还小得多时就自己作曲了吗？""可我从来也没去问过谁呀？"

50多年过去了，这个小故事却始终萦绕在我的脑海，对我的行动施加影响。为此，我没有少挨批评：骄傲自大、无组织、无纪律……不一而足。但在治学上，它还是给了我启示和动力，使我这个毫无天赋的庸才也能在科学和教育的事业上作出一点贡献。

但我还是不知该怎么表达这个"座右铭"。前一阵，参加一个什么活动，除了在签到簿上留下自己的姓名外，还要在姓名后面留一句话。我在十分匆促的情况下写了："狗在吠，骆驼队在前进。"好像是中东国家流行的谚语，意思是：像沙漠中的骆驼队那样，认准目的地，坚定地稳步向前，不因犬吠而改变方向。好像多少补充了笨鸟先飞和莫扎特的故事的内容。

## "养生之道"

我自幼体弱多病，三岁时整整病了一年，据说是伤寒。小学时代，每到冬天，总是咳嗽、盗汗，低烧不断，是个药罐子。1937年全面抗战爆发时，跟随父母到后方。1940年初，只身从贵州到四川，先后在合江和永川上初中和高中，靠学校"贷金"和"公费"过活。1940 年秋，染上了疟疾，每次发作，就向校医讨一点奎宁片，但过一阵又发作了。1941年初，初中毕业考试后，由于精神紧张，引发了胃大出血，腹痛如绞，呻吟了一夜，后来拉出一堆像黑墨一样的大便，心想："毒"都排出来了。一天之后，我便动身前往永川上高中。先乘船顺长江到达江津对岸。第二天清早，雇一位挑夫挑上我和另一位同学的行李，穿山越岭，走了 105 里，直达永川，居然没有再次病

吴旻每天到长江里去学游泳，等到天气太冷，不能下水就去江边打一桶水，回到宿舍冲个凉水澡，每天如此，从不间断（叶雄绘）

倒。在永川的两年半中，除疟疾时常发作外，还患过几次痢疾。

1943 年，我以同等学力（高中尚差半年）考入同济大学医学院时的形状一定十分奇特：身高 170 多厘米，体重竟不到 45 千克，面色白里泛青，穿一套妈妈用土布给我缝制的、不合身的自染草绿色"中山装"，无怪乎一年之后我的一位同室好友告诉我："我们初见你时总以为你快完了，想不到居然活下来了。"

同济大学当时内迁至四川宜宾市李庄镇，位于长江边上。进入大学，同中学可大不一样了，首先是男女合校，医学院女生还相当多；再就是同学大都出身于富家和高官，像我这样的穷学生承受的压力该有多大啊！为了改善形象，我只有两个办法：一是发奋读书，早

吴旻院士（中国科学院提供）

晨起来咿咿呀呀练德语发音，夜里在两根灯草的桐油灯下啃大部头的德文解剖学、生理学等教材，直到半夜；二是锻炼身体，我每天到长江里去学游泳，等到天气太冷，不能下水就去江边打一桶水，回到宿舍冲个凉水澡，每天如此，从不间断。1945年抗战胜利，学校迁回上海后，开始用自来水冲澡。那一年冬，上海奇冷，到过零下7摄氏度，有两天自来水管冻住了，只得作罢。50多年来，这个习惯使我的体质大为改善。

1946年，刚从四川搬到上海，在地摊上买了一大罐黄油（美军剩余物资），刚吃了半罐，就全身发黄，肝脏肿大，疼痛，大便变白，食欲不振，整日嗜睡，校医室给我开了几包泻盐（硫酸镁），卧床近半个月，起来后即投入紧张的前期考试，好像也没留下什么后遗症。

20世纪60年代，在医科院实验医学研究所病理系工作时，正值肝炎流行，系内有肝脏穿刺诊断的业务，同事们依次被传染病倒，我也没能幸免。1965年元月一天晚上批判会（批的是我）后，忽然发高烧，肝区疼痛，转氨酶500单位，在协和医院传染病科隔离了一个月，以后就是全休和半休达半年之久。我为了早日恢复工作状态，出院后并没有卧床、服药和使劲吃葡萄糖等保肝，而是设计了一个循序渐进的游泳计划，从每天游50米开始，逐渐增加，以游泳后肝区的感觉作为是否增加运动量的指标。半年后，一次游1000米，肝区也不再疼痛，肝炎的客观指标也恢复正常，工作能力也恢复到了正常。

1992 年底，发现体重突然下降了 5—6 千克，经检查，原来是患了重症糖尿病；尿糖总是四个"+"，饭后两小时的血糖高达 540 毫克／毫升，肌肉酸痛，看书打瞌睡，不少人劝我服降糖药，我却听从了一位糖尿病专家的建议，阅读了她编写的一本小册子，控制饮食，并适当增加肌肉活动（游泳、步行）。现在，三年多过去了，血糖、尿糖基本上得到控制，工作能力也较以前改善，还纠正了一些不科学的饮食习惯，降低了体重，减轻了心脏的负担。

我在这方面的某些做法，有点像兵法上的"置之于死地而后生"。但在实际生活中，置之于死地并不总会"生"。中学时代既无钱又无医学知识，是不得已而为之。写下这段经历供现在的青少年参考，绝不是要你们照搬我的经验。

**吴　旻**　细胞生物学、医学遗传学家。1925 年 12 月 16 日生于北京，籍贯江苏常州。2017 年 10 月 16 日逝于北京。中国医学科学院肿瘤研究所研究员、分子肿瘤学国家重点实验室主任，中国科学院生物学部副主任，国家自然科学基金委员会生命科学部主任。1950 年毕业于同济大学医学院。1957—1961 年留学苏联，获医学科学博士学位。是我国医学遗传学的奠基人之一。长期从事细胞遗传学、肿瘤学、人类和医学遗传研究工作。开创了中国人体和动物细胞遗传学的研究，创建了第一个医学细胞遗传学研究组，在国内第一个开展了先天性畸形的产前诊断。研究了中国人食管癌的遗传病因、人体和哺乳类动物细胞体外恶性转化，在食管癌研究中，倡导癌症的基因治疗，取得首创性进展。20 世纪 80 年代开展了人体恶性肿瘤的分子生物学及恶性肿瘤基因治疗的研究。1980 年当选中国科学院学部委员（院士）。

由于科技发展迅速，不仅要活到老学到老，要打好自学的基础，而且要掌握良好的学习方法。在这方面很多专家都有很好的经验，但共同的一点都是任何成就都来自勤奋刻苦的学习。

# 掌握方法　持之以恒

## 谢希德

我们今天所说的知识，范围非常广泛，包括政治、经济、文化和科学技术等各方面的知识。在"知识大爆炸"的时代，要掌握人类创造的全部知识，几乎是不可能的事。在跨入 21 世纪时，许多人都说新的世纪是信息的时代。现在的青少年都将是跨世纪的人才，大家都关心如何学习和如何学好，才能更好地迎接新世纪的挑战。

### 知识增长速度惊人

当前科学技术发展非常迅速，随之而来的便是知识和信息的"爆炸"。英国一位科学家推测，人类的科学知识在 18 世纪是每 50 年增加一倍，20 世纪中叶是每 10 年增加一倍，到 20 世纪 80 年代已发展到每 3 年增加一倍，而现在的发展速度更加惊人。就拿我比较熟悉的半导体器件的发展为例，就可以说明发展速度之快，是难以想象和预料的。

50 多年前，在美国贝尔实验室的三名年轻的物理学家肖克利、巴丁、布拉顿发明了锗晶体管，因而获得了 1956 年的诺贝尔物理学奖。晶体管的发明引起了电子学和计算机技术的革命，由于 20 世纪 60 年代对硅器件特性和工艺的系统性基础研究，提高了 MOS 电路的稳定性和可靠性，这些又导致了 70 年代后集成电路的飞速发展。1971 年美国英特尔公司（Intel Corporation）4004 微处理器芯片的诞生是个重要的里程碑，这个芯片有 2300 个晶体管；1982 年英特尔又推出 16 位的 80286 处理器芯片，片内集成了 13.4 万个晶体管；1986 年出厂的 32 位微处理器 80386，片内集成了 27.5 万个晶体管；而 1997 年的 Pentium2 则集成了 750 万个晶体管。这个发展速度，就像当年英特尔的两名创始人之一的戈登·摩尔（Gordon Moore，后任名誉董事长）所预言的那样：微处理机的性能每 18 个月即增加一倍，或每两年在同一个大小的芯片上，晶体管的数目翻一番。这个预言即著名的"摩尔定律"。这个定律至今还未被推翻。1997 年 Pentium2 的晶体管数目是当年 4004 的晶体管数的 3260 多倍。这个发展速度

谢希德院士每晚坚持学习（作者提供）

显然是惊人的。今年（1999 年）一定会再推出新的产品。有人预言到 2020 年一台台式计算机的能力将是现在所有在美国硅谷计算机能力的总和。从上面这个例子就可以说明，科学技术发展突飞猛进。而这个例子也仅是无数例子中的一个。

在 20 世纪 50 年代任何一位在课堂上教晶体管原理的老师，很难预计到今日集成电路的发展所达到的高度。面对无穷知识的海洋，年轻的朋友们首先要认识到学海无涯，永无止境，树立"活到老学到老"的信念。由于人的一生在学校的时间是短暂的，许多知识要靠自学。显然，自学是不能靠老师，而要靠自己的。因此，必须掌握自学的各项基本技能，诸如会求助于书本，能在实践中不断总结经验以不断提高，在工作中虚心地拜能者为师……这些都是主要的学习方法。在信息社会中，通过网络学习也是一条重要的途径。当然，最主要的是打好基础，除去学科的基础知识外，其他的基础是至少要熟练地掌握一门外语，同时要学会如何通过计算机在互联网中学习。

## 掌握方法　持之以恒

由于科学技术发展迅速，许多知识要在离开学校后通过自学去掌握。因此，树立正确的学习方法非常重要。首先要处理好"专"与"博"的关系。从小学、中学到大学的学习阶段，应是打好基础的关键时期。虽然在大学中，每个人一般要选一门主修的学科，但绝不能以此作为定终身的专业，而应选读一些非主修的课程，以扩大自己的知识面。由于科学在不断发展，许多重要的科学成就往往是在离开学校后才发现的，而且它们多是集体智慧的结晶，也是学科交叉的结果。例如在 1962 年由于揭示了脱氧核糖核酸（DNA）的双螺旋结构而得到诺贝尔奖的沃森、克里克、威尔金斯等，后两人都是擅长 X射线衍射研究晶体结构的物理学家。克里克是读了物理学大师、理论物理学家薛定谔写的《什么是生命》才开始对生物学感兴趣的。可见，有一定广度的知识面，可以避免鼠目寸光，不至于把自己束缚在一个小的圈子中而不能自拔。除去不同学科领域的专家的合作外，剑桥实验室中自由讨论的氛围，也是促进这项重要发现获得成功的重要因素之一。又如我有一位读物理学的博士生，他除去对物理学感兴趣之外，对国际关系也很感兴趣，他在国外做博士后研究工作时，选了

谢希德院士（中国科学院提供）

防止核扩散和地区安全作为研究方向，经过多年废寝忘食的努力，加上他的物理学背景，他已成长为在国际上颇有影响的专家了。又如有名的建筑学家认为要成为一名成功的建筑师，既需要工程技术方面的知识，又需要在艺术方面有较深的修养，还需要有人文学科和社会科学方面的知识，才能设计出符合社会需求，又为人们所喜爱的建筑。最近也有调查表明，在医学院的学生中，不少人的人文学科和社会科学方面的知识太贫乏了，这就与中学过分重视应试教育以及过早实行文理分科有很大关系，也应更加重视多学科素养的培育。

　　由于科技发展迅速，不仅要活到老学到老，要打好自学的基础，而且要掌握良好的学习方法。在这方面很多专家都有很好的经验，但共同的一点都是任何成就都来自勤奋刻苦的学习。著名数学家华罗庚先生在对青年谈学习时指出："聪明在于学习，天才由于积累。"任何美好理想的实现，都要靠艰苦不懈的努力。就是靠这种非凡的努力，华罗庚在1931年以一名初中毕业生的身份进入清华园学习

后，只花了四年的时间，不仅修完大学课程，发表了论文，而且还被破格提为清华大学的助教，1936年又被选派往英国剑桥大学留学。1938年回到昆明的西南联合大学后，在当时系主任杨武之教授的提议下，提升为教授。从一名初中毕业生到教授仅用了八年的时间，这主要归之于他有惊人的毅力和刻苦学习的精神。古人韩愈有名言："业精于勤而荒于嬉，行成于思而毁于随。"勤于学习，善于思考，就是韩愈主张的成功秘诀。

我国科学技术已有了较大进展，但从总体上看，与世界先进水平相比，还有较大的差距。因此，摆在年轻朋友面前的任务还很艰巨。希望你们能抓住机遇，迎接挑战，勤于学习，善于学习，新世纪一定是属于你们的。

（本文写于1999年）

**谢希德** 固体物理学家、教育家、社会活动家。1921年3月19日生于福建泉州，2000年3月4日逝于上海。1946年毕业于厦门大学。1951年获美国麻省理工学院物理系哲学博士。复旦大学教授、校长。长期从事固体理论研究，是中国半导体物理学和表面物理学的开创者和奠基人之一，在表面和界面物理以及量子器件和异质结构电子性质理论研究方面成果突出，培养出数位当今中国该领域的学术带头人。还曾为中国高等教育事业的发展、物理学科研机构的建立与发展、科教领域的国际交流和合作，以及物理学会的工作作出突出贡献。从1981年起先后获美国史密斯女子文理学院、美国霍里约克山学院、日本关西大学、美国贝洛特学院、纽约州立大学阿尔巴尼分校、索福克大学、加拿大麦克马斯特大学授予的名誉科学博士学位。1988年被选为第三世界科学院院士。1991年被选为美国文理科学院外国院士。1980年当选中国科学院学部委员（院士）。

数学家庞加莱有一句名言："我们靠逻辑来证明，但要靠直觉来发明。"在数学发展史中有许多凭想象力和直觉来创建新理论的生动例子。

# 博观而约取　厚积而薄发

严加安

学习任何一门数学分支，首先要打好基础，练好基本功。所谓基本功，就是对基本概念和主要定理的理解和灵活应用，以及对主要定理证明技巧的掌握。练功要做到"拳不离手，曲不离口"。20 世纪 60 年代初，华罗庚教授在中国科学院数学所创办了数学的"练拳园地"，定期公布一些数学问题让大家做，收到很好效果。我就读的中国科技大学应用数学系就非常重视前三年的基础课，由一位专家从头至尾主讲，俗称"一条龙"。1958、1959 和 1960 届分别是"华龙"（华罗庚）、"关龙"（关肇直）和"吴龙"（吴文俊），使这三届的学生受益匪浅。我的泛函分析基础打得扎实，在概率论研究中多次用到了泛函分析知识。

从 1985 年至 2000 年，我共培养了 12 名博士和 6 名硕士。我对硕士生的培养非常强调打好测度论和概率论基础，要求学生不要急着做论文，直到第三年或更晚一些时候才指导他们做学位论文。我常用"工欲善其事，必先利其器"这一格言劝导学生打好基础，练好基本功。我对博士生的培养着重训练他们的独立科研工作能力。如果学生的科研能力较强，我就只给他们选定大的研究方向，这些研究方向大都是当时国际上主流或较热门的方向，而我本人不一定很熟悉。我鼓励他们自己找文献和问题，而我和他们在讨论班上共同切磋。例如，当我观察到从 20 世纪 80 年代末国际上许多随机分析专家转向金融数学研究，我感到有必要在中国开拓这一新领域，于是从 1994 年起我就把金融数学方向作为我的博士生的研究方向。

关于如何读书，华罗庚先生有一精辟的论点：获得书本知识是"从薄到厚"再"从厚到薄"的过程。把一本书从头到尾读下来，是"从薄到厚"；将书中内容进行分析和综合，达到实质性理解，就会感到书本在脑海里变薄了。

如何做学问，宋朝大文学家苏轼的名言"博观而约取，厚积而薄发"对我很有启示。

这里的"博观而约取"是指"在博览群书时要汲取书中的要领和精髓"，这与前面提到的华罗庚先生关于读书要先"从薄到厚"再"从厚到薄"是同一层意思。这里"薄发"的原意是"不要随便发表意见"。后人把"厚积薄发"引申为"从大量的知识或材料积累中提炼出精华部分再著书立说"。

我做科研的准则是：不求著作等身，但企文章久远。就是说，我不追求文章的数量和篇幅，而注重文章的质量，力求在论文中解决一些基本问题，能够对有关研究领域有实质性的贡献，发表后能得到同行关注和引用，最大的愿望是某些结果能够留存下来。令我感到欣慰的是，我在概率论和鞅论中有几个结果实现了后一个目标。我有几篇 20 世纪 80 年代发表的论文至今还在被文献引用，已有 30 多部国外专著（不包括我本人的国外专著）引用了我的论著（或列为参考文献）。

　　为了给研究生打好测度论和概率论基础，我专门为研究生编写了《测度论讲义》。我在编写这部讲义时也遵从了"博观约取"和"厚积薄发"的原则。我从国内外有关测度论的专著中汲取了精华部分，同时把自己在科研中感到最有用的测度论结果写入书中。给学生讲课我也遵从"厚积薄发"的原则。我认为要讲好一门课，就需要掌握比讲解内容多得多的知识。当前在学术界有一种急功近利和浮躁的风气，有些人对自己还未完全学懂的东西就东拼西凑写论文，甚至还要写书，这可以算得上是"薄积厚发"了。

　　做科研要力求创新。如何才能创新呢？我的体会是：创新的基础在于长期的知识积累，但更需要有丰富的想象力和敏锐的直觉。爱因斯坦有一句名言："想象力比知识更重要。"他在纪念普朗克60岁生日的演讲中又说："物理学家的最高使命是得到那些普遍的基本定律，由此世界体系就能用单纯的演绎法建立起来。要通向这些定律，没有逻辑推理的途径，只有通过建立在经验的同感的理解之

严加安院士作"博观而约取　厚积而薄发"学术报告（作者提供）

上的那种直觉。"数学家庞加莱也有一句名言："我们靠逻辑来证明，但要靠直觉来发明。"在数学发展史中有许多凭想象力和直觉来创建新理论的生动例子：欧拉受解决柯尼斯堡七桥问题的启发，引进了现代数学中的拓扑学的概念；欧拉从现实生活中的极大和极小问题，提炼出数学问题和解题技巧，创立了"变分学"这一新的数学分支；伯努利从儿童游乐场滑梯的设计，提出并解决了著名的"最速下降线问题"……这些例子给我们的启示是：在日常生活中，要学会从平凡的事物中发现不平凡的问题，自觉培养自己的直觉能力和想象力。

做出创新成果也需要有一定的机遇，但机遇只施惠于有准备的头脑（巴斯德语）。长期的知识积累、丰富的想象力和敏锐的直觉是创新工作最重要的准备。除此之外，还要有其他的准备。首先，要对研究的问题有浓厚的兴趣，要全身心地投入，并对解决问题有强烈的愿望；其次，对别人在相关问题获得的新结果要尽量去了解，要善于将不同结果进行对比；第三，要重视与同行讨论和交流。我的体会是，在与别人讨论问题时可以彼此激发灵感，有时别人对你的某个想法所做的不经意的评论，可能启发你的新的思路，使你产生顿悟。"机遇是可遇不可求"的说法是可以商榷的。我认为在一定条件下可以人为地去创造产生机遇的环境。我的做法是：为了保持研究活力和对研究问题有新鲜感，我每隔一段时期就改变自己的研究领域，因为在新领域里机遇会多一些。在改变研究领域的过渡期内，我往往也同时研究几个相关领域。我从 1973 年到 1984 年主要从事鞅论和随机过程一般理论的研究；从 1985 年到 1995 年主要从事白噪声分析研究，同时也研究鞅论和随机分析；从 1995 年到现在主要从事金融数学研究。20 世纪 80 年代初，正是白噪声分析理论初创时期，我于 1985 年在斯特拉斯堡大学高等数学研究所

访问时，Meyer 教授建议我关注这
一新领域。由于我有较好的泛函
分析基础，我抓住了这一机遇，很
快进入了白噪声分析领域，并作出
了一些基础性贡献。我和 Meyer
教授合作提出的白噪声分析数学
框架被文献称为"Meyer-Yan 空
间"，并被国际上权威的《数学百
科全书》引述。

严加安院士（中国科学院提供）

　　做学问除了要博览群书提高自
己的专业素养外，还要加强文学和
艺术的修养，以此提高自己的文化
素养。最近读了《中国研究生》第 5 期上登载的一篇记者采访华中科
技大学前校长杨叔子院士的访谈录，很有同感。杨院士在对比人文
思维和科学思维时说道："人文思维是原创思维的主要源泉。人文思
维是开放的形象思维，是直觉，是顿悟，是灵感，是人所特有的，是
最聪明最灵敏的智能机器人也无法具有的，是人的灵性最重要的体
现。科学思维是逻辑思维，然而科学领域的原创性成就主要不源于
逻辑思维，人文思维带来的令人惊叹的灵感与'猜想'，才能实现原
创性。"他援引了爱因斯坦的如下名言："物理给我知识，艺术给我想
象力，知识是有限的，而艺术所开拓的想象力是无限的。"我猜测爱
因斯坦所说的"艺术"是泛指"人文文化"。"科学文化"与"人文文
化"的关系就是科学与艺术的关系。科学家的理论和艺术家的作品
一样，都不可能是对客观事物绝对的和纯粹的反映或描述，而是对客
观事物的某些特征的一种"模式化"的构思和思维的创造。

　　"真"与"美"是评价科学与艺术的共同准则。对数学研究而言,"真"的准则是不言而喻的,而且是容易达到的,因为任何一个在逻辑推理上正确无误的数学命题都是"真"的。对一项数学成果的评价,一是看它的学术价值,二是看它的美。数学家哈代关于数学的美有如下精辟的论述:"数学家的模式正像画家或诗人的模式一样,必须是充满美感的;数学的概念就像画家的颜色或诗人的文字一样,也必须和谐一致。美感是首要的试金石,丑陋的数学在世上是站不住脚的。"他又说:"数学定理的美在很大程度上依赖其严肃性……一个'严肃'的定理是一个包含'有意义的'概念的定理。"我认为培养自己的数学审美观和鉴赏力对数学研究是很重要的。一位对数学缺乏美感的人是很难做出美的数学来的。如何培养自己的数学的审美观和鉴赏力?阅读数学大师们的论著是一种有效的途径。

现在有许多博士学位论文水平不高,除了缺乏有高质量的科研成果外,还存在思路不清晰、结构不严谨和文字修养差等问题。有的研究生科研成果还不错,论文写不好是由于思想上不重视,平时缺少认真的训练,导师也负有指导的责任。

下面谈谈做学问的思想境界问题。王国维在《人间词话》的开题中说:"词以境界为最上。有境界则自成高格,自有名句。"他写道:"古今之成大事业、大学问者,必经过三种之境界:'昨夜西风凋碧树。独上高楼,望尽天涯路。'此第一境界也。'衣带渐宽终不悔,为伊消得人憔悴。'此第二境界也。'众里寻他千百度,蓦然回首,那人却在,灯火阑珊处。'此第三境界也。"这里王国维借用晏殊在一首词里的词句来比喻开始做学问的人会有一种迷茫和踌躇满志的心态;他借用柳永表现刻骨爱情的词句来比喻做学问要有"锲而不舍、甘愿奉献"的精神;他借用辛弃疾在一首词里赞美一个远离元宵节灯火热闹的场景在灯火稀疏的地方伫立的超凡女子,来比喻做学问要"淡泊名利、自甘寂寞、不随波逐流"。

最后，我想用俄国文学家赫尔岑的如下一段话来结束我的文章："科学不是可以不劳而获的——诚然，在科学上除了汗流满面是没有其他获得成功的方法的；热情也罢，幻想也罢，以整个身心去渴望也罢，都不能代替劳动。"

（本文写于 2000 年）

**严加安**　数学家。1941 年 12 月 6 日生于江苏邗江（现为扬州市邗江区）。1964 年毕业于中国科学技术大学。1973 年至 1975 年在法国斯特拉斯堡大学高等数学研究所进修；1981 年至 1982 年在德国海德堡大学应用数学所访问，为洪堡学者。1998 年起任中国科学院数学与系统科学研究院应用数学研究所研究员。主要从事随机分析和金融数学研究，在概率论、鞅论、随机分析和白噪声分析领域取得多项重要成果。建立了局部鞅分解引理，为研究随机积分提供了简单途径；给出了一类可积随机变量凸集的刻画，该结果在金融数学中有重要应用；用统一简单方法获得了指数鞅一致可积性准则；提出了白噪声分析中新框架。曾任国际数理统计和概率论伯努利学会理事，国际概率论刊物 *Annales of Probability* 编委。现任 *Acta Mathematicae Appliatae Sinica*（应用数学学报）主编和国际概率论刊物 *Stochastic Analyis and Applications* 编委。1993 年获国家自然科学奖二等奖，2002 年应邀在第 24 届国际数学家大会作 45 分钟报告，2006 年获何梁何利基金"科学与技术进步奖"，2007 年获华罗庚数学奖。2010 年当选国际数理统计学会会士。1999 年当选中国科学院院士。

法国小说家莫泊桑说过："一个人以学术许身，便再没有权利同普通人一样的生活法。"

# 谈谈读书、教学和做科学研究

严济慈

## （一）

读书主要靠自己，对于大学生来说尤其如此。读书有一个从低级向高级发展的过程，这就是听（听课）—看（自学）—用（查书）的发展过程。

听课，这是学生系统学习知识的基本方法。要想学得好，就要会听课。所谓"会听课"，就是能抓住老师课堂讲授的重点，弄清基本概念，积极思考联想，晓得如何应用。有的大学生，下课以后光靠死记硬背，应付考试，就学习不到真知识。我主张课堂上课认真听讲，弄清基本概念；课后多做习题。做习题可以加深理解，融会贯通，锻炼思考问题和解决问题的能力。一道习题也做不出来，说明还没有真懂；即使所有的习题都做出来了，也不一定说明你全懂了，因为你做习题有时只是在凑凑公式而已。如果知道自己懂在什么地方，不懂又在什么地方，还能设法去弄懂它，到了这种地步，习题就可以少做了。所谓"知之为知之，不知为不知，是知也"，就是这个道理。

一位学生，通过多年的听课，学到了一些基本的知识，掌握了一些基本的学习方法，又掌握了工具（包括文字的和实验的工具），就可以自己去钻研，一本书从头到尾循序地看下去，总可以看得懂。有的人靠自学成才，其中就有这个道理。

再进一步，到一定的时候，你也可以不必尽去看书，因为世界上的书总是读不完的，何况许多书只是备人们查考而不是供人们通读的。一个人的记忆力有限，总不能把自己变成一座会走路的图书馆。这个时候，你就要学会查书，一旦要用的时候就可以去查。在工作中，在解决某个问题的过程中，需要某种知识，就到某一部书中去查，查到你要看的章节。遇到看不懂的地方，你再往前面翻，而不必从头到尾逐章逐节地看完整部书。很显然，查书的基础在于博览群书。博览者，非精读也。如果你"闭上眼睛"，能够"看到"某本书在某个部分都讲到什么，到要用的时候能够"信手拈来"，那就不必预先去精读它，死背它了。

读书这种由听到看，再到用的发展过程，用形象的话来说，就是

严济慈院士在阅读（中国科学院提供）

把书"越读越薄"的过程。我们读一本书应当掌握它的精髓，剩下的问题就是联系实际，反复应用，熟则生巧。

那么，我们怎样理解对某个问题是否已弄懂了呢？其实，我们平时所谓的"懂"，大有程度之不同。你对某个问题理解得更透彻更全面时，就会承认自己过去对这个问题没有真懂。现在，真懂了吗？可能还会出现"后之视今，亦犹今之视昔"的情形。所以，"懂"有一个不断深入的过程。懂与不懂，只是相对而言的。这也就是"学而后知不足"的道理。

每个人都要摸索一套适合自己的读书方法，要从读书中去发现自己的长处，进而发扬自己的长处。有的人是早上读书效果最好，有的人则是晚上读书效果最好；有的人才思敏捷，眼明口快，有的人却十分认真严谨，遇事沉着冷静；有的人动手能力强，有的人逻辑思维好……总之，世上万物千姿百态，人与人之间也有千差万别，尽管同一位老师教，上同样的课，但培养出来的人总是各种各样的，绝不会是一个模子铸出来，像一个工厂的产品似的，完全一个模样。

归根结底，读书主要还是靠自己，有好的老师当然很好，没有好的老师，一个人也能摸索出适合自己的读书方法，把书读好。我这样说并不是说老师可以不要了，老师的引导是十分重要的。但是，即使有了好的老师，如果不经过自己的努力，不靠自己下苦功，不靠自己去摸索和创造，一个人也是不能成才的。

当今，在科学技术迅猛发展的时期，自然科学和社会科学更是密不可分，相互交叉，出现了不少边缘学科。所以理工科的学生，应该读点文科的书。同样，文科学生，也应该读点理工科的书。理工科的学生只有既懂得自然科学知识，又知道一些社会科学知识，既有自己专业的知识，又有其他学科的一般知识，这样才能适应现代社会的要求。

# （二）

搞好教学工作是老师的天职。一名大学老师要想搞好教学工作，除了要有真才实学以外，还必须一要大胆，二要少而精，三要善于启发学生，识别人才。

首先讲要大胆，中青年教师尤其要注意这一点。一些教龄较长、教学经验较丰富、教学效果较好的同志一定有这样的体会，即从某种意义上来说，讲课是一种科学演说，教书是一门表演艺术。如果一位老师上了讲台，拘拘束束，吞吞吐吐，照本宣科，或者总是背向学生抄写黑板，推导公式，那就非叫人打瞌睡不可。一位好的老师要像演员那样，上了讲台就要"进入角色"，且要"目中无人"，一方面要用自己的话把书本上的东西讲出来；另一方面你尽可以"手舞足蹈"或"眉飞色舞"，进行一场绘声绘色的讲演。这样，同学们就会被你的眼色神情所吸引，不知不觉地进入到探索科学奥秘的意境中来。怎样才能做到这一点呢？这就要求你必须真正掌握自己所要讲的课程的全部内容，也就是要做到融会贯通，运用自如，讲课时能详能简，能长能短，既能从头讲到尾，也能从尾讲到头，既能花一年之久详细讲解，也能在一个月之内扼要讲完。到了这种时候，就像杂技艺人玩耍手中的球一样，抛上落下，变幻无穷，从容不迫，得心应手。要做到这一点，必须自己知道的、理解的东西，比你要讲的内容广得多、深得多。我个人的体会是讲课不能现准备、现讲授，要做到具有不需要准备就能讲的才讲，而需要准备才能讲的不要讲。

老师对自己说教的课程掌握熟练，又能用自己的话去讲，才能做到"少而精"，深入浅出。老实说，如果你只会照书本讲，你讲一个小时，学生自己看半个小时就够了。好的老师，虽曾写过讲义，著过书，讲课时也不会完全照着自己写的书或讲义去讲，他只需把最精彩的部分讲出来就行了。这是什么道理呢？可以打个比方，著书类似于写小说，教书则类似于演戏。要将一本小说改编成一出戏，不过是三五幕，七八场。从上一幕末到下一幕初，中间跳过了许多事情，下一幕开始时，几句话一交代，观众就知道中间跳过了什么情节，用不着什么都搬到舞台上来。搬到舞台上的总是最精彩的段落，最能感动人而又最需要艺术表演的场面。

要想教好书，还必须了解学生。下课后能与学生随便聊聊，"口试"一下，不消半个小时，就可以从头问到底，学生掌握课堂知识的深浅程度就知道了，老师讲课就有了针对性，效果会好得多。现在有的老师对学生不了解，也分不出自己所教的学生的程度；上课前东抄西抄，上课时满堂灌，虽然教了多年书，效果也不会好。

好的老师要善于启发学生，善于识别人才，因材施教。你到讲台上讲一个基本概念，就要发挥，要启发学生联想，举一反三，这样才能引人入胜。这个问题是怎样提出来的，又是怎样巧妙地解决的，与它类似的有哪些问题，还有哪些问题没有解决……这就是我们常说

1926年严济慈先生在法国巴黎大学实验室（作者提供）

的"启发式的教学"，它可以一步步地把学生引入胜境，把学生引向攀登科学技术高峰的道路上去，使人的雄心壮志越来越大。现在的大学生素养好，肯努力，男的想当爱因斯坦，女的想当居里夫人，都想为国家争光，为"四化"多作贡献，我们做老师的应该竭尽全力帮助他们成才。如果一名年轻人考进大学后，由于教学的原因，一年、两年、三年过去了，雄心壮志不是越来越大，而是越来越小，从蓬勃向上到畏缩不前了，那说明我们是误人子弟了，既对不起年轻人，也对不起人民和国家。这是我们当老师、办学校的人应当十分警惕的。

## （三）

许多学生日后准备考研究生，有些学生大学毕业后可能直接分配到研究所参加科学研究工作。大家常问：科学研究工作的特点是什么？从事科学研究的人应该具备什么样的条件？

我认为，科学研究工作最大的特点在于探索未知，科学研究成果的意义也正在于此。恩格斯说过："科学正是要研究我们所不知道的东西。"（《马克思恩格斯选集》第3卷第541页）科学研究工作是指那些最终在学术上有所创见，在技术上有所创造，即在理论上或实践上有所创新的工作。所谓创新，就是你最先解决了某个未知领域或事物中的难题，研究的结果应该是前人从未有过，而又能被别人重复的；得到的看法应该是从来没有人提出来，而又能逐渐被别人接受的。总之，科学研究工作的成果完全是你自己和研究工作的集体在前人的基础上创造出来的。

因此，从事科学研究的人，要经过训练，要有导师指导，在学术上必须具备两条：第一是能够提出问题，第二是善于解决问题。

首先是你要在所从事的领域里，在古今中外前人工作的基础上，提出新的问题，也就是要找到一个合适的研究题目。这个题目应该

严济慈院士（中国科学院提供）

是经过努力短期内能够解决的，而不是那种经过十年、二十年的努力都没有希望解决的问题。这一点是区分初、中、高级研究人员的重要标志之一。初级人员是在别人给他指点的领域、选定的题目之下完成一定的研究工作；中级人员自己能够找到一个比较合适的研究题目，并独立地去解决它；高级人员除了自己从事创造性的工作外，还应该具有指导研究工作的能力，能为别人指点一个合适的领域或题目。因此，对于一位研究生或刚参加工作的大学生来说，找一位好的导师是很重要的。找怎样的导师好呢？是年老的，还是年纪稍轻的？我说各有各的长处和短处。年轻的导师自己正在紧张地做研究工作，你该做些什么，导师早已安排好了，也许一年半载就出了成果，这对一位研究生的成长是有利的。但是，由于你只是参加了部分研究工作，虽然出了成果，你和导师联名发表论文，但你可能还不完全知道其中的奥秘，也不完全明白它的深刻意义。如果你是在国外，你的导师也许把你当作劳动力来使用，回国以后你想重复，可能也做不起来。反过来，如果导师是年老的，他很忙，只能给你指点个方向，许多具体困难你只好自己去克服，出成果可能就慢些，但可以锻炼你独立工作的能力。跟这样的导师还有一个好处，就是与他打交道的大都是当代名家鸿儒，你在那里工作，他们来参观，点个头，握个手，问答几句，可以受到启发和鼓舞，增强你克服困难的信心，有助于研究工作中突破难关。

其次，要求科学研究人员有善于解决问题的能力。创造，实际上是一个克服困难的过程。你能够克服这个困难，你把这个问题解决了，就有新的东西得出来了，也就是说你有所创新了。不管是搞自然科学还是搞社会科学都一样。要做科学研究工作，总会碰到一些困难的，没有困难还要你去研究什么？困难克服得越多，你解决的问题、得到的结果越重要，你的创新成果也就越大。所以，我们讲一个人能不能独立地做研究工作，就是讲他有没有克服困难的能力、决心和信心。一个人的能力，就是在不断克服困难中锻炼出来的。培养人就是培养克服困难的能力。一个人能不能搞科研工作，并不取决于他书读的多少，而在于他有没有克服困难的能力。

怎样才称得上是第一流的科学研究工作呢？首先，研究题目必须是在茫茫未知的科学领域里独树一帜的；其次，解决这个问题没有现成的方法，必须是自己独出心裁设想出来的；最后，体现在所用的方法、用来解决问题的工具上，即实验用的仪器设备等，必须是自己设计、创造，而不是用钱能从什么地方买来的。如果能够做到这些，就可以说我们的科研工作是第一流的。

在大学里，科学研究工作一定要与教学工作密切结合起来。我们现在需要搞好科研，更需要搞好教学。教学与科研两者是相辅相成的。一所大学应该成为以教学为主的教学与科研中心。教书的人必须同时做科研工作，或曾经搞过科研工作。搞科研的人还要教点书，多与青年人接触，这样可以帮助你多思考一些问题。

一位老师把教学工作搞好了，科学研究工作做好了，由于长期的积累，到了一定的时候，就要自己动手写书。可以说，写书是教学和科研工作的总结。写好一本书，特别是写教科书，意义是十分重大的。要写好书，就应该推陈出新，写出自己的风格来，绝不能东抄西摘，剪剪贴贴，拼拼凑凑。写书就好像是蜂酿蜜，蚕吐丝。蜜蜂采的是花蜜，经过自己酿制之后，就变成纯净甘美的蜂蜜。蚕吃的是桑叶，经过自己消化之后，就变成晶莹绵长的蚕丝。采花酿蜜，可说是博采众长，吐丝结茧，真正是"一气呵成"。那么，怎么样才算写出了"自己的风格"？就是要文如其人。除了数字、公式、表格之外，要尽量用自己的话去论述问题。当别人看你写的书时，就好像听见你在说话一样。中青年教师应该大胆写书，朝这个方向去努力。

总之，一个人要有所成就，必须专心致志，刻苦钻研，甚至要有所牺牲。法国小说家莫泊桑说过："一个人以学术许身，便再没有权利同普通人一样的生活法。"

（本文选自《严济慈文选》，上海教育出版社，2000年12月，第255—262页；原载《红旗》杂志1984年第一期）

---

**严济慈** 物理学家、教育家。1901年1月23日生于浙江东阳，1996年11月2日逝于北京。1923年毕业于南京高等师范学校，同时获得国立东南大学物理系（现为南京大学物理学院）理学学士学位。同年自费赴法国巴黎大学留学，1925年获数理硕士学位，1927年获法国国家科学博士学位。回国后历任上海大同大学、中国公学、暨南大学和南京国立第四中山大学物理、数学教授，并兼任拟建中的中央研究院理化实业研究所筹备委员。作为中国现代物理学研究开创人之一，在压电晶体学、光谱学、大气物理学、应用光学与光学仪器研制等方面取得许多重要成果，并培养了大量人才。相继任中国科学院办公厅主任、应用物理所所长、东北分院院长、技术科学部主任、中国科学院副院长、中国科学技术大学校长、全国人大常委会副委员长、中国科协副主席及名誉主席、九三学社中央副主席及名誉主席等职。1979年与李政道联合发起并共同建立了中美联合招考赴美物理研究生项目CUSPEA，培养年轻的物理学留学人才。1955年选聘为中国科学院学部委员（院士）。

　　博雅教育中的"博"，是指要有广博的知识，"雅"指做人第一，注重修身。其他三个要素分别为：以学生为中心，以小班课为主的第一课堂，丰富的第二课堂。

# 博 雅 教 育

杨福家

## 博雅教育与通识教育

　　博雅教育，英文叫 Liberal Arts Education，通识教育则是 General Education，两者不同。博雅教育中，除了"博"，也就是要有广博的知识，还有"雅"，指的是做人第一，注重修身。我们从前常把 Liberal Arts College 翻译成文理学院，或者是人文学院，我认为翻译成博雅学院更为妥当。博雅教育除了上述两个要素外，我还总结了其他三个要素：以学生为中心，学校和教师把育人放在一切工作的首位；在以小班课为主的第一课堂上，鼓励学生勇于争论，勇于质疑；丰富的第二课堂，即学生参与社团活动，参加社会实践和参与教师的科研项目。

　　应该说，我是在 2012 年 4 月份才参观了真正的博雅学院。虽然之前参观过几十次美国的各类大学，像哈佛、耶鲁那种，但在那次参观时，我才真正看到了博雅学院。我们当时访问了威廉姆斯学院、阿

杨福家院士在办公室（作者提供）

姆赫斯特学院和斯沃司莫尔学院，他们是美国排名前三的博雅学院，在美国最权威的大学评估——《美国新闻与世界报道》的大学排名中，威廉姆斯学院排在本科教育的第一位，在那份排名中，哈佛大学大学部排在第八位。

那么，他们是按照怎样的标准排名的？

他们比的是哪所大学最能满足学生的需求，而不是比学校的名气。标准是五项：学生对学校的满意程度、毕业生的成功程度、学生负债情况（国外大学很多学生是靠贷款读书的）、本科生在四年内的毕业率、学生所获的奖项。然后将这些标准予以细化，就成了：学生毕业后在各自领域中的表现、大学学费、学生得到的财务补助和负债情况，以及毕业生对其所受大学教育的评价和对往后人生的帮助等。

威廉姆斯学院的一件事给我留下了非常深的印象。一位学生入学后，其数理能力非常好，物理实验做得非常漂亮，但老师发现他拼命地选法律课程，就问他："你数理方面那么强，难道你要把法律作为你的专业吗？"他说："我来威廉姆斯读书借了很多钱，每年 5 万美元学费，我只能靠学法律，等毕业后做了律师，才能还债。"结果，校长采取了一项措施，将该学生所交的学费全部还给他，而且此后不需要再交学费，并鼓励他选自己感兴趣的课程。为什么校长能这样做？因为这所学校有一个高达 18 亿美元的基金会支持学校的运作。类似的基金，当时哈佛有 300 多亿美元，耶鲁有近 200 亿美元。如按学生数来算，威廉姆斯的基金不算少了。

在威廉姆斯学院的任何学生，不管是国内学生还是国际学生，只要家庭困难，都可申请助学金。他们有一半的学生获得助学金，平均获得 2.5 万美元，为学费的一半。很多美国学生在大学毕业后都负债，威廉姆斯是全美高校中学生负债最低的学校之一。威廉姆斯学院的杰出校友中，我们比较熟悉的有新加坡前总理吴作栋和歌手王力宏。王力宏 18 岁进入威廉姆斯读书，毕业时，中文与音乐是他的两个专业方向。威廉姆斯校长 Adam F. Falk 为这位歌手校友感到十分自豪，认为他的音乐具有很深的文化内涵，显示出中西文化的精华。

## 一流大学的标准

看一所大学是不是真正的一流大学，一要看学生在大学毕业之后，是否会感到"这所学校改变了我的一生"；二要看大学是否能给教师足够的空间，让他非常安心地做学问，没有任何压力。

我问过耶鲁大学校长莱文："你们怎么这么有钱？"他的回答是："校友捐的。""校友为什么捐？"就是因为"这所大学改变了他们的一生"。我在宁波诺丁汉大学的头两年，收到的学生来信就超过了我在复旦做 6 年校长收到的学生来信数量。他们在信中很关键的

沉思中的杨福家院士（作者提供）

一句话就是：学校改变了我们的一生。

至于专业，英国诺丁汉大学专业还是分得很细的，这是英国大学教育与美国大学教育的不同。在美国大学里，我碰到一位哈佛一年级的学生，问："你是什么专业的？"他回答说："我没有专业。"我做复旦大学校长后的第一个暑假，遇到一件麻烦事，一位学生家长来找我说：我的孩子要念的是"国际经济"，你为什么让他念"经济"？在家长看来，"国际"两字极其重要。而英国居然比我们分得还要细，你去看他们的专业，他们会有国际经济 in German、国际经济 in China。我当时就觉得，他们跟博雅教育真是毫不相关呀！后来我才明白，除了专业，他们其他处处都在做博雅教育。英国人认为，学生在中学接受了 7 年的博雅教育就够了，所以一进大学，他们就分了专业。

我在诺丁汉大学主持授予学位仪式已经一百多次了，每次都为在学位证书上念到的琳琅满目的专业名称而惊叹。美国则认为 7 年博雅教育是不够的，于是开始做 6+2+2。6 年中学，加大学前两年不分专业。实际上，大学后面两年也很淡化专业。所以耶鲁大学在本科毕业之后，设置了专业学院（professional school），例如商学院、医学院等 10 所学院，再有研究生院。其实，哈佛等一流研究型大学也是如此。专业学院百花齐放，各显神通，但大学本科就是给你最基础、最广博知识的。我做诺丁汉大学校长时，和执行校长讨论过英国大学的问题。他说，我们不可能改过来了。但后来他把医学院做试点，老的医学院无法动，就新建一所医学院，第一次招生90人，都是大学毕业后才能申请的。没有想到的是，有1500人申请，而且报名者和录取者一半以上都不是念理科的。这在国外是非常普遍的情况，我访问过哈佛大学医学院，他们也是如此，一半以上在本科时主修文学（含艺术）。

## 大学的重要课堂是小班课

我读大学时，一级教授会给本科生上大课。那时，一级教授得由国家评，非常少见。我本科毕业的时候，研究原子核物理的一级教授卢鹤绂先生给我们上课，后来又带我做本科毕业论文，这让我对原子核物理产生兴趣起到了很重要的作用。后来我当校长，就要求所有的博导、最优秀的教授都去上本科生的课。当然，这是我最初的认识，我这几年正在慢慢认识到，大课不等于最重要的课程，现在的网络课程正在慢慢取代这种大课。过几年，大课也许会慢慢消失掉，而大学的一个重要课堂将是小班课。我年轻时，小班课一般是习题课，由助教来讲。但在英国与宁波的诺丁汉，听了几堂小班课，我才发现，小班课不是我们理解的习题课，小班课上师生互动，相互讨论，没有什么问题不能问，没有什么答案不可以争论。所以，以小班为主的勇于争论的课堂，也是博雅教育的主要内涵之一。

除了在教室授课的第一课堂，让我感触很深的还包括第二课堂。第二课堂包括：多方参加社会实践、社团活动以及科学研究工作。如进耶鲁大学就读，你必须参加过社团，那里是培养领袖的地方。我问耶鲁大学的莱文校长："你为何能培养那么多领袖？"他说："我有250个社团，就有250个小领袖，将来一定能产生大领袖。"老布什、小布什、克林顿以及美国的很多大学校长都毕业于耶鲁，因为它重视大学的课外社团。

还有同样重要的一条：一所大学要以育人为主，教师必须把育人放在第一位，大学教师的主要责任不是发表文章。

## 关于中小学教育

杨福家校长在诺丁汉大学（作者提供）

中学就开始文理分科是违背教育规律的事情。12岁以下，我认为全部应该实行全科教育，之后就可以进行分流了。不过，这种分流不是文理分科，而是有些人就进中专或者将来的高等职业学校，接受职业教育了。六十多年前，我高中毕业时，职业教育与普通中学具有同样的吸引力，只是偶然的因素，我放弃了已经报名的、非常难进的上海高等机械专科学校，报考了普通高中。但今天，几乎只有"差生"才会去报考职业学校，我们几乎完全忘记了先辈提出的"三百六十行，行行出状元"的忠告。

1997年，我应邀参加全美高校领导会议。在那次大会上，哈佛大学的一位领导就讲：如果所有的大学都是哈佛，这个社会就崩溃了；如果我们培养出的学生都拿诺贝尔奖，这个社会也要崩溃了。要有个完整的概念，我们要让所有的同学都快乐地发挥自己的特长。现在的情况却是把大学分成了一本、二本、三本，这是个极大的错误，很多三本院校的家长脸上都没光。这些都需要改过来。这样的后果，比如在这次经济衰退中，美国大学生的失业率一直居高不下，而同样受世界经济衰退影响深重的德国，失业率却只有 5.4%，是发达国家的第二低。这种低失业率就得益于德国合理的教育结构，是他们有非常发达的职业教育的结果。

**杨福家** 核物理学家、教育家。1936 年 6 月 11 日生于上海，祖籍浙江宁波。2022 年 7 月 17 日逝于上海。1958 年毕业于复旦大学，留校工作。历任复旦大学教授，宁波诺丁汉大学校长，中央文史研究馆馆员。还曾任丹麦哥本哈根尼尔斯·玻尔研究所博士后研究员，复旦大学校长，英国诺丁汉大学校长（成为出任英国著名院校校长的第一位在籍中国人），中国科学院上海原子核研究所所长，上海市科协主席，中国科协副主席等职。曾组建、领导"基于加速器的原子、原子核物理实验室"，完成了一批在国际受到高度重视的工作；给出复杂能级的衰变公式，概括了国内外已知的各种公式，用于放射性厂矿企业，推广至核能级寿命测量；给出图心法测量核寿命的普适公式；领导实验组用 $\gamma$ 共振吸收法发现了国际上用此法找到的最窄的双重态。在国内开创离子束分析研究领域。在束箔相互作用方面，首次采用双箔（直箔加斜箔）研究斜箔引起的极化转移，提出了用单晶金箔研究沟道效应对极化的影响，确认极化机制。曾获日本、美国、英国、中国港澳地区等多所大学的名誉博士学位。主要著作：《原子核物理》《原子物理学》，与 J. H. Hamilton 合著的《现代原子与原子核物理》，1996 年由美国 McGraw-Hill 公司出版；还著有多本阐述教育理念和教育思想的著作：《追求卓越》《博学笃志》《中国当代教育家文存——杨福家卷》《走近一流学府——中外教育比较》《从复旦到诺丁汉》《博雅教育》等。1991 年当选中国科学院学部委员（院士），同年当选第三世界科学院院士。

善读，力求"开卷有益"。叔本华讲得对："我们读书之前应谨记'不要滥读'的原则……不如用宝贵的时间专读伟人已有定评的名著，只有这些书才是开卷有益的。"

# 读好书　做好人

杨叔子

谈到读书，我就不能不想到我念高一的母校江西九江的同文中学。2009 年应《光明日报》"母校礼赞"专栏之约，我写了一篇《读好书　做好人》稿，5 月 13 日发表。之所以用这个题目，因为这是同文中学的校训。同文中学诞生于第二次鸦片战争帝国主义大举侵略我国之时，历经中华民族百余年苦难风雨，与民族同患难，与国家共呼吸，正如今天同文中学校园十几株 150 年以上树龄的香樟一样，根固于地，擎天而立，枝繁叶茂，生机勃勃。

"读好书　做好人"的校训真好，既可以理解为：要读好的书，要做好的人；也可以理解为：要把书读好，要把人做好。不论如何理解，都可归结为：读书，要有益于身心健康；做人，要有益于国家、民族；读好书是为了做好人，做好人就要求读好书。这个校训把为什么读书，如何读书，以及它们之间的关系讲得简扼而深刻。笛卡尔讲得形象："读一本好书，就是和许多高尚的人谈话。"

1991年，我增选为中国科学院院士（当时称"学部委员"）。那是1980年后的11年间中国科学院第一次增选，备受社会关注。当时很多记者采访我，向我提了很多问题。问题之一是："哪一本书给你印象最深，对你影响最大？"我想了想，就讲："无可奉告！"我真的讲不清是哪一本书起了其他书不可比拟的作用。读书对一个人的影响是日积月累的，是潜移默化的，是会从量变到质变的。但在记者一再提问下，我就讲了：如果只凭直接的印象来判断，至少有两本。都是解放初期读的。一本是小说，奥特斯洛夫斯基写的《钢铁是怎样炼成的》；一本是哲学，艾思奇写的《大众哲学》。前者给了我巨大的长期的鼓励，直面人生；后者给了我深刻的初步的启迪，认识世界。小说中的主人翁保尔·柯察金的名言：人最宝贵的东西是生命。生命属于我们只有一次而已。一个人的生命应该这样度过：当他回首往事时，他不因虚度年华而悔恨，也不因碌碌无为而羞愧；临死的时候，他能够说："我整个生命和精力已献给了世界上最壮丽的事业——为人类的解放而作的斗争。"在1963年读到雷锋同志所讲的："人的生命是有限的，可是为人民服务是无限的。我要把有限的生命投入到无限的为人民服务中去。"两者多么契合！讲法似不同，本质、境界全一致！一直深深影响着我，激励着我，引导着我。《大众哲学》讲"量变到质变"这一规律用的是西湖边雷峰塔为什么倒塌的实例，指出抽走导致塔倒塌的最后一块砖时，就导致了质变。当时，我就想到了我国古谚："勿以善小而不为，勿以恶小而为之。"这两本书，使当时还只有十六七岁的我，对献身共产主义崇高的事业树立了坚定的信念。很快，1950年1月我就入了团，1956年2月我就入了党。无论是百花争艳的春天，天高气爽的金秋，还是暑气逼人的盛夏，天寒地冻的严冬；无论是身处顺境还是逆境，我扪心无愧，从未对自己的坚定信念有所动摇。

如果深究我之所以能如此的原因，至少有两点：首先是中华民族文化及其经典著作对我影响很深，我从 4 岁到 9 岁，就是在学习传统文化中度过的。特别是《论语》对我自幼深深的熏陶。其实，《论语》中的词汇、语句、论述、思维等早已深入我国人民生活与思想之中，从"启发""反省"到"温故知新""后生可畏"，到"因材施教""有教无类""君子不器""和而不同"，如此种种，何能胜数。在思考问题或感情沸起时，幼时所受的这些教育内容就自然会在其中。所以，在我接任华中科技大学校长工作后，又一次细读了《论语》。后来，用《重读〈论语〉兼谈如何读书》为题，作了系统的演讲，至少有 10 次以上。实质上，这是汇报我个人读书，特别是读《论语》的内心体会。演讲中我谈了四点体会：

一、读书，就要把握整体地读。以孔解孔，这就防止理解走偏。例如，"学而时习"这个"习"字，主要是"实践"的意义，而孔子所讲的"学"不仅是指向"书本"学，而且更重要的是向"实践"学，在"实践"中学。

二、读书，要抓住重点地读。一本书是个整体，但其中会有主有次，应当抓住重点。《论语》的重点有二：一是"仁"，一是"学"。"仁"是孔子希求人能达到的最高境界，而"学"是达到此一境界的道路。当然，再深入下去，孔子学说的精髓是"中""中道""中行""中庸"，而所有这一切的基础是诚信。《论语》中的"忠"主要含义是"诚"。

三、读书，要下学上达地读。一本书、一篇文、一段话，它的论述往往是针对在当时条件下具体的事情，在形而下的层面上，读者还应抽象到形而上的层面上去理解。《论语》讲治国要"君君，臣臣，父父，子子"，今天就可理解为：各应在其位，各应谋其政。

四、读书，要联系实际地读。读书，我不赞成统统要"立竿见影"，社会急需的而自己又能做的当然就尽快尽力去做。日本近代著名的企业风云人物涩泽荣一（1840—1931），日本人誉之为日"企业之父""金融之王""近代经济的最高指导者"，他总结办企业成功经验的书，题为《〈论语〉加算盘》。《论语》喻义——文化，算盘喻利——经济，他办企业成功之本就是将义与利、文化与经济、士魂与商才紧密结合起来。他讲："有士魂尚需有商才，无商才会招来灭亡之运，舍道德之商才根本不是商才，商才不能背离道德而存在。因此，论道德之《论语》自应成为培养商才之圭臬。""以《论语》为处世之金科玉律，经常铭之座右而不离。"《论语》对商场尚且如此，对社会其他方面的重要性更可想而知！

　　我校涂又光先生是冯友兰先生的高足。冯先生逝世后的遗稿，无论是中文的还是英文的，均由涂先生定稿。涂先生常讲："在基督教世界，每个人都要读一本书——《圣经》；在伊斯兰教世界，每个人都要读一本书——《古兰经》。我们中国呢？我看知识分子至少要读两本书——《老子》与《论语》。"后来，我看到任继愈先生也有类似的讲法。正因为如此，我任校长后，硬是挤时间熟读熟背了《老子》，受益匪浅。读《老子》，以老解老，我读出了什么？讲得概括一点，就是"自然""无为"四个字。柳宗元《种树郭橐驼传》一文或许是对《老子》一个很好的诠释。当然，这四个字远不能包括《老子》的全部内容。"自然""无为"就是实事求是，求真务实，一切应全面而协调地按客观规律办事。柳宗元讲得很形象很深刻："顺木之天，以致其性"，就成功；而"好烦其令，而卒以祸"，就失败。

　　文化，本质上就是"人化"，就是以"文"化"人"。人能从动物人变成社会人，从野蛮人进步为文明人，从低级文明人发展为高级文明人，靠的就是文化。人创造了文化，文化也创造了人。文化是人类社会的基因。一切的创新都是从文化创新开始的，而一切文化的创新又是从知识创新开始的。文化的载体是知识，知识的载体至今主要

杨叔子院士强调：一切的创新都是从文化创新开始的（作者提供）

仍是书本。高尔基有句话讲得很深刻："热爱书吧，这是知识的源泉！"莎士比亚讲得更生动："书籍是全世界的营养品。生活没有书籍，就好像没有阳光；智慧里没有书籍，就好像鸟儿没有翅膀。"

知识是重要的。西方哲学家有句名言："知识就是力量。"这一名言不十分确切。如从反面讲，"没有知识就没有力量"，这就确切了。没有知识这一载体，哪里还有文化？"好好学习，天天向上"，这里的学习，首先就是学习知识，当然不只是学习知识。知识承载了文化，即不仅承载知识本身，而且承载了文化应有的内涵。明代鹿善继在《四书说约》中讲得很对："读有字的书，却要识没字的理。"读以文字表达的知识，但是通过知识去理解没有以文字表达的知识所承载的"理"——文化内涵，首先是思维与方法。知识是文化的载体，而思维是文化的关键，方法是文化的根本。没有思维的知识是僵死的知识，一个高级的书呆子，就像一本大辞典，内容浩瀚，但创造不出任何新的知识。人若如此，他只会照章办事，纸上谈兵，一害他人，二害自己。郭沫若深刻地指出："人是活的，书是死的。活的人读死书，可以把书读活。死书读活人，可以把人读死。"关键在于有思维，这就是"人为万物之灵"的本质。有了思维，知识才活了，能够发展，能够创新，能够超越自己。文化之所以成为人类社会的基因，就在于文化的精神，能不断追求文化本身，使之更深刻、更普适、更永恒，或者讲，更加求真、务善、完美、创新。因此，读书需要对已有的文化理解、领悟，进一步反思、怀疑、批判，尔后发展。不论是同客观世界、物质世界、康德所讲的他敬畏与惊赞之一的"头上的星空"这个世界紧密相连的科学文化，还是同主观世界、精神世界、康德所讲的他所敬畏与惊赞之一的"心中的道德法则"这个世界紧密相连的人文文化，它们的精神层面是一致的。不过前者侧重于求真务实，后者侧重于求善务爱而已，两者最终追求的都是完美、创新。教师教书，我

杨叔子院士（作者提供）

们读书，就是要通过授（受）业，即传授（接受）知识，在这一基础上，去解惑，即启迪思维，了解方法，从而在前两者的基础上，去传道，即升华精神。但是，授（受）业、解惑、传道这三者又不可分割，彼此渗透，相互支持，形成一体。应该说，授（受）业是基础，解惑是关键，传道是根本。正因为解惑是关键，所以朱熹在《朱子语类·读书法》中讲了一句意味深长的话："读书无疑者，须教有疑；有疑者，却要无疑，到这里方是长进。"

科学文化与人文文化，它们所紧密相连的世界不同，从而它们的功能不同，形态互异：科学文化是"立世之基""文明之源"，不按照客观规律办事，必然失败，不能立于世；按客观规律办事的科学技术是第一生产力，推动文明进步。人文文化是"为人之本""文明之基"，违背人类社会道德法则，必遭社会唾弃，人不成为"人"，文明会成为野蛮。《周易·贲卦·彖辞》讲得对："文明以止，人文也。"正因

科学文化紧密同客观实际、客观规律相连，要求真，所以在形态上，知识主要是一元的，思维主要是严密逻辑的，方法主要是系统实证的，精神主要是求真务实的。科学文化可以说是一个知识体系，要符合客观实际、客观规律。而人文文化大不尽然，它紧密同精神世界、最终关怀相联，不仅是一个知识体系，还是一个价值体系，从而它的知识不一定是一元的，往往是多元的，思维不一定是逻辑的，往往是直觉、顿悟、形象的，方法不一定是实证的，往往是体验的，精神主要是求善务爱的。正因为两者的形态不同，就各有所长，各有所短。例如，科学文化的思维与方法极为严谨，保证了它的正确性；而人文文化的思维与方法极为开放，不拘一格，保证了它的原创性。过于严谨，就会呆板，失去原创性。过于不拘一格，就会狂妄，失去理性。所以，在20世纪40年代清华大学梁思成教授鉴于文理分科过重，就明确指出，这只能培养"半个人"。我国有见识者一再提出，我国教育规划纲要也已明确提出，要"文理交融"。历史已证明，不仅在高等教育中，学"文"的应学点"理"，学"理"的应学点"文"，而且还应反对在中学教育中文理分科、偏科。中学这种文理分科所举的"因材施教"是个幌子，主要是为了"应考"，更何况这种分科十分有害于人文精神与科学精神的培育这一根本大计。培根讲得很细："读史使人明智，读诗使人灵秀，数学使人周密，科学使人深刻，伦理学使人庄重，逻辑修辞之学使人善辩：凡有所学，皆成性格。"这段话的后八个字讲得多深刻。所以，即使在高等教育中，学文科的也应该读些理科的书，学理科的应该读些文科的书。还要提到一点，在当前急功近利、浮而不实，乃至学术诚信缺乏的社会气氛中，有些学文的未必真有人文功底，未必真的了解人文精神，有些学理的未必真有科学功底，未必真的了解科学精神。

汉代刘向有句话："书犹药也，善读可以医愚。"善读，固然要博览，更要有重点。善读，力求"开卷有益"。叔本华也讲得对："我们读书之前应谨记'不要滥读'的原则……不如用宝贵的时间专读伟人已有定评的名著，只有这些书才是开卷有益的。"善读，名著要反复读。苏轼讲得深刻："旧书不厌百回读，熟读深思子自知。"

当今的时代，是开放的时代，是多元文化激荡的时代，是科学技术迅猛发展的时代，是知识数量暴增的时代，也是我们中华民族迅速崛起的时代。面对风云瞬息万变的时代，需要学习，需要读书，需要读好书，做好人。

**杨叔子**　机械工程专家、教育家。1933年9月5日生于江西九江湖口。2022年11月4日逝于湖北武汉。1956年毕业于华中工学院。曾任中国科学院技术科学部副主任，华中科技大学学术委员会主任。原华中理工大学（现华中科技大学）校长，教育部高等学校文化素质教育指导委员会主任，中国高等教育学会副会长，中国机械工业教育协会副会长，教育部高等学校机械学科教学指导委员会主任，中华诗词学会名誉会长，湖北省人民政府咨询委员会主任委员，湖北省科协副主席，湖北省高级专家协会会长。长期从事机械工程领域的研究与教学，把机械工程同控制论、信息论、系统论紧密结合，致力于同微电子技术、计算机技术、信息技术、网络技术等新兴技术领域交叉的研究，特别是在先进制造技术、设备诊断、信号处理、无损检测新技术、人工智能与神经网络的应用等方面取得一系列成果。曾获国家自然科学奖、国家发明奖、省部级科技奖20余项，专利5项。在国内外发表学术论文800余篇，出版专著与教材14种，获国家级、省部级教学、图书重要奖励13项。指导的研究生中，已有百余人获博士学位。1991年当选中国科学院学部委员（院士）。

强调"人文"不仅限于知识，更
必须化为素养，化为能力，化为精神，
见诸思想，见诸行动。

# 现代大学之基

## ——大学人文教育之我感与陋见

杨叔子

### 破 题 释 义

"人文教育，现代大学之基。"这么一讲，肯定会有人断然地认为："这样的提法，未免太过分！"会有人严肃地指出："科学技术是精神文明建设的重要基石，科学技术是第一生产力，知识经济的主要基础是高科技产业，难道科技教育不也是大学的基础吗？"还会有人负责地论证："科技教育与人文教育并重与融合，才是高层次人才培养的模式，才是现代大学的教育与基础。"

我完全赞同这些批评意见，这些意见十分正确。我之所以采用"人文教育，现代大学之基"作为本文的正题，是在当今形势下，非常有必要特别强调人文教育，必须强调把人文教育作为现代大学的基础，强调"人文"不仅限于知识，更必须化为素养，化为能力，化为精神，见诸思想，见诸行动。特别是在中国内地的教育中，在中国内地的高等教育中，更需注意，更应如此。否则，狭隘的功利主义横流，长远的战略发展忽视，遗患无穷，后果严重。人无远虑，必有近忧。何况，此虑非远，已迫在眉睫，已在现实之中！我之所以加个"我感"的副题，正是为了表达我真心地尊重那些正确的批评意见；感者，感想与感触也，只表示正题是我个人的感想与感触，而非一定如此，何况，还只是"陋见"而已。

## 以史为鉴，力务育人之本

"海日生残夜，江春入旧年。"（唐朝诗人王湾：《次北固山下》）无古不成今，鉴古而观今。以史为鉴，是古今中外的一种卓越的思维与成功的经验。

早在春秋战国，《礼记·学记》中就着重指出，"化民成俗，其必由学""建国君民，教学为先"，此即"观乎人文，以化成天下"的"育人"深刻见解。《学记》中对此作了详细论述，最后结论是"此之谓务本"。1806 年，普鲁士王朝军队大败于拿破仑军队，此非普鲁士之兵不高，马不大，举国反省所得的结论是，要改革的是人的"头脑""要以精神力量弥补躯体的损失"，即要育人。于是，受命筹建柏林大学的是大教育家威廉·洪堡，柏林大学特别重视人文学科，开创大学人文教育的传统。今天的美国，从里根、布什到克林顿均以当"教育总统"作为治国的第一策略与最高承诺。克林顿 1997 年就任第二届总统时宣布，今后四年的头等大事，是确保每一位美国人享有世界上最好的教育。这又是育人。

今天，知识经济已见端倪，发展越来越快，知识在经济发展中起着至关重要的作用，而且作用越来越大。试看：1997 年 4 月美国商务部发表的《浮现中的数字经济》（*The Emerging Digital Economy*）报告，充分表明了信息技术对美国经济的巨大影响，高增长、低通胀、高就业，信息产品、高科技产品附加值的突出。不管对知识经济看法如何，反正已是"天涯也有江南信，梅破知春近"（北宋诗人黄庭坚：《虞美人》）。比尔·盖茨现象、美国商务部《浮现中的数字经济》报告以及至今美国经济的持续上升，这正预示着一个新的经济时代已迫近了！

知识经济是基于知识的经济，依赖于知识的生产、传播与应用，这就是说，取决于人才的培养，特别是高级专门人才的培养。百年大计，教育为本，国家兴亡，人才为基。人才来自教育，而高等教育又是教育的龙头。高等教育既培养高级专门人才，又孕育与产生科技文化成果，更凭借人才优势、学科优势与研究优势，力求将新的研究成果转化成经济优势，力求以自己的力量推动社会的进步。为适应这一形势，大学应发展科技，创造科技成果，形成"学、研、产"相结合的优势力量，努力将科技成果转化成生产力。何况，从教育的社会性这一方面来看，教育也是一种产业，是服务产业。在美国，服务业是最大的产业。在知识经济中，不仅服务业还要增大，而且教育与培训又是服务业中最大的产业，高等教育又在教育中占有龙头的地位。

鉴于上述各点，知识经济的发展，正不可避免地把大学推向社会中心，大学正在逐步成为知识经济的动力源泉。"万变不离其宗"，这一切最终取决于人才。以人为本，"育人"者，务本也。

## 知识经济，更应呼唤人文教育

从工业经济中，就孕育着并产生着知识经济。知识经济以其强大的生命力见于端倪，步伐虽不快，但正在以不可阻挡的趋势发展与成长。然而，事物总是一分为二，相反相成的。《老子》讲得好："祸兮福之所倚；福兮祸之所伏。"知识经济的主要基础是高科技产业，高科技产业的核心是信息科技、信息产业，而信息科技、信息产业的关键又是计算机科技、网络科技。知识经济、高科技、信息科技、计算机科技、网络科技的发展与应用，是福还是祸，是正面作用大还是负面作用大，我们应趋利避害，认识"五精五荒"：

**精于科学，荒于人学**。此即只充分看到科技的作用，而没有充分看到掌握与使用科技的人的作用；只重视研究科技及如何使之发挥作用，而没有重视研究使用科技的人及研究如何使其能正确有效地把握科技与发挥科技的作用。荒于人学，就可能导致科技使用的不当，乃至形成极为严重的后果，甚至是巨大的灾难。此类事例，何胜枚举？姑且不谈坏人掌握了科技，就是好人掌握了科技，如用之不当，后果也很严重。试看近25年来，世界自然资源损失了三分之一，这是6500万年前恐龙灭绝以来，世界资源损失最惨重的时期，环境污染与生态破坏极为严重。这还不值得深思痛改吗？精于科学，完全正确；荒于人学，彻底错误。

**精于电脑，荒于人脑**。此即精于去开发电脑，精于教学生去掌握与开发电脑，而荒于开发人脑，荒于全面地从而正确地发展学生的思维。电脑的发展极为迅速，何况还有光子电脑、量子电脑、生物电脑等正呼之欲出，这一切的发展前景极为广阔，潜力极为惊人，无疑应高度重视电脑。但是，电脑毕竟不是人脑，电脑在某些方面可以胜于乃至远胜于人脑，然而它绝不可能取代人脑。人有左脑与右脑。左脑主要同抽象思维、逻辑思维有关，与求同思维有关；右脑主要同形象思维、直觉思维有关，与求异思维有关。科学技术工作主要同抽象思维、逻辑思维有关，而文学艺术活动主要同形象思维、直觉思维有关。创新者，求异也，人的创造性思维主要同右脑有关，而电脑却是以严格的逻辑"思维"工作着，在逻辑"思维"这点上，电脑在极大的程度上胜于人脑，精于只以电脑这种逻辑"思维"方式去教育学生，而荒于还必须以人文教育去启迪与培育学生的形象思维与直觉思维，这无疑是十分片面的，乃至是对人的灵性的磨灭，是对人的更大的创新能力的毁灭性打击。有的基础教育，既不重视学生的社会实践，也不重视学生对自然界的认识，既无生动活泼的人文教育，又无应有的自然科学的实验，而只把大量精力投入去做"娃娃主要抓计算机"的工作。有人批评得深刻，这种教育将使孩子成为计算机的附属工具。这样的孩子，这样的青少年，不懂得社会，不懂得自然界，不懂得人同社会、人同自然界的正确关系，行吗？精于电脑，十分正确；荒于人脑，极为错误。

**精于网情，荒于人情。**此即精于同网络打交道，甚至沉湎于网络，沦为不能自拔的"网虫"，而荒于同人打交道，甚至忘了自己毕竟生活在人的社会中，不懂得应有的基本的人情世故，更不懂得"终极关怀"。计算机科技的进步，网络科技的发展，世界连成一片，地球变成一个"村庄"，随时可以放眼世界。不适应这个形势，不精于网络，不逐步迅速地把教学、研究、工作、生产乃至于生活等置于网络之下，势必成为现代化社会的瞎子、聋子、哑子与跛子，终遭淘汰。然而，只沉湎于网络，轻则荒废学业，贻误工作，扭曲思想与生活，重则钟情于网上的"黄、黑、毒、恶"，参与"黄色"的泛滥、"黑客"的纵横、"病毒"的肆虐，越陷越深，以"恶"为"乐"，成为社会的害虫。网络技术不管怎样发达，"能知天下事""天涯若比邻""形影不离"，但毕竟是虚拟世界，不是人与人的直接真切地交流、了解、相处、共同生活，而只是"形"与"影"，固然是一个实实在在、绝非虚幻的"梦"，但"梦"终究是"梦"，希图以网络交流来完全或基本取代人际之间的直接接触，至少未免过于天真，由此带来的陷阱与危害，其后果难以完全预测。精于网情，还应大力加强；荒于人情，则须坚决反对。

**精于商品，荒于人品。**此即将人际之间的一切关系变成了商品的关系，人与人之间除了赤裸裸的利害关系，除了冷酷无情的"现金交易"，就再也没有任何别的联系了，一切都淹没在利己主义的冰水之中。在知识经济中，知识成为商品，无可非议。为了保护知识这种特殊商品应有的权利，还特地制定了有关知识产权的法律，诸如著作权、出版权、专利权、商标权，等等。何况，在中国内地，知识产权的保护远远不够，亟待加强。知识成为商品，绝不是说一切知识在任何情况下，都得变成商品，都要花钱购买。知识产权之所以制定，绝不是说一切知识在任何情况下都必须有个人的产权。知识，本来就是人类在共同而长期的协作中创造出来的。离开了社会，离开了集体，离开了历史，离开了继承，谁能创造出来？知识应否成为商品，知识产权应否制定，并不是什么自然规律，而是应以能否促进经济发展、社会进步来确定的。能促进，就是正确的，就是应该支持的；不能促进，甚至促退，就是错误的，就是应该反对的。商品者，逐利也，这个"利"，如利于国家强大、民族繁荣、社会进步，那就是"义"，就是高尚的人品；反之，就"不义"，就是卑鄙的人品。这就是"利"与"义"的统一，商品与人品的统一。我们赞成的是个人利益与集体利益的统一，局部利益与全局利益的统一。我们坚决反对的，是把"利"与"义"割裂，把"商品"与"人品"对立。为了一己之私，损害国家利益、集体利益与他人利益，将知识乃至将共同劳动获得的，或者他人的成果，不择手段，攫为己有，肆意侵犯知识产权，以谋求只是个人的发财致富，试问：人品何在？人格何在？精于商品，无可厚非；荒于人品，不能容忍。

**精于权力，荒于道力。**此即有高科技，有经济实力，有市场经济优势，就可以通过商品的"利"化为各种的"权"，就拥有"权"，特别是政治的"权"，从而可进一步谋取"暴利"与"强权"，置"自由、平等、博爱"与"仁、义、道、德"乃至人际之间最基本的道德关系于不顾。更有甚者，这可发展为国家之间，强者通过高科技、计算机、网络，或通过厚"利"，对知识进行控制，对财富进行掠夺，制造弱国的政治与社会的不安与分裂，湮灭弱国的文化与传统。国家之间，市场之上，许多以"权"进行不当的非道义的活动，这难道还少吗？一个国家、一个地区、一家企业，发展科技，发展经济，发展实力，当然也是为了维护自己的正当权力，这无可非议；荒于道力，则绝不能容忍。

面对科技的高度发展与知识经济的出现，"五个精于"是正确的。"五个荒于"是错误的。"五个精于"与"五个荒于"是冲突的。正如"数字化时代的女先知"约瑟·戴森所指出，数字化信息化时代带来了一系列冲突。我认为她所列举的冲突中，最大的冲突是"个人的强大权力"与"个人对权力的社会责任"的冲突，是"精于权力"与"荒于道力"的冲突，冲突的主要方面是"个人对此权力的社会责任"，是"荒于道力"。"五个荒于"的严重后果是荒于个人的社会责任，其根本在于"荒于人学""荒于人文"。正因为如此，中外许多著名的教育家与著名大学的领导人均在呼唤，现代大学须高度重视的第一件事，应是学生的人文教育、人文精神，这是具有战略眼光的教育思想，这首先是为了解决高级专门人才应具有的社会责任感这一极为严肃的问题。

### 大陆教育时弊，根于轻视素养

"知己知彼，百战不殆。"知彼，知道知识经济已见端倪，知道知识创新与人才培养至关重要，知道高级专门人才的人文教育与社会责任感事关重大；知己，知道教育的时弊，知道高等教育的误区，知道高级专门人才培养中问题之所在。这样，才能把教育事业正确、迅速、踏踏实实地推向前进。

1997 年 4 月 15 日我在一次大型的教学研讨会上发了言。在发言中，我认为中国内地的大学教育近十几年来发展很好，但是在大学，特别是理工科大学，教育还存在时弊与误区，可归纳为"五重五轻"：重理工，轻人文；重专业，轻基础；重书本，轻实践；重共性，轻个性；重功利，轻素养。"五重"完全正确，"五轻"极为错误。"五轻"的根子在于轻素养，主要是轻人文素养，轻视了教育要教化人与塑造人这一"在明明德"的本体性功能，而过于追求功利主义这一社会性功能，即陷教育于急功近利的狭隘的功利主义囹圄之中，"立竿见影"，最为典型。概而言之，重教学生做事，轻教学生做人。结果呢？物极必反，不但不能很好实现教化人与塑造人这一本体性功能，就连实现功利主义这一社会性功能也受到严重的阻碍。因为事是由人去做的，人没有做好，事怎么能做好？

事没做好，原因有四：一是事的确做不好；二是事做得没创造性，很平庸；三是事做得有创造性，可是损公肥私；四是事做得有创造性，可惜心中无祖国，梦里无华夏，一心一意损中肥洋，专宰中国。

杨叔子院士在演讲（作者提供）

应特别声明，我十分感激那些身在海外，魂绕故土，尽心尽力为中国强大、民族繁荣、人类进步而不断作出贡献的炎黄子孙。

正因为如此，这次发言的题目是用《老子》上的一句话："不失其所者久"。这是指学校工作的最根本的一点是培养人、塑造人，是"育人"，这是学校一切工作的中心，是学校进行一切工作的依据，是办学的方向与目的。只有不迷失"育人"这一方向与目的，学校才能办好，长久发展。副标题用了两句话，一句是《论语》上的"君子务本"；一句是《诗经》上的"其命维新"。"君子务本"是指我们培养的人才最根本的是要能爱中国，要有中华魂，有民族根；"其命维新"是指我们培养的人才要会创新，要有创新意识，有创新能力。现在知识经济已见端倪，国际竞争更为激烈，特别是对优秀的高级专门人才的争夺极为剧烈，因此，我更加认为，人才的素养，关键就要能表现为：一是能爱国，一是会创新。

有人批评："我们中小学针对应试教育进行素养教育，而大学没有应试教育问题，大学是专门教育，为什么要进行素养教育？"我们讲：我们是针对大陆教育中狭隘的功利主义而提出素养教育的，应试教育只不过是狭隘的功利主义在中小学教育中的表现而已。至于专门教育，它同素养教育不是同一范畴中的概念，加强素养教育也是为了更好地实现专门教育。素养教育是一种教育观念，而非一种教育模式。加强素养教育，众所周知，就要改革教育体系、内容与方法，增删有关知识，引导学生善于思考，加强学生实践训练，贯彻因材施教原则，这势必将学生的思想境界陶冶与升华得更为崇高与纯净，将学生的知识结构扩展得更为宽广与合理，将学生的思维方式训练得更为活跃与完善，将学生的健康个性培养得更为突出与茁壮，这无疑是有利于杰出专门人才的成长。正如恰当地将画底处理得更为洁白，方能实现更好的图画创作，即"绘事后素"（描绘后还要彰显本色之美）。

有人讲："中小学完成素养教育就可以了，何必还要在大学继续进行素养教育？"九层之台，起于垒土。台之高层建于低层之上。无低层，就无高层；有低层，却不一定有高层。我们讲"教育有层次，素养也有层次"。欲穷千里目，就得再上一层楼了。学历史，小学讲故事，中学讲史实，大学讲史论，研究生阶段可就重大历史问题展开研究与发展专论，收获显然符合各自的实际，层次却是各异。一部《红楼梦》，我在小学看，去看谜语；在中学看，是看故事；在大学看，懂得了些悲欢离合；工作后看，体会到人情世故；中国内地改革开放时看，钦佩凤姐操办宁国府秦可卿的丧事，有条不紊，探春因凤姐生病代管荣国府大观园，兴利除弊，是地道发挥了个人积极性，实现"承包制"。到我当了校长后，特别喜欢看第22回，欣赏宝钗、黛玉给宝玉讲的禅宗五祖传授衣钵的故事，深深感到慧能之所以能领悟佛教真谛之所在，长期艰苦的实践磨炼与潜心的思考探索这两者的紧密结合，认知过程与非认知过程这两者的紧密结合，这对良好的素养的形成至关重要。高层次人才应有高层次的素养要求。要达到这种要求，没有知识的大量累积与融会，没有实践的长期磨炼与启迪，没有思维方式的不断改进与完善，是绝不可能的。古今中外，谁能例外？"玉不琢，不成器；人不学，不知道。"大器之琢成，大道之学就，绝非一朝一夕之功，更非低层次所能及。

我经常告诉大学生："你们到大学来干什么？干三件事：第一，学会如何做人；第二，学会如何思维；第三，学会掌握必要的高层次的知识与运用知识的能力。这三者不可分割，彼此紧密联系，相互支持。然而，学会如何做人是根本，学会如何思维是关键，而学会掌握所需的知识与运用知识的能力是必不可少的。"显然，这里主要讲的也是素养问题，是在高层次知识基础上的高素养问题。

# 现代教育，根本在于素养

1998 年 10 月联合国教科文组织在巴黎召开了"第一次世界高等教育大会"。大会制定的宣言上明确指出，高等教育的首要任务是培养高素养的毕业生与负责任的公民。这是十分正确的、符合实际的、富有远见的。

在中国内地高等教育中，提出要解决好"知识、能力、素养"三者的结构关系问题，无疑十分正确，十分必要。这同上述的宣言的精神一致。没有知识，就没有形成良好素养的基础，当然也不会有强大的能力。素养，除了先天因素以外，主要是由后天因素决定的。这是讲，人从呱呱坠地后，不断接受外界的信息、知识，不断实践，不断经由脑细胞活动而思考，不断通过实践使神经细胞受到训练与感受体验，不断使先天因素得到相应的发展乃至某种改造，从而不断使这些信息、知识、实践经验与体悟升华与内化为人的内在稳定的品质，主要是稳定的神经细胞及其相关系统的特有结构。品质、能力等这些可见可感的行为与反映，只是有关素养的外露与表现而已。从某种角度也可以说，按照控制论的观点，在某种外界条件作用下，品德、能力等只不过是人这个系统的固有特性（素养）对外界作用的响应而已。

正因为素养是以知识、以实践为基础的，是知识和实践经验与体悟的升华与内化，是长期起作用的内在的稳定因素，所以，不仅要重视而且必须重视德、智、体、美等方面的知识传授这一层面，而且更应重视不断的实践，重视如何将这一层面上的知识、实践经验与体悟升华与内化为内在的稳定的品性，即素养。这样，才抓住了根本。用数学的语言讲，知识是良好素养的"必要条件"而非"充要条件"。是必要条件，没有知识，就会愚昧、无知、野蛮，就会没有良好的素养。

是非充要条件，有了知识，也不一定有良好的素养。显然，一旦没有良好的素养，知识越多，知识层次越高，就可能成为"高级书呆子"，或者可能成为"高级杀手"。孔子讲："质胜文则野，文胜质则史；文质彬彬，然后君子。"对此赋予新的含义，文为知识，质为素养，彬彬者结合得当也。

孔子这段话是十分辩证的，值得深思。那么，如何将知识升华与内化为良好的素养呢？或者讲，如何能有良好的素养呢？中国有着优秀的教育传统，已较好地解决了这一问题。例如《中庸》上讲："博学之，审问之，慎思之，明辨之，笃行之。"这几句话，成为白鹿洞书院的教育传统，成为孙中山先生送给中山大学的校训。又如，岳麓书院的教育传统就更进了一步："博于问学，明于睿思，笃于务实，志于成人。"此即学习要渊博，思考要深入，实践要尽力，只有边学习、边思考、边实践，三者紧密结合，相互渗透，不畏艰辛，持之以恒，才可能形成良好的素养，成为有用的人才。显然，学习是基础，思考是关键，实践是根本。无学习，就不能获得知识；无思考，就不能消化知识、掌握知识、超越知识、开拓知识；而无实践，就不能检验思考成果、内化思考成果、体现思考成果，就不能寻觅人生真谛、探索自然奥秘、打开未知之窗，就不能经受足够的非认知过程以形成实实在在的可自然而然表现出来的品德与能力。"躬行为启化之源""踏平坎坷成大道"的实践是人才成长的保证。孟子关于"天将降大任于斯人也，必先苦其心志，劳其筋骨，饿其体肤，空乏其身，行拂乱其所为，所以动心忍性，曾益其所不能"的这段精辟论述，正是讲明这一道理。

"因材施教"是非常正确的教育思想。人的先天因素不同，人的后天经历各异，从而人的素养千差万别，人的个性多姿多彩。全面发展主要指德、智、体、美等方面的发展，而不指在这些方面的各个侧面都要有很好的发展。例如，在智育方面各门功课都得满分，在

现代大学，基于人文教育（作者提供）

体育方面各项指标都夺第一，如此等等。一般来讲，这怎么可能呢？这往往逼迫学生去平均发展，而非全面发展。平均发展的结果，往往戕害了有"偏才"的天才，往往将有某方面特长的人才扼杀，而且几乎不可避免地将个性摧残，造就出平庸之辈。在这里，特别应指出，急功近利的狭隘功利主义，为了追求目前利益，忘了长远发展，恰恰容易导致学生不能按自己的个性去选择专业，去端正方向，去发展自己真正的特长，从而桎梏住自己个性健康的发展。古今中外，凡有大成就者，莫不有其个性，莫不是其个性得到充分发挥，反面人物也如此。这一情况，可以说，古今中外毫无例外！每当谈到这一突出的人物，不仅谈到他突出的功过，而且也会谈到他为人的特点，即其突出的个性。加强素养教育，也正是为了发现学生的个性，引导学生的个性得到健康而主动的发展。如柳宗元在《种树郭橐驼传》中所讲："顺木之天，以致其性"，以利于人才的茁壮成长，塑造一代新人。

## 现代大学，基于人文教育

我这里强调，现代大学基于人文教育上，人文教育是现代大学之基础，绝不是讲科技教育不重要，或者科技教育不是现代大学的基础。这里是"强调"，本文一开始就说明了这点。

文化素养是一切素养的基础,是基础的素养,没有良好的文化素养,就很难谈得上有良好的其他素养。正因为如此,针对中国内地大学的实际,有关部门提出加强大学生的文化素养教育,这是十分正确的、非常及时的。中国内地大学生的文化素养教育的实践证明了这一点,并将继续证明这一点。

文化素养的核心是人文素养,人文素养就是做人的素养,人为本,人的素养则为本中之本;正是从这个角度考虑,所以讲人文教育是一所成功的现代大学的基础。应该进一步指出,人文素养的关键是人的感情或情感。中国传统教育知、情、意中,"知"主要涉及智育,"意"主要涉及德育,"情'则主要涉及感情或情感,涉及情操。什么是正确?什么是错误?什么是光荣?什么是耻辱?什么是高尚?什么是卑鄙?什么是真理?什么是谬误?什么是善?什么是恶?什么是美?什么是丑?什么应该做?什么不该做?这无不涉及感情或情感,无不涉及情之所喜所爱,情之所恶所恨。圣人调情,能自觉调节感情,自律情操,随心所欲,不逾矩;君子制情,能主动控制感情,慎独慎终,保持高尚情操,坚守气节;小人纵情,只会放纵感情,无所规矩,特别是听凭不健康感情的泛滥,以适我欲者为快。人是有思想感情的动物。动于衷,形于外。动,动情也;形,表现也,行动也。对国家、民族感情如何?对长辈、父母感情如何?对朋友、事业感情如何?对配偶、家庭感情如何?对一切有关人、事、物的感情如何?"人非草木,孰能无情?"是善情?是无情?是恶情?喜怒哀乐为谁,为什么?"人生自是有情痴",痴在何处?痴的后果如何?不能不深思!

居庙堂之高则忧其民,处江湖之远则忧其君。是进亦忧,退亦忧。然则何时而乐耶?其必曰"先天下之忧而忧,后天下之乐而乐"乎。噫!微斯人,吾谁与归?

忧、乐，感情也！为了什么？为了国家！为了民族！未尽到责任，对国家、民族是不忠；对长辈、父母是不孝；对朋友、事业是不义；对配偶是不节，如此等等。中国一贯有负责任的传统。当然，对忠孝节义应该赋予时代内容，但其精神是永恒的。"天下兴亡，匹夫有责。"这是我国一贯崇尚"以天下为己任"的美德。职业道德、社会公德、家庭美德，如此等等，一言以蔽之，这些德，就是责任感；对人的"终极关怀""己所不欲，勿施于人""己欲立而立人，己欲达而达人"，这就是肩负应有责任的崇高的人类感情。人之所以为人，不仅人有思想，而且人有一个有组织的社会，每个人在作为人的思想的支配下，自觉地对社会负责任。对社会不负责任，就是败类，甚至比禽兽不如。负责任，对社会负责，是核心素养。

16岁的杨叔子考入了南昌一中刻苦求学（1949年，作者提供）

"人生自古谁无死，留取丹心照汗青。"丹心照汗青，对得起历史，这是责任所在。为此而死，重于泰山，人生就是如此面向死亡，走向死亡。显然，责任感的实质就是人生价值的取向。只有尽到应尽的责任，生活才充裕，生命才充实，人生才富有价值。生，才生得光荣；死，才死得伟大。匈牙利爱国诗人裴多菲写得好，"生命诚可贵"，人生价值的个人取向；"爱情价更高"，人生价值的家庭取向；"若为自由故，二者皆可抛"，人生价值的国家、民族取向。人生最宝贵的是生命，生命属于一个人只有一次而已，这是人生价值的个人取向。那么，当为了人类的进步、国家的富强、民族的繁荣、人民的幸福,而面对死亡,他没有虚度年华因而无悔恨,没有碌碌无为因而无惭羞,从而感到人生的充裕、生命的伟大。我们教育学生要有这种崇高的人生价值取向,弘扬崇高的人文精神。一个国家、一个民族,没有现代科学,没有先进技术,一打就垮;同时,一个国家、一个民族,没有优秀传统,没有人文精神,不打自垮。

要强调指出,重视责任感是素养教育的要害。高等教育的首要任务是培养高素养的毕业生与负责任的公民。作为毕业生的高素养,一旦毕业生走入社会,作为一个公民,就应表现为负责任,有责任感。在科学技术高度发达与迅速发展的今天,更应如此。责任感的感情化,就是什么样的感情;责任感的理性化,就是什么样的人生价值取向。

正因为知识是素养的重要基础,文化素养是一切素养的基础,所以,我十分赞成把文化素养教育内容大致界定为:文、史、哲;艺术;中外文化的现代精品;再加上自然科学的基本知识(主要是对文科类的学生而言)。与此同时,认真地把加强文化素养教育作为教育教学改革中的重要组成部分,列入教学计划,既有其独立的教育教学内容,又紧密地同其他教育教学环节相结合,课内课外活动相结合,校内校外实践相结合,校园人文环境建设与自然环境建设相结合,教化、养成、熏陶相结合,软件建设与硬件建设相结合。在这些方面,中国内地不少大学有着许多很好的做法与经验,可资借鉴。

还应着重指出,文化素养教育主要应当继承与弘扬人文精神,陶冶人的纯净感情,树立人的崇高责任感,解决人生价值的取向问题,文化素养教育十分有利于活跃与完善思维方式,提高思维水平。逻辑思维,保证思维的条理性;数学思维,保证思维的精确性;实证思

杨叔子院士（作者提供）

维，保证思维的可靠性；而在这些思维之上的直觉思维、形象思维，则用以保证思维的创造性。正如前述，直觉思维、形象思维同人文教育的启迪有关，即主要同人的右脑的开发关系至为密切，且对知识经济、创新意识极为重要。重视启迪创新意识的直觉思维、形象思维，着力开发人的右脑，不言而喻，也就至关重要。爱因斯坦的成就、经历与他自己的体验，充分证明了他的一个论述：知识是有限的，而艺术开拓的想象力是无限的。

在这里，要强调的是，艺术、文学、美育在陶冶情操、升华人格方面，在活跃思维、完善思维方面，有着十分重大的作用。我国春秋战国，"六艺"之教，音乐就占了十分重要的地位。"美"与"情"是紧密联系在一起的，即"美"的正反两方面与"情"的正反两方面是紧密联系在一起的。试看，"情人眼里出西施"，"情人"讲的是"情"，"西施"讲的是"美"；"女为悦己者容"，"悦己"讲的是"情"，"容"讲的是"美"。"气蒸云梦泽，波撼岳阳城""吴楚东南坼，乾坤日夜浮"，既写了浪漫主义之景之情，又写了气势磅礴之美。文艺作品中，情景交融，美盈溢其中。文化素养、人文素养之所以成为其他素养的基础，就是由于人文教育包含了艺术、文学等含有美育的教育，而这可以形成人的美好感情或情感。美就是因时因地因事因人的客观与主观的统一。没有美的熏陶，没有艺术、文学等的感染，没有丰富、高尚、美好并油然而生的感情的浸润，其他素养就难以具有极为生动的内涵与无比坚实的基础。荀子讲，导之以情，这抓住了基础之点。越是高级的专门人才，就越需要有高尚的"情"，倾心于高尚的"美"，内心充满了高尚的"情"，行为就体现着高尚的"美"；推而广之，就可去达到"君子成人之美，不成人之恶"这一高尚境界。

当然，人脑是整体的。左脑思维与右脑思维不仅是不可分割的，而且是紧密联系的、彼此渗透的、相互支持的、不同而和的。一位伟大的文学家、艺术家的思维，除了形象思维、直觉思维，也一定运用了抽象思维、逻辑思维；而一位伟大的科学家、技术专家的思维，除了抽象思维、逻辑思维外，也一定运用了形象思维、直觉思维。因为他们在创作中，既要求异，求创新，又要求同，求继承；更何况，伟大的科学精神，忘我地探索客观未知的精神，恰恰是在求真方面人文精神的壮丽体现；而伟大的人文精神，无私地追求人类进步与幸福的求善精神，也始终是鼓舞人们去探索客观未知的强大动力。求真、求善的统一与协调，无疑就成为求美求新的精华所在了！我们所追求的就是，求真、务善、完美、创新的交融与统一。

## 立足华夏，面向世界，面向未来

人文教育，现代大学之基。一所现代化的大学，必须具有一种很高的文化品位，构筑一种富有活力的高尚的文化环境，形成一种朝气蓬勃的浓厚的学术氛围，充满着求真的科学精神与求善的人文精神，教育人、启迪人、感染人、熏陶人、引导人，充满着对人的终极关怀，以充分调动人的主体的自觉性与积极性，滋育优秀人才的成长。所谓很高的文化品位，首先是要有自由争鸣的学术氛围，百家争鸣，知己知彼，将心比心，方能比较，方能鉴别，方现真理，才有发展。可以说，没有学术争鸣，大学就失去了生命力，人才成长就失去了沃土。

其次是要有和谐的氛围。争鸣者，在学术的探讨也。和谐者，在人际关系上的平等也。文人应相亲密，而不应相轻蔑，相亲才能平等协调、切磋琢磨；相轻则会相互排斥，乃至打击。"和谐"是系统论的要义，元素间和谐配置，动作才协调、不同而和，系统才强大有力。反之，你斗我，我斗你，非为学术，而为个人，恶莫大焉！百家争鸣，学术自由，学术争鸣，就隐含了"学术责任"，对学术负责，对真理负责，对社会负责，为善而不为恶。

再次，是要有强烈的时代性。孔子之所以伟大，"圣之时者也"。历史在向前发展，人、事、物都不断赋予新的内涵，"日日新，又日新"，绝对不会倒退。我们的学术、学术争鸣、和谐相处，应具有时代特色，应具有今天的中华民族特点。"古为今用"，自古皆然，问题只是自觉程度不同而已。这就是说，教育要立足华夏，面向现代化，面向世界，面向未来。这是时代的要求，也是历史的必然。

我曾在自己的一本外语学习笔记本的扉页上写下了这么一段话："马克思说得对：'在科学的大门口就像在地狱门前一样，在这儿一切怯懦、畏惧、迟疑必须去得干干净净。'我应该用马克思要求的那种进地狱的精神严格要求自己。"

# 艰 辛 的 道 路

杨雄里

在20世纪50年代，著名生理学家巴甫洛夫给青年的一封信曾经影响了一代人。在那封信中，巴甫洛夫循循善诱地向青年们谈到一名科学家应该具备的基本素养，它指导着我几十年的科学生涯。

我回忆着自己走过的道路。少年时代我曾有过许多理想。我喜爱体育，对各种运动项目的全国和世界纪录都了如指掌，我因此曾想当运动员。我也曾十分羡慕工程师的头衔。进入初中，我读了大量的中外名著，又曾萌发当文学家的念头。但是，在晓事之后，科学对未知世界的探索所展现的无穷魅力深深吸引了我，我最终选择了科学之路。

每一位立志献身科学的年轻人都有远大的目标。这当然是重要的。没有目标就不会有动力，就会迷失方向，变得盲目或惘然，但是

杨雄里院士作《科学的权威与权威的科学》演讲（作者提供）

在我看来，更重要的是要通过脚踏实地的努力去逼近这个目标。在走向目标的过程中，需要付出心血和汗水，要经受许多挫折、打击和痛苦的磨炼。在我的青年时代，有两段时期回忆起来使人感触良多。

我的大学生涯中有两年多是在长春度过的。那是 20 世纪 60 年代初期，持续三年的国民经济困难的阴影浓重地笼罩着东北大地，严寒与饥饿拷打着每一个人。主食从来是高粱米、苞米窝窝头或者苞米楂子，大米成了珍馐；一年四季与西葫芦、土豆和酸菜打交道。那正是长身体的时候，但我一直是处于饥肠辘辘的状态。那些年的冬天似乎特别寒冷，暖气不足，我和同学们冷得受不了，多半是以跺脚驱赶寒冷上完课的。与此同时，家道中落，经济十分拮据。我意识到，我正面临一场严峻的考验。是否能在艰苦的生活条件下始终保持高昂的学习劲头，是对我的意志和毅力的考验。我曾在自己的一本外语学习笔记本的扉页上写下了这么一段话："马克思说得对：'在科学的大门口就像在地狱门前一样，在这儿一切怯懦、畏惧、迟疑必

须去得干干净净.' 我应该用马克思
要求的那种进地狱的精神严格要求
自己。"

　　面对北国的严寒与饥饿的威
胁，我没有退缩，心里充满着向科
学进军的豪情。我整年保持严格的
生活秩序，一年四季早起晚睡，学
习时间长达十几个小时。尤其是在
夏天，北方夜短昼长，每天凌晨两
点半，当东方刚泛出鱼肚白，我即
起床端坐在教室里开始"晨读"。这
种艰苦的学习甚至在 1961 年秋因
营养不良而患了浮肿病时也未中辍。

杨雄里院士（中国科学院提供）

　　为了分担家庭的经济重担，我在暑假期间步行一个半小时去干
农活挣钱。当我带着疲劳的身躯步行回学校已是晚上七点多，但我
捧着书本埋头读起来时，会忘却劳累和饥饿，在知识的伊甸园中享受
着一种令人温畅的愉悦。

　　那是一段十分艰难的日子。但是，正是艰苦的生活锻炼了我的
坚强性格，使我对前进道路上的任何困难都无所畏惧；也正是艰苦的
学习和生活奠定了我一生事业的基础。在那个时期所培育起来的刻
苦、严格的生活秩序，我一直保留至今。

　　另一段时期是"文化大革命"动乱期。同所有年轻的知识分子一
样，我的工资水平相当低，每月 60 元的工资，我拿了整整 16 年。除
了维持家庭生计外，还要接济更困难的亲友，每每入不敷出。我们常
年吃的是粗菜淡饭，穿的是满身补丁的衣服。同时，在极其恶劣的
居住条件下承担着繁重的家务劳动。不仅如此，那种压抑的政治气

氛更使人噤若寒蝉。我常常朦胧地感到，我想当科学家的梦想恐怕已经幻灭。然而，即使在那个时候，我的直觉和信念仍在提醒和呼唤我：知识总是有用的，你要坚持下去，绝对不能半途而废，绝对不要放弃你已经坚持了多年的奋斗道路！我还是义无反顾地钻研学问，并在"清理阶级队伍"的斗争展开之后开始了第四门外语——法语的自学。当我被变相隔离时，在我的地铺枕下放着的是一本法语课本。

也许是因为在许多人停顿的时候我仍然没有中断艰难的跋涉，我在某种意义上走到前面去了，并正在一步一步走向自己的目标。在我经历了时代的风风雨雨之后，我更加清楚地看到，走向远大目标注定是一条不平坦的、艰辛的道路。科学需要一个人全部的聪明才智，宽厚的知识背景，严密而又清晰的逻辑思维，而这一切的基础是在艰难困苦中百折不挠的顽强韧劲，以及甘为科学奉献一切的献身精神。

我愿以此与青年朋友们共勉。

**杨雄里**　神经生理学家。1941 年 10 月 14 日生于上海。1963年毕业于上海科技大学生物系。1980—1982 年在日本国立生理学研究所进修，获学术博士学位。复旦大学教授。曾任中国科学院上海生理研究所研究员、所长，《生理学报》《中国神经科学》杂志主编，中国生理学会理事长。长期从事神经科学研究，已发表学术论文 200 余篇，专著译著多部。1988 年国家人事部授予"国家级有突出贡献的中青年科技专家"称号，1989 年、1996 年分获中国科学院自然科学奖一等奖、二等奖。1991 年当选为上海市十大科技精英之一。2001 年获何梁何利基金"科学与技术进步奖"。2006 年获教育部自然科学奖一等奖，上海市自然科学奖一等奖。1991 年当选中国科学院学部委员（院士），2006 年当选发展中国家科学院院士。

中国传统的学习方法是"透彻法"。能透彻懂得很重要，但对不能透彻了解的东西往往就会抗拒，这不好。"渗透法"学习的好处，一是可以吸收更多知识；二是能对整个动态，有所掌握，不是在小缝里一点一点地学习。

# 我的治学之道

杨振宁

今天，很高兴与大家谈谈我个人学习上的一些历史及经验。

我是在安徽合肥出生的。1929年我7岁时，全家搬到北京清华园，在那里前后住了8年。小学是在清华教职员子弟学校念的，成绩还可以，但没有特别好。1933年，我小学毕业，进了北平崇德中学。当时，有一件事情对我是很重要的。我父亲是教数学的，他发现我在数学方面有一些天赋。1934年夏天，父亲决定请一个人来给我补习，但他不是来补习我的数学，而是给我讲习《孟子》；第二年，我又念了半个夏天，我可以把《孟子》从头到尾地背诵出来了。现在想起，这是我父亲做的一件非常重要的事情。父亲发现自己的孩子在某一方面有才能时，最容易发生的事情，是极力地把孩子朝这个方向推，但我的父亲当时没有那样做，他要我补的倒是《孟子》，使我学到了许多历史知识，是教科书上没有的，这对我有很大的意义。

崇德中学对我比较有影响的是图书馆里的书籍。譬如，当时有一本杂志叫《中学生》，每个月厚厚一本，我每期都看。从文学、历史、社会到自然科学，都有一些文章。我记得特别清楚的是有一篇文章讲"排列与组合"。我就是在这本杂志上第一次接触到"排列与组合"这个概念的。另外，那时是 20 世纪 30 年代，1900 年至 1930 年是 20 世纪物理学发生革命性变革的时期，产生了量子力学，这是人类历史上最高的智慧革命之一。今天我们看到的半导体、计算机、激光，如没有量子力学，就不可能产生。当时，有一些物理学家写了一些科普书，国内有人翻译成中文，我从图书馆里借来，这些书给了我

杨振宁院士在演讲（资料图片）

很大的营养，尽管有些内容不能完全理解，但对我很有帮助。我对其中所描述的科学上新的发展、许多几乎不可置信的奇妙的知识，产生了向往的感觉，这对于我以后学物理，是有帮助的。

全面抗战爆发后，我们全家到了昆明，我考入了西南联大。这是一所非常好的学府，尽管条件很差，铁皮或茅草房子，但师生士气很高。在那里的六年，是我一生做研究工作奠定基础的六年。那时，学习气氛非常浓厚，物理系举办了一系列讲座，其中有一个关于麦克斯

韦方程的讲座。麦克斯韦写了一个著名的方程式，这是 19 世纪物理学的最高峰。到了 20 世纪，这个方程式已为大家所了解。今天的无线电、电话……凡与电、磁有关的，都基于麦克斯韦方程式。当时我刚上大学一年级，还不可能完全理解这个方程式的重要性，但听了这些演讲，吸收到当时的那种空气，还是很有好处的。另一个讲座，对我更有直接影响的，是王竹溪教授讲的"相变"。过了十几年，20 世纪 50 年代我做博士后时，我因为当时听过"相变"的演讲，一直有兴趣，就环绕着相变做了一些自己的工作，成绩还是相当好的。我讲这一些的意思，是要大家知道：做学问，许多事情要慢慢来。你当时对有些事情听了没有完全懂，不要紧，慢慢地，它对你的整个价值观会产生影响。

我接触过许多学生，他们都很聪明，但后来的兴趣、发展方向、成就很不一样，这里很重要的是价值观起了作用。我父亲在我小学四年级时，就教过我等差级数，我一直记着。后来，我对自己的三个孩子，也都教过等差级数，但过了一年，他们都忘了。这里，很重要的一点是，孩子若对某一方面特别注意，能激起兴趣，觉得学起来特别妙，能在脑子里生根，他或许就能在这个方向上发展。

对年轻人的将来有决定性影响的，还有一个就是选择研究方向。我在美国，看到过几千位博士生，念书时都很好，但过了 20 年，他们的成就相差悬殊，有的很成功，有的则默默无闻。这不在于他们的天分、学历，在于有的路越走越窄，有的越走越宽。如果他选择的方向 5 至 10 年后大有发展，他就能有所成就，如果他所选择的方向是强弩之末，就不能发展。那么，怎么才能看清方向呢？具体的很难说，关键是要把握住整个趋势，不要只是一头钻进去，眼光太短浅。

中国现在的教学方法，同我在西南联大时仍是一样的，要求学生样样学，而且教得很多、很细，是一种"填鸭式"的学习方法。这种方法教出来的学生到美国去，考试时一比较，马上能让美国学生输

杨振宁院士（中国科学院提供）

得一塌糊涂。但是，这种教学方法也有最大的弊病，在于它把一位年轻人维持在小孩子的状态，老师要他怎么学，他就怎么学。他不能对整个物理学，有更高超的看法。我到北大、清华去，他们告诉我，物理课本有四大厚本，学生喘不过气来。一位喘不过气的学生，今后不可能做得很好。他必须是一名活生生的学生，将来才行。

整个东亚的教育哲学太使一个人受拘束了。那么，怎么弥补呢？譬如物理学，美国有一本杂志，开头5页是报道各方面的最新动态，我就建议中国留学生每期都去看看，即使不懂，也要看看。这种学习方法，我称它为"渗透法"。中国传统的学习方法是"透彻法"。能透彻懂得很重要，但对不能透彻了解的东西往往就会抗拒，这不好。"渗透法"学习的好处，一是可以吸收更多知识；二是能对整个动态，有所掌握，不是在小缝里一点一点地学习。

对每一位做学问的人，除了学习知识外，还要有"taste"。这个词不太好译，有人把它译成"品鉴""尝试"或"喜爱"。一个人要有大的成就，就要有相当清楚的 taste。就像搞文学一样，每位诗人都有自己的风格，各位科学家也有自己的风格。我在西南联大六年，对我一生最重要的影响，是我对整个物理学的判断，已有我的 taste。

后来到美国，我在芝加哥大学当研究生，那里有世界上最好的物理系。我在中国学习的研究方法是"演绎法"，从牛顿三大定律，热力学第一、第二定律出发，然后推演出一些结果。我发现，这完全不是费米、泰勒等的研究方法，他们是从实际试验的结果中归纳出原理，是"归纳法"。我很幸运，这两种研究方法的好处都吸收了。这对我的研究工作，有很大影响。

21世纪的中国，科学技术继续要有很大的发展。这里，除了研究工作外，很重要的是把科学技术介绍给年轻人以及大众。这需要教育，也需要普及科学技术。科普是相当复杂的事情。因为一名做传播媒介的人，不可能完全专业于一门学科，但他又必须了解各门学科。我不知道，中国的大学有没有特别设立专门训练报道科技知识的新闻记者的专业，如果没有的话，应该尽快设立起来。

（本文为作者1995年7月15日向上海交通大学学生所作的演讲）

**杨振宁** 物理学家。1922年10月1日生于安徽合肥。1942年毕业于国立西南联合大学后进入清华大学研究院。两年后获硕士学位，并考上了公费留美生，于1945年赴美国进入芝加哥大学，1948年获博士学位。1949年起任美国普林斯顿高等研究院研究员、教授；1966年起任美国纽约州立大学石溪分校理论物理研究所教授、所长。在粒子物理学、统计力学与凝聚态物理学等领域都作出里程碑性贡献。自1986年起，出任香港中文大学博文讲座教授；1997年出任清华大学高等研究中心荣誉主任；1999年自石溪分校荣休，同年出任清华大学教授。先后获得中国科学院、美国国家科学院、英国皇家学会、俄罗斯科学院、教廷宗座科学院（罗马教皇学院）以及多个欧洲和拉丁美洲科学院等的院士荣衔，以及多所大学的荣誉博士学位及特聘教授。因与李政道共同提出弱相互作用下宇称不守恒理论，1957年他俩共获诺贝尔物理学奖。1986年获美国国家科学奖，1993年获芮恩得奖和富兰克林奖，1994年获鲍尔奖。1994年当选中国科学院外籍院士。2003年回国定居于清华大学。2017年2月放弃美国国籍后转为中国科学院院士。

要做好一项科学研究，最重要的三个步骤是兴趣、努力的准备和最后的突破。这三部曲也是后来我所有研究工作所遵循的路线。

# 选择有前景的研究领域

杨振宁

杨振宁侃侃而谈自己的学习和研究经历（杨天鹏摄）

我去过上百所大学演讲，今天这个演讲厅绝对是我所看见的演讲厅里最大、最讲究的。而你们是一所新大学，我想这就很清楚地显示出中国现在发展得多么快。

我今天讲的题目是"我的学习和研究经历"。

我是 1922 年在安徽合肥出生的。因为父亲做了清华大学教授，7 岁开始，我住进了清华园。然后在北京读了四年小学，毕业以后读了四年中学。

中学是在宣武门附近，当时的崇德中学（现北京市 31 中学）。那个时候是 1930 年左右，全北京市的中学里，我想有差不多一半是教会中学，崇德就是其中的一所。这是一所很小的学校，大概只有 300 名学生，其中三分之一住校，我就是住校生之一。学校很小，没有真正的图书馆，只有一间图书室，我常常到这个图书室里去浏览。

我想，我对物理学第一次产生兴趣，就是看了一本《神秘的宇宙》(*The Mysterious Universe*)。这是因为书里讲了在 20 世纪初物理学中的重大革命，即量子学和相对论。

后来 1937 年全面抗战开始，我们一家于 1938 年到了昆明。因为清华大学、南开大学、北大合起来，成立了西南联合大学，1938 年开始招生。那年夏天，我中学五年级刚念完，还缺一年才有中学文凭。可是，当时中学生流离失所的很多，所以教育部在重庆就下了一个命令，中学不毕业的学生也可以参加考试，称作"同等学力"，我就以这个资格考进了国立西南联合大学。

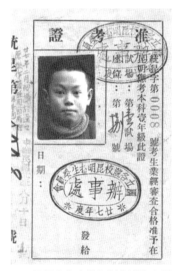

杨振宁的大学入学考试准考证
（作者提供）

因为我的中学最后一年没念，高中的物理我也就没念过。可是，入学考试需要考高中物理，于是我就借了一本高中物理的书在家念了一个月。

有一个很深的印象，给了我很深的教训。高中物理中的等速圆周运动，有一个加速度，它的方向是向心的，我就觉得这个不对。在纠缠了一两天后，才懂得这个速度不仅有大小，还有方向，它还是一个向量（vector），这个向量是在转弯。

这是我一生得到的非常重要的教训，后来我就永远记得了。就是说，每一个人都会有很多直觉（instinct），而直觉有许多是需要修正的。换句话说，如果你随时能够修正直觉的话，就继续在向前进。

向量的重要性就是那两天发现的，直觉与书本知识冲突是最好的学习机会，必须抓住这个机会。

我在国立西南联合大学念了四年，老师的教学态度、同学的学习态度都非常好。大家觉得这么困难的情形下，还能够读书，能够做研究，是非常不容易的，所以都很珍惜学习的机会，学得很好。

四年念完后，我又进了西南联大的研究院，两年后获得硕士学位。那时物理系研究生有六七位同班的，我和黄昆、张守廉住在一间屋子里，相互间非常熟。

出席北京大学为周培源校长举行的生日会（左起黄昆、张守廉、杨振宁，1992年6月1日，杨振宁提供）

黄昆后来对中国的半导体研究有决定性的影响。在20世纪50年代半导体研究还是刚刚起步的时候，他就作了一系列演讲，带了许多学生，今天中国的半导体工业、半导体研究里主要的人物都是他的徒子徒孙。

张守廉后来到美国改学了电机，做了很多年电机教授。黄昆和张守廉两位现在都不在了。我们三人于1992年照了一张合影。当时，周培源教授是北大校长，90岁了，在北京有一个庆祝会，张守廉和我也从美国来了，之所以那天我们三个人要特别照相，是因为我们三个人在西南联大的时候整天辩论，声音很大，所以大家叫我们"三剑客"。这种辩论对于我们深刻了解物理学非常重要。后来，我曾经这样写过：我们无休止地辩论着物理学里面的种种题目，记得有一次我们所争论的题目是关于量子力学中测量的准确意义，这是哥本哈根学派一个重大而微妙的贡献。

今天大概大家在网上看到的量子通信、量子纠缠都跟哥本哈根学说有密切的关系。

那时，我们从开始喝茶就辩论，直到晚上回到昆华中学，关灯上了床，辩论仍然没有停止。

我现在已经记不得那天晚上争论的确切细节了，也不记得谁持什么观点，但是我清楚地记得，我们三人最后都从床上爬起来，点亮了蜡烛，翻看海森堡（Heisenberg）的《量子理论的物理原理》，来调解我们的辩论。

我们的这种辩论是无休止的，事实上不止物理学的，几乎天下一切事情，都在我们讨论的范围。我想，对于每一位年轻人，这种辩论都是有很大好处的，可以增加知识，增加视野，更增加了解别人的思想方法。

在西南联大有两位老师对我有长远的影响。

第一位就是吴大猷先生，是因为我在四年级要毕业的时候，需要写一篇学士论文，不知道现在国内的大学是不是还有这个制度，其实就等于写了一份报告的样子。讲某一个小的领域里有些什么新的发现，并不需要有真正自己做的工作，或自己的成绩。

那么，我就去找吴先生。吴先生就要我看一篇文章，是讲怎么用群论来解释物理现象，尤其是分子物理学，因为分子物理学是吴先生研究的领域。

群论所讨论的是对称，我们知道有左右对称，有圆（中心）对称等，对称的观念用上了数学的语言称作群论。用群论的这种数学语言，来了解对称在物理学中的应用，这是 20 世纪最最重要的物理学的精神之一，而那个时候把对称的观念用到物理学的现象还只是刚刚开始。所以吴先生把我引到这个方面，是我一生最大的一个幸运。

我在写完了学士论文以后，得到了学士学位，又进了清华大学研究院。在研究院我的导师是王竹溪先生。王先生的研究领域是统计力学，统计力学在那个时候也有新的革命。所以王先生又把我带进了这个新领域。

梳理后发现，我以后一生中的工作三分之二是在对称理论，是吴先生带我走的方向；三分之一在统计力学，是王先生带我走的。

我一直说自己实在是幸运极了。因为一名年轻的研究生，如果能够走进一个领域，而这个领域在以后 5 年、10 年、20 年是发展的话，那么你就可以跟着这个领域共同发展，这是最最占便宜的事情。

这么多年我看到了成千的研究生，很多都非常优秀，可是 10 年以后他们得了博士学位再来看，有的人非常成功，有的人非常不成功，并不是因为这些人的本事差了这么多，得到过博士学位的人通常本事都还不坏的；也不是因为有的人努力，有的人不努力。主要是有人走对了方向，要是走到一个强弩之末的方向上，那就没有办法了，而且会越走下去越不容易走出来，而要换一个方向很不容易，继续做那就走成了最不幸的一个人。我希望在座的每一位研究生都能理解这几句话的意思。

在 1945 年抗战胜利以后，我考取了留美公费生，到美国芝加哥大学做研究生，获得了博士学位。

在芝加哥大学有两位物理教授对我最有影响，一位是爱德华·泰勒①，那个时候他还不到 40 岁，是一个聪明绝顶的天才，当时已经很有名了，可是后来他变得更有名。

爱德华·泰勒（右）与杨振宁（1982 年，作者提供）

在 20 世纪 50 年代，大家晓得原子弹做完以后，要用原子弹来引爆一个氢弹。这个窍门很多年没能解决，最后解决这个窍门的主要研究人员之一就是泰勒，所以国际上说他是"氢弹之父"。他其实并不喜欢这个名字，可是我想，他是逃不掉这个名字的。

---

① 爱德华·泰勒（Edward Teller, 1908—2003），是美国著名理论物理学家。生于匈牙利，20 世纪 30 年代移民美国，成为曼哈顿计划的早期成员，参与研制第一颗原子弹。曾长期任教于加州大学伯克利分校、芝加哥大学等高校。1952 年与欧内斯特·劳伦斯共同创建了美国劳伦斯利弗莫尔国家实验室，1959 年又主持建立了伯克利空间科学实验室。还热衷于推动研制最早的核融合武器，不过这些构想直到第二次世界大战结束之后才实现。被誉为"氢弹之父"，并对物理学多个领域都有相当的贡献。

大家知道中国发展氢弹是晚了一些。中国的原子弹是 1964 年造出来的，但非常值得骄傲的一件事情就是，从原子弹引爆到氢弹只花了两年八个月的时间。这在世界上是一个纪录。因为法国比中国先造出了原子弹，但氢弹做不出来，而中国的原子弹虽晚了一点，却在 1967 年就爆炸了氢弹，法国的科学家就显得非常不高兴。

中国先成功的缘故是什么呢？就是因为中国有非常聪明的年轻人，而且有非常努力的年轻人。在这里面氢弹主要的贡献者、关键想法的提出者是物理学家于敏，他最近刚刚去世。

另外一位对我影响更大的，就是芝加哥大学的恩里克·费米①教授，他是 20 世纪最重要的物理学家之一。就是由他率领二三十位物理学家，第一个做出反应堆，制造的地方就在芝加哥大学。所以芝加哥大学现在有一个小的广场，上面有一个雕塑，是用来纪念人类第一次用核能发电。

我在芝加哥大学学的是物理，这对我非常重要。当然，我在西南联大所学的物理也非常重要。可是，这两种物理学的学法有一个区别。

在联大的时候，我所学的物理学方法是"推演法"（也称"演绎

---

① 恩利克·费米（意大利文：Enrico Fermi, 1901—1954），美籍意大利物理学家、芝加哥大学物理学教授。1938 年诺贝尔物理学奖得主。曼哈顿计划期间，领导在芝加哥大学建立了人类第一台可控核反应堆（芝加哥一号堆）、为第一颗原子弹的成功爆炸奠定基础，因而被誉为"原子能之父"。在物理学理论和实验方面都有第一流建树，费米子、100 号化学元素镄、美国著名的费米实验室（Fermilab）、芝加哥大学的费米研究院（The Enrico Fermi Institute）都是为纪念他而命名的。其一生最后几年主要从事高能物理研究，1949 年揭示宇宙线中原粒子的加速机制，研究了 π 介子、μ 子和核子的相互作用，并提出宇宙线起源理论。1949 年与杨振宁合作，提出基本粒子的第一个复合模型。1952 年发现了第一个强子共振——同位旋四重态。

法"，理论—现象）。到了芝加哥大学以后，我发现，"演绎法"并不是那些重要的教授整天所要思考的，他们想的恰恰是反过来的，即"归纳法"（现象—理论），也就是说，是从现象开始，归纳出理论来。关键是这种做学问的方法我懂不懂？如果把它想清楚了，发现这个跟从前的一些理论是符合的，也就是从现象到了理论，从而加深了解了这个现象，也就对理论更近了一步。假如你发现了跟从前的不同，那更好，因为那代表着这下就有了修改从前理论的机会。可见，"归纳法"注重的是新现象、新方法，很少注重书本上原有的知识。所以从现象到理论的这种研究方法，事实上是更容易出重要科研成果的。

而我自己觉得，在西南联大时"推演法"学得非常好，后来根据这个根基，又吸收了"归纳法"的精神，将两者结合起来，这就又是我非常大的幸运。

在1946年初到1947年，是我感觉最困难的一年。因为在昆明的时候学了很多理论物理，也念得很好，可是基本上没做过什么真正的实验，而我知道物理学根基是在最后的实验。到芝加哥大学的时候，就下了一个决心，要写做实验的博士论文，所以到了那边就开始进入了实验室。

当时，艾里逊（Allison）教授在做一个加速器，那时算是很大的。他带了有六七位研究生，我就是其中之一。前后做了20个月。可是，我不会做实验，笨手笨脚的，所以实验室里的同学都笑我："Where there is Bang, there is Yang!"后来我懂得，自己不是做实验物理的材料，就不做了！

而理论方面我一去就找了泰勒，他给了我几个题目，但都不合我的胃口。他喜欢的题目和研究方法，以及他注意的事情跟我的不一样。在跟他做了一个题目后，他认为结果很好，要我把它写出来，却写不出来了。

因为中间需要做一些近似的计算，而近似计算没法控制它的准确性，所以我认为这个论文写不出来。他说没关系，觉得我是个很聪明的研究生，就做另外一个题目，结果又发生了这个现象。

这样几个月后，他跟我都知道，我们不是一类的理论物理学家。虽然他跟我的关系一直很好，可是我认为不能从他那儿得到题目，就开始自己找题目了。

我可以很认真地跟大家讲，研究生找题目感到沮丧是极普遍的现象。假如在座哪位研究生现在弄得很困难的话，你不要以为这是自己唯一的现象！

原因是因为在本科生的时候，学的是已有的知识，而研究生要自己找题目，自己找方法，本科哪怕念得再好，都不见得在这方面很快就容易地达到一个顺利的地步。

做得不成功，当然会不高兴，不过也不要沮丧。这是我自己的经验。

幸亏我在联大的时候念了很多东西，有好几个问题是别人做了，但还没有完全解决的，我就把这些问题拿出来研究。

在那一年，我一共研究了四个问题。

第一个是贝特（Hans Bethe）在1930年关于自旋波（spin wave）的数学工作，自旋波跟固体的构造有密切的关系。在当时，有几位很年轻、很重要的理论物理学家，他们有一套理论。在中国的时候，我就知道这个很重要，所以在芝加哥大学，我就把他们的文章拿来拼命地念。

第二个是昂萨格（L. Onsager）在1944年的文章，昂萨格做的是统计力学，其中有一个非常难的数学问题，被他在1944年解决了。我还记得这个文章当时印出来的时候，我还是王竹溪先生的研究生。王先生曾经研究过这个问题，没能做出来。忽然看见昂萨格做出来了，他就告诉了我。王先生是一位平常不苟言笑的人，可是那天我可以看出来他很激动，这么困难的问题居然被解决了，我就知道这个里头有文章！所以在1947年，就对这篇文章进行深入研究。

第三个题目是泡利（W. Pauli）关于场论的文章。

第四个是泰勒的一个理论。

这四个题目我都去研究了，每一个花了好几个礼拜到一两个月。结果前三个都不成功！那个时候，除了第四个题目以外，芝加哥大学既没有老师又没有同学对那三个题目发生兴趣，所以我就得一个人在图书馆里埋头研究。

又比如说昂萨格的文章，有十几页，看不懂。他说把公式一换到公式二里头就得出公式三，照着做果然是对的，以此类推也都是正确的。但之所以说不懂，最主要的是他为什么要这么走？只是跟着一步步操作下来，并不能够算了解。最后感觉就像变戏法一样得出了结果，这说明并没有念通。

所以那一年是很不高兴的。

不过，幸好第四个题目所做出来的东西，泰勒发生了兴趣。他来找我说，你不一定要写个实验的论文，这个题目上你已做得很好，把它写出来，我就接受这个作为你的博士论文。

所以，我是以第四个题目的工作得到了芝加哥大学博士学位的。

但由于前三个题目都是没有成功，所以在1947年，我曾经在给黄昆的一封信中，说自己 disillusioned（大失所望的）。

可是，今天我特别要给大家讲的是，前三项花的力量并没有白费，因为后来都开花结果了！我要把这个经验告诉大家。

在1948年得了博士学位以后，我留在芝加哥大学做了一年助教。1949年理论物理学有了一个新的发展，叫作"重整化"（renormalization）理论，是个崭新的理论，芝加哥大学没人搞这个东西。但在普林斯顿一家知名的高等研究所里却聚集了很多重要的、年长的以及年轻的研究员在搞这些东西，所以我就请求到那儿去做博士后了。

普林斯顿高等研究所（资料图片）

这是一个很小的机构。既没有本科生也没有研究生，只有大概十几位教授，有几百位博士后以及一些访问学者。我在那里前后待了17年。

在我去的第一学期，大概是1949年10月，因为一个同坐班车的机会，路丁格（Luttinger）对我说，昂萨格的文章被他的学生考夫曼（Bruria Kaufman）简化了，昂萨格这个难懂的文章被考夫曼用一个新方法解决了。他在那仅花几分钟的功夫，告诉我新方法的关键部分，是几个反对易矩阵（anticommuting matrices），而我对这部分极熟悉。

所以一到研究所，立刻就放弃了当时在做的场论研究，把新的想法用到昂萨格的问题上去。因为这确实是关键，所以不过用了两三个钟头，就完全做通了。后来，我也就成为这个领域的一个重要贡献者。

这个事情对我的启示是什么呢？为什么我能够从路丁格的话得到那么大的好处呢？

第一，因为我曾经在昆明做过狄拉克矩阵（Dirac matrices）的仔细研究；第二，更因为在 1947 年的不成功，但对昂萨格工作的研究使得我对于总体的困难有所了解，问题在哪里，我也比较有数。所以等到路丁格的出现，自然会把它们加在一起，也就成功了。

这是说明科研第一就是要有兴趣！

我为什么有兴趣？就是我做研究生的时候，王先生告诉我，昂萨格解决了一个非常困难的问题，简直是难以想象的妙！第二个重要点，就要花功夫去研究。我花了几个礼拜去研究不成功，但那不要紧，不成功其实是为后来铺了路；第三个是要有机遇，当然这是要有点运气的，我那天的运气就是碰见了路丁格，产生了突破。

我的结论是：要做好一项科学研究，最重要的三个步骤是兴趣、努力的准备和最后的突破。这个三部曲也是后来我所有研究工作所遵循的路线。

有趣的是 100 年前，王国维在他的《人间词话》中写到的"境界"论，非常有意思。

他说古今之成大事业、大学问者，必经过三种境界：昨夜西风凋碧树，独上高楼，望尽天涯路，此第一境；衣带渐宽终不悔，为伊消得人憔悴，此第二境；众里寻他千百度，蓦然回首，那人正在灯火阑珊处，此第三境。

大家对这境界论多多少少都是有统一解释的。

第一境界说的是对于想要追求的事情要有点执著，所以要独上高楼，去追寻你所要看见的天涯路，说的就是兴趣。第二境是什么意思呢？就是说即使人变得消瘦了也不要后悔，还要继续下去，要努力去做准备；第三境中，是指在不经意间一回头，忽然发现秘诀在那里，就是机遇带来的突破。

我认为这就是代表兴趣、准备、突破的三部曲，不仅在科学领域里是一条好的道路，在文学里同样是这一条重要的路径。

## 杨振宁与听众的交流与对话

**中国科学院生态研究中心研究生**：杨老师您好，今天有机会听您讲自己的经历，感到非常难得和荣幸。不管是您对兴趣的坚持，还是对科研方向的敏锐直觉，以及您广交朋友不懈钻研的精神和态度，都给了我们很大的启发。

如果请您给国科大的学子们一句鼓励或者赠言，您会对我们说什么呢？

**杨振宁**：我希望各位同学都把握住这个时代，这是一个大时代，而且要了解到，你们碰到了一个千载难逢的机会，要努力！

我想如果足够努力的话，不敢讲一定有大成绩，但在今天中国的发展情形之下，取得一定的成绩必定是可以达到的。希望你们记住！

**中科院高能物理所研究生**：杨先生您好，我是来自高能所研一的学生，研究生之后会从事CEPC（高能环形正负电子对撞机）的工作。您是高能物理界的老前辈，为粒子物理作出了很大的贡献。我们全所人都非常崇拜您。但是2014年我们所提出的中国要建CEPC，当时您是反对的，所以借今天这个机会，我代表我所所有的同学想再问您一次，您现在对我们要建CEPC这个想法有没有改变？

**杨振宁**：我完全没有改变！我要讲，这是一个很重要的事情。我希望你们到网上找一下我两年以前发表的文章——《中国今天不宜建造超大对撞机》。这个事情与我们刚才讲的有密切关系！

对一位年轻的研究生，最重要的一件事情是什么呢？其实，不是你学那些技术上的内容，而要使自己走入将来五年、十年有大发展机会的领域，这个才是做研究生的时候所要达到的、最重要的目的。

根据这个目的，不要去搞大对撞机，现在它处于没落的时候。这个领域在我做研究生的时候，刚开始大放光彩。你也可以说，这几十年来，在物理学里面大家认为最重要、最大发展的就是这个领域。可是，这领域在 30 年以前开始，就已经走在末路上了！多半的人却并不知道。

我再三讲，我不是今天讲，不是两年以前讲，在 1980 年间就讲了。那时候有一个国际性的会议，周光召先生也参加了。会上讨论到，以后十年高能物理向什么方向发展？我在会上讲了一句话——"The party is over"，盛宴已过。

当时就看出来了，20 世纪 50 年代 60 年代的时候，是高潮期，名气非常大。可到了 80 年代，重要的观念都已经有了，后来还可以去做，但是没有最重要的新的观念，尤其对于理论物理方面，没有重要的新的观念，就做不出东西来。

不幸的是，很多年轻人没有听清我这句话，那些老师也没有听懂我这句话，所以今天我再讲得更清楚一点。

有人就对我说，杨振宁你这个话完全错误，因为 2013 年有科学家在瑞士做了一个实验，证明了五六十年代那些观念是对的，这当然是重要的贡献。

可是，这个重要的贡献的理论源头，不是 30 年前，而是在 20 世纪五六十年代，所以 80 年代的时候我会讲，这个领域做实验的还可以做，那么 2013 年就做出来了，获得诺贝尔奖了。

可是，这个实验当时是 6000 人在做，那时候的文章，每一篇署名人都是几千人。那么，这个做完了以后，需要更大的机器，要花的钱至少是 200 亿美元。别的国家都没有，大家说中国有钱，所以就到中国来了。

我知道我的同行对我很不满意，认为我要把这行给关闭掉。可是，要让中国花 200 亿美元，我没法子接受这件事情！我很高兴中国政府没有上当。我再加一句，为什么非要搞高能物理呢？现在重要的东西多了。

**中科院高能物理所研究生**：杨先生，首先，就像您刚刚报告中讲的，我们对高能物理肯定是有兴趣所以才会去做。而且高能物理到底还有没有前途？可能要靠我们的努力来证明，科学的未来谁也说不清。

**杨振宁**：我想你讲的这个话，代表了你的态度是好的，值得赞成。可是这个想法，不是目前整个世界科技发展的总方向！所以我趁这个机会再说一下，整个的科技发展，包括任何一个领域，它都是在经常改变的。

19 世纪物理学所研究的东西、方法、态度，跟 20 世纪是不同的。那么 21 世纪物理学发展的方向，研究的题目同 20 世纪也是完全不一样的。

所以必须要注意，20 世纪变得非常红的东西，到 21 世纪还继续下去，是很少有的。20 世纪的后半世纪最红的物理学是高能物理，那么绝对不会是 21 世纪的方向。你为什么不走到 21 世纪将要发展的方向上呢？

如果要问我 21 世纪发展些什么，具体的没法讲，可是总体是看得很清楚的！可以自信地告诉你，我懂高能物理，我认为你不要走这方向。

**中科院大学物理系学生**：杨老师您好，现在物理的发展越来越细、越来越多，投入其一都是一生的时光。可是感兴趣方向的可能有很多，如何平衡兴趣和自身精力有限这个问题呢？

**杨振宁**：我常常想，在我做研究生的时候的物理学，与今天的物理学有很大分别。那时候物理学比较简单，有几个大的方向，在每一个方向上学习一两门课，大概的意思都可以掌握了。

今天的物理学，或者说所有的科学前沿，都是越来越细，有很多方向。所以你要问怎么选择，我想是这样：要问你自己，尤其是年轻的时候，特别喜欢哪个方向，哪方面做得好。

要清楚自己的能力和兴趣。我在美国教了很多年的书，美国大学生和中国大学生有两个最大的区别。一是美国学生训练得不够，而中国学生训练得比较好。第二点是中国学生比较成熟，比较努力。但并不是说中国学生就绝对好，不好的地方就是不够灵活，不够胆子大。

我的建议是：一方面要问你自己真正喜欢什么东西，真正的能力在哪个地方。另一方面考虑一下，你的想法是不是可以朝着胆子更大的方向走一下。美国学生对于掌握自己方向的能力比中国的学生要好。

**中科院理化技术研究所研究生**：杨院士您好，吴健雄先生帮您和李院士一起完成了宇称不守恒下的弱相互作用的实验证明。但是可惜的是，吴健雄先生并没有能够获得诺贝尔奖的提名。您怎样看待这个问题？再有，一些学术上的热点我们需要追吗？

**杨振宁**：需要补充一点，之所以吴健雄是一位伟大的物理学家，最重要的一点是什么呢？李政道和我1956年写了这篇文章以后，认为宇称可能不守恒，然后我们就提出来了好几种实验。每一种实验都比较复杂，比较困难。当时很多的实验物理学家都不肯做这些实验。记得当时有一个年轻的哥伦比亚大学教授，后来获得了诺贝尔奖，我对他说，我觉得和李政道的这个文章有点道理，其中有一个实验，你的实验室比较容易做，为什么不做呢？他开玩笑地回答，这么难的一个题目，我要有一个好的研究生，我就让他去做，我自己不做。这是一般的态度。

所以大家都觉得吴健雄很傻，她去做了一个大家都觉得做不出结果的事情。吴健雄厉害的地方，也就是她伟大的地方，就是她认识到，这是一个基本的实验，基本的实验既然还没有做，当然应该做了。所以，不要管做出来结果怎么样，这是研究科学的真精神！这是她伟大的地方。

至于说她为什么没有得奖，这是所有的人都不理解的。这个事情我想几十年以后，恐怕会有人研究出来的。

最重要的是研究诺贝尔奖基金委员会的开会记录。诺贝尔奖基金委员会曾有一个规矩，某个奖50年以后可以公布当时讨论的记录。可是他们现在改了，要在当事人都不在了以后，才可以公布，那么李政道跟我现在都还在，所以不能公布。

关于追逐热点问题，选择热点的方向这当然是重要。但是更重要的是要掌握自己的能力和兴趣。自己的能力、兴趣与热点，这三个哪个更重要？我会把热点放在第三位。因为现在热门多得很，如果你有能力又在某一方向有兴趣，这样较容易成功。

如果你对热点问题并没有兴趣，只是听说这个东西红得不得了，我想这个不是最好的一个选择办法。

（本文是2019年4月29日，在中国科学院大学雁栖湖校区礼堂，杨振宁院士做客"明德讲堂"，与该校研究生谈自己的学习与研究经历，以及与研究生们当场对话）

雅礼中学国文老师辅导我们通读《孟子》，要求我们达到基本能背诵的地步。这种做法看来似乎有些强少年之所难，其实这对我们今天的影响是很大的。

# 从我的中学时代所想到的……

俞汝勤

不久以前，我的母校——长沙雅礼中学举行了90周年校庆。我回母校看望了老师并参加校庆活动。这使我回忆起许多难忘的事……

雅礼中学对我的教育使我终身受用，使我从初中时代起就受到中华优秀传统文化的熏陶。我的国文老师大部分都去世了，在我中学时代他们对我的教导却仍历历在目。当时国文老师辅导我们通读《孟子》，要求我们达到基本能背诵的地步。这种做法看来似乎有些强少年之所难，其实这对我们今天的影响是很大的。"鱼，我所欲也，熊掌，亦我所欲也，二者不可得兼，舍鱼而取熊掌者也。生，亦我所欲也，义，亦我所欲也，二者不可得兼，舍生而取义者也。""富贵不能淫，贫贱不能移，威武不能屈，此之谓大丈夫……"这些至理名言深深铭刻在少年学子的心中。我觉得青少年要学好中国语文，不可不学习中国的古典文学，至少对我来说，学习《孟子》等著作对我的语文写作水平有很大的帮助。我在高中时有一次得到长沙市中学生作文比赛的第一名,第二名也是我同班学友,我想这与我们学校的教学特色很有关系。有一位有时给我们代代课的老师王宗石先生,他什么课似乎都能讲得让我们着迷。我们非常崇拜他的知识渊博。王老师已年过80,他仍辛勤笔耕,1993年他出版了一部84万字的专著《诗经分类诠释》。我似乎到今天才领悟到,他在课堂妙趣横生的讲授,是有着几十倍的知识储备作为基础的。

俞汝勤院士在演讲(作者提供)

中学时代我印象很深的另一方面是实验课程。雅礼中学的物理学、化学、生物学等课程的实验都非常严格。两位同学一组,每周有一次实验。当然,这所学校的实验设备比较好是一个方面。不过,有的实验主要还在于老师的精心设计,而不一定完全是由实验室条件所决定的。像生物课实验中,我们从高年级同学那里早就打听到并盼望着一堂实验课——动物解剖。每个小组解剖一只鸡,这个实验是排在下午,我们都是寄宿生,当天的晚餐就能美餐一顿——享用解剖过的鸡。这种实验大大增强了我们对所学课程的兴趣。我后来中学毕业后被选派直接去苏联留学。在大学一年级时，我发现不少物理学、化学实验我已在中学里做过了。我的俄罗斯同学常要向我请教。我感到，我们国家的中等教育的确有很好的基础。

我觉得中学生朋友们要学好科学，要注意一开始就打好实验基础，要"知行合一"。我在中学时代的课外兴趣之一是玩无线电。周末我最喜爱去的地方是书店和旧货店。至今记忆犹新的是有一次我在

俞汝勤院士（中国科学院提供）

一家开架书店几乎站了一天，读完了一本相对论的通俗读本。还有一件事，就是有一次我在旧货店找到一副相当好的无线电耳机，使我第一次在自己装出来的收音机里听到播音，多么兴奋！

社会活动也是我中学时代受益很大的一个方面。我所在的雅礼中学当时有一个传统，高中一年级负责办一所民众学校；高中二年级负责办全校学生伙食；高三则主编《雅礼周报》。在高中一年级，我被选作民众学校的教导主任。我们到学校附近的郊区走访贫困菜农家庭，动员他们送小孩上我们这所免费的小学。当时新中国刚刚成立，小学教育还不普及。我的职责是要聘请班上数学最好的同学教算术，体育最好的同学教体育……在90周年雅礼校庆会上，我有幸见到了当年教体育的万伯似同学，他当年高二就参军去了朝鲜战场，创下了业绩。我认为现在的中学生被困死在作业堆中，太缺乏社会实践的机会。我在中学时期这段办民众学校的经历，培养了我对教育事业热爱的感情。1962年，我主动要求从中国科学院化学研究所

调去学校工作，一直到现在，仍在湖南大学任教。我以能当一名人民教师深感自豪。

1991年我当选为中国科学院学部委员（院士）后，在一次院士大会上，四位雅礼的校友不期而遇。在院士会上，一些名牌大学的校友常以会见同窗而自豪。看来我的母校雅礼中学的教育水平还是较高的。几位老前辈如金岳霖、黄子卿、曾昭抡、盛彤笙、肖健等院士以及还健在的邹承鲁院士都是雅礼学长。我那次有幸见到的三位雅礼学长是李星学、陈能宽和程镕时院士。希望中学生朋友们在青少年时期打好学业基础，将来用你们的工作业绩为你们的母校争光。

（本文写于1995年）

**俞汝勤** 分析化学家。1935年11月21日生于上海。1959年毕业于苏联列宁格勒大学化学系。先后在中国科学院化学研究所、湖南大学工作，并任湖南大学教授、校长。在电化学、催化动力学等工作中作出很大贡献。曾长期从事化学传感器、有机分析试剂及化学计量学等方面研究及分析化学教学工作。研制多种新型电化学及光化学传感器，为实现晶体膜氟电极与气敏氨电极的国产化作出了贡献。合成多种新的分析及增敏试剂与离子载体，建立为有关部门采用的稀有金属分析方法。创立了几种新型稳健化学计量学多元校正及化学模式识别分类方法，倡导化学计量学教学并提出作为化学量测基础理论与方法学的独特教学体系。出版了《现代分析化学的信息理论基础》等著作。曾获国家自然科学奖二等奖（2003，2014）及三等奖（1987）。1991年当选中国科学院学部委员（院士）。

我常有负债的情感，总希望能在他们在世时报答万一。可是时不我待，我的双亲、兄长和绝大部分启蒙老师都已辞世，想报答已无时日了。每想到这里，追悔莫及，悲不能已，只有默默鞭策自励，一生都不要辜负他们的辛劳。

# 和泪而书的敬怀篇

## 曾庆存

我永远怀念我的双亲、兄长和启蒙老师们，没有他们的抚养、栽培和教育，我是不可能成才的。对于他们，我常有负债的情感，总希望能在他们在世时报答万一。可是时不我待，我的双亲、兄长和绝大部分启蒙老师都已辞世，想报答已无时日了。每想到这里，追悔莫及，悲不能已，只有默默鞭策自励，一生都不要辜负他们的辛劳。

我的父亲曾明耀、母亲曾杨氏，是憨厚朴实的农民。我小时候家贫如洗，拍壁无尘。双亲率领我们这些孩子力耕垄亩，只能过着朝望晚米的生活。深夜劳动归来，皓月当空，在门前摆开小桌，一家人喝着月照有影的稀粥——这就是美好的晚餐了。然而双亲不怨天，不尤人。父亲只读过点私塾，母亲还是文盲，他们算不上知书之辈，却是达礼之人。虽然家徒四壁，然而慷慨大方、道礼乐济。每遇村里婚丧，父亲总要格外奔波数日，尽量礼厚一点前往庆吊。屋园果熟，从不摘挑上市，一任村中男女老少采食。碰到小孩急从树上爬下时，父亲也着急起来，连忙柔声语道："随便吃吧，不要慌！莫跌下来，要不爷娘要难过的。"凡种得特别好的稻谷和蔬菜，父亲总要选来育种，并把种子分送乡亲们，盼来年都能有好收成。面对父亲种种憨痴，母亲从无半点愠容。父母躬身力行，潜移默化，就这样在我们儿女辈的幼小心灵中深深铭刻着为人的道德规范。需要说明的是，上面诸如"拍壁无尘""朝望晚米""月照有影"等词语，绝非我现在的杜撰，而是儿时由父亲把乡间民语提炼而成，并由我在小学时写进日记中的。

记得父母亲和诸叔婶分家那年，父亲愁上加愁，好不容易从外面借到一石谷作为全家尤其是抚育我们这群嗷嗷待哺的孩子们的全部安家费，可是我哥哥曾庆丰已届入学年龄，于是双亲毫不迟疑，想尽办法送哥哥和我上小学。其实，我那时还太小，只是双亲日夜在田间劳动，无暇照顾，也只好让我哥充当起学生兼"阿姨"的角色，带着我上学堂——就这样我以非正规的方式进入了学生时代。父亲也和我们一起在读小学课本，只不过是业余的，他是多么向往着读书而又无计求学的呀！我们放学回来，先到田间与双亲、姐姐们一起劳动，待到太阳西坠，或至夜黑满天星斗之际，或是朗月当空之时，才收工回家。晚餐毕，我们早已困倦不堪，双亲却精神抖擞。母亲操作家务和准备明天的劳动；父亲手执火把，与我们一起温习功课，督促我们做作业，这对他来说，应该说是在上自修夜校。看到我们的语文作业或造句不满意，会提出他的见解，点醒我们；在做算术题时，他则操作算盘核对。有时我困得不由自主，下巴突扣桌面，他就在我的头顶上给几个"菱角"（"菱角"是乡下语，即手指屈曲敲击头颅时发出像掰菱角那样的清脆响声），无奈的痛楚又让我回复到清醒状态。就这样，我们上交的作业是一笔不苟、一题不错，而且在小学程度的学堂生的文句中还带着点贫苦老农的思虑。对于我们这对打着赤脚、衣衫褴褛而又循规蹈矩用功学习的学生，老师颇为疑惑，于是他（她）们不顾自己的体面身份，突破当时界限分明的成规，亲自到穷乡家访。当了解到真情之后，惊讶、感动、同情，随之而来的就是给我们以关心和帮助，师生间的感情已像水乳交融在一起了。期末，老师对我哥哥的书面评语是："老成练达，刻苦耐劳。"对我的评语是："天资聪颖，少年老成。"虽是过誉，不过大概也是老师真实情感的流露，多少能客观地反映我们当时的某种情状吧！"老成""老成"，那时我们还只是小学三年级的学生呢！后来，我父亲还得到了别的某种恩遇：可以几乎无偿地到学校里挑肥——这对农夫来说是非常实惠的。当然，这是后话。

曾庆存院士在作学术报告（作者提供）

这众多的启蒙老师中的一位是陈淑贞老师，她是日寇侵占广州后逃难回家乡阳江的。她学问渊博，对学生的拳拳之心和循循善诱，使我们班每位同学都从内心深处喜欢她、佩服她、爱戴她。特别是她开明、不拘泥于成规习俗。有一次，她藐视早上升旗、训话仪式，带着全班同学，顶着晨雾，一路上有说有笑，豪迈地登上附近的最高峰"望僚岭"（其实是一个山丘，只因那时年纪小，眼前事物无不高耸庞大，自然是高峰了）。站在山顶上，旭日东升，晨雾消散，那山脚下不远处的县城，大街小巷，楼房树木，如栉比一般，历历在目；村外有村，山外有山，绿野平畴，江流如带；还有那高耸入云的远山，空阔连天的大海。得见这样广大的世界，大家指点江山，跳呀，唱呀，现在无法形容当时心田的突然开拓所带来的快乐。忽然间，陈老师指着遥远天边的一个黑点，说那是船，要我们细心凝视它的变化。渐渐地黑点由细变粗，开始露出船桅，终于显出船身。于是她讲起了地圆学说，还讲了岛屿、海盗和日寇的侵略，告诉我们轰炸县城和学校的炸弹就是由海上飞来的日寇水上飞机投下来的。诱导自然而生，在我们幼小的心灵播下自然科学和民族义愤的种子。可是，至今我也不知道她这次犯了校规，是否受到处分。还有一次，是重阳节，她不带我们去热闹的北山看纸鸢比赛，而是到附近山丘，寻找那早已荒芜的"流杯池"，给我们讲述王羲之、兰亭集序和"曲水流觞"的故事。也许她在抒发思古之幽情，也许意在熏陶后辈的风雅——那时我班同学大多数的习字格（北方叫描红）正是"惠风和畅……曲水流觞"！遗憾的是陈老师只教了一个学期，便又因时局吃紧而匆匆西迁去了。当我得知时，难过了好几天，上课也无精神，夜里频频余音绕梦，迷迷糊糊，喃喃念着"惠风和畅……"，似诗非诗，似叹非叹。确实，她和畅的惠风，经久地吹拂着我脑海的清流，从童年到现在，时而皱起阳春的涟漪，时而掀起连天的波涛。我永远怀念着敬爱的陈老师。可是那次一别，就杳无音信，至今不知她在哪里，祈求上苍赐她长寿！

　　穷学生的生活确实酸辛。"做牛做马"大约是个形容词，而对于我们（至少是我哥哥）来说，却是实实在在的。春耕时节，家贫无牛，哥哥就执行牛的任务，在前头背荷并手拉着绳索，父亲在后面扶犁倾铧，我则随后伛偻搬泥块。冬天，作为全家主要生计来源的是在一块旱地上种菜。放学回来，兄弟俩的任务是从很远的水塘一担担地挑水，再一勺勺地淋浇到一棵棵的菜根头上。水冷衣单，就着黑夜星光照路，兄在前，弟在后，前呼后应，或者背书有声，也不知经过几十个来回，终于可以收工回家。我是用父亲为我特制的矮桶挑水的，而那护菜用的疏木栏杆式的园门槛，高几与胸齐，要挑着水跨过它绝不是易事，我难免有人仰桶翻之时，双亲知道了也难于加责，而我膝盖上的累累伤痕倒是数不清。然而贫也不减其乐，我们可以享受"三余"。一是"夜者日之余"：每当我们做完作业之后，父亲就拿着小柴枝，在地上练起大字来，他每晚如此，一直坚持到辞世前不久。如若我们还未疲倦已极，他还一边练字一边讲解如何运笔用力，甚至把手示范。尽管那笔势是他匠心独运的功夫，不见于经传，我却是获益匪浅的。二是"阴雨者时之余"：特别是台风过境之日，狂风挟着暴雨，把全家人封锁在屋里。漏串千行，父亲若有所思，忽然说道："久雨疑天漏"，要我们对对，我随即应声道："长风似宇空"，父亲虽不无赞赏地说有几分少年英气，却嫌对欠工整，说："迅雷讶地崩"也许工整些，不过他自己也不满意。继续研谈下去，从自然到人事，父子兄弟竟然联句得诗："久雨疑天漏，长风似宇空。丹心悬日月，风雨不忧穷。"这是我近来回忆起来的，也许后两句的一些字与原来的略有出入，不过当时无记录，父母已亡，也无从考据了。三是"冬者岁之余"：家乡冬耕忙碌，本无余暇，不过时有寒潮，偶有霜冻。风扫寒林，脚踩霜地，身随风栗，脚痛穿心，别是一番风味，不觉成句："寒风刺骨的冬天，各种虫儿地底眠，翠木繁花皆冻死，苍松挺立在山边。"这当然不能说是诗，完全是孩子的幼稚造句，还文言白话混合，不过它是我的第一篇习作，也凝聚了父亲多年的心血。

曾庆存与哥哥上了广州，又上了北京，一去五年，无忧无虑……却不知爷娘思儿心碎、望儿心切（叶雄绘）

　　父母爱子之心，至深至微，可是我小时候不大能够体会。新中国成立了，县人民政府派车送我们全班毕业生去广州考大学，这是做梦也想不到的事，大家的豪情快意不言而喻。清晨，大家在车站列队，等候上车。突然间，我发现父亲在远远的对面站立着，很久很久，他终于移步至我面前，说声："这是你的墨砚，你忘带了……"便把墨砚塞进我的衣袋中，然后低头走开了。当时我竟然语塞，只是傻低着头。车开了，我看到父亲仍然木立望着我们，直到车转了弯，才见不到他的身影。我和哥哥上了广州，又上了北京，一去五年，无忧无虑，我的身高也由不到 1 米 50 长到超过 1 米 70，却不知爷娘思儿心碎、望儿心切。1957 年留苏前月，我以十分喜悦的心情回乡省亲，傍晚到家乡，只见父母倚门而待。我疾趋而前，这才发现双亲已经白发苍苍了。双亲抚摸着我的头，好久才说了句："你都长这么大了，好想

曾庆存院士（中国科学院提供）

你呀！"他们的声音是控制着的，倒是我忍不住失声哭了起来。我对不住你们呀，双亲！我这时才明白，没有双亲对我异乎寻常的抚育教养，多病、多灾、多难的幼小的我不可能数度化险为夷而生存下来，更不可能学有所成，报效祖国。尔后我也得知，父母亲也曾患过重病，唯以不断呼叫着哥哥和我的名字而自慰，用极不寻常的坚强和毅力，制服了病魔。父母亲的坚韧不拔，永远激励着我。每当我生病或者遇到困难时，父母亲的形象就出现在我面前，总是咬紧牙根，硬顶上，否则就不是曾明耀夫妇的儿子。

**曾庆存**　气象学和地球流体力学家。1935 年 5 月 4 日生于广东阳江。1956 年毕业于北京大学物理系。1961 年获苏联科学院数理科学副博士学位。曾任中国科学院大气物理研究所所长，兼大气科学和地球流体力学数值模拟国家重点实验室主任、南京大学大气

科学系教授。曾任国际气候和环境科学中心主任，中国科学技术协会副主席，中国气象学会理事长，中国海洋学会名誉理事长。还曾任中国工业与应用数学学会理事长（1995—2000）。在大气动力学、地球流体力学、数值天气预报理论、气候数值模拟和预测理论、计算数学、大气遥感理论以及自然控制论等方面都有创造性贡献。首创半隐式差分法，提出成功积分原始方程的方法，创立严格保持能量守恒从而完全克服非线性计算不稳定的差分格式；建立了地转适应过程理论；解决地球流体力学中的一些基本问题；提出最佳信息层理论以合理地选择遥感通道；与研究集体设计的有中国创见的大气环流模式、海洋环流模式和气候系统模式，能成功模拟亚洲季风雨带的推移、大洋环流和中国近海环流流系，用作我国跨季旱涝预测；用数值方法模拟河湖沉积和三角洲发育过程。1994年当选俄罗斯科学院外籍院士，1995年当选第三世界科学院院士。获得中国科学院自然科学奖一等奖四项，国家自然科学奖二等奖和三等奖各一项。个人著专著两部、合著多部；发表论文近百篇。2014年当选美国气象学会荣誉会员。2016年获第61届国际气象组织奖。获2019年度国家最高科学技术奖。1980年当选中国科学院学部委员（院士）。

对往事的回首中，我常自忖：信奉的观念似已陈旧，处世的行为近乎迂腐。但正是这些信念成为我几十年行为的准则，支配我在困境与机遇中作出抉择。我因此得到了许多，也失去了不少。然而得中有失，失中有得，我总让自己坦然处之。

# 信念与抉择

张恭庆

## 选择了数学职业

我生长在一户知识分子家庭，父母对我的教育最重视的是"爱国"与"诚信"。

初中时，父亲引导我读古典文学，常在假期中让我背诵古文，但我对此兴趣不大，有空倒喜欢找些数学题来做。高中，我转学到上海南洋模范中学。那里的学习气氛很浓，教师的水平都很高，讲课深入浅出，极富吸引力。作业负担也不重，差不多利用课间和午休就能完成。放学后，我总与同学打几场篮球再回家，整个晚上都可以用来阅读课外书。高中时我几乎喜欢每一门课，每逢周日逛书店，东翻西看，兴趣极大。

高二时，有一次在新华书店看到一期《数学通报》，其中有个"问题及解答栏"。只要解法正确并按时寄去,解答者的名字就会在后几期中公布出来。我试了几次,大多数的题目都能做对,兴趣便愈来愈浓。毕业前填写报考大学的志愿时,数学老师赵宪初先生在年级大会上说到我会解题,建议我报考数学系。他的话促使我选择了数学职业。

中学老师中还有一位沈起炜老师,他教的是中国近代史。沈老师在讲到列强用炮舰打开中国的大门,昏庸腐败的清政府节节败退,致使我泱泱大国备受屈辱时,他那凄婉中含有愤怒,悲怆中带有激励的苏州口音,至今使我难以忘怀。

## 布尔巴基与波兰学派

1954年我上了北大。在学习中,我为数学高度的抽象性和严密的逻辑性所折服,朦胧地认为数学在理科中占有至高无上的地位,学习积极性很高。我们几位同学不满足于课堂教学的内容,经常走访系里的老师,了解数学的各个方面;还喜欢泡在图书馆里翻阅各种参考书。从中我得知如下两段佳话,它们深深地影响了我。

法国数学在历史上一直享有盛誉,20世纪初世界数学中心向德国转移。一群法国青年数学家为了振兴法国数学,便组织了起来,他们以高屋建瓴之势,用"构造"来统一数学研究的对象,重新审视整个数学。通过讨论与争辩,他们不厌其烦地撰写与修改研究成果,直至无可挑剔,才以布尔巴基(Bourbaki)的集体笔名发表出来。布尔巴基对数学发展产生了巨大影响,也造就了一代法国大数学家。

第一次世界大战后,波兰复国。一批有强烈爱国心的波兰青年数学家,常年聚集在一间名为Scotch的咖啡馆里,毫无保留地交流思想,探讨切磋,在纯粹数学的好几个重要领域作出了举世震惊的贡献。20世纪20—30年代,波兰数学界群星璀璨,人才辈出。

爱国的热忱、独创的思想、合作的精神，是法国和波兰这两个学派奇迹般崛起的共同经验。中国要自立于世界数学之林，这些经验值得借鉴。

## 对数学的信念

深受这些影响，大学二三年级时，陈天权和我组织了一个以巴拿赫（Banach）代数为主题的读书小组。不久"反右"运动开始，这个小组自动解散。1958年的"教育革命"出现了一股否定抽象理论的思潮，纯粹数学被认为"脱离实际"，受到了很大冲击。当时我们所在的"泛函分析专门化"（班）也被解散。毕业前，我被分配到"近代物理"组，每周听张宗燧先生讲两次"量子场论"。这倒逼我去读了不少物理书，让我懂得了在"相对论"与"量子理论"中许多重要物理学观念的形成，都与数学有着密不可分的关系。这使我更加相信数学是人类科学和文化的重要组成部分。

但是，"反右"后高压的政治气氛，不断的劳动锻炼，以及1959年毕业留校后超常的教学负担，使我很难有时间去系统地读书与研究。在国家经济困难时期，我忍受着饥饿与寒冷，放弃了娱乐和休息，在妻子的理解与支持下，每晚读书至深夜才偶有所得。其他情况下，往往是经过一段积累，正准备集中精力去研究某个问题时，或是政治运动地震般地来临，或是突然接到通知，马上卷起铺盖去劳动锻炼、下放、四清……于是，前功尽弃！那几年我常常想起幼时读过的一段课文："窗前一只蜘蛛，一口一口地吐着丝，慢慢地织成了一张网。一阵风吹来，网破了。蜘蛛又继续一口丝一口丝地吐着……"心中无限惆怅。

在"文革"时期，一切秩序均被打乱。人类千百年积累起来的许多宝贵知识被宣告无用。我和大家一样困惑，看不到任何前途，但是对数学的热爱与信念始终未变。一天三段搞政治运动，只要晚上开完会可以回家，我就等孩子入睡以后，在报纸遮掩的微弱灯光下读着一本本多年来想读而没有时间去读的书。

"文化大革命"后期，学校接受国家下达的一些计算任务。我因政治条件不够，没资格参加，只能到工厂去接受工人"再教育"。当时否定理论的思潮占了统治地位，有一些做计算任务的人缺乏数学理论修养。我偶然得知：他们为了一条曲线的设计需要确定几十个参数，已在计算机上耗时数月而毫无成效。我先把这个"逼近问题"改提成一个"极小极大问题"，再化归"数学规划"问题去求解，然后建议他们用标准程序去算。据说效果极佳。数年后有一天，我忽然接到通知，要我去某单位用半个月时间专门介绍这个方法，并培训其科技人员。又有一次，有家研究单位为了一个物理装置的设计，反反复复在计算机上算了一年多，计算结果总不稳定，因而不能使用。我弄清其数学模型后，发现这是一个微分方程中的非适定问题，

张恭庆院士在演讲（作者提供）

建议他们采用非适定问题的算法，终于使他们的困惑迎刃而解。在接受"再教育"的过程中，系里不少同事与我一样，也遇到过类似的情况。实际问题需要在数学理论上研究清楚后才能解决。这些问题不仅在现实中很重要，而且也有相当的理论深度。事实一再表明：数学是现代科技中的一种关键手段。我们愈来愈认识到：国家要富强，决不能轻视数学！

然而，那是一个是非颠倒的年代。正当我们一次次向人们证实"数学有用"，并受到工厂欢迎的时候，却被安上"用业务冲击政治"的罪名而横遭批判。

那时候，研究数学得不到任何鼓励，不能写论文，更谈不上署名，还要冒着挨批判的危险。那么，是什么力量促使我们继续研究数学呢？我反复想过：这只能是对数学的热爱与信念。

## 承 上 启 下

"文化大革命"刚结束时，中国科教界满目疮痍，百废待兴。正在迷惘之际，"改革开放"的春风吹醒了中华大地。《人民日报》发表了徐迟关于"哥德巴赫猜想"的报告文字，解除了极左思潮笼罩在知识分子精神上的枷锁，也为纯粹数学的研究正了名。全国出现了学科学、爱科学、尊重人才的热潮。高校恢复招生，建立学位制度，吸引了一大批优秀青年报考数学系。1978年，我被学校破格提升，于是理直气壮并全力以赴地投入到数学研究中去。20世纪80年代初，在"振兴中华"精神的鼓舞下，教师边学边教，学生刻苦钻研，老一代为下一代铺路架桥，同事间互帮互让，科教界生机勃勃，欣欣向荣。

1978年底我作为第一批访美学者，经陈省身先生介绍去了纽约大学Courant研究所。出国给我最强烈的印象是：由于十年中断，也由于过去的专业课程设置过于狭窄，使我们与世界数学主流相距甚远。除了急起直追而外，别无他途。

随后，我常接受欧美大学和研究机构的邀请去交流和讲学。交流开阔了我的眼界，也提高了我欣赏数学的品位。初次讲学使我尝到了举座有知音的兴奋，但冷静下来就认识到，这些微小的成绩之于我们的目标和理想，犹如丘陵之于高山，溪流之于大海。何况我们这一代人已是"先天不足，后天失调"，那时又过了做数学的最好年华，没有理由沾沾自喜，停滞不前。我不时想起当代小说《海鸥》中的情景，"乔纳森，高飞，高飞，再上一个高度"，海鸥乔纳森展翅冲入了云端，再也听不到耳边燕雀的聒噪。

那时我已年过四十，就自身发展而言，最好是选择一个战线不太长，自己基础较好的课题，集中精力去做，但从国内当时情况看，经过十年动乱，发展中国数学的历史重任已责无旁贷地落在我们这代人的肩上。我们要承上启下，要培养年轻一代跻身世界数学的主流。

从这一点考虑出发，每次出国访问，我总是多听多看，尽量了解国外大学培养人才的经验，并多学些新的东西回来介绍。为了培养学生，我不得不花时间去学习一些自己没有基础或不太熟悉的重要分支，还要密切注意一些研究主流方向上的动态，去组织讨论班，帮助年轻人占领新的领域。针对过去我国数学教育中的问题，我还与有相同观点的同事致力于研究生课程设置与教学内容的改革。

在那十多年中，我终日忙于研究、教书和服务，乐此不疲。

## 数学大国之梦

中国是大有人才的。20世纪90年代开始，新一代的中国数学家已在国际舞台上崭露头角。人们在核心刊物上看到愈来愈多中国人的名字，在重要的学术会议上不断听到中国人作应邀报告，不少著名大学都有中国人任教，有些国际奖项，中国人也实现了零的突破……来势之猛已引起不少有识之士的关注。尽管如此，这些只是中国数学家个人的荣誉，作为一个整体，中国数学界在世界舞台上还没有相应的地位。当时陈省身先生提出："中国要成为数学大国。"这是号召，更是愿望，充分表达了广大中国数学家的心声。

20世纪90年代初，中国经济步入转型期，国家的科教经费投入

张恭庆院士（中国科学院提供）

低，知识分子待遇差，教师队伍不稳定，有的研究人员以交流为名出国"打工"。报考数学专业的大学生和研究生一度大幅下降，不少有才华的年轻人出国后"黄鹤一去不复返"。如不及时采取措施，改革开放以来中国数学取得的成绩就有可能付诸东流。那时我曾与科教界同仁一起，花费了许多时间和精力，为改善教师和研究人员的生活条件与工作条件而奔走呼号。

在条件改善后，怎样才能真正发展中国的数学？如果说开放初期，从闭塞到开放，为了追赶世界发展潮流，"以学为主"是一个必然过程的话，那么经过十多年的发展，就应当提倡走自己的路，形成自己的风格，自己提出并且自己解决深刻而有意义的问题。只有这样，才能真正自立于世界之林。而要冲向这个目标，在当今中国，我们首先要倡导的应该是"振奋精神，增强自信"。还要创造宽松的环境，鼓励一批对数学有着深刻理解，通晓研究前沿，有眼光、有信心、心胸开阔、脚踏实地的数学家通力合作。

1996—1999年我出任中国数学会理事长。这届理事会的主要任务是申办2002年世界数学家大会。要不要申办这次大会，原本存在一些不同的意见。在作出决定之前，理事会详尽地分析了各种利弊。而我最关心的是：开这样大规模的会，对中国数学界能不能起到"振奋精神，增强自信"的作用？等到事情决定以后，作为理事长，我便与大家一起，一方面全力争取"申办"成功，一方面利用一切国际交往的机会，宣传中国年轻数学家的成就，竭力促使大会向有利于"振奋精神，增强自信"方面发展。

然而未曾料到，申办中会出现复杂的人事矛盾。我不愿意卷入是非的漩涡，因此在"申办"取得了成功，各方面安排已确保大会能增强中国数学家的自信心之后，我便毅然急流勇退了。

2002年8月，世界数学家大会在北京成功召开。中国数学家在大会上的表现令人满意。中国数学界作为一个群体登上了国际舞台。中国向"数学大国"的目标迈进了一步。我们有理由相信，大会定能改变人们妄自菲薄的心态。

在一些数学大国，数学不仅是其文化传统中的重要组成部分，在那里名家荟萃、学派林立；而且还被广泛应用于科技、人文和艺术诸多方面。特别在美国，正如人们所知，应用数学已伸向了工业、国防、金融、医药、管理等领域，形成了一个庞大的体系。我常想：一旦有了深厚的底蕴和广泛的基础，数学的发展就不会因风吹草动而沉浮。什么时候数学的根才能深深地扎在我国的大地上？

## 结 束 语

日月轮回，时代变迁。在对往事的回首中，我常自忖：信奉的观念似已陈旧，处世的行为近乎迂腐。但正是这些信念成为我几十年行为的准则，支配我在困境与机遇中作出抉择。我因此得到了许多，也失去了不少。然而得中有失，失中有得，我总让自己坦然处之。

（本文原载上海教育出版社 2005 年 5 月版《科学的道路》）

**张恭庆** 数学家。1936 年 5 月 29 日生于上海。1959 年毕业于北京大学数学力学系。现任北京大学数学科学学院教授，教育部高等学校数学研究与高等人才培养中心主任。曾任北京大学数学研究所所长、数学与应用数学重点实验室主任，中国数学会理事长。长期从事数学理论与应用研究，以同调类的极小极大原理为基础，把许多临界点定理纳入无穷维 Morse 理论，使几种不同理论在这里汇合、交织，形成一个强有力的理论框架，由此发现了好几个新的重要的临界点定理，并使过去的许多结果的证明大为简化，所得结论也更为精确。这一理论被广泛地应用于非线性微分方程，特别是有几何意义的偏微分方程的研究。还曾将一大类数理方程自由边界问题抽象成带间断非线性项的偏微分方程，发展了集值映射拓扑度和不可微泛函的临界点理论等工具。曾在美、英、法、德、意大利、瑞士、加拿大等国作研究访问。1994 年曾应邀在国际数学家大会作 45 分钟报告。1986 年获首届陈省身数学奖，1987 年获国家自然科学奖二等奖，1993 年获第三世界科学院数学奖，2007 年获教育部的高等学校教学名师奖，2008 年获北京大学蔡元培奖，2009 年获华罗庚数学奖。1994 年当选第三世界科学院院士。1991 年当选中国科学院学部委员（院士）。

课余常同父亲到溪边网虾，到菜
地捉青虫，到沙滩上用头发钓蚁狮，
到麦田里看蚂蚁怎样沿着麦秆爬上去
寻找它们的"牛"——蚜虫，用放大镜
观察花的雌蕊、雄蕊和昆虫的复眼。

# 《我的忏悔录》导言

张弥曼

我的父亲出生于贫苦农家，全凭自己苦读，才脱离农村苦海，在城里觅得一份教书匠的工作。我虽未在农村长期居住，但可能一方面由于我的祖母一直留在农村，另一方面因为受到父亲的影响，对中国农民的诚朴、勤苦和偏狭、悭吝都同样挚爱。在城里又染上了爱面子和讲虚荣的恶习，成为我的同代人中兼有双重烙印的人。

父亲年轻时曾做过一点"科学救国""教育救国"的梦，虽然后来大多破灭，但在我出生时，无论是对中国的前途还是子女的前途，都还是有信心的。和许多家庭不同的是，我的家庭是严母慈父，母亲虽然自己读书不多，但对我的要求至少在我看来是极其苛刻的，这或许有一半是因为我生性顽劣、游心太重的缘故，本来很容易的功课却费去她很多苦心。幸喜我当时年幼，还没有来得及学会撒谎，每天回家如实向母亲报告学校的情况，使她能一丝不苟地逼我完成作业，责骂和体罚当然是家常便饭。到了初中三年级，不知怎的脑子突然开了窍，念书一下子变得有兴趣起来，母亲过去强迫我打下的基础便帮了我的大忙，使我能比较顺利地一直把书念下去。多年以后，母亲说起小时怎样责罚我，笑得甚至流出了眼泪。少时的

张弥曼院士荣获美国自然历史博物馆研究生院荣誉博士学位（中国科学院提供）

师长、同窗都以为我是一个还算像样的学生，很少有了解实情的，但他们都知道，对于那些天生不爱读书的小孩，我是主张至少要软硬兼施的。

父亲则与母亲十分不同。课余常同父亲到溪边网虾，到菜地捉青虫，到沙滩上用头发钓蚁狮，到麦田里看蚂蚁怎样沿着麦秆爬上去寻找它们的"牛"——蚜虫，用放大镜观察花的雌蕊、雄蕊和昆虫的复眼等都是我们最爱做的事，也使我们兄弟姐妹几个未因战时失学而荒废得太多。我们可以在父亲面前随意发表意见或甚至跟他争吵，而他对我们总是和颜悦色。高兴时，他还会带着很浓重的绍兴口音教我们唱歌。长大以后，我脑子里的权威观念和尊长压力比较淡薄，处事不知轻重深浅，或许与此不无关系。

初进学校，我是既腼腆又不懂事，闯了祸经常只能拙劣地收场，自觉其貌不扬，令人生厌，所以非常自卑。那时我们年级的刘绥时老师（现住大连）还是一位刚从学校毕业，不到20岁的女孩子。她对我们班上的同学从不计较出身及外表、智力的高低、驯服或顽劣，一律都热心对待。她很善于发现每个人的哪怕是些许的特长，热情地鼓励。直到今天我还清楚记得，那天刘老师让我站在她的风琴前面唱歌，以后她又安排我独自上台去唱，使我克服怯场的弱点，初次尝

张弥曼院士（作者提供）

到了自信的滋味。40年后，当我和刘老师重逢并问及她此事时，她丝毫不记得。可见，并非我确有什么唱歌的天才，而是她对待每一位她所教过的小学生都认真细致。后来，我又很幸运地遇到了几位给过我很大教益的老师，例如高小时的国文老师范芝如先生，算术老师吴馨先生，初中时的国文老师徐高祉先生（现住南昌）。他们既教我严格地做学问，也教我严格地做人。现在回想起来，我的学问的根底、做学问的方法，和日后待人处世中比较好的方面，都是在小学和初中时我的老师教给我的。

瑞典斯德哥尔摩国家自然史博物馆曾被称为动物学家的麦加，我有幸赶上了瑞典学派极盛时期的尾声，1966年在这里做过一年的工作。瑞典学派以深入细致的形态解剖学研究为特点，有关泥盆纪化石鱼类的研究几乎达到研究现代鱼类的水平，在经典动物学中作出了辉煌的成就。这一学派以苦干著称。记得Jarvik教授曾一再向我介绍40年代即已去世的Save-Soderberg，他在东格陵兰考察时，攀登了十多个小时，到达山顶后所做的第一件事，竟是坐下来作四周地形的素描；打扫清洁的女工早上来到他的实验室，常常发现他工作通宵达旦，不知疲倦。而瑞典学派的创始人Stensio甚至圣诞节晚上也在实验室度过。与我同时或先后在这里工作的法、英、德、美、爱沙尼亚的学者，也大都一星期工作七天。这些学者后来都成为各自国家本行业的主力。当我经过"文化大革命"的长期间断后，于1980年再次回到那里工作时，也是这一学派前辈的刻苦精神支持我克服自己偷懒的天性，在尽可能短的时间内做完预定的工作。那时每逢节日，Jarvik 教授都自己开车接我到他家里去共进节日晚餐，然后再把我送回实验室去继续工作。博物馆里陪伴午夜巡逻人的两只相貌凶恶的大狗，起初冲着我从楼下就远远地一路叫上来，以后天天见面，慢慢熟悉了，它们不但很安静，而且很友好。

人的一生有很多值得回忆、值得记录下来的事情，绝不是短短 2000 字所能容纳得了的。除了我十分幸运地得到过许多前辈和朋友们的帮助外，等将来有了时间，我自己最有兴趣写的还是《我的忏悔录》。

**张弥曼** 古脊椎动物学家。1936 年 4 月 17 日生于江苏南京，原籍浙江嵊县。1960 年毕业于苏联莫斯科大学地质系。回国后在中国科学院古脊椎动物与古人类研究所任职。1982 年获瑞典斯德哥尔摩大学哲学博士学位。1983 年至 1990 年任中国科学院古脊椎动物与古人类研究所所长。1992 年至 1996 年任国际古生物协会主席。1993 年至 1997 年任中国古生物学会理事长。1995 年被选为伦敦林奈学会外籍会员。1997 年被选为北美古脊椎动物学会名誉会员。2011 年当选为瑞典皇家科学院外籍院士，同年被授予美国芝加哥大学荣誉科学博士学位。2018 年获何梁何利基金"科学与技术成就奖"。长期致力于脊椎动物比较形态学、古鱼类学、中－新生代地层、古动物地理学、古生态学及生物演化的研究。研究泥盆纪总鳍鱼类、肺鱼类和陆生脊椎动物之间的关系，质疑了传统的看法，受到国际同行的重视。阐释中生代、新生代东亚鱼类区系演替规律，探讨东亚真骨鱼类的起源、演化和动物地理分布，对有关地层时代及沉积环境有相应价值。近年来又开始了青藏高原新生代鱼化石的研究，对进一步认识该区的隆起幅度、干旱化、水系变迁及鱼类演化，都有启迪。1991 年当选中国科学院学部委员（院士）。

汪敬熙先生常告诫我们：神经解剖学是神经生理学的基础，没有丰富的神经解剖学知识，不可能成为一名出色的神经生理学家。他的这番话对我终身的科学事业产生了极大影响。

# 叩击脑科学殿堂之门

## 张香桐

回顾我一生的科研生涯，几乎每件工作、每篇论文都与神经系统有关，我似乎与脑研究结下了不解之缘。有人问我，这是否与我少年时期在正定直隶省立第七中学所受的教育有一定关系？因为在那个时代，我们中学毕业的学生中，有不少人后来都成了生物学、医学界颇有成就的人物。例如北京同仁医院前院长张晓楼、上海第一医科大学解剖学教授齐登科、中国人民解放军第一军医大学生物学教授王凤振、沈阳中国医科大学药理学教授李维桢、前东北大学森林学教授郝景盛等多人，都是我们正定七中的同班或前后同学。这可能是由于那时所受教育的结果。

不错，那时我们的确有一位可敬的博物课老师黄敬华先生，他诲人不倦，传授我们许多生物学基本知识，令人终生难忘。例如，是他第一次告诉我们脑干有 12 对颅神经以及它们的结构、起源与功能。他还把这些枯燥无味的解剖学名词编成歌诀，以帮助记忆。这的确给我们留下了深刻印象。但是，这对于我日后选择脑研究作为自己的终身事业，并未产生多大的影响。我之所以作出自己的选择，实另有其他原因。

那是在我读完北京大学两年预科，即将升入本科的时候，同学们组织了一个选择科系的座谈会。大家各言其志，交换意见。按照当时大学规定，预科学生只上基础课，不分科系。到了本科，学生可以根据个人的意愿，自由选择进入什么科系，接受专业训练。所以，这事实上是决定一个人终身事业方向的关键时刻。

大概是受了"五四运动"的影响，那个时代的大多数青年，尤其是北京大学的学生，思想比较解放，似乎人人都胸怀大志，想为人类、为国家做一番事业。在谈到自己的志愿时，没有人斤斤计较个人的吉凶祸福、荣辱得失。在座谈会上，抢先发言的人说，他想进入地质系，并不是因为系里有李四光、葛利普等名教授，而是因为我们生

年逾九旬的张香桐院士还天天学习不断、思考不停（作者提供）

活在地球上，应当首先了解我们立足于其上的这个星体的结构与性质，地底下蕴藏着些什么东西，好开发出来造福人民。地质学是一门伟大的科学，所以他决定入地质系。第二位同学站起来说，他想进入政治系，学会管理国家事务的本领，国家的盛衰兴亡，主要取决于政治，中国社会的当务之急，是政治问题。一个贪污腐败、政治不上轨道的国家，永远也不会富强起来。所以他决定入政治系。第三位同学发言说，他决定入法律系，不论是什么形式的政府，如果不以健全的法律为准绳，是不可能有效地治理国家的。第四位说，他将进入哲学系，哲学研究的对象是宇宙人生，一个人无论做什么事，都必须有哲学思想作为指导，否则将会成为一位只知道吃饭睡觉的庸人。接着有一连串的人争先恐后地申述自己的志愿和作出选择的理由。

我默默地坐在一旁，倾听着各人的言论，陷入了沉思之中。我觉得很奇怪，为什么人们会有如此不同的想法，而且各有一套令人信服的理由。最后轮到我发言了，我毫不犹豫地说："我想入心理学系。我想知道，人是如何进行思维的，又是如何控制自己的行为的。进入心理学系学习，可能帮助我了解这些问题。"我就是如此简单而草率地决定了终身事业的方向。完全没有考虑，当时北京大学心理学系是一个实力最薄弱，而且学生人数最少的系。

在进入心理学系以后不久我便发现：当时心理学系教师们所讲授的那些课程，远远不能满足自己的愿望。通过广泛阅读，逐渐认识到：大脑才是思维的物质基础，要想了解人类是如何进行思维这一问题，首先必须了解大脑的结构与功能。所幸当时北京大学有尊重学生个性发展和自由学习的风气，使我有可能选择自认为最有兴趣而且最有用的其他系科的课程。例如，生物学系的动物生理学和比较解剖学，化学系的定性、定量分析化学等。这些课程对于以后的研究工作，都证明是非常有用的。尤其值得庆幸的是，在北京大学读本科三年级的时候，心理学系改组，请来了一位从美国约翰·霍普金斯大学留学归来的实验心理学家兼神经生理学家汪敬熙先生，由他任系主任之职，我向他表明了我的志愿，得到了他的同情和帮助。他介绍我到北京协和医学院当"特别生"，主要是跟林可胜教授学习生理学，跟医学院学生同班上课并进行实验。对我来说，这无疑是一个重要的培训机会。1934年，汪敬熙先生到中

张香桐院士（中国科学院提供）

央研究院任心理学研究所所长，他带我到心理学研究所任助理员之职，同我的师兄鲁子惠先生一起，都在汪先生帐下工作，学习神经生理学的基本知识，特别是关于神经电生理学方面的知识。汪先生常告诫我们：神经解剖学是神经生理学的基础，没有丰富的神经解剖学知识，不可能成为一名出色的神经生理学家。他的这番话对我终生的科学事业产生了极大影响。

　　幸运得很，当我到心理学研究所时，著名神经解剖学家卢于道先生已开始在该所建立了一个设备比较齐全的神经解剖实验室，从事关于中国人大脑皮层解剖学研究。经过汪、卢两位先生的同意，我被允许到这个实验室学习神经组织学切片染色技术。这个实验室里有一位杰出的技师赵翰芬先生，他曾在北京协和医学院得到著名神经解剖学家——荷兰人阿里安斯·凯波斯、英国人戴维逊·布莱克等人的技术培养与训练，得其真传，身怀绝技。他无私地、无保留地把他的精湛技艺传授给我。我利用这些技术进行神经解剖学工作，前后达八年之久，打下了坚实的神经解剖学基础。由于有了这个基础，我才

有可能在 1946 年取得耶鲁大学博士学位之前，就已在国际知名的科学刊物（例如《中国生理学》杂志、美国的《比较神经学》杂志、《神经生理学》杂志等）上发表了八篇像样的科学论文，还写出了 100 多页双行距英文打字纸的论文和图片手稿等待发表。可以说，这时我已开始披挂起全副武装来，叩击脑研究的科学殿堂之门了。

**张香桐**　神经生理学家。1907 年 11 月 27 日生于河北正定，2007 年 11 月 4 日逝于上海。1933 年毕业于北京大学心理系。1946 年获美国耶鲁大学医学院生理系哲学博士学位。历任中国科学院上海生理研究所研究员，上海脑研究所研究员、所长、名誉所长，国际脑研究组织中央理事会理事，美国卫生研究院福格提常驻学者等职。作为中国神经科学的奠基人、国际上公认的树突生理功能研究的先驱者、中国针刺麻醉机制研究的主要学术带头人之一，首先提出大脑皮层运动区是代表肌肉的论点；根据视觉皮层诱发电位的分析提出视觉通路中三色传导学说；发现"光强化"现象，世界生理学界把这种现象命名为"张氏效应"；首次发现树突电位；从事针刺镇痛机制研究，认为针刺镇痛是两种感觉传入在中枢神经系统相互作用的结果。1978 年获全国科学大会奖；1980 年获中国科学院科技成果一等奖。曾任美国《神经生理学》杂志、《国际神经药理学》等杂志的顾问编辑；并被选为比利时皇家医学院外国名誉院士、国际脑研究组织中央理事会理事、世界卫生组织神经科学专家顾问等。1957 年被增聘为中国科学院学部委员（院士）。

我将日常的教学工作看成是认识"人类思维过程"的实践，将教学工作和科研实践联系在一起，一举两得，两不耽误。"自学"费时是它的"弊"，但"自学"中你必须思考多个"为什么"，这对自然规律的深入了解有重大意义。

# 贵在努力与坚持

## 周国治

我出生在抗日战争年代，为了避难，随着父母四处迁徙，直到抗战胜利。家父随交通大学由重庆返回上海后，我的学业才安定下来。像我这样一个"生在知识分子家庭，长在交大校园"的人，本应受到良好的学术气氛的熏陶而走上勤奋学习的道路，但是，交大的广阔校园却成了我驰骋玩耍的天地。我玩遍了当时的各种玩意儿，至于球类运动更是一览无余，连所养的蛐蛐也远近闻名。我不但会玩，还讲究"创新"。在玩"扯铃"时，我会高抛，也能下地。长大以后，一次看杂技演出时发现，我的一些创意居然也出现在专业演员的节目中。我太贪玩了，学习成绩当然不好。学期结束，我们姐弟仨拿了成绩单回家。姐姐和弟弟的成绩都比我好。父亲生气地问："你为什么这样差？"我答道："都及格啦！"这下他更火了，"什么及格？才六七门

445

课，就有四门恰好是 60 分，你真有本事，能考个不多不少，老师给你
加的分，你知道吗？"的确，我小学能毕业是老师帮的忙。

我这样差的成绩也不指望念到什么好中学。小学毕业后，就随
便在家附近对付了一所初中。直到初中二年级那年，一次偶然的争
吵才改变了我的学习面貌。我的成绩差，家庭作业少不了要姐姐帮
忙。一天，为了一件小事和她争吵，后来一道几何题做不出又回去找
她。这下，她不饶了："你刚才不是还很神气么？怎么现在又来求我
啦？"我一气之下，扭头就走。回去憋了好半天，为赌这口气，坚持
自己解。终于，我靠自己的力量破解了这道题，尝到了成功的喜悦，
明白了贵在坚持的道理。自此，我爱上了学习，爱上了思考，更重要
的是它给了我自信心。后来，几何老师给班上同学出了道难题，看谁
先解出。当我第一个犹犹豫豫举起手的时候，全班同学都以惊讶的
眼神看着我，老师也将信将疑地走到我身旁。当他缓慢地点着头的
时候。一块石头从我心中落了下来。期末的几何考试，我得了 100
分。这也是有生以来我的第一个满分。

初中毕业的时候，我的成绩已有了很大的进步，更重要的是对学
习有了信心。我报考了上海著名的"南洋模范中学"和"市西中学"。
两所学校都录取了我。市西中学原是一所外国人办的学校，后属市立，
学费低廉，竞争激烈。为了帮父母省钱，我选择了它。刚来班上时，我
的成绩也一般。这不是因为我不努力，而是因为班上"强人林立"，已
非以前初中时班上的情况可比，但很快我的成绩就上去了。当时我的
兴趣已不限于几何一门课，目标是把每门功课都学好，包括政治课。
我把老师讲的内容背个滚瓜烂熟，居然在一次政治考试中获得了全班
唯一的一个 100 分。"不是团员政治还给 100 分？"同学们颇有微词。
毕业后，此事是否成为批判教条主义的典型事例，我就不知道了。这
段时期，我努力学着每一门课程，为编织一个科学家的梦而努力奋斗。

高中毕业时正值我国的第一个五年计划，社会主义需要现代化，国家需要钢铁，我以满腔的热情报考了北京钢铁学院。我的第二志愿是上海交大，第三是清华，第四是北大。同学们对我的选择不理解，我的班主任更是摇头。她认为我应该学理，她拐弯抹角地对我说，"钢铁需要强壮的身体，你有吗？你的成绩考清华、北大没问题啊……"其实，我是在家父的鼓励和支持下作了这一选择的。父亲周修齐不善言辞，沉默寡言，个性好强，主张务实，他早年留学德国，专攻机械工程。抗战时期他毅然辞去香港西门子公司的高薪职位，到重庆某兵工厂当研究室主任，以实现抗战救国的愿望。当他看到内地急需电焊条时，立即决定放弃本行而转入焊条的研究，取得了成绩，支援了抗战。在他转入交通大学当教授后，也未曾中断这一工作。家母除了要照顾我们几个小孩外，还协助家父的焊条研究。1949年后，母亲罗碧昆任上海大众电焊条厂工程师，曾因研究工作出色而受到《解放日报》载文表扬。焊接其实就是"小冶金"，父亲鼓励我学冶金，实际上是希望我能继承他的事业，把中国的焊条工业搞上去。当时瑞典的焊条最好，他对我说："中国的焊条可以超过瑞典！"但家父的期望和我的打算都被接着而来的运动打乱了。我的第一年的大学生活还比较正常，可是不久，开始了"整风反右"，接着就是大炼钢铁，大跃进，人民公社，"反右倾"……学校停课，下乡下厂，学业基本中断了。再不久，高校又刮起了一阵留校风，将一批学生提前毕业以充实高校的师资队伍。我也被选中了。这样我这个没有大学文凭只学了两年多课程的在读大学生，就进入物理化学教研室，当起了大学老师。

进教研室后还不到三个月，领导安排我给下一班学生上物理化学课。因效果不错，接着要我开10个班300名学生的大班课。表面上很气派，实质上却很空虚。我十分清楚，虽说曾学了两年课，实际上扎扎实实只学了一年。其他的都是在糊里糊涂的运动中对付过去的。我深深地感到自己的根基不牢靠。这点基础别说难实现那个梦寐以求的当科学家的梦，就连当一名教师都不够格。怎么办？自己补！我为自己拟订了一个庞大的补课计划。可是，这又谈何容易，我已失去了在课堂上接受老师指导的条件，更失去了作为一名学生可以安心学习的时间。我不但有沉重的教学任务，还有那没完没了的政治活动。因此，我的打算是不现实的。我需要挤出时间，需要改变学习计划，需要改进学习方法，以适应这一逆境下的学习条件。

不久，国家进入了三年困难时期，政治活动放松了，给大家更多的休息时间。我抓紧这个难得的机会进行了高强度的自学补课，经常总结并注重学习方法。我将日常的教学工作看成是认识"人类的思维过程"的实践，将教学工作和科研实践联系在一起，一举两得，两不耽误。"自学"费时是它的"弊"，但"自学"中你必须思考多个"为什么"，这对自然规律的深入了解有重大意义。教学工作颇费时，也是"弊"，但在讲清问题中，会对人的思维过程有更深刻的领悟。这些都是日后科学研究中不可或缺的重要资本。

我的狂热补课效果并不好，我越学越觉得知识欠缺，越学越感到自卑。书海无边，这样的补课根本就看不到尽头。人生的价值在创造，学习是为了能够更好创造。这样下去行吗？我向自己提出了疑问。

另一方面，虽然教学任务是沉重的，它也给我带来了乐趣。为了让学生弄懂，我必须反复钻研所讲内容，研究它的"客观规律"。在一次为讲解"燃烧半岛"的备课中，我来回琢磨，最后我把教科书中一个定性的示意图，完全定量地表达了出来。一查，原来和前几年别人的一篇论文一模一样。我愣住了，扪心自问：我是不是也能写论文呢？

事实教育了我，不能再跟着书本这样转下去了。教科书中的内容是前人工作的总结，是已发表了的成熟的东西。我必须迅速地赶到科学的前沿，在那里挖掘题目，这样才有意义。为此，我立即转入了对论文与杂志的阅读。从中发现问题和解决问题。正在这时，科学院冶金所的邹元曦院士在《金属学报》上发表了一篇重要的论文，提出了一种由相图计算活度的新方法，但因其中某个困难只能作近似解。我抓住这个困难问题日夜思考，一天夜里我躺在床上思索时，忽然将这个困难和我讲课时的例子联系在一起，一条新思路油然而生。我兴奋异常，半夜两点爬起来记下这一思路。同宿舍的同事被惊醒了，他还以为我在写情书呢！我将写好的稿子寄给了邹先生，他立即给我寄来了热情洋溢的鼓励信，赞扬我的工作"颇具巧思"，并无私地给我提供了他的宝贵数据。我的第一篇论文在他的关怀下诞生了。

初试的成功给我极大的鼓励。我将自己的视野转到了国际刊物，转移到国际前沿问题。魏寿昆院士是我国冶金界的元老。1962年，他出版了一部重要著作——《活度在冶金物理化学中的应用》，该书全面及时地将国外冶金的新动向介绍到国内来。我对其中的两个问题发生了兴趣：一是三元系偏克分子量的计算，二是由相图算活度。前者是当时溶液中的一个关键又基本的问题，有关文章发表在 *Nature* 以及美国化学会刊 *JACS* 等重要杂志上，当时有四种方法，都是以作者的名字命名。在这里，有"固态化学之父"称号的德国 Max Planck 物理化学研究所所长，有美国麻省理工学院的教授，有大公司的研究院院长等国际上顶尖的科学家。俗话说"初生牛犊不畏虎"，我这个刚被一点小小成功而激励的 20 多岁的年轻人也不安分起来，也想往里挤进一个中国人的名字。经过一番苦心思索，用上了从自学中所得到的启发，我成功了！我找到了一个更简便的方法——R 函数计算法。当我正想将这一成果向世界发表的时候，一瓢冷水迎面泼来。史无前例的无产阶级"文化大革命"席卷全国，作为资产阶级知识分子温床的学术刊物一律叫停。我只得将这包文稿封存起来。此后，这篇文稿曾被我从武斗现场抢了出来，与我一起下乡，下厂，

周国治院士接受采访（作者提供）

疏散……经历了"文化大革命"的风风雨雨。当它作为我的第二篇论文，在《中国科学》上发表时，已整整10个年头过去了！

《中国科学》是当时国内水平最高的学术刊物。我的第二篇论文的发表给了我莫大的激励，它驱使我更努力地工作。接着我的第三、第四篇论文又相继在《中国科学》发表。与此同时，我也开始整理"文化大革命"前所做的其他工作。这个时期好事不断，通过答辩，我被破格提升为副教授，通过考试，我又获得了赴美国留学的机会。1979年底，我到了美国麻省理工学院，指导老师是国际最著名的冶金学家。这时我才知道，原来他的一名研究生也想创造一种新的关于三元系偏克分子量的计算方法，但三年过去了，无功而停。当他们知道我的工作后，组内的人自然对我刮目相待，并用我的工作指导了他们的博士论文。

改革开放后给了我更大的活动天地，我的研究课题向着更深更广的方面发展。我提出的普遍化的几何模型解决了30多年来几何模型的固有缺陷，为计算的全盘计算机化创造了可能，并已被国内外专家学者应用到合金、炉渣、半导体、熔盐等多个领域里，并以"周氏模型"和"周氏方法"编入多本高校教材中。我系统地研究了氧离子迁移的规律，我们团队提出的专利比美国的同类项目快了数10倍。我们还在材料中扩展了新的研究领域。我们迎来了改革开放的春天。

回顾我这段自学和做学问的人生历程，到底是哪些性格特征对我产生过影响。现在，我将其归纳为如下十六个字："创新欲望，自我激励，化弊为利，稳步前进"。

我的创新意识是比较强的。俗话说，"熟能生巧"，我的理解是"熟"后掌握了规律就能创新，就能生"巧"。而我个人的性格是，还未"熟"就想到去创新。这种强烈的"创新欲"在我孩童时代的玩耍中就有所呈现。"自我激励"是我一生动力的源泉。一道几何题的破解激励着我改变了整个学习面貌。第一

周国治院士（中国科学院提供）

篇论文的突破，激励着我向国际先进水平冲击……成功的反馈会不断地上紧我持续向前的发条。青年人有创意，但不可避免地会有这样或那样一些缺点，简单的一两句否定的话就可以将它扼杀在摇篮中；青年人又处于一个思想很不稳定的时期，些微的打击就会葬送他的一生。我的"自我激励"是对抗这种"伤害"的保护甲。"不要对年轻人太多的指责，还是给他们多点鼓励吧，他们正是需要动力的时候啊！"我从切身的体会中了解到此话的真谛。

我是一个比较能面对现实的人，顺利时不会忘乎所以，困难时也不会自暴自弃。我常常觉得自己是很不幸的。我有一个很厚实的中学基础，因错生时代，枉费了大学学业。但我又觉得我还是很幸运的，我从自学中获得了书本上学不到的东西，激发了我的创造，做出了些许成绩。我也埋怨过自己生不逢时，荒废了青春的大好时光，年过四十，还是一名助教，但我又觉得自己是一个幸运儿，经过努力，我还是来到举世闻名的高等学府，如今又跨入了受人仰慕的科学殿

堂。应当怎样去解释这种矛盾的心态和结果。一切都因为我能"面对现实",能"化弊为利"。在一个自然和社会中生存的人,无法选择他周围的环境。人总会有不顺心的时候。不能期望天天都有"馅饼自天而降"。不要怨天尤人,"化弊为利"是一条最现实的出路。

在我成长的过程中,总的说来还是不顺的时候多。在人生最富创造力的二三十岁的黄金时期,我是在农村、工厂和运动中消磨掉的。在这样的逆境中,我必须脚踏实地一步一个脚印地走。我这种"脚踏实地,稳步向前"的性格与其说是基因所致,还不如说是环境所逼,但它在我的学术成长中起到了重要的作用。

总结这四条,我认为"创新欲望"应是根本,"自我激励"是动力,而"化弊为利,稳步向前"则是方法。在求知上,我是一个从不满足的人,但在现实生活中,我总能平和地对待一切。不管是跑还是爬,重要的是一步一步地向前行进。我的信条是:智商可高可低,环境有优有劣,只要看准目标,一竿子插到底,总能做出成绩。

---

**周国治** 冶金材料物理化学家。1937年3月25日生于江苏南京,祖籍广东潮阳。1960年7月毕业于北京钢铁学院。现任北京科技大学冶金与生态学院教授,上海大学材料科学与工程学院教授、博士生导师。曾在美国麻省理工学院等多所大学任客座教授和做合作科研。长期从事熔体热力学和冶金过程理论方面的科研与教学。导出了一系列各类体系的熔体热力学性质计算公式,概括出一些原理。提出的新一代熔液几何模型,解决了30多年几何模型存在的固有缺陷,为实现模型选择和计算的全计算机化开辟了道路。系统地研究了氧离子在电解质中的迁移,为描述和模拟各类冶炼过程打下了基础。先后发表论文400余篇,取得20多项中国专利,3项美国专利。曾任中国金属学会常务理事,国际矿业冶金杂志编委等。1995年当选中国科学院院士。

我这一辈子，一是根据需要，选择工作，多次改变研究方向，涉及了较宽的领域；二是工作较投入，没有偷懒。眼下我八十多了，还在做研究，习惯了。

# 往 事 回 忆

周毓麟

## （一）

1923年2月12日，我出生于上海。父亲是一位职员，慢性子，在家里不多说话。晚年做过买卖，打得一手好算盘，写得一手好正楷。我看着很羡慕，想练字学书法，却没有长性，一无所得。

母亲年轻时聪慧、美丽，祖上是书香之家。母亲没有读过书，但认得不少字。画绣花图样，信手拈来，仕女花卉，又快又好，线条流畅，还剪得一手好纸花。亲戚邻居办喜事什么的，她有求必应。早期父亲收入很少，子女又多，全靠母亲勤俭持家，有条不紊。母亲教育子女也有方，对她的两个小儿子——我和弟弟（周彭年），犯了错，有时就打手心。母亲教我们做人要有志气、有骨气，努力学好，不能自私自利。潜移默化，对我的人生影响很大。母亲去世快40年了，我还经常回忆起她的音容笑貌。

我5岁那年在弄堂口的私塾里念了一年新国文课本，一年学了6

册。然后转上新式学校。初中毕业后，原想上技术学校，可以靠本事吃饭，不用去当学徒、学生意了，但没有找到合适的学校。

1938年进入大同大学附属高中部学习。周围有很多优秀的同学。有喜欢化学的，在家里搞个小实验室；有喜欢无线电的，自己装个小电台，星期天让同学收听他广播的贝多芬乐曲；有心灵手巧的，在麻将牌上装个电动机（用缝衣针做的电轴）……我从小喜欢数学。有个叫朱葆德的同学，他学平面几何，会发明新的几何定理，这给我启发很大，觉得自己也应该会，以后搞出了一系列几何学中有关圆的循环定理。我和朱葆德成了好朋友。高中毕业了，我想上数学系，他却认为：数学应该业余搞，学工科以后吃饭好办些。我不接受他的建议，还是上了数学系。他上了航空工程系，毕业后去了台湾。

上海大同大学数学系与物理系的学生很少。与我同年进数学系的还有郑振华，物理系只有徐亦庄。我们三人同进同出，别人称我们是"刘关张"。因为学生少，物理系、数学系的三、四年级在一起上课，我把物理系的课程与实验课程也都修读了。我有幸遇到了很多好老师，如范会国、武崇林、汤彦颐、雷垣、高扬芝等先生。抗战时期，上海时局很乱，学校搬迁租界，条件极差。我们与老师除上课以外，很少接触。尽管如此，这些老师的身影还是终生难忘的。

## （二）

我于1945年大学毕业，由老师介绍去南京临时大学补习班当助教。第二年补习班解散，原本可以到中央大学去工作，因为我想继续学习，便回到了上海。知道上海有个中央研究院数学研究所，陈省身先生在教拓扑学。我去听了一段时间的课。有一次下了课，陈先生说他要去南京开会，问我听得懂他的讲课吗，我说听懂了。又问我在大学里学得怎么样，我说每年平均分数在九十分以上。陈先生问数学学得怎样，我回答就是别的课程把我的分数拉下来了。等陈先生开会回来，我就进了数学所。次年，我随数学所搬迁到了南京。

拓扑学当时是一门新兴的学科，研究方法不同于古典数学。有一次我做了个问题，陈先生看后找我谈了一次话，指出不少错误。我好像开了窍似的，对工作、对学习好像都很有信心很有办法了。心里总觉得无论什么新的学习或新的工作，只要自己肯努力，花一年时间，总能掌握其要领，总是可以入门的。

上海解放时，数学所搬迁到台湾省去了，陈省身先生去了美国。我在中华人民共和国成立的前一天，北上到了北京的清华大学。新中国成立，我也心气十足开始新的生活。

1947年初我与徐明月在上海结了婚，一年后搬到南京九华山，又过一年她与我同到清华工字所。在解放了的清华，我讲课、上辅导课，研究拓扑学，还承担一些社会工作，做得很起劲。有一次在系里的讨论班上，我报告了关于同伦论的工作，华罗庚与段学复先生鼓励我，还帮助我在《数学学报》上发表了那篇40多页的文章。还有一些工作曾到北京大学江泽涵先生的讨论班上报告过。

## （三）

1952年院系调整，我到北京大学工作了。徐明月也是这年以同等学力考上了北京大学数学力学系，1954年她二年制专修课班毕业了，分配到北京电力学校当教员。我在北京俄专学了一年俄文后，1954年到莫斯科大学数学力学系当研究生了。

留苏要报学习志愿时，我仔细思量，一方面是对拓扑学有浓厚兴趣，另一方面感到对国家建设更有用的是计算数学，我决定取后者。一位研究生班的同学劝我报拓扑学，理由是我原来拓扑学搞得还不错，苏联有世界级拓扑学大师，填报的专业单上也有拓扑学，是一个上进的好机会。我不干，他就问我，懂不懂电子学。这下把我问住了，我就改学微分方程。微分方程在国家的建设中也是有广泛实际应用的。到了莫斯科，黄敦同志把我们接到莫斯科大学，在大门厅等分配房号时，他问我学微分方程是"偏"的还是"常"的，我说不知道。他就说了句，你基础好，就学偏微分方程吧。我的专业方向，就这样一锤定音了。

到苏联去学习，我很激动，觉得这是国家和人民对我的培养和委托，我只能学好。要学好，除了自觉努力外，一定要珍惜时间。从到苏联之日起，我就开始作24小时学习工作效率的记录，以后一直没有停止过，可用来检查自己是否真的努力了。每天上午八点起床，花一小时做操、跑步、吃早饭，九点到图书馆等阅览室开门。白天除了吃饭、上讨论班总待在阅览室，直到晚上十点半才回宿舍，休息半小时，十一点再学习一小时，十二点睡觉。只有有了规律，才能长期坚持。

导师是奥莱依尼克教授，当时她刚获得苏联科学博士学位，很受赞扬。对我这位中国留学生，她指导得很尽心。偏微分方程对我来说，没有一点基础，开始进展较慢。一年后，该考的课目也差不多了，研究工作也还顺利。工作中一些"先验估计"做得好些，结果不错。系领导与老师很关心，让一些记者来采访，报刊上作了些介绍。有一次在莫斯科大学俱乐部电影院还放了一段纪录片呢！讨论班里一些大学生说我是"估计大王"，要我帮他们的忙，有些问题过后才想出来，没有直接帮上忙。

记得有一个问题，开始用迭代法做了，认为已经解决了，后来又发现有问题，已做出的那些先验估计还不足以完善结果的证明，就缺那么一点，再有一点点进一步的估计就可以通过了。但是，怎么也做不出来。这结果要是不对，论文三分之一的结果就没有了，导师也很关心，见面时，总问解决了没有。我急得睡不好也吃不好。一天早晨醒了不起床，想着这个问题，突然觉得，采用不动点拓扑方法可以解决。不穿衣服就写了起来。用这样的框架，所得到的先验估计一点不多，一点不少，恰巧圆满地解决了这个问题。下午讨论班上，讲了讲，导师听了，就"喔"了一长声。这样，用不动点原理研究整体解的存在性还是第一次。以后同学中也多次用了这个框架的方法，还认为这是研究整体解存在性的一个基本分析方法。这个方法对我自己以后的研究工作也影响很大。这个过程让我体会到，在学习与工作中，会有失败的苦恼，会有困难的煎熬，会有成功的喜悦。只有尝到甜酸苦辣的味道，才会真的得到一些进步。

1957 年回国后，分配回北大数学力学系当教员。当时数学系是五年制的，四、五年级分专门化方向。我在北大两年多的时间里，接了三个偏微分方程专门化班，每班有十几到二十位学生，当时还有研究生、进修教师与青年助教，总共前后有六七十人一起搞非线性偏微分方程的学习与研究。在专门化课和讲座班上，大家学习情绪都很高，都很努力，效果也很好。现在看来，当时的一些年轻人，如今在偏微分方程与计算数学等教学与研究工作上都很有成绩，很有贡献。想到这些，很是快慰。

## （四）

1960 年 5 月初的一天，下了课，上午十一点系总支书记找我谈话，说要调动我的工作。我错以为要调我教研室里的什么人，赶紧问要调谁。他说不是要调其他什么人，而是要调动我的工作。让我下午两点到二机部去报到，搞国防保密研究。还问我有什么问题，我说"党叫干啥就干啥"。没有别的话，我要赶回去告诉我爱人了。赶到电力学校，不到十二点，徐明月还没有下课呢。

到二机部人事局，又到九局的研究所报到。局长、处长、所长、组长轮着给我讲话，谁都没有说出是干什么的。过了一两个月，部长们来交底时，才知道是搞核武器研究的。还让我搞数学模拟、流体力学、爆炸力学等。我对这些是一窍不通的，那就必须要什么，就学什么做什么。形势所迫，责任很重，心气也十足。要做要学的东西很多，学习与工作一刻也不能停留。每天早晨八点准时上班，末班车回家，仍要工作到十二点才能上床。所里有物理学、力学、数学的高级专家与很多年轻同志，都是一心一意要攀登并克服科研关山。他们是我的战友，也是我的师长、学友和学生。在这样的环境里，自己懂得多了宽了，能耐也大了。数学、计算学、物理学、力学、计算机等方面的知识涌进自己的脑海，而且都是些前沿的、深刻的、实用的知识。自己的知识结构、研究范围与能力改变很大，真是换了个样。

这里的研究工作，集体性、综合性都很强，一个人只能干一点点，不大力协同是不成的。长期以来，虽然都给了我各种业务领导的

被书包围着的周毓麟院士（作者提供）

帽子, 忙忙碌碌的, 指导与负责一些方面的工作, 但我主要还是一位从事具体研究的人员。不做具体研究, 这日子很难过, 我还是个搞数学的人, 习惯于从数学角度看问题, 问题得到数学程度的解决才算了事, 不然觉得没有完, 觉得没起到自己的作用。我这个人就是这样, 脑子里总装着问题。数学问题, 总要去想、去做, 现在还是这样。听报告, 看文献, 做问题。我喜爱记笔记, 写卡片, 有时还要整理, 琢磨清楚了, 弄透了, 变成自己的了, 才肯罢休。我的笔记本、卡片, 没有确切的数目。1969 年搬迁四川, 丢失了不少, 真可惜。我同所有的同事一样, 都在为研制核武器而写这篇 "大文章", 在尽微薄之力, 想法很单纯。真没有料到, 工作 20 年后, 还获得了一项国家自然科学奖一等奖, 奖的名称很大, "原子弹、氢弹设计原理中的物理学、力学、数学理论问题", 说我是主要完成人之一, 实际上, 是这篇 "大文章" 的集体作者的代表之一。

我调换工作 24 年以后, 1984 年在纪念第一颗原子弹爆炸成功 20 周年的文艺晚会上, 徐明月才知道我是搞核武器研究的。

## (五)

改革开放后, 由于研究工作进一步深入和学术交流的需要, 我得结合研究所的研究背景, 做一些基础研究。整整 20 年没有发表一篇文章了, 想起来必须对自己的知识结构作一些技术改造。就非线性偏微分方程和计算数学的有关领域, 高强度进行了调研与学习, 蹬着自行车, 频频跑科学院图书馆。每周作摘要笔记百余页, 约 8 万字。坚持了一段不短的时间, 也就有些接上现代的研究, 做了一些具有物理学与力学背景的非线性发展方程问题的研究工作。

有限差分法应用很广泛, 但亟需加强深入的理论研究。20 世纪 80 年代初, 自己认为: 当时的研究较多地着眼于问题离散化后的代

周毓麟院士（中国科学院提供）

数属性，不太重视离散后隐含的微分方程属性，研究会受到相当的局限。我决意要将差分方法研究同偏微分方程研究有机结合起来，能否成功，不好说。花了一段时间，建立了离散空间范数之间的内插关系的理论与方法，弄清楚这方面的转化，有限差分法的理论研究与应用研究也就开展得比较顺利，比较深入和系统，终于取得了成功。自己体会到在偏微分方程理论与数值求解的研究中，注意重点研究对象的基本属性是会很有帮助的。

60岁到80岁的20年间，我的研究工作出现了另一个小峰期，开了一个局面，发表了一批文章，出版了专著。一群群学者也跟着干。东方的、西方的专家邀我去讲学，但因年事已高，胃部还动过手术，不便外出京城，都辞谢了。实在不能推脱的，只好劳累走一趟。研究所的领导爱护我，尽量让我不要走出北京，还打趣说："你离开北京，要经我们'同意'。"导师奥莱依尼克邀我访问莫斯科大学，美国学者、专家邀我去讲一段时间，我都借故婉拒了。一位台湾学者来了热情洋溢的信，请我去访问，还寄来款子，索要我的专著。我婉言谢绝了邀请，同时寄去了我的书，当然退还了款子，我怎么能做买卖呢？我不认识的一位欧洲学者来北京访问，执意要见我，对我的研究很感兴趣，并说我的关于渗流研究的文章是经典之作。研究所安排见了面，他很高兴。

我这一辈子，一是根据需要，选择工作，多次改变研究方向，涉及了较宽的领域；二是工作较投入，没有偷懒。眼下我八十多岁了，还在做研究，习惯了。实话实说，对自己的工作总不太满意，但领导和学术界给了我不少荣誉。给了我这个奖，那个奖。我八十岁生日时，世界数学大师陈省身院士专程来北京对我表示祝贺，还题词写道："拓扑计算，成就非凡。"时任全国人大常委会副委员长的周光召院士也题词："献身国防，功勋卓著。"

俗话说："过到老，学到老"。我是要与时俱进，过到老，学到老，做到老。

（本文写于 2004 年）

**周毓麟** 数学家。1923 年 2 月 12 日生于上海，祖籍浙江镇海。2021 年 3 月 2 日逝于北京。1945 年毕业于上海大同大学数学系。1957 年获苏联莫斯科大学数学力学系物理数学科学副博士学位。北京应用物理与计算数学研究所研究员。1957 年至 1960 年在北京大学数学力学系任微分方程教研室主任。1960 年 5 月起奉调到北京第九研究院（中国工程物理研究院前身）工作，任副室主任、副部主任、副所长、院科技委委员、顾问。曾兼任北京大学、清华大学、华东师范大学、厦门大学兼职教授，并曾任中国计算数学学会副理事长、理事长，名誉理事长。长期对非线性抛物型、非线性椭圆型方程和具孤子解的非线性发散方程（组）进行了系统研究，取得了一系列完整而深刻的结果，并作出重要贡献。对 Landau-Lifshitz 型方程进行了全面研究。在计算数学、流体力学及其计算方法的研究方面取得了丰硕成果。完整地建立起离散泛函分析的基本理论，并将偏微分方程中的内插不等式等应用于有限差分理论中。曾获国家自然科学奖一等奖、三等奖，国家科技进步奖特等奖。1991 年当选中国科学院学部委员（院士）。

我明白了人生的一个真理：做任何事情，只要坚持不懈，日积月累，就能做出外人眼中的奇迹。这为我一生应以怎样的态度来对待工作打下了基础。

# 机 遇 与 挑 战

## 朱清时

我11岁上初中，就在成都第十三中学住校。那时，课后和周末有大量的空闲时间，书成了我唯一的伴侣。无钱买书就到旧书店去看，一站几个小时。有时就上四川省和成都市图书馆，坐上一天半天。在知识的海洋和任意驰骋的想象中找到快乐。初中头两年，我喜欢文学，特别是诗歌，一心想当一名诗人。

初三时，化学和物理学开始向我展示出自然界的奥秘。牛顿看见苹果落地而发现万有引力的故事深深吸引着我，他成了我第一个崇拜的偶像。有人曾问牛顿：为什么你比别人看得远？他回答：因为我站在巨人的肩上。这句名言从小鼓舞着我努力学习，盼望早日也能站在巨人的肩上，洞察一些新的科学真理。随着时间的流逝，这个愿望变得越来越强烈。高中时代，我的兴趣又转向了数学。我的几何老师周泰金是一位十分严谨认真的老先生，他对数学的热爱感染了我。我喜欢几何和代数从简单的公理体系出发，严格地推导出那么多重要的、有的是出人意料的结论。它们使我感受到自然界的规律性和人类思维的巨大力量。那时我最崇拜的偶像是法国数学家伽罗瓦，他是我学习的榜样，对我影响很深，在后来的科研工作中，遇到难题时，我总是力求寻找巧妙的思路，以出奇制胜。高二的课余时间，我选择著名的难题——质数公式，来试验自己的能力，结果自然未成功。但当时的一些构想现在看来仍然是有趣的。那时，我曾将这些幼稚的想法寄信给华罗庚先生和柯召先生，不久后收到了华先生委托他的助手写的回信，里面说了些鼓励的话，对当时的我鼓舞很大。

1963 年我考入中国科学技术大学近代物理系。大学生活是我一生中最值得留恋的。那时我所钟爱的座右铭是孟子的话："天将降大任于斯人也，必先苦其心志，劳其筋骨，饿其体肤，空乏其身……"

1966 年 6 月初，"文化大革命"开始，学校停课了。"文化大革命"初期，我与几位同学从北京乘火车到西安、重庆、桂林、上海等地串联，历时约 40 天，饱览了祖国各地的风土人情。回京不久，又与另外几位同学背上背包，开始步行大串联，历时三个月。事后说起，人们都吃惊：你们怎么能走这么远？病了怎么办？遇到坏人怎么办？……这段经历使我明白了人生的一个真理：做任何事情，只要坚持不懈，日积月累，就能做出外人眼中的奇迹。这为我一生应以怎样的态度来对待工作打下了基础。

大学分配时掌握我们"命运"的"工宣队"已初定分配方案，我被分到天津市工作。在正式宣布前，"工宣队"师傅征求一些人的意见，对我说起方案中有一个到青海当工人的名额不好分配，我立即说青海也没什么不好的，我愿意去。当时，我并没有现代年轻人的价值观，不看重天津和西宁的差别，而且从我懂事起，父亲在"三反运动"中的冤案就是一个巨大的包袱，压在心灵上。在那个年代，作为一名

"出身有问题"的学生，我已习惯于比别人付出更多。然而谁也未想到，这个选择给了我人生第一次机遇和挑战。

青海是黄河和长江的源头，我一生的事业就从这里开始。

1968年12月，我到西宁山川机床铸造厂当了工人。厂长是位爱才的人，半年后他得知我的数学很好，就让人事科把我调到供销科，说那里是"最需要数学的地方"。去后不久，我就掌管了全厂大部分原材料和设备维修用零配件的采购、库存和使用计划，同时兼作采购员。这些工作原来由几个人分管，现在我一人干仍十分轻松。

一个机会终于出现了。地处西宁的青海盐湖研究所也想参加用激光分离同位素这一重大项目，急需学物理的人才。得知这一信息，我立即去拜访该所的室主任，他拿了很长的一篇英文文章让我翻译，尔后马上就决定要我。我于1974年底即去盐湖所报到了，从此开始了向往已久的专业科研生活。盐湖所是以从事无机化学研究为主的单位，在激光分离同位素方面无任何基础，我们必须白手起家。首先需要设计实验方案，这件事落到了我的头上。我们选择用激光产生的光压来把锂6从很细的锂原子束中偏析出来，从而与锂7分开。建造实验装置花费了许多时间。最后实验获得成功，荣获1982年中国科学院重大成果奖二等奖。这项工作是我科研事业的幸运的开端。能够获得这个难得的机遇，归因于毕业时来了青海，只有青海才如此急需人才，使我从一开始工作就成了实际上的课题负责人，有了一个充分发挥自己才能的机会！

1979年到美国，我们出过许多洋相。这么大一个华盛顿市，我们全靠两条腿到处走，中午宁肯饿一顿或花一个多小时走回使馆吃免费饭，也不肯花钱买点东西充饥，更不愿出5角钱坐一次地铁了。很久以后，这种穷怕了的心理才慢慢转变过来。我们终于明白，自己的时间、精力和健康远比省下的那点钱重要。

更大的困难还是在工作中。第一年我在圣巴巴拉加州大学从事激光激发荧光光谱研究。实验室的设备多数没见过,对研究的课题,我只有一些科普的知识,几门主要基础课未系统学过。相关参考文献更像天书般难懂,差距多大!还有口语不流利,不能进行较深入的讨论。原以为出国是进天堂,却不料来到地狱之门。每周的小组讨论会是我最难受的时候,讨论的问题听不懂,自己更无话可说。那种尴尬的局面深深地刺痛了我的心。别无选择,只有正视现实,迅速填补实验技术和专业知识的空白,赶上去。两三个月之后,我已能熟练地操作整个复杂的系统,做出了一些漂亮的光谱。

然而,填补专业知识上的空白远不是这么容易。啃"天书"般的文献极其枯燥乏味,我的信心一度动摇,想先学基础课,然后再进行科研。可走完这条常规的路,至少要一年的时间。我想起了唐代早期著名画家阎立本观画的故事:一次他到荆州看张僧繇的画迹,第一天初看,大失所望,认为张不过是虚有其名。但既然千里迢迢去了,

朱清时院士在办公室(作者提供)

就这么走也不甘心，于是第二天又去看，方才领会到张作品的真正妙处，于是停留十多天，朝夕揣摩，坐卧观之，不忍离去。我也照此办理：把重要文献复印在手，形影不离，逐句推敲，常常反复读一二十遍。每读一遍，懂得就多些，直到找出最后真正不懂的基础知识。然后再查阅书籍和别的材料。这样高强度学习很累，没有乐趣，没有假期。然而几个月后，读文献顺畅了，讨论会上可以发言了。终于有一天，当看到记录仪画出期待已久的曲线时，我深切感受到了探索科学真理的快乐！

当时我与合作者一起用激光作出了氢氧化钙自由基的电子激发态的高分辨光谱，定出了它的一系列精确的光谱参数，并观察到罕见的电子运动与原子核振动的相互作用的例子。不久后，美国宇航局和法国的科学家们根据我们的数据，确定了在星际空间中存在着氢氧化钙自由基。

朱清时院士接受采访（作者提供）

一年后转到麻省理工学院，从事半导体激光光谱、红外多光子离解和傅利叶变换光谱研究。科研越做越顺手。在一次学术会上，我的老师向与会者介绍我说："他几周内做完的工作，美国学生通常要干上一年。"这句话给我的自尊心带来的快乐，补偿了第一年生活中的全部苦恼。两年的公派进修到期后，麻省理工学院又聘我作"博士后"研究员继续工作。无论在加州还是在麻省，我都只能在"老板"划定的框架里工作。我开始渴望在

朱清时院士（中国科学院提供）

科学上创造一些完全属于自己的东西。国内在这些新学科上是一穷二白的，但是我有信心把它们建立起来，按自己的思路工作。那时根本没有想到会遇到多少困难。

1982年元旦刚过，我回到了西宁。与同事们一起，在用于分离同位素的激光实验室的基础上，建起了激光光谱实验室。不久后，我们就在《科学通报》等杂志上发表了国内第一批激光激发荧光光谱的研究论文。随着工作的深入，矛盾越来越突出：在盐湖所无条件深入开展激光光谱学研究。感谢张存浩先生的大力帮助，1984年科学院决定作为内部调整，把我和我的研究小组调大连化学物理所。从此以后，在张先生的直接关心支持下，我的研究工作进入了新的阶段。

1986年，我应邀到加拿大国家研究院赫兹堡天体物理研究所作高级客座科学家。那是世界上最著名的分子光谱研究中心，具有第一流的实验设备。我的研究项目是用光学微波双共振来探测 $H_2CS$

分子的高振动能区中是否存在混沌状态。我设计了一种实验方法：用激光把 $H_2CS$ 分子激发到电子激发态的某一振动——转动能级上，再连续改变微波的频率扫描，观测从这个能级到电子基态的极高振动态上的跃迁。经过半年的紧张工作，测得了大量数据。这项研究证实了这个检测分子中混沌运动的新方法的有效性，引起了学术界的广泛重视。

20 世纪 70 年代以来，化学家们曾被一个美妙的想法吸引着：用激光有选择地把分子的某些键打断或激活，以便按人类的愿望来加工分子，即所谓"选键化学"。然而，当时几乎所有实验都以失败告终。我用了一种新方法，其原理是：如果分子处于单键振动本征态，则这个键的平均键长将变大，使分子的对称性降低，一个 $XY_4$ 型的球陀螺分子（点群为 $T_d$）将退化为一个对称陀螺（点群为 $C_{3v}$），两者的转动能级结构有明显的差别。因此，如果能记录这种分子的某个高振动态的高分辨光谱，就能通过其转动谱线的结构和线宽来确定这个振动态是否局域模态并估计它的寿命。1988 年，在克服了实验技术上的一些困难之后，我们在锗烷（$GeH_4$）分子的（3000）振动态中首次发现了理论预言的 $C_{3v}$ 转动结构，并且证明它们正是人们寻找已久的长寿命局域模振动态。随后，我们又证实了硅烷（$SiH_4$）的一系列振动态也都是长寿命局域模振动态。这些发现在国内外引起了极大的兴趣和重视。美国普林斯顿大学的 Lehmann 教授说："大家谈论局域模振动已经许多年了，你们的硅烷光谱第一次告诉人们，这就是局域模振动！"

这些长寿命局域模振动态的实例也给分子光谱学理论造成了冲击。过去的分子光谱学理论是以分子简正振动的概念为基础的，不适用于描述局域模振动。最近，我们正在建立适用于一般场合的以分子的局域模振动为基础的新的分子光谱学理论，预期它将为实现

"选键化学"提供理论基础。

1994 年我从大连调到合肥，在中国科学技术大学走上了科研与教学相结合的道路，开始面对更大的机遇和挑战。

（本文写于 1995 年，刊于上海教育出版社 1996 年 5 月版《中国科学院院士自述》）

**朱清时**　化学家、自然科学家和教育家。1946 年 2 月 7 日生于成都，籍贯四川彭县。1968 年毕业于中国科学技术大学近代物理系。同年分配到青海西宁山川机床铸造厂当工人和计划员。1974 年调入中国科学院青海盐湖研究所，开始从事激光分离同位素重大项目研究，1976 年成为项目负责人和学术带头人。1984 年调到中国科学院大连化学物理研究所。先后在美国加州大学、美国布鲁克海文实验室、加拿大国家研究院、法国巴黎大学等做访问学者、客座科学家、客座教授，并作为英国皇家学会客座研究员在剑桥、牛津和诺丁汉大学工作。曾担任中国科学技术大学第七任校长，南方科技大学创校校长。还先后担任中国化学会常务理事、中国科学技术大学科技史与科技考古方向教授和博士生导师、科技史与科技考古系主任、中国科技史学会副理事长等。在激光光谱学研究方面曾取得国际一流的研究成果，在分子局域模振动研究、单分子化学研究方面曾获首届安徽省重大科技成就奖。就任中国科学技术大学校长期间，致力于规划和组织学校面向 21 世纪建设一流大学。受聘南方科技大学校长期间，创新地推出"先行先试，自主招生，自授学位，自颁文凭"的办学模式。1991 年当选中国科学院学部委员（院士）。2001 年当选第三世界科学院院士。

# 好奇·好学·好思·好问

## （代后记）

古今中外谈名人读书的出版物浩如烟海，而专集中国科学院和中国工程院院士们如何读书与做学问的倒是鲜见。由于院士们都是在科学技术方面作出过重大贡献的成功人士，研读他们的读书经历和治学之道应该是颇有启示与兴味的。

《院士读书与做学问》既集了院士们亲身经历的故事，也展现了他们认为该怎样读书与做学问的感悟。有的院士讲述青少年时代贪婪地阅读了大量看似与日后所从事的专业毫不相关的人文读本的经历；有的侃侃而谈艰难成长程途中没有正常求学机会，只能靠日后持续自学以成才的体验；有的甚至少小淘气，考试屡屡不及格，而一旦懂事便奋起直追而有所作为的故事……

怎样读书与做学问，说到底就是怎样求学与治学。求学，既要探讨方法，但又不能限于方法，也应该探讨一下为学之动力，即为什么而学，或者说得功利一点，学好了派什么用场，哪怕是"为读而读"。前辈们的求学之道一般都认为要照顾兴趣，有了兴趣才有克服困难的勇气与毅力，毕竟是学自己所喜欢的学问么。至于怎样治学，也并非仅是简单的方法论探求，缺乏目标必然失之动力。

求学讲究博，方能立志成才，诚可谓"博学而笃志"；治学讲究严，更要养成善问与深思的方法与精神，"切问而近思"。这两条确实是古代书院乃至今日大学求学治学所追求的目标，甚至被立为校训。

丘成桐先生曾讲过一段很有感悟的话：做学问首先要有兴趣，有了兴趣才能发现科学的美，有了兴趣就没有克服不了的困难。但人文学者梁启超先生却对学问与趣味特别有思辨，他认为：我们在求学时代，应该"暂且把趣味放在一旁"，该耐着性子接受教育的纪律，把自己锻炼成为坚实的材料。学问的趣味，留在将来慢慢享受，一点也不迟。（我们将梁先生这篇有意思的短文《学问与趣味》特附于本文末，供思考）

本书中院士们的讲述，既非文学创作，也非应用性写作，只是兴之所至的自我回顾或有感而发的随笔，他们并不想说教，自然也没有任何功利。其中不少故事是他们受邀为勉励学生成才而作的科学人文演讲。书中的选文既有他们偶然在一本好书、一位恩师的指点或引导下走上了科学道路的难忘回忆；也有从自身的求学和治学之道中，所悟出的经验与体会……这些有感而发的话语，是有血有肉的真情流泻，既真切从容，又透彻醇厚。

要说明的是，学问的范围何其之广，而人生之旅却如此短暂，诚可谓"吾生也有涯，而知也无涯"。要想有所作为，就必须尽可能多地继承和发扬人类千百年来所积累的思想财富，其聪明之道便是成为一名多读书、读好书的终身学习者。当今的知识更新很快，死守学校中获得的那一点，终会被淘汰。院士们从自身的成长历程来深深地诠释：人的精神风貌的振奋、人的素养的提高、人的气质的高贵、人的创新才能的开凿……总之，人的和谐发展，都有待于人的总体学养的提高，而学养提高的最佳途径恐怕还是好读书。读书不是为了"黄金屋""颜如玉",读书本身就是一种目的、一种享受。只有吸收了古今中外的知识信息与方法技巧,方能使精神不再贫乏,生命不再孤独。毕竟一个人的精神发育史就是他的阅读史。这也正如国家最高科学技术奖获得者——叶笃正院士所朴实表白的:"读书是一切脑力劳动者的基本生活状态,什么时候都离不开书。"

真正的人才,首先应该是一名一辈子爱读书的终生阅读者。毕竟人类精神文明的成果在很大程度上是以书籍形式保存下来的,而读书就是享用这些成果,是对知识的传承,能将其据为己有并不断质疑,创新方有可能。说白了,这属于最简洁的创新途径,既陶冶了情操和品格,又成就了一个文明人。因此,读书成了院士们的终生嗜好,成了他们日常生活与科研生涯中不可须臾离开的组成部分,几天不读书就会手足无措、寝食不安。这种好读的惯性,使他们浑身舒坦,激发了天性中的好奇心与求知欲,开启了科技创新的顿悟与灵感,这才是他们读书的最大收获。当然,他们会有选择地在书海中选择自己钟爱的书来读。作为一名成功的学者,读什么当然全凭兴趣,他们不会被媒体牵着鼻子,花大量时间去读那些畅销书或时尚书。因为他们明白:只有扎根于人类文明之精神土壤上的人,才是真正的文明人。也就是说,作为成熟的终生阅读者,他们都具有敏锐的思考力、判断力、选择力与鉴赏力,哪怕读武侠小说,他们也会挑选一些较有品位的来读。他们明白读书并不在于批发知识,而在于提高人格。对照院士成才的轨迹,我们可以明白:一个人在青少年时代若没有养成良好的读书习惯,以后期盼成才就比较困难了。

从院士讲述的读书故事中我们还发现,他们都花大量时间既读"正书"也读"闲书"。尤其是读"闲书"能使疲劳的大脑得到积极的休息，常能在不经意间收获"柳暗花明又一村"的喜悦。毕竟在自己的专业里院士们是精的，就从这"精一"始，经过博的陶冶，从而达到"一览众山小"的境界。这里所谓的"闲书"也是经过挑选的人类文化精品，只不过不是自己专业领域的著述而已。说到这点倒让我联想起顾颉刚先生（1893—1980），他曾告诫我们："研究学问，应当备两个镜子：一个是显微镜，一个是望远镜。显微镜是对自己专门研究一科用的，望远镜是对其他各科用的。我们要对自己研究的一科极尽精微，又要对别人研究的各科略知一二，这并不是贪多务博，只因为任何一门学问都不是独立的缘故。"值得一提的是，当今的网络阅读也是一种博览的好途径。随着技术的进步与网民素养的提高，网络上也确有不少精品，值得一读。再说网络阅读的参与性令读者感到"零距离"，能实现"阅读、表达与分享的一体化"。但这点，在我们所选编的院士文稿中暂时没能体现。

当然，除了阅读有文字的古今中外名著外，院士们还留意阅读实践和社会这部活的大书。读万卷书，行万里路么！

院士们的学生时代，大多数都属于既是"学好"的学生，还培养了"好学"的素养。"学好"与"好学"，看似仅是两字顺序的不同，却是两种不同的"学"之境界——是被动接受抑或主动地探索。"学好"只是对学习已有知识的一种度量，而"好学"则更是对学习未来知识的一种态度；"学好"是为了掌握知识，而"好学"是为了探索问题；"学好"得到的是答案，而"好学"是对真理的追求。提倡"好奇、好学、好思、好问"的风气，是我们选编本书的最大立意。

可是，当下我们的学生还是在为升学或就业，迫使自己一味地读一些味同嚼蜡的教辅，为能有漂亮的卷面分数而拼命追求表面光鲜的"学好"。这种功利阅读，必然心气浮躁，且不说效率低下，连读书的"胃口"也会倒掉。最令人心痛的还是让宝贵的青春年华白白地流逝了。当然，读者也不该跟着媒体头头转，把宝贵的光阴浪费在读那些乱七八糟的流行读物上。因为媒体的着眼点往往是文化消费，有时是受出版商商业利益驱动的，畅销书中不乏畅销的垃圾。为此，不妨对照院士所讲的读书故事，静心思考一下，该怎样选书，怎样将自己的读书目标从"学好"升格为"好学"。

书读多了，总会有模模糊糊光亮照耀的感受，而且还会在人生之路的跋涉上，伴随着阅读觉得眼前越走越亮堂，天地越走越宽广——这才是真正有心阅读带来的切肤感受。能感受到光亮，心也就不会坠入黑暗。

从院士们讲述的故事中，我们还能体会到既要"仰望天空"，更要"脚踏实地"，这其实是理想与现实的关系，也反映在读书与做学问的有机联系之中。读书是做学问的铺垫，但读书不等于做学问。做学问应当有各自的气度、风格和面貌，否则会流于形式，甚至滑入只想"书中自有黄金屋"的名利争夺之中，那样的学问必然覆上铜臭。清朝的书画大家郑板桥（1693—1765）对学问很有见地："学问二字，须拆开看，学是学，问是问。今人有学而无问，虽读万卷书，只是一条钝汉尔……读书好问，一问不得，不妨再三问，问一人不得，不妨问数十人，要使疑窦释然，精理并露。故其落笔晶明洞彻，如观火观水也。"这同《论语》中的"学而不思则罔，思而不学则殆"有异曲同工之妙。

学问之道就在于"有学有问"。会学不一定会问，只有会问方能发现问题、解决问题，也才能有所创新、有所突破。学问的着眼点就是"学以致问"，否则虽满腹经纶，只是一座会走路的书橱而已。做学问不是走小道，玩小技巧，需要有多方面的支撑，有丰富内蕴的气质，否则是断然不行的。那么，该向谁问？当然是向上、向下、向里、向外，向专家，向老师，向同学，向书本，也可向网络……广泛地问，深刻地问，于广大处、细微处、关键处，刨根究底地问。问且又思，必长学问。

做人要正直，做事要认真，做学问要勤奋。因此，惜时、专心、苦读成了做学问的通式；能耐得住寂寞和清贫，是做学问的平和心态；不急于求成，不为名利所累，更是做学问的风格。王国维先生（1877—1927）在《人间词话》中说：古今之成大事业、大学问者，必经过三种境界——"昨夜西风凋碧树，独上高楼，望尽天涯路"此第一境也；"衣带渐宽终不悔，为伊消得人憔悴"此第二境也；"众里寻他千百度，蓦然回首，那人却在，灯火阑珊处"此第三境也。本书中我们处处可寻到"三境界"的踪影。

作为一名学问者，要高瞻远瞩地认清前人所走的路，把总结和学习前人的经验作为做学问的起点；要深思熟虑，就像热恋中的情人那样不惜一切地追求自己的目标；没有千百度的上下求索，不会有瞬间的顿悟和理解。只有在学习和苦苦钻研的基础上，才能功到自然成，一朝顿悟，便发前人所未发之秘，辟前人所未辟之境。

诚如读书，做学问也是要有些技巧的，但一味追逐技巧而又容易失却人文内涵，也很容易滑入歪门邪道。本书中，院士们都没有把做学问看作是雕虫小技，在他们所讲述的故事中，往往都呈现出拳拳报国心背后的人文情怀。这种人文是指他们所受到的祖国传统文化的陶冶、品行的修炼、全球的眼光、科学的跨界。诚因如此，他们的读书与治学才是这样的工稳，有内涵且有品位。毕竟他们的学问之道是在涵养自身的同时，能更好地去"判天地之美而析万物之理"。因此，他们的人生也都充满书卷气，展现大气候；也才能劳而有获，修成正果。

不是吗？不少院士埋头学问几十年，人不知而不愠，平心静气地生活在自己的科苑中。可以说，他们把毕生的精力都花在科学事业上了，尤其是那些搞"两弹一星"的科学家，隐姓埋名，就像入定的修行者，为中华民族能自立于世界民族之林，皓首穷经，大力协作，严格要求，精益求精。至于社会对他们有什么评价，全然顾不上了。正因为他们能耐得住寂寞，才成就了大气候。这种为中华崛起，为"两弹一星"修成正果的"定力"，才是一种做学问的自信。这样的故事在本书不少篇目中都有所展现。

《院士读书与做学问》与《院士做人与做事》是姊妹篇，后者是整理采访笔记和图片，以第三者的口吻讲述院士为人处世故事的，若以这种方式来采写院士们求学治学的故事，恐怕工作量会大得惊人，且不说许多泰斗级大家都已谢世，无从采访；就是健在的，他们的求学治学方法各异，要能较完整勾勒出这个群体的思想与理念，实在是我们力所难及的。在苦苦思考之际，我们有幸读到了不少院士们关于求学与治学的一些报告、对话、随笔和讲述的有趣故事，这就给我们的创意带来了柳暗花明。采用院士自述文稿，理应更有说服力，更真实生动，而且还能钩沉已故院士当年的精彩思考，使本书的涵盖面更广，还能把求学治学与做人做事相沟通。凡健在的院士，我们将整理好的文稿连同他们学术简历，呈他们本人审改确认并授权，而已故院士的文稿尽可能采用二十多年前所选编的院士文集或自述中的相关文字，当年也是经过他们审定的。因此，《院士读书与做学问》与《院士做人与做事》应该是相得益彰的，企望能勾画出院士怎样做人做事做学问的初步轮廓。

《院士读书与做学问》收入了60多位院士的文稿，全书以院士姓名的汉语拼音排序。当然，要在一部书稿中道尽院士们求学与治学之道，限于我们的学识和阅读面，肯定是做不到的，至多也是挂一漏万。本书仅仅是一个"引子"，我们恳请有志于传播院士科学思想、科学精神、科学方法和科学风貌的读者给予指正，提供选文线索，让本书再版时能收入更多更精彩的院士怎样读书与做学问的故事。假若读者能对其中某位院士的话语感兴趣，从而更深入地将他们作为学习、仿效、甚至赶超的对象，那就更有意义了。

方正怡　方鸿辉

# 附　　　　学问与趣味

梁实秋

前辈学者常以学问的趣味来启迪后生，因为他们自己实在是得到了学问的趣味，故不惜现身说法，诱导后学，使他们也在愉快的心情之下走进学问的大门。例如，梁任公（梁启超）先生就说过："我是个主张趣味主义的人，倘若用化学化分'梁启超'这件东西，把里头所含一种元素名叫'趣味'的抽出来，只怕所剩下的仅有个零了。"任公先生注重趣味，学问甚是渊博，而并不存有任何外在的动机，只是"无所为而为"，故能有他那样的成就。一个人在学问上果能感觉到趣味，有时真会像是着了魔一般，真能废寝忘食，真能不知老之将至，苦苦钻研，锲而不舍，在学问上焉能不有收获？

不过我常想，以任公先生而论，他后期的著述如历史研究法，先秦政治思想史，以及有关墨子、佛学、陶渊明的作品，都可说是他的一点"趣味"在驱使着他，可是在他在年轻的时候，从师受业，诵读典籍，那时节也全然是趣味么？作八股文，做试帖诗，莫非也是趣味么？我想未必。大概趣味云云，是指年长之后自动做学问之时而言，在年轻时候为学问打根底之际恐怕不能过分重视趣味。学问没有根底，趣味也很难滋生。任公先生的学问之所以那样的博大精深，涉笔成趣，左右逢源，不能不说一大部分得力于他的学问根底之打得坚固。

我曾见许多青年朋友，聪明用功，成绩优异，而语文程度不足以达意，甚至写一封信亦难得通顺，问其故，则曰其兴趣不在语文方面。又有一些朋友，执笔为文，斐然可诵，而视数理科目如仇雠，勉强才能及格，问其故则曰，其情趣不在数理方面，而且他们觉得某些科目没有趣味，便撇在一旁视如敝屣，怡然自得，振振有辞，并无愧色，好像这就是发扬趣味主义。殊不知天下没有无趣味的学问，端视吾人如何发掘其趣味，如果在良师指导之下按部就班地循序而进，一步一步地发现新天地，当然乐在其中，如果浅尝辄止，甚至躐等躁进，当然味同嚼蜡，自讨没趣。一个有中上天资的人，对于普通的基本的文理科目，都同样的有学习的能力，绝不会本能地长于此而拙于彼。只有懒惰与任性，才能使一个人自甘暴弃地在"趣味"的掩护之下败退。

自小学到中学，所修习的无非是一些普通的基本知识。就是大学四年，所授课业也还是相当粗浅的学识。世人常称大学为"最高学府"，这名称易滋误解，好像过此以上即无学问可言。大学的研究所在才是初步研究学问的所在，在这里做学问也只能算是粗涉藩篱，注重的是研究学问的方法与实习。学无止境，一生的时间都嫌太短，所以古人皓首穷经，头发白了还是在继续研究，不过在这样的研究中确是有浓厚趣味的。

在初学的阶段，由小学至大学，我们与其倡言趣味，不如偏重纪律。一个合理编列的课程表，犹如一个营养均衡的食谱，里面各个项目都是有意而必需的，不可偏废，不可再有选择。所谓选修科目，也只是在某一项目范围内略有挑拣选择余地而已。一个受过良好教育的人，犹如一个科班出身的戏剧演员，在坐科的时候他是要服从严格纪律的，唱功做功武把子都要认真学习，各种角色的戏都要完全谙通，学成之后才能各按其趣味而单独发展其所长。学问要有根底，根底要打得平整坚实，以后永远受用。初学阶段的科目之最重要的莫过于语文与数学。语文是阅读达意的工具，国文不通便很难表达自己，外国文不通便很难吸取外来的新知。数学是思想条理之最好的训练。其他科目也各有各的用处，其重要性很难强分轩轻，例如体育，从另一方面看也是重要得无以复加。总之，我们在求学时代，应该暂且把趣味放在一旁，耐着性子接受教育的纪律，把自己锻炼成为坚实的材料。学问的趣味，留在将来慢慢享受，一点也不迟。

**图书在版编目（CIP）数据**

院士读书与做学问 / 方正怡，方鸿辉编. — 上海：
上海教育出版社，2023.11
（院士风采录丛书）
ISBN 978-7-5720-2308-8

Ⅰ.①院… Ⅱ.①方… ②方… Ⅲ.①中国科学院－
院士－事迹－现代②中国工程院－院士－事迹－现代
Ⅳ.①K826.1

中国国家版本馆CIP数据核字(2023)第216614号

责任编辑　徐建飞
特约编辑　王瑞祥
美术编辑　金一哲

**院士风采录丛书**
**院士读书与做学问**
**方正怡　方鸿辉　编**

出版发行　上海教育出版社有限公司
官　　网　www.seph.com.cn
地　　址　上海市闵行区号景路159弄C座
邮　　编　201101
印　　刷　苏州工业园区美柯乐制版印务有限责任公司
开　　本　890×1240　1/32　印张15.5　插页4
字　　数　374千字
版　　次　2023年11月第1版
印　　次　2023年11月第1次印刷
书　　号　ISBN 978-7-5720-2308-8/G·2047
定　　价　90.00元

如发现质量问题，读者可向本社调换　电话：021-64373213